Zu diesem Buch

Dieses Lexikon wendet sich an alle, die ein praktisches, doch nicht nur technisches Interesse am Film haben: an Amateure und die vielen, die Profis werden wollen, an eingefleischte Cineasten und gelegentliche Kinogänger, die manchmal gerne wüßten, wie Hitchcock und Kollegen das gemacht haben. Es vermittelt übersichtlich und kompakt das praktische Basiswissen, das man zum Filmverstehen und -machen benötigt. Stichwörter aus den Bereichen Technik, Genre, Fachbegriffe, Stil, Produktion und Produzenten, Geschichte, Berufsgruppen enthalten verständliche und kompetente Informationen. Handwerkliche, (produktions)technische und stilistische Begriffe werden von fachlich versierten Autoren kompetent erläutert.

Der Herausgeber

Rainer Rother (geboren 1956) lebt in Berlin, Filmhistoriker und Austellungskurator, nach Lehrtätigkeit in Hannover, Hildesheim und Saarbrücken seit 1991 Programmleiter der Zeughauskinos des Deutschen Historischen Museums in Berlin. Hinweise zu den Autoren finden sich auf der Seite 333 dieses Buches.

Rainer Rother (Hg.)

Sachlexikon FILM

rororo

Rowohlt

Aus Platzgründen haben wir auf die ausdrückliche Kennzeichnung von Trademarks im Text verzichtet.

Veröffentlicht im Rowohlt
Taschenbuch Verlag GmbH,
Reinbek bei Hamburg, April 1997

Redaktion Anna Hoffmann / Barbara Wenner
Umschlaggestaltung Philippa Walz
unter Verwendung eines Videoprints aus
The Birds, USA 1963, R.: Alfred Hitchcock
Graphik im Innenteil Mehmet Alatur, Hamburg
Layout Stefan Kopanski
Gesetzt aus der Bembo und
Franklin Gothic PostScript, QuarkXPress 3.32
Gesamtherstellung Clausen & Bosse, Leck
Printed in Germany
2990-ISBN 3 499 16515 5

Einleitung

Dieses Lexikon erläutert Sachbegriffe aus allen Bereichen des Films. Die Einträge behandeln Entwicklungen der Filmgeschichte wie der Technik des Films, stellen die wichtigsten Produktionsfirmen und die klassischen Genres in Überblicken vor sowie Stilbegriffe und die gebräuchlichen Termini der Filmtheorie. Bei dem begrenzten Umfang ist die Auswahl der Stichwörter nicht nach Maßgabe der erschöpfenden Auflistung, sondern nach ihrer Gebräuchlichkeit erfolgt. Ziel war es, mit den Stichwörtern eine vollständige Übersicht über das Medium Film zu ermöglichen, soweit sie Interessierten nützlich sein kann, die mit diesem Medium in Schule und Universität, als Zuschauer und Liebhaber umgehen. Weitergehende Ansprüche, wie sie zum Beispiel aus der Praxis der Filmproduktion entspringen können, erfüllen andere Handbücher, deren Terminologie sie für eine Benutzung über den Kreis der Fachleute hinaus wenig geeignet erscheinen läßt. Mit diesem Lexikon dagegen soll eine Orientierung ermöglicht werden, die den Fragen von Zuschauern jeder Art und Vorbildung entspricht. Das bedeutet auch, daß die eingehende analytische Beschäftigung mit Film durch dieses Lexikon unterstützt werden soll.

Es ist eine verständliche und knappe Darstellung angestrebt worden. Daher ist in den Erläuterungen die Fachterminologie weitgehend vermieden worden: die Erläuterungen sollen nicht ihrerseits einer Erklärung bedürftig sein. Ziel der Definitionen ist es, den Begriff möglichst präzise zu fassen, ohne dabei auf definitionsbedürftige Formeln zurückgreifen zu müssen. Dies findet bei der Darstellung technischer Sachverhalte naturgemäß eine Grenze. Auch hier ist die Entscheidung jeweils für eine zureichend genaue Erläuterung getroffen worden. In diesen Fällen, aber auch zur weiteren Information bei einer Vielzahl weiterer Stichwörter, finden sich am Ende der Einträge Verweise auf die einschlägige Literatur. Bei diesen Angaben handelt es sich jeweils um eine Auswahl; die angegebenen Titel ermöglichen den Beginn einer detaillierten Beschäftigung mit dem Gegenstand.

Die einzelnen Stichwörter enthalten, wo nötig, Verweise auf andere Einträge des Lexikons. Mit diesem Verweissystem sollen einerseits Wiederholungen in den Erklärungen vermieden werden. Zum anderen dienen sie dazu, Sachverhalte, die mit dem Stichwort in Zusammenhang stehen, zu benennen. Wo es sinnvoll erschien, sind Filme als Beispiele herangezogen worden. Bekannteren Titeln wurde dabei im Sinne einer größeren Faßlichkeit der Vorzug gegeben. Die Titel werden zunächst im Original genannt, gefolgt von dem deutschen Verleihtitel (soweit solche vorliegen), dem Produktionsland und -jahr sowie dem Namen des Regisseurs. Weichen die deutschen Verleihtitel nicht vom Originaltitel ab, ist auf eine Wiederholung verzichtet worden.

Die Auswahl der Illustrationen – die unvermeidlich auch von ökonomischen Überlegungen diktiert ist – folgt der Prämisse, daß sie als Zitat wirken, wo sie etwa Stichwörter zu Genres einleiten, ansonsten aber in der bildlichen Darstellung die Texte verdeutlichen sollen.

Mein Dank gilt zunächst den Autoren. Sie haben ihre Spezialgebiete, mit denen sie sich oft lange Jahre intensiv beschäftigt haben, in ungewohnt knapper Form darzustellen vermocht und auf die Vereinfachungen der Fachterminologie verzichtet. Ihr Stil ist selbstverständlich individuell gefärbt, handelt es sich bei ihren Beiträgen doch um spezifische Formungen des Gegenstandes. Diese Stilunterschiede zu verwischen, hat der Herausgeber weder für seine Pflicht noch sein Recht gehalten. Martin Koerber danke ich für seine Durchsicht des gesamten Manuskripts. Dank gilt auch dem Verlag, der sich auf das ungewisse Projekt eingelassen hat, vor allem aber der Lektorin Barbara Wenner und der Redakteurin Anna Hofmann, die sich durch schwer entzifferbare handschriftliche Zusätze ebensowenig irritieren ließen, wie sie ihre nachdrückliche Forderung nach einheitlicher Handhabung der Formalia aufgaben – dies alles, ohne den Spaß am gemeinsamen Projekt zu verlieren.

Rainer Rother
Berlin, im September 1996

Verzeichnis der Autoreninitialen

A. P.	Anne Pohl
A. S.	Alexander Schwarz
B. H.	Britta Hartmann
C. D.	Christoph Decker
C. V.	Conny E. Voester
D. K.-H.	Donata Koch-Haag
D. S.	Daniela Sannwald
E. M.	Eggo Müller
G. W.	Gerlinde Waz
H. M.	Helmut Merschmann
H. W.	Hans J. Wulf
J. M.	Johannes von Moltke
K. H.	Kay Hoffmann
M. B.	Marie-Luise Bolte
M. E.	Michael Esser
M. K.	Martin Koerber
M. L.	Martin Loiperdinger
R. A.	Rolf Aurich
R. M.	Robert Müller
S. L.	Stephen Lowry

Alle nicht namentlich oder mit den Kürzeln gekennzeichneten Einträge stammen vom Herausgeber.

A a

Abblende Langsames, stetiges Abdunkeln des Bildes bis zum einheitlichen Schwarz oder einer monochromen Farbe. Die A. markiert das Ende einer filmischen Einheit wie der → Szene oder des Films insgesamt. Sie signalisiert, insbesondere in Verbindung mit einer folgenden → Aufblende, im → Spielfilm ein Handlungsintervall. A. sind in der Frühzeit des Films oft schon bei der Aufnahme durch allmähliches Schließen der Objektivblende hergestellt worden, entstehen heute jedoch meist beim Kopieren durch Reduktion der Belichtung.

Abenteuerfilm Der recht unscharfe Begriff hat sich eingebürgert, ohne ein festumrissenes Genre darzustellen, und bezieht sich auf die Figuren der Handlung und deren Inszenierung. Die Protagonisten bestehen zumeist gefährliche und dramatische Situationen voller unerwarteter Wendungen – häufig in exotischen Umgebungen und unabhängig von Vergangenheit, Gegenwart oder Zukunft. Weitergehende Erwartungen an den Abenteuerhelden formuliert Mehnert: «Er soll vielseitige körperliche, geistige und moralische Qualitäten besitzen, um in allen Gefahren siegreich bestehen zu können, er soll ein Freund der Menschen des Volkes sein, ihre Züge tragen und mit ihnen oder doch für sie ge-

***Indiana Jones and the Last Crusade* (Indiana Jones und der letzte Kreuzzug), USA 1988, R.: Steven Spielberg**

gen Unrecht, Unterdrückung, Heuchelei kämpfen, er soll erfolgreich mit bestehenden Mißständen fertig werden und neue, bessere ‹Welten› suchen und entdecken.» Dagegen sieht Seeßlen (1990) die mythische Figur des Genres in der objektiven «Funktion eines Konterrevolutionärs, der sich in die Rolle des Revolutionärs, des Rebellen oder wenigstens des Außenseiters begibt und sich mit dessen Insignien und Legenden schmückt». Die Spannbreite des A. dokumentiert sich etwa in Beispielen wie *Tarzan finds a Son* (Tarzan und sein Sohn, USA 1939, R.: Richard Thorpe), *The Corsican Brothers* (Blutrache, USA 1942, R.: Gregory Ratoff) oder *Elephant Walk* (Elefantenpfad, USA 1952/53, R.: William Dieterle). Douglas Fairbanks gilt als Wegbereiter des Genres und eines Darstellertyps, dessen Rollen ab 1918 die Piraten, Ritter, ehrbaren Banditen, galanten Kavaliere und Orientmärchenprinzen waren. Er verkörperte beinahe alle klassischen Gestalten der Abenteuerliteratur: Zorro, d'Artagnan, Robin Hood, den Dieb von Bagdad. Zahlreiche seiner Filme, etwa der in einem frühen → Technicolor-Verfahren gedrehte Piratenfilm *The Black Pirate* (Der Seeräuber, USA 1926, R.: Albert Parker), sind sogenannte «swashbuckler», in denen verwegene Taten, athletische Darbietungen und die Kampfeskunst ihrer Helden glorifiziert werden. Hier zeigt Fairbanks als erster den Trick mit den vertikal durchschnittenen Segeln, an denen er sich mit einem Messer herabläßt. Ein anderer typischer «swashbuckler» ist der nach einem Roman des Abenteuerschriftstellers Rafael Sabatini entstandene *Captain Blood* (Unter Piratenflagge, USA 1935, R.: Michael Curtiz) mit Errol Flynn in der Hauptrolle, 1924 bereits von David Smith als Stummfilm inszeniert. Als deutscher Stummfilm-Abenteurer kann der Regisseur und Schauspieler Harry Piel gelten. In den 20er Jahren war in Deutschland der leicht abweichende Begriff des Abenteurerfilms geläufig. Haas hebt 1924 hervor: «Der Spielfilm ist ein geschmackvolles Arrangement – der Abenteurerfilm ist eine mathematische Rechnung, die bis auf das Tausendmillionstel klappen muß. Das ist der Unterschied. Es gibt eine mathematische Berechnung der ‹Wahrscheinlichkeit›; der Abenteurerfilm beruht auf einer streng mathematischen Berechnung der *unwahrscheinlichsten* Pointe; jedoch immer mit der Voraussetzung, daß diese ‹Unwahrscheinlichkeit› zugleich im nachhinein als verblüffend einfach und möglich erkannt werden muß» (*Film-Kurier*, 10.3.1924). Den exotischen Aspekt des A., kombiniert mit Gigantomanie im Produktionsaufwand, bedienen das achtteilige → Serial *Herrin der Welt* (D 1919, R.: Joe May / Uwe Jens Krafft / Karl Gerhardt) – eine Anknüpfung an populäre Abenteuerromane des 19. Jahrhunderts – und *Das indische Grabmal* (D 1921, R.: Joe May). Die weltumspannende, amüsante und exotische sechsteilige Abenteuer- und Detektivkomödie *Der Mann ohne Namen* (D 1921, R.: Georg Jacoby), entstanden nach Ewald Gerhard Seeligers Roman *Peter Voß, der Millionendieb*, war eine Antwort der → Ufa auf Abenteuer-Serials in der Nachfolge der Joe-May-Filme. Auch dokumentarische Expeditionsfilme können zum Genre gehören. So sind die Dreharbeiten etwa zu *Nanook of the North* (Nanuk, der Eskimo, USA 1920/21, R.: Robert J. Flaherty), *Grass* and *Chang* (USA 1925/26 und 1927, R.: Ernest B. Schoedsack / Merian C. Cooper) abenteuerliche Unternehmungen gewesen, welche sich direkt im fertigen Film manifestieren: Diese Abenteuergeschichten in exotischem Ambiente faszinieren nicht mit zerstörerischen Potenzen der Zivilisation, sondern durch die geringen Kräfte von Menschen in der «Wildnis». Spätere Werke wie *The Most Dangerous Game* (Graf Zaroff – Genie des Bösen, USA 1932, R.: Ernest B. Schoedsack / Irving Pichel) und *King Kong* (King Kong und die weiße Frau / King Kong, USA 1933, R.: Schoedsack / Cooper) sind Abenteuerfilme ohne das ‹Abenteuer Film›, das den Expeditionsfilmen vor allem der Jahre nach 1910 ihren Charme verlieh. Neuere A. im → Fantasy-Gewand sind *Raiders of the Lost Ark* (Jäger des verlorenen Schatzes, USA 1981, R.: Steven Spielberg) und die ebenfalls von Spielberg inszenierten Fortsetzungen *Indiana Jones and the Temple of Doom* (Indiana Jones und der Tempel des Todes, USA 1984) und *Indiana Jones and the Last Crusade* (Indiana Jones und der letzte Kreuzzug, USA 1989). Nach einem Abenteuer, das nicht nur ihre Sehnsüchte befriedigt, sondern auch Geld einbringt, suchen die Protagonisten in dem tragischen Drama *Les Aventuriers* (Die Abenteurer, Frankreich / Italien 1966/67, R.: Robert Enrico). (R. A.)

❑ Kevin Brownlow: The War, the West and the Wilderness, London 1978

❑ Günter Mehnert: Probleme der Abenteuer- und Kriminalgenres. In: Film und Fernsehen, Heft 5, 1974

❑ Frank Scurla: Douglas Fairbanks oder Die Erfindung des Abenteuerfilms. In: Medium, Heft 1, 1973

❑ Georg Seeßlen: Es war einmal und wird nie sein: Die Revolution. In: Peter Kremski (Red.): Film in der Revolution, Revolution im Film, Essen 1990

❑ Georg Seeßlen: Abenteuer. Geschichte und Mythologie des Abenteuerfilms, Marburg 1996

❑ Brian Taves: The Romance of Adventure. The Genre of Historical Adventure Movies, Jackson / Mississippi 1993

Absoluter Film Der Ausdruck geht auf zwei Matineen zurück, die am 3. und 10. 5. 1925 im Ufa-Theater am Berliner Kurfürstendamm unter diesem Titel stattfanden. Als Veranstalter zeichneten die Novembergruppe (ein Zusammenschluß von Malern, Bildhauern, Architekten, Musikern und anderen Künstlern) und die Kulturabteilung der → Ufa. Zur Aufführung kamen Filme von Viking Eggeling, Walter Ruttmann, Fernand Leger / Dudley Murphy, René Clair und Hans Richter. Das Programm wurde von einer «Farbsonatine» Ludwig Hirschfeld-Macks eingeleitet. Gezeigt wurden Beispiele für ein von der Abbildung ausgehendes Filmschaffen (*Entr'Acte*, Zwischenakt, F 1924, R.: René Clair) und Filme, die mittels Tricktechnik geometrische Formen animierten (*Symphonie Diagonale*, D 1925, R.: Viking Eggeling; *Opus 2–4*, D 1921 / 25, R.: Walter Ruttmann). Die in der zeitgenössischen Presse viel besprochenen Matineen präsentieren im Sinne einer strikten Definition kein konsistentes Programm; Ruttmann wie Richter begannen in der Folge, Realaufnahmen in ihre Filme zu integrieren oder sie gänzlich aus Abbildungen von alltäglichen Momenten zu konzipieren. Die Beschränkung auf «ungegenständliches» Material fand zunächst nur selten Fortsetzung (so bei Oscar Fischinger). Beispiele des → Experimentalfilms zeigen jedoch in ihrer Formensprache eine Nähe zu den damals vorgeführten Filmen, die als Klassiker der Filmavantgarde gelten. Durchaus im Widerspruch zu den Intentionen einiger der beteiligten Künstler hat sich als Definition durchgesetzt, daß der A. F. auf gegenständlicher Abbildung und deren nichtnarrativer Organisation beruht. (→ Abstrakter Film)

❑ Holger Wilmesmeier: Deutsche Avantgarde und Film. Die Filmmatinée «Der absolute Film», 3. und 10. Mai 1925, Münster / Hamburg 1994

Abspann Verzeichnis der an der Filmproduktion Beteiligten (Schauspieler mit ihren Rollennamen, technischer Stab, Produktionsstab etc.), das nach dem Ende des Films als → Rolltitel, meist vor einem neutralen (schwarzen) Hintergrund, erscheint, doch kann es auch vor dem «eingefrorenen» Schlußbild ablaufen. Selten wird der A. von eingestreuten Szenen unterbrochen, die entweder aus der Filmhandlung stammen oder dort nicht verwendetes Material nutzen. Auch im Film verwendete Musikstücke oder Songs werden hier mit Copyright-Angaben genannt. (→ Vorspann)

Abstrakter Film Eine nichtnarrative Form des Films. Die Bilder gehen nicht auf die Abbildung realer Gegenstände zurück, sondern erzielen Animationen abstrakter, ungegenständlicher Formen. (→ Absoluter Film)

Academy Award Offizielle Bezeichnung der bekanntesten Auszeichnung beim Film: des «Oscar». Er wird seit 1929 von der amerikanischen Academy of Motion Picture Arts and Sciences in verschiedenen Kategorien (z. B. Film, ausländischer Film, Darsteller, Ausstattung, Kamera usw.) vergeben. Für eine Nominierung müssen die Filme bestimmte Bedingungen erfüllen, wobei die verschiedenen Mitgliedergruppen der Academy (z. B. Regisseure, Darsteller, Kameraleute) über die entsprechenden Kategorien abstimmen. Die Oscarverleihung wird inzwischen Ende März, Anfang April zelebriert: And the winner is... (K. H.)

❑ Ronald Bergan, Graham Fuller, David Malcolm: Academy Award Winners, London 1994
❑ Peter H. Brown: The Real Oscar, Westport 1981
❑ Pierre Norman Sands: A Historical Study of the Academy of Motion Picture Arts and Sciences (1927-1947), New York 1973
❑ Norbert Stresau: Der «Oscar», München 1985

Academy Format Die Academy of Motion Picture Arts and Sciences (Berufsorganisation der Filmschaffenden in den USA) legte nach Einführung des → Tonfilms ein Bildfenster für den 35-mm-Film fest. Dies war nötig geworden, da die Tonspur den maximal auf dem Bildstreifen für die Abbildung zur Verfügung stehenden Raum reduzierte (→ Filmformate). Wurde dieser restliche Raum in Höhe und Breite vollständig ausgenutzt, entstand ein Bild von annähernd quadratischer Abmessung (ca. 1,2 : 1), was als ästhetisch unbefriedigend wahrgenommen wurde. Der Standard legte die Seitenverhältnisse von Breite und Höhe wieder auf die im Stummfilm übliche Relation von 1,33 : 1 fest. Dazu wurde der Bildstrich (der trennende Abstand zweier Bilder auf dem Film) oben und unten «maskiert», also verbreitert. Spätere → Breitwand-Formate basieren auf deutlich anderen Seitenverhältnissen (bis zu 2,55 : 1). Das A. F. wird auch im Fernsehen verwendet. (→ HDTV)

Achsensprung Der Wechsel der Kameraposition über eine imaginäre, von zwei Figuren definierte Handlungslinie. Diese Achse muß in der Folge der verschiedenen Kamerapositionen, die auf einer Seite der Linie räumlich vollständig variabel sind, beachtet werden, um kontinuierlich wirkende Schnitte im → Schuß-Gegenschuß-Verfahren zu ermöglichen. Wechselt die Kamera über die bis dahin respektierte Achse, kommt es zum A. – mit der Folge, daß die über Blicke etc. definierten Beziehungen der Figuren zueinander umgekehrt erscheinen. (→ Continuity-System)

Action-Film Der A. bildet traditionell kein eigenes Genre. Action als filmisches Attribut durchzieht jedoch so unterschiedliche Genres wie den → Abenteuer-, → Kriminal-, → Horror-, Kriegs- und → Gangsterfilm, die Martial-Arts-Streifen und den → Western. Auch in den frühen → Slapstick-Komödien geht es turbulent zu. Physische Spektakel wie Rennen, Kämpfe, Schießereien sowie Explosionen und Verwüstungen aller Art dienen der Emotionalisierung des Zuschauers. Action wirkt durch Schnelligkeit und Sensation und gilt in der deutlichen Akzentuierung physischer Bewegung als besonders filmisch. «Die Verfolgungsjagd scheint mir der endgültige Ausdruck des filmischen Mediums zu sein» (Hitchcock).

Als Filmform, die vom Spektakulären und nie Gesehenen lebt, ist Action fast so alt wie das Kino selbst. Verfolgungsjagden in der frühen Kinematographie haben entscheidend zur Entwicklung des filmischen Erzählens beigetragen (→ Chase Film). Auch Griffith entwickelte einige → Montage-Formen an solchen Action-Sequenzen (→ Last Minute Rescue). Howard Hawks etablierte in seinem Gangsterfilm *Scarface* (Narbengesicht, USA 1932) oder dem → Detektivfilm *The Big Sleep* (Tote schlafen fest, USA 1946) ein wesentliches Motiv des A.: das der männlichen Ehre und Selbstbehauptung, wenn die auf sich selbst gestellten Helden einer extremen Bewährungsprobe unterliegen. Hawks konterkarierte dies jedoch mit seinen nicht minder aktionsgeladenen → Screwball-Komödien *Bringing Up Baby* (Leoparden küßt man nicht, USA 1938) und *Monkey Business* (Liebling, ich werde jünger, USA 1952), in denen raffiniertes Spiel mit Geschlechterrollen getrieben wird.

Der individuelle Kampf gegen eine die Persönlichkeit einschränkende Zivilisation läßt den Actionfilm eskapistisch wirken und bildet bis heute einen Standard. Regisseure wie Don Siegel (*Dirty Harry*, USA 1971), Sam Peckinpah (*The Wild Bunch*, The Wild Bunch – Sie kannten kein Gesetz, USA 1969) und William Friedkin (*French Connection*, Brennpunkt Brooklyn, USA 1971) machten in den 60er und 70er Jahren mit diesem Sujet Furore. Die zur Schau gestellte Gewalt, ausgetragen in knallharten Duellen und atemberaubenden Stunts, gepaart mit raffiniert aufgebauter Spannung, sensationellen → Special effects und einer suggestiven → Montage, changiert zwischen Gesetz, Anarchie und Zynismus. Häufig arbeiten ihre Filme die willkürliche Gewalt in den offiziellen Machtapparaten heraus. Die Figur des Outlaws wird ebenso prominent wie die des korrupten Cops.

Bei Walter Hill, Drehbuchautor von Peckinpahs *The Getaway* (Getaway – Ihre Chance ist gleich Null, 1973) und berühmt geworden mit *48 Hrs.* (Nur 48 Stunden, USA 1982), wird ein Moment im A. manifest, das Pauline Kael zu der Bemerkung veranlaßte, in seinen Filmen seien «ein halbes Dutzend anderer Filme in einen Mixer geworfen, zerhackt und zum Cartoon gepreßt». Andere Regisseure, in deren Werk der Übergang vom genregebundenen Film zum Action-Spektakel besonders durch eine Ästhetisierung der Gewalt bemerkbar wird, sind vor allem Brian De Palma (*Dressed to kill*, USA 1980) und Michael Cimino (*The Deer Hunter*, Die durch die Hölle gehen, USA 1978). Action-Spezialisten wie James Cameron (*Terminator I + II* [Der Terminator, USA 1984, Der Terminator II: Der Tag der Abrechnung, USA 1991], *Aliens* [Aliens – Die Rückkehr, USA 1986], *The Abyss* [Abyss, USA 1989]), John McTiernan (*Predator*, 1987, *Die Hard I + III* [Stirb langsam, USA 1988, Stirb langsam – Jetzt erst recht, USA 1995]) oder Steven Spielberg (*Duel* [Duell, USA 1971], *Jaws* [Der weiße Hai, USA 1975] sowie die *Indiana-Jones*-→ Sequels [USA 1981, 84, 89]) zeichnen sich dadurch aus, daß sie die im alten Genrekino den → Second Units überlassenen Actionszenen selbst inszenieren und in den Vordergrund der Erzählung stellen.

Den zeitgenössischen A. machen die aufwendigen und teuren Ausstattungen, Spezialeffekte und Computeranimationen

Judgement Day – Terminator II (Der Terminator II: Der Tag der Abrechnung), USA 1991, R.: James Cameron

aus, sie lösen tendenziell die Funktion der Erzählung ab. Die Riesenbudgets und die durchkalkulierte Produktionsweise sind dafür verantwortlich, daß diese Filme als → Blockbuster oft die Box-Office-Listen anführen. Die Stars sind von außerordentlicher körperlicher Präsenz und gehören zu den höchstbezahlten Darstellern Hollywoods. Während Bruce Willis (*Die Hard 1–3*) und Sylvester Stallone (Sequels der *Rocky*-, USA 1976–90, und *Rambo*-Filme, USA 1982–88) in ihrem Männlichkeitsbild eher an die Actionhelden der 70er Jahre anknüpfen, bei letzterem mit einem oft unangenehm patriotischen Akzent, steht der ehemalige Karate-Champion Jean-Claude Van Damme in fernöstlicher Tradition und erinnert an das überdrehte Hongkong-Actionkino von John Woo – in dessen *Hard Target* (Harte Ziele, USA 1993) er auftrat –, an Tsui Hark und natürlich an die Kung-Fu-Legende Bruce Lee. Hingegen zeigt Arnold Schwarzenegger besonders in *Last Action Hero* (USA 1993, R.: John McTiernan) eine ausgeprägte Selbstironie, in der sich die für die Filmgeschichte typische Nähe von Action und Komik erneut beweist. Auch Actionparodien vom Schlage *Airplane!* (Die unglaubliche Reise in einem verrückten Flugzeug, USA 1980, R.: Zucker, Abrahams, Zucker), die *Police-Academy*-Versionen (sieben Folgen seit 1983) und *National Lampoon's Loaded Weapon 1* (Loaded Weapon 1, USA 1993, R.: Gene Quintano) unterstreichen diese Verwandtschaft. (H. M.)

- ❑ Dennis Bingham: Acting Male – Masculinities in the Films of James Stewart, Jack Nicholson, and Clint Eastwood, New Brunswick 1994
- ❑ Jeffrey A. Brown: Bullets, Buddies, and Bad Guys – The «Action-Cop»-Genre. In: Journal of Popular Film & Television, Jg. 21, H. 2 (Sommer 1993)
- ❑ Pauline Kael: Taking it all in, London 1985
- ❑ Hans-Joachim Neumann: Abenteuer & Action in Literatur, Film und Comic, Frankfurt / Berlin 1987
- ❑ Mark A. Reid: The Black Action Film – The End of the Patiently Enduring Black Hero, in: Filmhistory, Jg. 2, H. 1 (1988)
- ❑ Yvonne Tasker: Spectacular Bodies – Gender, Genre and the Action Cinema, London 1993

Actors Studio New Yorker Schule mit überaus großem Einfluß auf die amerikanische Schauspielkunst des 20. Jahrhunderts, die auf das linke Group Theatre (1930–1941) zurückging, dessen Mitglieder sich an den Theorien des russischen Schauspielers und Regisseurs Stanislawski orientierten. Am 12. 9. 1947 gründeten die ehemaligen Group-Theatre-Mitglieder Cheryl Crawford, Elia Kazan und Robert Lewis das A. In zwei Klassen für Anfänger und Fortgeschrittene unterrichteten zunächst Lewis und Kazan. Nach dem Ausscheiden von Lewis stieß 1948 Lee Strasberg, ehemaliger Lehrer Kazans, hinzu und wurde 1951 dessen alleiniger künstlerischer Direktor. Das A. entwickelte sich zur Kaderschmiede für den Nachwuchs. Der naturalistische Unterrichtsstil, «The Method» genannt, wurde zum amerikanischen Schauspielstil schlechthin, der Kritiker Walter Kerr nannte ihn «die verständlichste, am sorgfältigsten definierte, virilste Annäherung an das Handwerk des Schauspielers, die das Theater Amerikas hervorgebracht hat». Die Meriten dieser Technik, bei der die Schauspieler sich in die von ihnen porträtierte Figur einzufühlen lernen, zeigen sich besonders in den schauspielerischen Leistungen Marlon Brandos (*On the Waterfront*, Die Faust im Nacken, USA 1954, R.: Elia Kazan), James Deans (*Rebel without a Cause*, ... denn sie wissen nicht, was sie tun, USA 1955, R.: Nicholas Ray) oder Robert De Niros (*Raging Bull*, Wie ein wilder Stier, USA 1980, R.: Martin Scorsese). (A. P.)

- ❑ Cheryl Crawford: One Naked Individual, Indianapolis / New York 1977
- ❑ David Garfield: The Actors Studio. A Player's Place, New York 1980

Adaption (auch Adaptation) Allgemein die Übertragung eines Textes in eine andere Gattung (z. B. eines Romans in ein Drama). Für den Film bedeutet die A. in der Regel die Übertragung in ein anderes Medium. Literarische Vorlagen wie Romane, Novellen, Kurzgeschichten oder Theaterstücke wurden schon seit den Anfängen in Filme umgesetzt. Dabei ist der Grad der Bearbeitung unterschiedlich und abhängig von den historisch erreichten Möglichkeiten der filmischen Artikulation und den Intentionen der Filmemacher. Unter dem Stichwort der Werktreue ist die Literaturverfilmung häufig als eine prinzipielle Verflachung des Textes kritisiert worden. Die hier implizierte Vorstellung einer idealen Verfilmung, die dem Original entspreche, unterschätzt jedoch die medialen Unterschiede zwischen Literatur und Film. Die eigentlichen literarischen Qualitäten des Textes wird keine Verfilmung übernehmen können, allenfalls Entsprechungen in filmischen Qualitäten bieten. Die Diskussion um die Werktreue orientiert sich zudem an anspruchsvollen Texten und vernachlässigt die A. von Trivialliteratur, die einen großen Teil aller Übertragungen darstellen. Diese können in ihren ästhetischen Qualitäten dem Original durchaus überlegen sein, wie auch die A. von klassischen Werken der Literatur nach ihren Qualitäten und nicht nach denen der Vorlage, die in ihnen medienbedingt fehlen, beurteilt werden sollten. In dieser Perspektive erscheint die A. eher als Interpretation oder Variation denn als Übersetzung und kann damit sowohl in ihrem Verhältnis zum Ursprungstext wie nach ihren filmischen Qualitäten sinnvoller beurteilt werden. Einen Sonderfall stellen die Filme von Robert Bresson und von Straub/Huillet dar, die weniger nach Entsprechungen für stilistische Eigenarten suchen als die Literarizität betonen. Sie «übertragen» Literatur weniger, als daß sie Literarisches (im Vortrag) integrieren. Neben Werken der Literatur sind auch Opern für Filme adaptiert worden. In diesem Fall (also nicht dem der Dokumentation einer Operninszenierung auf der Bühne) wird die Musik in ähnlichem Sinne dem Film integriert.

❑ Franz-Josef Albersmeier, Volker Roloff: Literaturverfilmungen, Frankfurt am Main 1989
❑ André Bazin: Was ist Kino?, Köln 1975
❑ Joachim Paech: Literatur und Film. Zur Geschichte ihrer Beziehungen, Stuttgart 1988
❑ Irmela Schneider: Der verwandelte Text. Wege zu einer Theorie der Literaturverfilmungen, Tübingen 1981

Additive Farbverfahren Aus farbigem Licht der Farben Rot, Blau und Grün lassen sich bei der Projektion alle Töne des Spektrums mischen. Im Farbfernsehen wird ausgenutzt, daß der Eindruck einer Farbmischung auch bei dicht beieinanderliegenden Farbpunkten für die Wahrnehmung eintritt. Für den Film nutzten frühe Verfahren die additive Farbmischung zur Produktion farbiger Filme. (→ Farbfilm)

❑ Gerd Koshofer: Color. Die Farben des Films, Berlin 1988

A. G. Dok. Die Arbeitsgemeinschaft Dokumentarfilm e. V. wurde am 19. 9. 1980 gegründet. Sie ist heute mit mehr als 280 Mitgliedern eine große bundesweit organisierte Interessenvertretung im Bereich des kulturellen Films. (K. H.)

❑ Arbeitsgemeinschaft Dokumentarfilm e. V. (Hg.): Handbuch '95. Frankfurt am Main 1995

Agentenfilm → Spionagefilm

AGFA Die 1873 in Berlin gegründete Actien-Gesellschaft für Anilin-Fabrikation konzentrierte sich seit den 80er Jahren des 19. Jahrhunderts auf chemische Produkte für fotografische Zwecke. Seit 1897 ist die Abkürzung AGFA als Warenzeichen in Gebrauch. Nach einer langjährigen Experimentierphase trat die Firma 1909 mit der Eröffnung einer Filmfabrik in Wolfen bei Bitterfeld in das bis dahin von der amerikanischen → Eastman Kodak Co. beherrschte Kinefilmgeschäft ein. 1925 fusionierte eine Reihe von Großbetrieben der chemischen Industrie zur I.G. Farbenindustrie AG, darunter auch die AGFA und die Bayer AG Leverkusen. In Leverkusen wurde Fotopapier hergestellt, in dem ebenfalls durch die Bayer AG zur I.G. Farben gekommenen Kamerawerk in München wurden AGFA-Kameras für Fotoamateure gebaut, in Wolfen weiterhin Kinefilm hergestellt, daneben auch weitere chemische Produkte, vor allem Kunstfasern. Weltgeltung erlangte die AGFA vor allem durch die Erfindung des → Agfacolor-Farbfilmverfahrens in den 30er Jahren. Nach 1945 wurde der I.G.-Farben-Konzern von den Alliierten entflochten. Die Filmfabrik der AGFA in Wolfen wurde bis 1953 als sowjetische Aktiengesellschaft geführt, danach als VEB Filmfabrik AGFA Wolfen. Mit den Werken der AGFA AG in Westdeutschland bestand aufgrund der arbeitsteiligen Struktur des ehemaligen I.G.-Farben-Konzerns noch lange Jahre eine enge, wenn auch aus politischen Gründen schwierige Zusammenarbeit. Seit der endgültigen Trennung 1964 wurden die Wolfener Produkte unter dem Warenzeichen → ORWO vertrieben. Seit den 50er Jahren baute die AGFA AG in Leverkusen parallel zu Wolfen eine eigene Rohfilmproduktion auf. 1964 schloß sie sich mit dem belgischen Rohfilmhersteller Gevaert zur AGFA-Gevaert AG mit Sitz in Leverkusen bzw. AGFA-Gevaert NV mit Sitz in Mortsel (Belgien) zusammen. In den 70er Jahren wurden die unter der Bezeichnung AGFA bzw. Gevaert (Gevacolor) und AGFA-Gevaert hergestellten Farbfilme vom Agfacolor-Verfahren auf ein dem → Eastman-Color-Verfahren entsprechendes Material umgestellt. Das Kinefilmsortiment der AGFA-Gevaert wurde 1995 stark eingeschränkt: Aufnahmematerial wird nicht mehr hergestellt, weiterhin angeboten werden jedoch Tonnegativmaterial und (Farb-)Rohfilm für die Fertigung von Massenkopien. Die Firma ist weiterhin auf dem Fotosektor aktiv und verfolgt Interessen in sich neu entwickelnden Bereichen der elektronischen Bildaufzeichnung und -verarbeitung (Videomaterial, Scanner, EDV etc.). (M. K.)

❑ Carlos Bustamante: Agfa, Singer & Cie und die frühe Kinefilm-Manufaktur, Berlin 1995
❑ Rainer Karlsch: Von Agfa zu ORWO. Die Folgen der deutschen Teilung für die Filmfabrik Wolfen, Wolfen 1992

Agfacolor 1936 von der → AGFA vorgestelltes Farbverfahren, das seit 1939 auch für Kinofilme verwendbar war. A.-Filme weisen mehrere lichtempfindliche Schichten auf, die bei der Belichtung auf verschiedenen Farben reagieren. Das A.-Verfahren verbreitete sich nach 1945 sehr rasch, da die Fabrikationsgeheimnisse nach der Besetzung Deutschlands durch die Alliierten publiziert wurden und die Schutzrechte entfallen waren. Filme nach dem A.-Verfahren wurden von Gevaert, Ferrania, Fuji, Ansco und anderen Firmen hergestellt. Die sowjetische Filmindustrie benutzte das Verfahren unter der Bezeichnung Sovcolor. Im ehemaligen AGFA-Werk in Wolfen wurden Filme nach diesem Verfahren unter der Bezeichnung → Orwocolor noch bis zum Ende der DDR produziert, obwohl fast alle anderen Hersteller schon in den 70er Jahren auf Filmmaterial nach dem → Eastman-Color-Verfahren umstellten. Gegenüber Eastman Color zeichnete sich A. (besonders in der Anfangszeit) durch eine eher zu Pastelltönen neigende Farbwiedergabe und weichere Schärfe aus. (M. K.)

❑ Gert Koshofer: Color. Die Farben des Films, Berlin 1988

❑ Ders.: Von Ufacolor bis XT 320 – Die Chronik der Agfa und Gevaert Farbfilme für Kino und Fernsehen 1930–1985. In: MFM / Moderne Fototechnik, 33. Jg. (1985), Heft 11

AG Kino Die Arbeitsgemeinschaft Kino e. V., Bundesverband deutscher Kinos, wurde am 15. 1. 1972 in Hamburg als neue Interessenvertretung kleiner und mittelständischer Kinounternehmen, häufig → Programmkinos, gegründet. Heute sind 130 Kinos mit 220 Leinwänden Mitglied des Verbandes. (K. H.)

Akt In einigen Stummfilmen praktizierte, von Theatertraditionen abgeleitete Gliederung des Films in mehrere A., die unterschiedliche Stadien der Handlung beinhalten. Jeder A. wurde per → Zwischentitel annonciert («Zweiter Akt»), sein Ende ebenso, wobei Pausen zwischen den A. nicht üblich waren. Ferner bezeichnet A. eine Filmrolle (bis etwa 300 Meter Länge). Daher diente die Angabe der Anzahl der A. auch zur groben Charakterisierung der Länge von Filmen, z. B. Einakter (One Reeler), Zweiakter (Two Reeler).

Aktualitäten Kurze nichtfiktionale Filme, die den Hauptbestandteil der Programme in der Frühzeit des Kinos ausmachten. A. werden als Vorläufer der → Wochenschau betrachtet, da sie gesellschaftliche und politische Ereignisse festhielten. Der Verzicht auf → Inszenierung, der in den Wochenschauen meist prägend ist, wurde von den A. jedoch nicht grundsätzlich angestrebt. Wichtige Begebenheiten, zu denen der Kameramann entweder keinen Zutritt hatte oder deren Aufnahme zu gefährlich gewesen wäre (insbesondere in Kriegen), wurden oft nachgestellt. Dies blieb eine unproblematische Praxis, solange sich der Gattungsunterschied zwischen → Dokumentar- und → Spielfilm noch nicht herausgebildet bzw. verfestigt hatte. Dieser Prozeß, in dem sich die filmische → Erzählung herausbildet, ist im Ersten Weltkrieg abgeschlossen.

❑ KINtop 4. Jahrbuch zur Erforschung des frühen Films (Anfänge des dokumentarischen Films), Frankfurt am Main 1995

Amateurfilm Nur für private Zwecke hergestellter Film, von dem in der Regel nur ein → Positiv kopiert wird und der nicht für öffentliche Vorstellungen bestimmt ist. Geräte und Filmmaterial für den A. wurden bereits in der → Stummfilmzeit von mehreren Firmen angeboten. Die Formate waren dabei zunächst nicht international standardisiert. Gebräuchlich wurden schließlich 16-mm-, 8-mm- und Super-8 Filme. Mit der Einführung kleiner Videokameras hat sich der A. fast ganz auf diese Technik bezogen. (→ Video)

❑ Michael Kuball: Familienkino. Geschichte des Amateurfilms in Deutschland, Reinbek 1980

Anamorphotische Fotografie

a. «Gestauchte» Abbildung, wie sie auf dem Filmmaterial gespeichert ist
b. Entzerrtes Bild, wie es auf der Leinwand erscheint

Amerikanische Nacht → Day for Night

Anamorphotische Fotografie Mit Hilfe der A. F. können Filmbilder durch geeignete Linsensysteme bei der Aufnahme in der Horizontale verzerrt (komprimiert) und bei der Projektion im gleichen Verhältnis wieder entzerrt (expandiert) werden. Man macht sich dies zunutze, um Filmbilder im → Breitwand-Format (z. B. → Cinemascope) auf dem Bildfeld eines 35-mm-Films zu speichern. (M. K.)

Animationsfilm Diese filmische → Gattung beruht auf der → Einzelbildschaltung, mit der unbewegliche Gegenstände und Objekte in der Folge von Bewegungsphasen aufgenommen werden. Die Objekte werden dabei für jede Aufnahme in eine neue Haltung gebracht, die ein Bewegungsstadium simuliert. Die Projektion läßt die Phasenbilder bewegt oder animiert erscheinen. Die Reihe der bewegten Akteure reicht von geometrischen Objekten, Zeichnungen (→ Zeichentrickfilm) über Puppen, Knetfiguren und Scherenschnitte bis zur → Computeranimation, in der die einzelnen Bewegungsphasen rechnerisch ermittelt werden. Bei zweidimensionalem Ausgangsmaterial wie Zeichnungen ist der Gebrauch eines Tricktisches üblich, bei dem die Kamera vertikal zu der Fläche positioniert ist, auf der die Materialien liegen. Der Abstand zur Fläche ist variabel, diese in der Horizontale verschiebbar. Bei dreidimensionalen Objekten wie Puppen nimmt die Kamera aus variablen Positionen die jeweils neu einzurichtenden Bewegungsphasen auf und verändert ggf. ihren Standort zur Simulation von → Fahrten o. ä. Eine Sonderform ist die Zeichnung direkt auf den Film, wodurch Bewegungsphasen nicht abgebildet oder simuliert werden. Die Bewegungen der Linien, Figuren, Farbflächen entsteht hier schon beim Auftrag auf den → Blankfilm.

❑ Donald Crafton: Before Mickey. The Animated Film 1898–1928, Cambridge (Mass.) / London 1982
❑ Ronald Holloway: Z = Zagreb. Die Filmstadt der Cartoonisten, Frankfurt am Main 1975
❑ Leonard Maltin: Der klassische amerikanische Zeichentrickfilm, München 1982
❑ Reinold E. Thiel: Puppen- und Zeichentrickfilm, Berlin 1960

Anschluß Verbindung zweier → Einstellungen, die nach den Regeln des → Continuity-Systems erfolgt und daher vom Zuschauer als ein stimmiger bzw. flüssiger Übergang wahrgenommen wird. A. können Einstellungen verknüpfen, die bei der Aufnahme nicht chronologisch einander folgten, so daß die Bildelemente (Stellung der Figuren im Raum, ihre Kleidung, die Haltung z. B. einer Hand etc.) vom Script-Supervisor überprüft und notiert werden müssen, um bei späteren Aufnahmen die Kontinuität zu wahren. A., die in einem oder mehreren Elementen der verschiedenen Einstellungen zu stark divergieren (z. B. wenn ein Glas in der ersten Einstellung noch voll, in der folgenden fast geleert ist), lassen den → Schnitt als willkürlichen Eingriff bemerkbar werden und stören die vom Erzählkino angestrebte Illusion, nach der der Zuschauer eher einem Geschehen beiwohnt (wie ein unsichtbarer Beobachter) als ein Artefakt betrachtet.

❑ Karel Reisz, Gavin Millar: Geschichte und Technik der Filmmontage, München 1988

Anschlußfehler Verbindung zweier → Einstellungen, in denen bestimmte Bildelemente derart differieren, daß der Übergang, bezogen auf die Handlungslogik, nicht länger folgerichtig erscheint. Eine Reihe von A. liegt z. B. in Sergio Leones *Once Upon a Time in America* (Es war einmal in Amerika, USA 1984) in der Szene vor, in der Robert de Niro die mittlerweile als Schauspielerin berühmte Elizabeth McGovern in ihrer Garderobe besucht. McGovern schminkt sich ab, wobei ihre Maske in verschiedenen Phasen verschieden ausgeprägt ist, ohne daß sich ein Eindruck zeitlicher Kontinuität ergibt.

A-Picture In Doppelvorstellungen von → Spielfilmen (übliche Präsentationsform in den USA der 30er und 40er Jahre) der mit größerem Produktionsbudget realisierte Qualitätsfilm (→ B-Picture, → Studiosystem).

Arbeitsgemeinschaft Dokumentarfilm → A. G. Dok

Arbeitsgemeinschaft Kino → AG Kino

Arbeitskopie oder auch Schnittkopie entsteht aus den vom Regisseur als «Kopierer» ausgewählten Aufnahmen eines Films am → Schneidetisch. Hier werden die endgültige Szenenfolge, die Länge der einzelnen → Einstellungen und die Bild- und Tonmontage festgelegt. Die A. dient später auch als optische Vorgabe für die endgültige Mischung des Tons oder → Synchronisierungen. Dem Kopierwerk dient sie als Vorlage für den Schnitt des → Negativs. Dort werden auch weitere Bearbeitungshinweise für → Überblendungen und andere optische Arbeiten ausgeführt, die in die A. eingezeichnet wurden. (M. K.)

Arriflex Markenname für → Kameras der Firma Arri (Arnold und Richter). Die 1937 entwickelte A. war die erste handliche 35-mm-Spiegelreflexkamera, die bei geringem Gewicht Aufnahmen auch ohne Stativ ermöglichte. Sie wurde u. a. in den Propaganda-Kompanien (PK) der nationalsozialistischen Wehrmacht häufig eingesetzt. Ihre Kompaktheit prädestinierte sie für schwierige Drehsituationen (→ Handkamera, Aufnahmen außerhalb des → Studios). 1966 wurde Arri für seine Kameras mit einem Spezial-→ Academy-Award ausgezeichnet.

Art Direction Das gesamte Design eines Films liegt im Verantwortungsbereich der A. D. Diese für das → Studiosystem typische Bezeichnung ist mittlerweile durch Production Design ersetzt worden. Erstmals erhielt William Cameron Menzies den → Credit als Production Designer, um seinen umfassenden Beitrag zu *Gone with the Wind* (Vom Winde verweht, USA 1939, R.: Victor Fleming) zu würdigen.

Im deutschen → Stummfilm kam eine entsprechende Funktion der → Filmarchitektur zu. Unabhängig von der jeweiligen Benennung bestehen die Aufgaben in der Konzeption der Bauten, der Dekors, der Requisiten und Kostüme (in Zusammenarbeit mit dem Costume Designer). Die A. D. legt das Aussehen aller → Sets und Gegenstände im Film fest, bestimmt den visuellen Stil der vorfilmischen Realität. Auch die Auswahl der nicht im Studio gebauten Schauplätze des Films obliegt ihr in der Regel. Die Umsetzung seiner Konzeption gehört zu den Aufgaben des → Set Designs.

Je nach Arbeitsweise reicht die Tätigkeit bis zum Zeichnen von → Storyboards und dem Festlegen der Kamerapositionen. Die enge Zusammenarbeit von Art Direction, Regie und Kamera (auch schon in der Vorbereitungsphase des Films) ist Bedingung einer erfolgreichen Arbeit. Exemplarisch gilt dies für das amerikanische Studiosystem, außerhalb der amerikanischen Filmindustrie z. B. für die → Ufa und die → DEFA, auch die Filme der «Archers» (die Produktionsfirma des für Regie, Drehbuch und Produktion gemeinsam verantwortlichen Gespannes Michael Powell / Emeric Pressburger), für Alfred Junge (*The Life and Death of Colonel Blimp*, Leben und Sterben des Colonel Blimp, GB 1943; *A Matter of Life and Death*, Irrtum im Jenseits, GB 1946; *Black Narcissus*, Schwarze Narzisse, GB 1947) und Hein Heckroth (*The Red Shoes*, Die roten Schuhe, GB 1948; *The Tales of Hoffmann*, Hoffmanns Erzählungen, GB 1951), die den Stil dieser Filme entscheidend prägende Designs entwarfen.

❑ Günter Agde (Hg.): Spielräume. Aus der Werkstatt des Filmszenographen Alfred Hirschmeier, Berlin 1989

❑ Robert S. Sennett: Setting the Scene: The Great Hollywood Art Directors, New York 1994

Asynchroner Ton Allgemein eine Diskrepanz zwischen Bild und Ton. Als technischer Fehler entsteht er bei nicht genau abgestimmter Bild- und Tonspur, was etwa zu einem zeitlich gegenüber den sichtbaren Lippenbewegungen versetzten Dialog führt. Als ästhetische Möglichkeit wird der A. T. ebenfalls genutzt, doch spricht man nicht bei allen Tönen, die keiner im Bild sichtbaren Tonquelle entstammen, von A. T. Sofern ihre Quelle im → Off liegt, die Töne aber mit der → Szene verbunden erscheinen (atmosphärischer oder Umgebungston), werden sie ebenso als synchron wahrgenommen wie eine der Szene unterlegte Musik. Der Begriff beinhaltet die Unvereinbarkeit der Bilder mit den Tönen, insofern ist auch der Kommentar oder die → Voice over in einem strikten Sinn nicht asynchron. Ein A. T. entsteht durch eine kurze Trennung von Bild- und Toninformation oder durch den bewußt hergestellten Kontrast beider. Der erste Fall ist etwa bei Szenenübergängen möglich, wenn der Ton der ersten Szene (z. B. ein Gespräch) in der folgenden fortgeführt wird oder, im Gegenteil, der Ton bereits durch einen neuen ersetzt wird, obwohl die Bilder noch die gleiche Situation (den Dialog) zeigen. Eine vergleichbare Verschiebung liegt auch vor, wenn in einer Szene ein Satz (oder ein isoliertes Geräusch, ein Musikstück) hörbar wird, der früher gefallen ist (eine Art akustische → Rückblende, wie sie Elia Kazan in *The Last Tycoon*, Der letzte Tycoon, USA 1976, einsetzt) oder der erst später fallen wird (eine akustische → Vorausblende). Ein Kontrast von Ton und Bild entsteht immer dann, wenn die Beziehung beider offenkundig weder von aktuellem Ton (der aus der abgebildeten Szene entstammende oder der entsprechend nachträglich synchronisierte Ton) noch Umgebungston bestimmt ist. Ein Beispiel dafür ist der Beginn von *Once Upon a Time in America* (Es war einmal in Amerika, USA 1984, R.: Sergio Leone), dem das Läuten eines Telefones unterlegt wird, das erst in einer folgenden (in der Handlungszeit aber früher angesiedelten) Szene im Bild zu sehen ist.

❑ Reinhold Rauh: Sprache im Film, Münster 1987

Atelier s. → Studio

Attraktionskino Das Kino der Attraktionen (Cinema of Attractions) war die übliche Präsentationsform in der Frühzeit des Films. Die noch sehr kurzen Filmstreifen mit unterschiedlichsten Sujets folgten als Nummern aufeinander und wurden durch einen Erzähler kommentiert. Weder die einzelnen Filme noch die gesamte Show realisierten eine vollständige → Erzählung. Kurze Sketche, → Aktualitäten, → Phantom Rides und → Trickfilme konnten Bestandteil des Programms sein, das seine Faszination noch weitgehend aus der Fähigkeit der Kinematographie zur Bewegungsreproduktion bezog.

❑ Tom Gunning: Das Kino der Attraktionen. Der frühe Film, seine Zuschauer und die Avantgarde. In: Meteor, H. 4, 1996

Attraktionsmontage Von Eisenstein in einem frühen Stadium seiner Beschäftigung mit der → Montage entwickeltes Konzept, das die Inszenierung als eine Folge von Einwirkungen auf den Zuschauer bestimmte. Die Wahl der Mittel bezieht sich auf die gewünschte Reaktion des Zuschauers, der mit zu diesem Zweck ausgewählten Mitteln der Inszenierung zu einem Erkenntnisprozeß provoziert werden sollte. Diese Einwirkungen oder Attraktionen sollten weder als bloß isolierte Schocks zu verstehen sein noch der Fabel untergeordnet bleiben, sondern in ihrer kalkulierten Folge auf die Zuschauer eine agitierende Wirkung ausüben. Eisenstein experimentierte mit der A. in Theaterinszenierungen, bevor er sie in *Stacka* (Streik, UdSSR 1924) im Film verwandte.

❑ Sergej Eisenstein: Schriften 1 (Streik), hg. von H. J. Schlegel, München 1974
❑ ders.: Das dynamische Quadrat, hg. von Oksana Bulgakowa und Dietmar Hochmuth, Leipzig 1988
❑ Oksana Bulgakowa: Sergej Eisenstein – Drei Utopien. Architekturentwürfe zur Filmtheorie, Berlin 1996

Aufblende Allmähliches Erscheinen des Bildes aus einem ganz schwarzen (oder monochrom gefärbten) Grund. Die A. signalisiert den Beginn einer filmischen Einheit, z. B. einer → Szene.

Aufklärungsfilm Die sogenannten «Sittenfilme», die noch während des Ersten Weltkrieges und zu Beginn der Weimarer Republik in großer Zahl auf den Markt kamen, bildeten die erste Welle der A. in Deutschland. Die bis 1918 produzierten Filme wie Richard Oswalds *Es werde Licht* (Teil 1 1916 / 17, Teil 2 1917) behandelten die Problematik der Geschlechtskrankheiten. Nach der deutschen Kapitulation und begünstigt durch das Fehlen der erst 1920 wieder eingeführten → Zensur und den politischen und moralischen Bankrott der wilhelminischen Ordnung, thematisierten die Filme, beworben mit grellen Plakaten und durch vielversprechende Titel lokkend, doch mit meist eher melodramatischer Handlung aufwartend, Sexualität und Geschlechterverhältnisse in der Nachkriegsgesellschaft. Prostitution, Homosexualität, ungewollte Schwangerschaft waren bevorzugte Stoffe. Von konservativen Kritikern wurde den Filmen vorgeworfen, die Sitten zu verderben, und eine beklagte «Flut» war ein Argument, mit dem die Wiedereinführung der Zensur betrieben wurde. Eine gewisse Spekulation mit den vermuteten Instinkten des Publikums darf den Produzenten dieser Filme getrost unterstellt werden. Vom → pornographischen Film trennte sie jedoch das Aussparen explizit sexueller Handlungen. Zudem war der Hinweis, sich mit Hilfe von Sexualwissenschaftlern (Magnus Hirschfeld als Berater für einige Filme Richard Oswalds) auf virulente Zeitprobleme zu beziehen, nicht nur eine Schutzbehauptung. Themen wie Prostitution oder Homosexualität waren tabuisiert, und insofern war ihre Darstellung im Film aufklärerisch. Die Filmwelle wurde von dem neuen Lichtspielgesetz (12. 5. 1920) unterbrochen, doch gab es auch in den späteren Jahren der Weimarer Republik eine Reihe von Filmen, die in der Tradition der A. standen.

Unter anderen Voraussetzungen entstanden A., die im Kino gezeigt wurden, in den sechziger Jahren in der Bundesrepublik Deutschland. Vor allem die auf Veröffentlichungen von Oswald Kolle basierenden Filme und *Helga* (R.: Erich F. Bender, 1967) waren auch international erfolgreich. Die kurzlebige Konjunktur ging bald in Softpornos über, die Aufklärung nur mehr als Etikett einer verbrämenden Werbung nutzten. Diese Sexfilme (wie *Schulmädchenreport*, insgesamt 13 Folgen zwischen 1970 und 1980 in der Regie von Ernst Hofbauer und später Walter Boos) gehörten in den siebziger Jahren zu den wenigen gewinnbringenden einheimischen Filmen.

❑ Richard Oswald: Regisseur und Produzent, Red. Helga Belach, Wolfgang Jacobsen, München 1990

Auflösungsvermögen Die Fähigkeit von Objektiven und Filmmaterial, bei der Abbildung feinste Unterschiede zu registrieren. Als Maßstab gilt die erkennbar getrennte Wiedergabe von zwei dicht beieinanderliegenden Punkten oder Strichen. (→ Szenenauflösung)

Aufprojektion Kombinationsaufnahme (→ Rückprojektion), in der eine → Szene in einem Atelier (Darsteller in einer Teildekoration) um einen Hintergrund, der auf eine stark gerichtet reflektierende Leinwand projiziert wird, ergänzt wird. Die A. geschieht durch einen halbdurchsichtigen Spiegel, der in einem Winkel von 45° vor der → Kamera steht. Der Projektor, in einem Winkel von 90° zur Kamera postiert, wirft dadurch ein Bild, das sich auf der gleichen optischen Achse wie das Kameraobjektiv befindet. Die von den Darstellern und der Teildekoration geworfenen Schatten erscheinen daher für die Kamera nicht sichtbar. Das projizierte Bild, das auf Darsteller und Dekoration fällt, wird durch Scheinwerfer überdeckt. Die A. läßt Vorder- und Hintergrund integriert erscheinen.

Aufsicht Eine → Einstellung, die von der → Kamera aus einer (annähernd) vertikalen Position aufgenommen wird. Bei extremer Entfernung vom Aufnahmeobjekt spricht man von einer Vogelperspektive. A. sind, da sie der gewöhnlichen menschlichen Wahrnehmung fremd sind, besonders auffallende oder markierte Einstellungen, die oft einen verstörenden Effekt haben. Alfred Hitchcock hat, z. B. in *North by Northwest* (Der unsichtbare Dritte, 1959), einen virtuosen Gebrauch von ihnen gemacht. In diesem Film zeigt eine Szene den fälschlich des Mordes verdächtigten Cary Grant beim Verlassen des UN-Gebäudes in New York, wobei die Kamera vom Dach des Hochhauses senkrecht auf den winzigen Flüchtling Grant hinunterzuschauen scheint.

Außenaufnahme Jede → Einstellung, die nicht im Studio gedreht wurde, sowohl Aufnahmen in realen Gebäuden wie auf Straßen oder in einer Landschaft. Das Kriterium der A. ist, daß die Dreharbeiten außerhalb der (kontrollierten) Bedingungen des Studios erfolgten. (→ On Location)

Ausstattung → Art Direction

Ausstattungsfilm Kein → Genre im engeren Sinne, bezeichnet der A. eine bestimmte Spielart des Films, deren wesentliche Attraktion in den präsentierten Schauwerten Kostüme, Bauten, Dekor besteht. Die unvermeidlich hohen Kosten für die derart im Vordergrund stehende Ausstattung lassen den A. nur als Studioproduktion realisierbar werden. Die meisten der aufwendigen Filme entstammen dem → Historienfilm.

Autorenfilm Eine Auffassung vom Filmemachen, die den Regisseur in Analogie zur Literatur als Autor seiner Filme versteht. Die literarische Metapher findet sich zum erstenmal in einem programmatischen Artikel von Alexandre Astruc aus dem Jahr 1948: Indem er die Kamera als Federhalter (Caméra Stylo) bezeichnet, bereitet Astrucs Aufsatz den Weg für eine → Filmkritik, die einzelne Filme wie auch Gesamtwerke auf die besondere Handschrift ihrer Regisseure hin untersucht. Folglich setzt die Bezeichnung eines Films als A. die Annahme voraus, daß sich die Persönlichkeit des Regisseurs in der Thematik und / oder → Mise-en-scène seines Werks manifestiere.

Zwar taucht der Begriff in Deutschland schon kurz nach 1910 auf, doch noch mit grundsätzlich anderer Bedeutung. So geht 1913 als Autorenfilmjahr in die → Filmgeschichte ein, weil besonders viele Werke bekannter Autoren verfilmt werden. Doch gerade gegen die Aufwertung des Drehbuchautors, dessen Vorlage der Regisseur nur noch verfilmt, führt die französische Kritik nach Astruc den Regisseur selbst als Filmautor ins Feld. Unter der Federführung von André Bazin erscheinen in den «Cahiers du Cinéma» zu Beginn der 50er Jahre Kritiken von François Truffaut,

Jean-Luc Godard bei den Dreharbeiten zu *À bout de souffle* (Außer Atem), F 1959

Jean-Luc Godard, Eric Rohmer und anderen zukünftigen Autoren der →Nouvelle Vague, die sich als Beiträge zu einer regelrechten «Politique des Auteurs» verstehen. In ihrer Auseinandersetzung mit der amerikanischen Filmgeschichte machen die jungen französischen Kritiker Autorschaft an der Fähigkeit eines Regisseurs fest, angesichts der quasi industriellen Produktionsweise in Hollywood einen eigenen Stil zu bewahren. Folglich avanciert das Schlagwort vom A. auch zum zentralen Maßstab der Kritik, da an ihm explizit der *Wert* eines Werkes gemessen wird. Bezeichnen die «Cahiers»-Kritiker vor allem die Arbeiten von Hollywood-Regisseuren wie etwa John Ford, Howard Hawks oder Alfred Hitchcock als Autorenfilme, so bedeutet das gleichzeitig deren Aufwertung gegenüber der Masse an Filmen, die keine eigene Handschrift aufzuweisen haben.

Ausgehend von der kalkuliert polemischen Haltung der französischen Kritiker lassen sich zwei verschiedene Entwicklungslinien des A. verfolgen. Es gilt zu unterscheiden zwischen der Begriffsgeschichte des A. in der Filmkritik und -theorie einerseits und filmhistorischen Bewegungen wie der Nouvelle Vague oder dem →Neuen Deutschen Film andererseits, die sich dem Autorenfilm als Modell für die Praxis verschrieben haben.

Die Positionen der französischen «Politique des Auteurs» werden in den 60er und

70er Jahren vor allem in der anglo-amerikanischen Theorie lebhaft diskutiert. Insbesondere Andrew Sarris' Buch «The American Cinema» (1968) trägt maßgeblich zur Popularisierung des Autorenbegriffs bei.

Die Theorie entfernte sich in ihrer strukturalistischen Wendung vom Maßstab des Individuums, doch blieb die romantische Auffassung vom Autor als sich selbst verwirklichendes künstlerisches Objekt für das Selbstverständnis der Autorenfilmer, zumal in Deutschland, kennzeichnend. Zwar beerbt der Junge Deutsche Film seit dem Oberhausener Manifest (1962) mit dem Schlachtruf «Papas Kino ist tot» explizit die Parolen der «Cahiers»-Kritiker, doch unterscheidet sich das ausgerufene «Kino der Autoren» in wesentlichen Punkten von dem französischen Vorbild. In oft polemischer Abgrenzung zur amerikanischen Filmindustrie stellt der deutsche A. einen Kunstbegriff in den Mittelpunkt, der autobiographische Lesarten favorisiert und die in der Filmindustrie übliche Arbeitsteilung in der Figur des Autors aufhebt. Wo nicht die Tätigkeit des Schriftstellers explizit als Metapher für die Filmregie bemüht wird, tauchen oft Vergleiche mit handwerklichen Fähigkeiten oder der Arbeit anderer Künstler (Komponisten, Maler) auf.

Mit Ausnahme der gefeierten Werke von Autoren wie etwa Wim Wenders, Edgar Reitz oder Rainer Werner Fassbinder wird der A. in der Öffentlichkeit bald mit dem Problemfilm gleichgesetzt und verschmäht. Während nun die Kritik nach Fassbinders Tod in Deutschland auch das Konzept des A. in Frage stellt, lebt dieses Modell gerade im Lande Hollywoods in den Produktionen der Independents wieder auf. (J. M.)

- Alexandre Astruc: Die Geburt einer neuen Avantgarde. Die Kamera als Federhalter, in: Christa Blümlinger / Constantin Wulff (Hg.): Schreiben Bilder Sprechen, Wien 1992
- André Bazin, Jacques Becker, Charles Bitsch et al.: La politique des auteurs, Paris 1984
- John Caughie (Ed.): Theories of Authorship, London und New York 1981
- Helmut H. Diederichs: «Autorenfilm» und Verfilmungsfrage. Zur Geschichte und Theorie der Literaturverfilmung vor dem Ersten Weltkrieg in Deutschland. In: Joachim Paech (Hg.): Methodenprobleme der Analyse verfilmter Literatur, Münster 1988
- Thomas Elsaesser: Der Neue Deutsche Film, München 1994

Avantgardefilm Wird oft synonym verwendet mit →Experimentalfilm, was auf eine Kunsttheorie weist, die Avantgarde als Vorhut versteht, die intellektuell und ästhetisch den Zeitgenossen voraus ist. Stets hat Avantgarde den Charakter des Ausprobierens und Experimentierens. Sobald ein Experiment übernommen wurde, kann es nicht mehr zur Avantgarde gezählt werden, denn die Avantgarde ist einem ständigen Innovationszwang unterworfen. Im Bereich der Neuerungen – technisch oder ästhetisch – gibt es auch stets Beziehungen zur Film- und Kulturindustrie, deren wechselseitige Wirkungsweisen nicht genau zu bestimmen sind – trotz aller Versuche, etwa den →absoluten und →abstrakten Film der 20er Jahre als Vorläufer für heute gebräuchliche Gestaltungsmerkmale von Werbespots und Videoclips anzuführen. Bis heute werden die Filme als A. oder Experimentalfilme bezeichnet, die rein künstlerische Ziele verfolgen.

Die historisch erste Avantgarde des Films war eng verbunden mit Tendenzen der bildenden Kunst: die aus dem Kubismus, Futurismus, Dadaismus, Konstruktivismus und Surrealismus hervorgegangenen Filmregisseure sowie die Vertreter des abstrakten Films der →Stummfilmzeit (Eggeling, Richter, Ruttmann, Dulac, Clair, Chomette, Ray, Buñuel, Cocteau usw.). Oft wird der Begriff als Stilbegriff auf diese Filmkünstler bezogen, die in den 20er Jahren in Frankreich und Deutschland mit teilweise spektakulären Aktionen aus einer neuen Bild- und Tonvorstellung heraus mit den etablierten Traditionen brachen. (C. V.)

❑ Birgit Hein, Wulf Herzogenrath (Hg.): Film als Film. 1910 bis heute, Stuttgart 1977

❑ Gottfried Schlemmer (Hg.): Avantgardistischer Film 1951–1971. Theorie, München 1973

❑ P. Adams Sitney: Visionary Film. The American Avantgarde 1943–1978, New York 1979

Bergfilm Eigenständiges → Genre im Kino der Weimarer Republik. Die ersten B. dreht der Drehbuchautor, Regisseur und Kameramann Arnold Fanck bereits 1913 (*Die Erstbesteigung des Monte Rosa*). Zu seinen Schülern zählen die Regisseure Leni Riefenstahl und Luis Trenker sowie die Kameramänner Sepp Allgeier, Richard Angst und Hans Schneeberger.

Der promovierte Geologe Arnold Fanck (1889–1974) beteiligt sich 1913 mit seinem späteren Kameramann Sepp Allgeier an der Erstbesteigung des Monte Rosa, dieses Unternehmen wird von ihm kinematographisch dokumentiert. Im Frühjahr 1920 gründet Fanck die Berg- und Sportfilm GmbH Freiburg, für die er Filme über Skilauf, Eiswanderungen und Bergtouren dreht: *Das Wunder des Schneeschuhs* (1919/20), *Im Kampf mit dem Berge* (1921), *Der Berg des Schicksals* (1924). Die Darsteller sind zunächst Skiläufer und Bergsteiger aus Fancks Bekanntenkreis, von denen er vor allem Körperbeherrschung und Risikobereitschaft verlangt, 1925 hat die Tänzerin Leni Riefenstahl in Fancks *Der heilige Berg* ihr Filmdebüt. Bei den → On Location gedrehten Außenaufnahmen vertraut Fanck auf Authentizität, Zufall und die Improvisationsgabe seiner Mitarbeiter. Daher sind die in den Filmen erzählten Abenteuer nicht zu trennen von

B b

Der heilige Berg, D 1925, R.: Arnold Fanck

den Gefahren und Anstrengungen, denen sich das Filmteam aussetzt. Der von Fanck praktizierte Einsatz der Kamera etabliert Standards, die von Sportfilmern bis zur Gegenwart eingehalten und variiert werden: Ausnutzen des Gegenlichts, Wechsel zwischen Übersichtstotalen und extremen Naheinstellungen, → Fahrten mit am Körper der Akteure befestigten Kameras, Flugaufnahmen und extreme → Zeitlupen. Fancks B. sind auch Expeditionsfilme und entwerfen das Bild eines modernen, im Umgang mit komplexen Technologien vertrauten Menschen, dem die Zivilisation jedoch keine Herausforderung mehr zu bieten hat und der daher Geistesgegenwärtigkeit und Ausdauer unter extremen Naturbedingungen erprobt. Diese Filme sind der → Neuen Sachlichkeit zuzurechnen, nicht zufällig komponieren Paul Hindemith (*Im Kampf mit dem Berge*) und Paul Dessau (*Der weiße Rausch*, 1930/31; *SOS Eisberg*, 1932/33) Begleitmusiken.

Neben Fanck treten Leni Riefenstahl und Luis Trenker als Bergfilmer hervor. Riefenstahls Film *Das blaue Licht* (1932), in dem es um eine von einem Naturmädchen gehütete und von einem Städter zerstörte Berggrotte geht, nimmt der Romantik entlehnte Elemente in das Genre auf. Trenker gelingt in *Der verlorene Sohn* (1934) eine Gegenüberstellung von Stadtlandschaft und Bergwelt, für die er die Slums von New York mit einer improvisierenden → Handkamera so erkundet, wie er es bei Fancks Naturaufnahmen gelernt hatte.

Das Genre hat nach 1945 in Deutschland keinen Erfolg mehr. Zwar wird in der Nachkriegszeit eine ganze Reihe von Filmen gedreht, die Bergszenarien als Schauplätze nutzen, doch handelt es sich dabei um → Heimatfilme. An der wohligen Wärme des häuslichen Herdes, an Familienleben und Geborgenheit sind B. jedoch nie sonderlich interessiert: Sie erzählen von der Suche nach Einsamkeit und der Bewährung unter extremen Bedingungen. B. wurden und werden kontrovers diskutiert: Der Filmtheoretiker Béla Balázs (der auch das Drehbuch zu Riefenstahls *Das blaue Licht* schrieb) hebt bereits 1931 hervor, daß in diesen Filmen durch Regie und Kameraarbeit die Natur nicht als landschaftlicher Hintergrund, sondern als dramaturgischer Bestandteil der erzählten Geschichte inszeniert wird. Darüber hinaus, so Balázs, lasse sich die Darstellung des «Naturkampfes zwischen Kreatur und kosmischen Elementen» auf den sozialen Kampf übertragen. Siegfried Kracauer hingegen sieht im Pathos des B. die Bestätigung für eine «Welle von Pro-Nazitendenzen in der präfaschistischen Zeit». Vor allem Kracauers Rezeption hat die Wahrnehmung des Genres in der Filmgeschichtsschreibung geprägt: Erst in den 90er Jahren wird mit der Analyse ihrer spezifischen Bildsprache die Nähe zur Avantgarde der Weimarer Republik wiederentdeckt. (M. E.)

❑ Béla Balázs: Der Fall Dr. Fanck (1931). In: Béla Balázs: Schriften zum Film Bd. 2, Berlin 1984
❑ Filmhefte Nr. 2 (Sommer 1976) [Sondernummer zu Arnold Fanck]
❑ Siegfried Kracauer: Von Caligari zu Hitler, Frankfurt am Main 1979
❑ Eric Rentschler: Hochgebirge und Moderne: Eine Standortbestimmung des Bergfilms. In: Uli Jung, Walter Schatzberg: Filmkultur zur Zeit der Weimarer Republik, München u. a. 1992

Beleuchtung Die Lichtkunst Film ist abhängig von ausreichender Beleuchtung und durchlief verschiedene Phasen, in denen die Charakteristik der Lichtquellen wie des lichtsensiblen Materials sich veränderten. Vergleichsweise unempfindliches Filmmaterial und lichtschwache künstliche Beleuchtungsquellen ließen zunächst Aufnahmen nur bei hellem Sonnenlicht zu. Die frühen Filme sind unter diesen Bedingungen, also im Freien oder in →Studios mit Glasdach und -wänden entstanden. Die Verbesserung der Lichtempfindlichkeit des Filmmaterials wie die Entwicklung stärkerer künstlicher Lichtquellen emanzipierte die neue Kunst von dieser Einschränkung. Zugleich ermöglichte die neue Technik eine gerichtete und ästhetisch variabel zu gestaltende Ausleuchtung. Die Beleuchtung der Situation vor der →Kamera, eine Aufgabe des Kameramannes, kann seither durch die Lichtführung sehr verschiedene Resultate erreichen. Sowohl die Lichtmenge (→High-Key- und →Low-Key-Ausleuchtung) wie die Verteilung des Lichts (→Kontrast) beeinflussen den visuellen Eindruck der Szenerie. Künstliche Beleuchtung, die bei Studioaufnahmen unabdingbar ist (moderne Ateliers schließen das Tageslicht aus), wird auch in vorgefundenen Interieurs (→On Location) eingesetzt und kann zur Verstärkung bei Aufnahmen im Freien erforderlich sein. Bei Studiobeleuchtung unterscheidet man u. a. zwischen breitwinklig (Lichtwanne) und fokussiert ausstrahlenden (Scheinwerfer, →Spot) Lichtquellen. Ihre Kombination ermöglicht eine fast beliebig gestaltbare Ausleuchtung.

❑ Gerald Millerson: The Technique of Lighting for Television and Motion Pictures, London 1972

❑ Hilmar Mehnert: Filmfotografie, Leipzig 1965

Bewegung Den Schein der Bewegungsreproduktion verdankt die Kinematographie der kontinuierlichen Folge von (diskontinuierlichen) Phasenfotografien. Die Bewegung des Filmstreifens selbst (sowohl in der →Kamera wie im →Projektor) ist dabei nur die Kontinuität sichernde Instanz. Der Bewegungseindruck entsteht durch die Aufnahme und Projektion fixierter Einzelbilder in einer →Bildfrequenz von mindestens 16 Bildern pro Sekunde. Die Fähigkeit zu dieser scheinhaften Reproduktion war zu Beginn der →Filmgeschichte die wesentliche Sensation und begründete die Attraktion des neuen Mediums. Die Abbildung verschiedener Arten der Bewegung (von Personen wie Gegenständen) war folglich der Kern der ersten Filme. Neben die Abbildung von Bewegungen, die vor der Kamera statthatten, trat später die Bewegung der Apparatur selbst (→Entfesselte Kamera, →Fahrt, →Kamerabewegung, →Schwenk). Bewegungen von Figuren oder Objekten, die aus den Grenzen der →Einstellung hinausführen, können durch entsprechende Zusammenfügung wiederum den Eindruck einer kontinuierlichen Bewegung hervorrufen (→Continuity-System).

Bild Die visuelle Information auf dem Filmstreifen, im Gegensatz zum →Ton. Die optische Reproduktion oder Aufzeichnung erfolgt in diskreten Einheiten, den Einzelbildern, während die Tonaufzeichnung und Abspielung grundsätzlich kontinuierlich erfolgen muß. Auch: das →Einzelbild (Kader) als kleinste Einheit der optischen Reproduktion, sowie: das auf die Leinwand projizierte Bild. In der Frühzeit war B. zudem eine gebräuchliche

Bezeichnung für Handlungseinheiten des Films.

Bildfrequenz Die Anzahl pro Sekunde aufgenommener oder projizierter Einzelbilder eines Films. Eine (abhängig von den Beleuchtungsverhältnissen des Raumes sowie der Helligkeit der Projektion selbst) Mindestbildfrequenz von 16 → Bildern pro Sekunde wird vom menschlichen Auge nicht mehr als Folge voneinander unterscheidbarer einzelner Eindrücke, sondernals Kontinuum wahrgenommen. (→ Nachbildeffekt, → Phi-Effekt) Die Bildfrequenz unterlag im → Stummfilm aus verschiedenen Gründen Variationen. Die noch mit einer Handkurbel betriebenen ersten Kameras ließen keinen vollständigen Gleichlauf zu, der erst mit mechanischen oder elektrischen Antrieben erreicht wurde. Daher schwankte die Bildfrequenz bereits bei der Aufnahme. Zudem konnte der Kameraoperateur die Aufnahmegeschwindigkeit bewußt verändern, um bei stark bewegten oder ruhigeren Szenen einen entsprechenden Effekt zu erzielen (unter- oder überdrehen). Auch die Projektion erfolgte nicht notwendig mit einer gleichmäßigen Bildfrequenz, die zunächst mit einer Kurbel betriebenen, später mit Motoren ausgestatteten → Projektoren erlaubten Veränderungen der Geschwindigkeit, so daß der Vorführer den künstlerisch gewollten Eindruck unterstützen oder auch willkürlich die Geschwindigkeit ändern konnte. Als Erfahrungswert gilt, daß die übliche Bildfrequenz während der Stummfilmperiode allmählich erhöht worden ist. Die Einführung des → Tonfilms erforderte die Standardisierung der Bildfrequenz, die auf 24 Bilder pro Sekunde festgelegt wurde. Beim → Fernsehen gilt die Standardfrequenz 25 Bilder pro Sekunde.

- ❑ Kevin Brownlow: Silent Films – What Was the Right Speed? In: Thomas Elsaesser (Hg.): Early Cinema. Space, Frame, Narrative, London 1990
- ❑ Werner Sudendorf: Variationen der Geschwindigkeit. In: Film und Fernsehen in Forschung und Lehre, Nr. 8, 1985

Bildkomposition Das zweidimensionale Filmbild reproduziert eine dreidimensionale räumliche Gegebenheit vor der Kamera (mit der Ausnahme des → Zeichentrickfilms und bestimmter Beispiele des → Experimentalfilms). Der kompositorische Aufbau des Bildes ist daher nicht allein auf die formalen Qualitäten dieser Fläche bezogen, sondern auch auf ihre dreidimensionale Ausgangssituation. Einen räumlichen Effekt kann der Film sowohl durch die Abfolge der einzelnen → Einstellungen wie die Gestaltung des Einzelbildes erreichen (→ Filmraum). Ob eine besonders starke Raumillusion oder im Gegenteil ein flächiger Eindruck erzielt wird, hängt vom Kontext der Einzelbilder ab. Als Fläche wird das Bild ähnlich wie ein Foto gestaltbar. Welche Partien scharf abgebildet sind, wie die Verteilung von Licht und Farbe gewählt ist, welche Relation von Vorder- und Hintergrund vorliegt und wo die Objekte im Bild plaziert sind, beeinflußt den Gesamteindruck der Komposition. Die Maße der Fläche geben einen Rahmen für die B. vor, die entscheidend andere Beziehungen beim Standardformat (→ Academy Format) oder einem der → Breitwand-Formate setzen. Die Bewegungen vor der Kamera wie deren Eigenbewegung sind Bestandteile einer nur im Film möglichen Komposition.

Bildraum Von Eric Rohmer eingeführter Terminus, der das (projizierte) Bild als Teildarstellung eines Raumes auffaßt und dem er den Architekturraum (die Bauten) sowie den in → Inszenierung und → Montage entstehenden filmischen Raum gegenüberstellt (→ Filmraum). Der B. ist die Domäne der fotografischen Gestaltung.

❑ Eric Rohmer: Murnaus Faustfilm, München 1980

Biograph Kurzform für eine der aktivsten Filmgesellschaften der frühen → Stummfilmära. Die American Mutoscope and Biograph Company wurde am 27. 12. 1895 von Herman Casler, Harry Marvin, William Kennedy Laurie Dickson und Elias Koopman gegründet. In einem Mutoscope wurden 800 bis 1000 auf einem Zylinder angebrachte Serienbilder in Bewegung gesetzt. Wie bei einem Abblätterbuch konnte der Betrachter kurzen Geschichten folgen: in der Tat ein Vorläufer der bewegten Bilder. Dickson war maßgeblich an der Entwicklung des → Kinetoscopes bei der → Edison Company beteiligt.

Die erste B.-Projektion auf eine Leinwand erfolgte am 12. 10. 1896 in Hammerstein's Opera House, New York. Da die Filme in einem größeren Format aufgenommen und mit höherer → Bildfrequenz vorgeführt wurden als üblich, ergab sich eine deutlich verbesserte Projektion. B. begann mit einer regelmäßigen Filmproduktion, richtete 1897 auf dem Dach eines Bürogebäudes in Manhattan ein kleines → Studio ein und dominierte bald den amerikanischen Markt. 1906 wurde das Studio in der East 14th Street eröffnet, in der Nähe des New Yorker Theaterbezirks. Zu den B.-→ Stars gehörten Mary Pickford, Lilian Gish, Mack Sennet und Florence Lawrence. Zwischen 1908 und 1913 arbeitete D. W. Griffith als Regisseur (und realisierte etwa 400 Filme) für die Gesellschaft, nachdem er bei Edison bis dahin nur als Schauspieler beschäftigt gewesen war. B. war 1908 neben Edison der einzige Aktionär der von neun Firmen gegründeten → Motion Picture Patents Company (MPPC). Dieser erste Versuch, ein Monopol aufzubauen, um den Markt über Lizenzen für die Geräte zu kontrollieren, scheiterte recht schnell. Nachdem Griffith Ende 1913 zur neugegründeten Firma Mutual gewechselt war, weil er dort auch längere Filme realisieren konnte, z. B. *The Birth of a Nation* (Die Geburt einer Nation, USA 1915), und sich die MPPC nicht durchsetzen ließ, meldete B. 1915 Konkurs an. (K. H.)

❑ Tino Balio (Ed.): The American Film Industry, Madison 1976
❑ Gordon Hendricks: Beginnings of the Biograph, New York 1964
❑ Charles Musser: The Emergence of Cinema. The American Screen to 1907 (History of the American Cinema, Vol. 1), Berkeley / Los Angeles / London 1990

Biopic Kurzform für Biographical Film, also die filmische Biographie einer bekannten Persönlichkeit. Der Begriff bezieht sich zunächst auf Hollywood, wo in den 30er und 40er Jahren eine Reihe solcher B. entstand.

Bioskop Von Max und Emil Skladanowsky entwickelter Doppelprojektionsapparat, mit dem abwechselnd Phasenbilder projiziert werden konnten. Die Abfolge der Bilder ordnete dem einen Projektor die geradzahligen, dem anderen die ungeradzahligen Einzelbilder zu. Auf diese Weise wurde trotz → geringer Bildfrequenz jedes einzelnen Projektors (ca. 8 Bilder pro Sekunde) eine kontinuierlich wirkende Wiedergabe erreicht. Die erste öffentliche Vorführung ihres Apparates fand am 1. November 1995 in Berlin statt (Wintergarten-Programm). Das Bioskop konnte sich gegen den technisch überlegenen → Cinématographe der Brüder Lumière nicht durchsetzen.

Bipack Kombination zweier Filmstreifen. B.-Filme ermöglichen die Herstellung von Trickszenen, die beim Kopieren aus zwei verschiedenen Aufnahmen (bei denen ein Teil des Bildfeldes komplementär abgedeckt wurde) zusammengefügt werden (→ Maske). Frühe Zweifarbverfahren basierten auf einem B. zweier Schwarzweißfilme. Dabei wurde der eine → orthochromatische Filmstreifen blaugrün, der zweite → panchromatische Film rotorange sensibilisiert. Die entstandenen → Farbauszüge wurden beim Kopieren auf einen doppelseitig beschichteten Film übertragen, dessen Schichten entsprechend eingefärbt wurden. Die Kombination ergab ein farbiges, jedoch nicht das ganze Spektrum wiedergebendes Bild. (→ Technicolor)

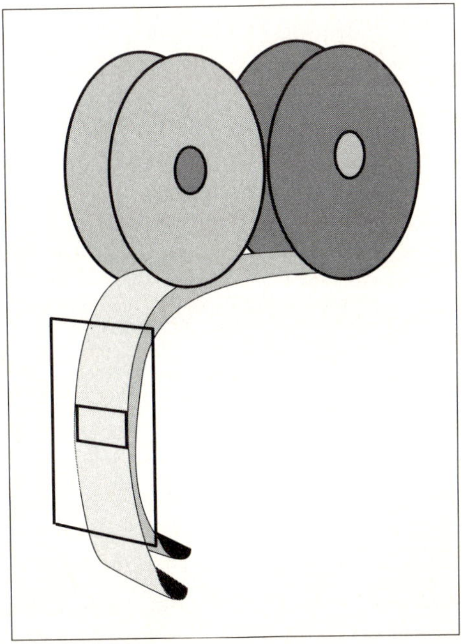

Black List Vor allem in den späten 40er und 50er Jahren geübte Praxis, mit der politisch mißliebige Personen in Hollywood inoffiziell zu personae ingratae erklärt wurden. Diese Praxis wurde von der Industrie selbst ausgeübt, entsprach aber dem politischen Klima der McCarthy-Ära. Schon das 1922 von der Industrie gegründete → Hays Office war der Versuch, einer staatlichen Zensurbehörde zuvorzukommen. Die Regeln, mit denen die Leinwand frei von Sexualität, Drogen, Gewalt usw. zu halten wäre, wurden ab 1930 im → Production Code fixiert. 1947, zu Beginn des Kalten Krieges, begann der Ausschuß für Untersuchung unamerikanischer Umtriebe (House Committee on Un-American Activities, HUAC), den angeblichen kommunistischen Einfluß auf Hollywood zu untersuchen – die erste direkte Intervention in Belange der Filmindustrie. Der Ausschuß verfolgte das Ziel, mit dem Liberalismus von Roosevelt aufzuräumen und Andersdenkende einzuschüchtern. In der McCarthy-Ära war das Blacklisting (die schwarze Liste bedeutete faktisch Berufsverbot) auch in anderen Branchen üblich, doch durch Hollywood wurde es publik. Die ersten Anhörungen begannen

Woody Allen in *The Front* (Der Strohmann), USA 1976, R.: Martin Ritt
Robert de Niro in *Guilty by Suspicion* (Schuldig bei Verdacht), USA 1991, R.: Irwin Winkler

am 20. 10. 1947. Zunächst wurden aussagewillige Zeugen gehört, darunter Jack L. Warner, Louis B. Mayer, Ronald Reagan, Gary Cooper, Robert Taylor, Lela Rogers (die Mutter von Ginger Rogers) und Adolphe Menjou. Humphrey Bogart sah sich gezwungen, in einem Artikel zu versichern, er sei nie Kommunist gewesen. Bertolt Brecht flüchtete gleich nach der ersten Anhörung nach Europa. Unter Strafandrohung sollten 19 «unfriendly witnesses» zu einer Aussage gezwungen werden. Zehn Zeugen verwahrten sich dagegen, sich über Mitgliedschaften oder Sympathien für linke Organisationen zu äußern und mit dem Komitee zusammenzuarbeiten. Sie erklärten den Ausschuß für verfassungswidrig, wurden verurteilt und gingen als die → Hollywood Ten in die → Filmgeschichte ein. Ihnen wurde zunächst noch starke Unterstützung gewährt, und die Anhörungen wurden sehr schnell unterbrochen. Doch ihre Arbeit verloren sie, und es begann das Blacklisting, das über zehn Jahre das Klima in Hollywood vergiften sollte.

Die zweite Runde der Anhörungen ab März 1951 fand in einer verschärften politischen Situation statt. Der Kalte Krieg hatte seinen Höhepunkt erreicht, in Korea kämpften die Amerikaner gegen zwei kommunistische Gegner. 1951 wurden insgesamt 90 Zeugen gehört, die die unterschiedlichsten Strategien verfolgten, um möglichst ungeschoren aus der Anhörung herauszukommen. Die Atmosphäre wurde von vielen als Hexenjagd bezeichnet, das Komitee veröffentlichte zwischen 1951 und 1954 Listen mit 324 Namen von Personen, die von kooperativen Zeugen als Kommunisten diffamiert worden waren. Darunter befanden sich 212 aktive Mitarbeiter der Filmbranche. Diese Personen wurden von den → Studios auf die B. gesetzt und fanden über Jahre keine Arbeit, wenn auch einige weiterhin für bestimmte Projekte beschäftigt wurden, ohne jedoch einen → Credit zu erhalten. Die Existenz solcher schwarzer Listen wurde von den Studios offiziell immer bestritten. Treffend wird die damalige Situation in *The Front* (Der Strohmann, USA 1976, R.: Martin Ritt) mit Woody Allen thematisiert. (K. H.)

- ❑ Eric Bentley: Thirty Years of Treason, New York 1973
- ❑ Larry Ceplair, Steven Englund: The Inquisition in Hollywood. Politics in the Film Community 1930–1960, Garden City / New York 1980
- ❑ Hartmut Keil: «Sind oder waren Sie Mitglied...». Verhörprotokolle über unamerikanische Aktivitäten 1947–1956, Reinbek 1979

Blankfilm Filmstreifen ohne lichtempfindliche Emulsion. Der transparente, perforierte Film wird von einigen → Experimentalfilmern direkt bemalt, bedruckt etc.

Blende Das Wort hat in bezug auf Film mehrere Bedeutungen. Die Objektiv-B. der Kamera bestimmt mit ihrer Öffnung die Intensität der Belichtung. Der Lichteinfall wird mit einer rotierenden → Umlauf-B. während des Filmtransportes in der Kamera unterbrochen. Die → Flügelb. unterbricht im Projektor den Lichtstrahl. Szenenübergänge können durch → Ab-, → Auf- oder → Überblendung sowie durch andere Trick-B. hergestellt werden. Nach ihrem optischen Effekt unterscheidet man u. a. Klapp-B., Jalousien-B., → Wisch-B. Zur Aufhellung von Schattenpartien werden diffus reflektierende B. eingesetzt.

Blimp Schalldämmende Ummantelung einer Filmkamera, mit Fenster für das Objektiv und Eingriffen für Einstellvorrichtungen und Schalter. Moderne Kameras sind selbstgeblimpt, d. h., ihre Mechanik ist auf geräuschlosen Lauf hin optimiert und so konstruiert, daß die Laufgeräusche sich nicht auf das Gehäuse übertragen und nach außen dringen können. (M. K.)

Blockbuster Amerikanische Bezeichnung für einen Erfolgsfilm, der innerhalb weniger Wochen seine Produktionskosten einspielt. (K. H.)

Blue-Screen-Verfahren Der auch als Blue Box oder Chroma Key bezeichnete elektronische Trick wurde zunächst beim Fernsehen eingesetzt. Eine Kamera unterdrückt eine bestimmte Farbe – es hat sich Blau bzw. Grün durchgesetzt. Wird beispielsweise eine Person vor blauem Hintergrund aufgenommen, wird nur sie abgebildet. Sie kann (elektronisch oder beim optischen Kopieren) ausgestanzt und in ein beliebiges anderes Bild gestellt werden. Bei Nachrichtensendungen werden die Grafiken hinter dem Moderator auf diese Weise eingestanzt. Inzwischen spielt dieses Verfahren eine wichtige Rolle bei digitalen →Special Effects und der virtuellen Studiotechnik, bei der das gesamte Studio ein blauer Raum ist und die Einrichtung dreidimensional im Computer simuliert wird. (K. H.)

❑ Evelyn Müller: On Air: Virtual Sets in Europa. In: Film & TV Kameramann, 8/1995

Bogenlampe Beleuchtungskörper, der im →Studio eingesetzt wurde. Der sehr helle und heiße Lichtbogen entsteht zwischen der positiv und negativ geladenen Kohle dieser mit Gleichstrom betriebenen Lampen. Das beim Abbrennen der positiven Kohle entstehende Geräusch beendete die Verwendung dieser Lampen im →Tonfilm. B. sind auch für Projektoren verwendet worden. B. erfordern ein Nachjustieren der Kohlen (mechanisch oder elektrisch gesteuert). An die Stelle der B. sind heute Gasentladungslampen getreten (Xenon- oder Halogenlampen).

B-Picture Der kürzere und billiger hergestellte Film innerhalb eines Doppelprogrammes (→A-Picture, →Studiosystem). Meist ein →Genrefilm, bei dem die kurze Drehzeit, das Fehlen von →Stars und die Standardisierungen in Handlung und Dekors die Produktionskosten senkten. Die B. verschwanden mit den →Double Features, doch werden billig produzierte Filme, die genretypische Handlungen aufweisen, auch heute noch oft mit diesem Ausdruck bezeichnet.

Breitwandfilm Jedes Format, dessen Seiten-Höhen-Verhältnis größer als beim Standardformat (→Academy Format) ist, wird als B. bezeichnet. Abgesehen von einigen frühen Versuchen (so von Abel Gance, der mit drei nebeneinander projizierten Standardbildern im letzten Teil seines *Napoléon*-Filmes [F 1927] eine spektakuläre Wirkung erzielte; →Polyvision) kamen B. erst in den 50er Jahren auf und stellten eine Reaktion auf die neue Konkurrenz des →Fernsehens dar. Ein breiteres Bild läßt sich mit herkömmlichem 35-mm-Film entweder durch →anamorphotische Fotografie oder durch veränderte Ausnutzung des Bildfeldes gewinnen.

Besonders gute Ergebnisse erreichten Filme, die das 35-mm-Material horizontal nutzten (und damit ein Negativ der doppelten Fläche besaßen) oder auf 65-mm- bzw. 70-mm-Film gedreht wurden. Die materialintensiven Verfahren verursachten jedoch hohe Kosten und werden heute kaum mehr für Dreharbeiten verwendet. Dennoch sind mittlerweile die meisten Filme in breiten Formaten, wenn auch auf herkömmlichem 35-mm-Material, gedreht. In diesen Fällen wird die zur Verfügung stehende Fläche nicht voll ausgenutzt, der Bildstrich (der trennende Raum zwischen den Einzelbildern) ist vergrößert. Das gängige amerikanische B.-Format weist ein Seiten-Höhen-Verhältnis von 1,85 : 1 auf, das europäische Format eines von 1,66 : 1. (→ Cinemascope, → Cinerama, → Todd-AO, → Vistavision)

❑ Helga Belach, Wolfgang Jacobsen (Hg): Cinemascope. Zur Geschichte der Breitwandfilme, Berlin 1993

Brighton-Schule Eine Gruppe von Filmproduzenten und -pionieren, die um die Jahrhundertwende im englischen Seebad Brighton tätig waren (unter ihnen G. A. Smith, J. A. Williamson und C. Hepworth) und in ihren Filmen beachtliche Innovationen der filmischen Artikulation entwickelten. Erste sinnvolle Schnitte für den Übergang von → Einstellungen innerhalb desselben → Sets werden von ihnen eingesetzt, und im → Chase Film entwickeln sie erste Formen filmischer Kontinuität bei Schauplatzwechseln.

BUFI Die Bundesvereinigung des Deutschen Films e. V. vereint als filmpolitische Dachorganisation sowohl bundesweite Dachverbände und Organisationen als auch die Filmbüros der Länder oder gleichgestellte regionale Zusammenschlüsse. Es sind rund 30 Verbände mit insgesamt 2500 Mitgliedern in der BUFI vertreten. (K. H.)

Bundesarchiv-Filmarchiv In seiner heutigen Gestalt Zusammenschluß zweier verschiedener → Filmarchive. Das Bundesarchiv, 1952 auf Kabinettsbeschluß gegründet und ursprünglich Archiv der Bundesregierung, begann schon bald nach seiner Gründung mit der Sammlung von Filmmaterialien, zunächst von Dokumentarfilmen und Filmen von Behörden etc., seit den 60er Jahren auch von Spielfilmen. Seit der Gründung des Verbundes der deutschen → Kinematheken (1978) ist das Bundesarchiv zum zentralen Archiv für den bundesdeutschen Film geworden, ohne daß es eine allgemeine Ablieferungspflicht aller in der BRD produzierten Filme gegeben hätte. So wies die Sammlung nicht nur für die Frühzeit des Films erhebliche Lücken auf. Dem Bundesarchiv wurde 1990 das Staatliche Filmarchiv (SFA) der DDR eingegliedert, wodurch das heutige B.-F. entstand. Das SFA wurde 1955 per Beschluß des Ministerrates der DDR gegründet. Ausgangsmaterial war auch hier, wie im Westen, ein Teil des ehemaligen Reichsfilmarchives. Das SFA sammelte das Filmschaffen der DDR (Pflichtabgabe von allen → DEFA-Produktionen, nicht aber von staatlich produzierten Filmen) sowie ausländische Filme (in der DDR aufgeführt oder aufgrund der filmhistorischen Relevanz im Tausch erworben). Beide Archive verfügten bei der deutschen Vereinigung über mehr als 60 000 Filmtitel. Das

B.-F. ist eines der größten Filmarchive der Welt.

❑ Mitteilungen aus dem Bundesarchiv, 3. Jg., Nr. 1, 1995

Bundesfilmpreis Die seit 1951 jährlich vergebenen und seit 1956 generell zweckgebunden dotierten Preise werden vom Bundesinnenminister für Filme oder an daran beteiligte Personen vergeben. Die Vergabekategorien waren anfangs vage, so ging 1953 ein Preis an den Kurzdokumentarfilm *Weg in die Freiheit* (BRD 1952, R.: Alfred Weidenmann), der danach «das soziale Problem besonders eindrucksvoll behandelt», und 1957 wurde die verkappte Adenauer-Hommage *Stresemann* (BRD 1956, R.: Alfred Braun) als Film ausgezeichnet, der «für die europäische Idee wirbt». Die in der Öffentlichkeit wirksamste Kategorie ist jene für den «besten programmfüllenden (Spiel-)Film», deren höchstdotierte Auszeichnung, der Wanderpreis «Goldene Schale» (bis 1953 «Goldener Leuchter»), jedoch nicht vergeben wird, wenn sich ein «bester» abendfüllender Spielfilm nicht finden läßt (so im Jahre 1961). Auszeichnung und kommerzieller Erfolg gehen nicht unbedingt Hand in Hand, manche Preisträger bleiben so gut wie unbekannt – beispielsweise *Derby Fever USA* (BRD 1979, R.: Roland Klick) oder *Leise Schatten* (BRD 1991, R.: Sherry Hormann). Daran äußert die Filmwirtschaft immer wieder Kritik – für sie ist eine Vergabepraxis unvernünftig, die keinerlei Rücksicht nimmt auf den kommerziellen Erfolg einzelner Filme. Dies aber ist nicht Aufgabe des B., der allein nach künstlerischen Kriterien vergeben werden soll. Seit 1962 werden Personen für «langjähriges und hervorragendes Wirken im deutschen Film» mit einem Filmband in Gold ausgezeichnet. Dazu zählen auch Filmemigranten wie Lotte Eisner, Wilhelm Dieterle, Elisabeth Bergner oder Douglas Sirk. (R. A.)

❑ Manfred Hohnstock, Alfons Bettermann (Red.): Deutscher Filmpreis 1951–1980, Bonn 1980

❑ Klaus Sigl, Werner Schneider, Ingo Tornow: Jede Menge Kohle? Kunst und Kommerz auf dem deutschen Filmmarkt der Nachkriegszeit. Filmpreise und Kassenerfolge 1949–1985, München 1986

Bundesverband Kamera → BVK

Bundesverband Video → BVV

BVK Der Bundesverband Kamera wurde 1990 gegründet, um die Interessen der freischaffenden Kameramänner und -frauen und ihrer Assistenten in Deutschland zu vertreten, insbesondere auch in Zusammenarbeit mit den übrigen Berufsgruppen der audiovisuellen Medien. Anfang 1996 hatte er ca. 360 Mitglieder. (K. H.)

BVV Der Bundesverband Video – Vereinigung der Video-Programmanbieter Deutschlands e. V. wurde am 16. 9. 1982 als Interessenverband der Videoindustrie gegründet, inzwischen sind 32 Firmen Mitglied. Wichtige Aufgaben sind, Rechtssicherheit und verbindliche Rahmenbedingungen für das neue Medium Video zu schaffen und Wirtschaftsstatistiken des Marktes zu erstellen. (K. H.)

Cc

Cameo-Auftritt In eine Spielhandlung integrierter Auftritt einer bekannten Persönlichkeit oder eines Stars nicht in der Funktion eines Darstellers einer Rolle, sondern als sie selbst. Der fiktionale Kontext des Filmes wird im C.-A. für einen kurzen Moment, oft mit parodistischer Absicht, durchbrochen. In Woody Allens Komödie *Annie Hall* (Der Stadtneurotiker, USA 1977) wird ein während des Wartens in einer Schlange vor dem Kino zwischen ihm und Diane Keaton ausgebrochener Streit dadurch geschlichtet, daß Allen sich an den hinter ihm stehenden Marshall McLuhan wendet, dessen Theorie der Streitgegenstand ist. Als C.-A. wirken auch die kurzen Auftritte von Alfred Hitchcock in seinen Filmen.

Caméra Stylo Alexandre Astruc prägte den Ausdruck, um einen persönlichen Filmstil, eine Handschrift vergleichbar einem Autor in der Literatur, zu propagieren (→ Autorenfilm).

❑ Alexandre Astruc: Die Geburt einer neuen Avantgarde. Die Kamera als Federhalter. In: Christa Blümlinger, Constantin Wulff (Hg): Schreiben Bilder Sprechen, Wien 1992

Casting Besetzung der Rollen eines Films durch einen Casting Director, wobei anhand des →Drehbuchs die zu den Charakteren passenden Schauspieler besetzt werden. Meist ohne Einschluß der Hauptdarsteller, die vom Produzenten oder Regisseur ausgewählt werden.

César Französischer Filmpreis, der auf Initiative des Publizisten Georges Cravenne seit 1976 von der zu diesem Zweck gegründeten Académie des Arts et Techniques du Cinéma jeweils im März vergeben wird. Vorbild war der →Academy Award. Wie dieser wird der C. in mehreren Kategorien, darunter auch für den besten ausländischen Film, vergeben.

❑ Le livre des Césars. 1976–1990, Montreuil 1990

Charge Nebendarsteller, der mit wiederkehrenden Eigenarten und seiner äußeren Erscheinung einen Typ ausprägt, der in verschiedenen Filmen variiert, mitunter standardisiert eingesetzt wird. Im deutschen Film der 20er und frühen 30er Jahre sind Adele Sandrock, Kurt Gerron, Siggi Arno und Felix Bressart beliebte C.-Darsteller gewesen.

❑ Rudolf Arnheim: Lob der Charge. In: ders.: Kritiken und Aufsätze zum Film, Frankfurt am Main 1979, S. 113–115
❑ filmwärts, Nr. 23, August 1992

Chase Film Populäre Form des →Attraktionskinos, in der verschieden motivierte Verfolgungsjagden das Vehikel waren, den Übergang zwischen räumlich getrennten Schauplätzen filmisch zu erkunden. Mit den C. F. bereitete sich in einer noch auf die Nummerndramaturgie gestellten Präsentationsform einzelner Filme eine filmische Artikulation vor, die zur erzählerischen Gestaltung befähigt war. Wie eine Fortsetzung dieser Filme wirkt die →Last Minute Rescue.

Cinecittà Unter dem italienischen Faschismus in Rom errichtetes, 1937 eingeweihtes Gelände mit mehreren Filmstudios (→Studio), seinerzeit das modernste Europas. Nach Kriegsende auch für aufwendige Hollywood-Filme genutzt.

Cinéma Impur Von André Bazin geforderte Öffnung des Films gegenüber literarischen Gattungen, besonders dem Theater. Die Formel war polemisch gegen das Cinéma Pur gerichtet, das die französische Filmavantgarde als eigentlich filmische Form forderte. Das Cinéma Pur sollte den Film von der Repräsentation befreien und wandte sich gegen die literarischen Zwänge der Handlung. Bazin betonte dagegen, die Übernahme literarischer Stoffe sei nicht länger ein Beleg für die Schwäche, sondern vielmehr eine neu gewonnene Stärke des Films und verwies auf die →Adaptionen William Wylers, Robert Bressons und Laurence Oliviers als Beispiele einer sowohl filmisch gelungenen wie werkgetreuen Umsetzung der Vorlagen.

❑ André Bazin: Was ist Kino? Bausteine zu einer Theorie des Films, Köln 1975

Cinema Novo Brasilianische Bewegung zur Erneuerung des nationalen Films, der die Regisseure Glauber Rocha, Nelson Perreira dos Santos und Ruy Guerra zugerechnet werden. Mit Beginn der 60er Jahre entstehen die ersten Filme des C. N., das eine von ausländischen Einflüssen freie, lebensfähige und die Probleme des Landes thematisierende Filmkultur anstrebt. Der Militärputsch von 1964 erschwert die Bedingungen der unabhängigen Filmproduktion. Rocha emigriert Anfang der 70er Jahre.

❑ Peter B. Schumann (Hg.): Kino und Kampf in Lateinamerika. Zur Theorie und Praxis des politischen Kinos, München 1976

Cinemascope Ein erfolgreiches →Breitwandverfahren, das ab 1953 in den USA eingesetzt wurde (*The Robe*, Das Gewand, USA 1953, R.: Henry Koster). Mit Hilfe einer Speziallinse (→Anamorphotische Fotografie) wird das breite Bild (Seitenverhältnis 2,35 : 1) auf 35-mm-Film im Normalformat aufgenommen und bei der Vorführung mit einer Optik entsprechend entzerrt. C. sollte – wie andere konkurrierende Breitwandverfahren – in den 50er Jahren die Besonderheit des Kinoerlebnisses gegen die Konkurrenz des Fernsehens behaupten. Zum Ereignis gehörten eine große Leinwand und ein stereophoner Ton. Im Gegensatz zu den meisten anderen Breitwandverfahren wird C. auch heute noch verwendet, wobei die Verbesserung des 35-mm-Materials die systembedingten Schwächen mittlerweile kompensiert (→ Breitwandfilm). (K. H.)

❑ Helga Belach / Wolfgang Jacobsen (Hg.): Cinemascope. Zur Geschichte der Breitwandfilme, Berlin 1993

❑ Heinrich Kluth: Raumtonfilm 3D, Murnau / München / Innsbruck / Olten 1955

Cinématographe Name der von den Brüdern Lumière entwickelten →Kameras. Die ersten Modelle konnten zugleich als Kopiermaschine und mit einem zusätzlichen Lampenhaus als Projektor genutzt werden. Der C. wurde mit einer Handkurbel betrieben und hatte zum Filmtransport einen Greifmechanismus, der intermittierend in die Perforationslöcher griff und den Film weiterzog. Mit diesen relativ leichten Kameras (Holzgehäuse) wurden von 1895, dem Jahr der ersten öffentlichen Filmvorführung, bis 1898 über tausend kurze Filme hergestellt, die von mehreren Operateuren (Kameramännern) in aller Welt aufgenommen worden waren. In Deutschland wurden erste Vorführungen mit dem C. von der Firma Stollwerck in Lizenz organisiert.

Cinéma Vérité Programmatik des →Dokumentarfilms, die vor allem mit dem Werk des französischen Ethnologen und Filmemachers Jean Rouch verbunden ist. Die Bezeichnung geht zurück auf Dsiga Wertows Konzept der Kino-Wahrheit (kino prawda) – zugleich der Titel einer aktuellen Wochenschau, die von 1922 bis 1925 erschien: Wertow ging es um höchstmögliche Authentizität, die dadurch erzielt werden sollte, daß sich die Gefilmten der Anwesenheit der Kamera nicht bewußt sind oder zumindest ihr Verhalten dadurch nicht ändern. Erst in der →Montage des Materials wurden dann die Aufnahmen im Rahmen des revolutionären Prozesses interpretiert. In diesem zentralen Punkt unterscheidet sich das C. V. von Wertow: Es registriert nicht nur solche Geschehnisse, die auch ohne die Präsenz der Kamera stattfinden würden, sondern vor allem soziale Prozesse, die durch die Filmarbeit erst angestoßen werden. In diesem Interesse wendet es sich auch radikal gegen das ungefähr gleichzeitig in den USA entwickelte →Direct Cinema, das ebenfalls darum bemüht war, eine möglichst unvermittelte und vorurteilslose Darstellung des wirklichen Lebens zu erreichen, und das stilistisch dem C. V. ähnelt.

Die Bezeichnung wurde von Edgar Morin, einem marxistischen Journalisten und Soziologen, auf das Werk Jean Rouchs übertragen. Von ihm stammte auch die Idee, die in den → ethnographischen Filmen von Rouch entwickelten Techniken für ein soziologisches Fresko des Lebens in Paris anzuwenden – ein Film ohne Drehbuch, bestehend nur aus einer Reihe von Interviews, die z. T. sehr lang und intensiv wurden; die Kamera sollte dabei als Katalysator wirken, die Realität selbst sich dramatisieren. Das Ergebnis war die Gemeinschaftsarbeit *Chronique d'un Eté* (Chronik eines Sommers, F 1961). François Reichenbach, Mario Ruspoli und Chris Marker griffen neben jungen Dokumentaristen aus anderen Ländern die Programmatik des C. V. auf, das gleichwohl nicht zu einer eigenen dokumentarischen Bewegung wie das Direct Cinema wurde, sondern sehr eng mit dem Werk Rouchs verbunden blieb. Für die Weiterentwicklung des ethnographischen Films indes ist die Methode des C. V. bis heute von größter Bedeutung.

Ziel ist es, die Konflikte zu protokollieren, die durch das Vorhandensein von Kamera und Interviewer erst hervorgerufen werden. Insofern stellt dieses Kino einen «Forschungsprozeß» (Morin) dar: Der Film ist eine Film-Enquête, eine Film-Untersuchung. Der Kamera kommt entsprechend der Charakter eines Caméra Provocateur zu, der eine Wahrheit hervorbringt, die unter dem Sichtbaren verborgen liegt. Um diesen Prozeß in Gang zu setzen, bedient sich Rouch psychodramatischer Techniken wie der Improvisation im Rollenspiel, in dem sich der Akteur enthüllen und seine Wahrheit als Subjekt zum Vorschein bringen kann. Kamera und Drehsituation werden dabei Teil des Films: Der Begriff der Cinétrance bezeichnet einen Zustand, in dem Filmemacher und technisches Gerät eine Symbiose der Beobachtung und der Teilnahme bilden, so daß man z. B. ein Interview führen kann, in dem der Befragte sich an den Fragenden und die Kamera gleichermaßen wendet. Die Cinétrance ist die Bedingung, sich filmend an eine Wahrheit anzunähern, die intuitiv erfaßt und dokumentiert wird und nicht primär aus einer rationalen Analyse des Vorfilmischen resultiert, sondern auf eine Ausklammerung der Befangenheiten und der Vorurteile des Filmemachers zielt. (B. H. / H. W.)

❑ Hohenberger, Eva: Die Wirklichkeit des Films. Dokumentarfilm. Ethnographischer Film. Jean Rouch, Hildesheim / Zürich / New York, 1988

Cinerama Spektakuläres Verfahren des → Breitwandfilms, dessen Vorläufer ursprünglich im Zweiten Weltkrieg für militärische Nutzung entwickelt wurden. Die Premiere der kommerziell nutzbaren Version fand am 30. 9. 1952 in New York statt. Auf einer gebogenen Leinwand werden drei Filme parallel vorgeführt, was den Effekt eines quasidreidimensionalen Breitwandbildes mit einem Blickwinkel von 160 Grad erzielen soll. Die Aufnahme erfolgte dabei auf drei 35-mm-Filmen in einer speziell entwickelten Kamera. Der Magnetton wurde auf sechs Spuren aufgenommen. Das System wurde von dem Amerikaner Fred Waller entwickelt, konn-

Vorführung eines Cinerama-Filmes mit drei synchronisierten Projektoren auf eine gebogene Leinwand

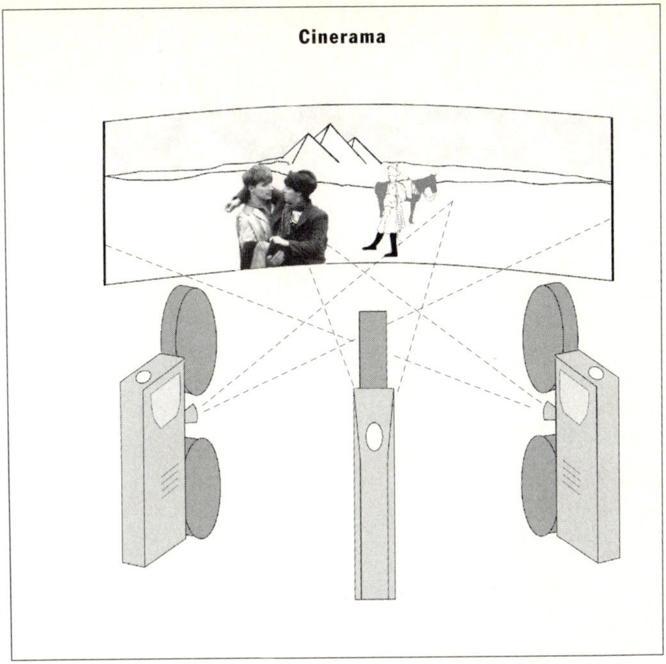

te sich aber langfristig wegen der hohen Kosten und technischer Anfälligkeit nicht durchsetzen (→ Breitwandfilm, → Cinemascope). (K. H.)

Colorisation Seit den 80er Jahren mögliches Verfahren zur nachträglichen Einfärbung alter Schwarzweißfilme per Computer für das Fernsehen. Trotz der hohen Kosten (1986: 2000 $ pro Minute) hat der Einsatz von C. in erster Linie ökonomische Gründe, da die Zuschauer in den USA angeblich nicht mehr bereit seien, Schwarzweißfilme anzusehen. Für die Kolorierung wird der Film auf Videoband überspielt, dann Szene für Szene analysiert und eingefärbt. In den USA gab es erhebliche Proteste dagegen. Die Directors Guild of America kommentierte, dies sei eine Verstümmelung der Geschichte und ein Akt des Vandalismus an der Vergangenheit (→ Kolorierung). (K. H.)

Columbia Pictures Amerikanisches → Studio, 1924 von Jack und Harry Cohn und Joseph Brandt gegründet. Symbol der Firma ist eine der Freiheitsstatue nachempfundene Frauengestalt mit Fackel. C. P. gehörte zu den wenigen → Studios, die bis zum Ende der 50er Jahre kein Geschäftsjahr mit Verlust abschließen mußten. Ohne eigene Kinotheater, jedoch mit eigenem Verleih für die USA und Kanada, galt C. P. in der Studioära zwischen 1930 und 1949 als eines der drei Mini-Majors. Die Plazierung der Filme in den begehrten Erstaufführungshäusern erforderte zähe Verhandlungen mit den fünf → Majors. C. P. spe-

Clark Gable und Claudette Colbert in *It happened one Night* (Es geschah eines Nachts), USA 1934, R.: Frank Capra

zialisierte sich neben Spielfilmen zeitweise auf kurze →Animationsfilme, von denen ab Mitte der 30er Jahre wöchentlich zwei produziert wurden. Zwischen 1929 und 1932 wurden Disneys Figuren Mickey Mouse, Pluto und Goofy von ihnen vermarktet. Ebenfalls Anfang der 30er Jahre verkaufte Joseph Brandt seinen Anteil an Harry Cohn, der Präsident des Studios wurde und zugleich Produktionschef in Hollywood blieb. Sein Bruder Jack Cohn war verantwortlich für die Verleihgeschäfte in New York. In den 30er Jahren war C. P. eines der erfolgreichsten Studios, mit populären Filmen wie *Mr. Deeds goes to Town* (Mr. Deeds geht in die Stadt, USA 1936, R.: Frank Capra) oder *It happened one Night* (Es geschah eines Nachts, USA 1934, R.: Frank Capra) mit Clark Gable und Claudette Colbert, der fünf Oscars gewann. Gewinnträchtig waren auch die Screwball-Komödien von Regisseuren wie Howard Hawks und mit Stars wie Cary Grant.

Das Studio war bekannt dafür, seine Filme fast um die Hälfte billiger als die Konkurrenz zu produzieren – im Durchschnitt für 200000 $. Dies wurde erreicht, indem man nicht mit langfristigen Verträgen arbeitete, sondern z. B. Schauspieler für einzelne Filme verpflichtete bzw. sie bei den anderen Studios auslieh, auch wurden die Löhne der Verwaltung niedrig gehalten. 1935 wurde das riesige Studiogelände in Burbank erworben, obwohl man nun kaum noch große Filme produzierte, sondern eher kurze →B-Pictures und →Serials – häufig →Western. Sie sorgten über die Jahre für kontinuierliche Einnahmen. Erst Anfang der 40er Jahre wurden wieder einige große Kassenhits gedreht. Von einem Tiefpunkt in den 50er Jahren konnte sich das Studio vor allem durch die Zusammenarbeit mit unabhängigen Produzenten und Regisseuren erholen: *From here to Eternity* (Verdammt in alle Ewigkeit, USA 1953, R.: Fred Zinneman), *On the Waterfront* (Die Faust im Nacken, USA 1954, R.: Elia Kazan), *The Caine Mutiny* (Die Caine war ihr Schicksal, USA 1954, R.: Edward Dmytryk), *The Bridge on the River Kwai* (Die Brücke am Kwai, GB 1957, R.: David Lean), *Lawrence of Arabia* (Lawrence von Arabien, GB 1962, R.: David Lean) und *Easy Rider* (Easy Rider – Die wilden jungen Männer, USA 1969, R.: Dennis Hopper). Die größten Erfolge der 70er Jahre waren *Shampoo* (Shampoo, USA 1974, R.: Hal Ashby), *Taxi Driver* (Taxi Driver, USA 1975, R.: Martin Scorsese) und *Close Encounters of the Third Kind* (Unheimliche Begegnung der dritten Art, USA 1976, R.: Steven Spielberg). 1979 gewann *Kramer vs. Kramer* (Kramer gegen Kramer, USA 1979, R.: Robert Benton) für das Studio wieder einen →Academy Award als bester Film. 1981 wurde C. P. von Coca-Cola aufgekauft und zu einem breit angelegten Medienkonzern ausgebaut; zusammen mit CBS, HBO und CPI wurde die Produktionsfirma Tri-Star Pictures gegründet. 1989 wurde C. P. vom japanischen Sony-Konzern übernommen. (K. H.)

- Douglas Gomery: The Hollywood Studio System, New York 1986
- Clive Hirschhorn: Columbia Story. The Complete History of the Studio und all its Films, New York 1989
- David McClintick: Indecent Exposure. A True Story of Hollywood and Wall Street, New York 1982

Computeranimation Bewegte Bildfolgen, die ohne →Kamera in einem Computer geschaffen und errechnet werden. Grundlage sind in der Regel mathematische Konstruktionen von Objekten. Als Vorlage dafür können jedoch inzwischen auch Modelle, Fotos oder Video- und Filmbilder dienen, die im Rechner weiterbearbeitet werden. C. wird als →Special Effect immer wichtiger, wobei sich das →Digital Compositing von Realaufnahmen und animierten Elementen durchsetzt. Eines der besten Beispiele dafür ist *Jurassic Park* (USA 1993, R.: Steven Spielberg), in dem die meisten Effekte klassisch hergestellt waren, aber die wenigen computeranimierten Sequenzen (in denen sich die Dinosaurier in voller Größe bewegen) so geschickt eingebaut wurden, daß der Zuschauer die Übergänge kaum erkennen konnte.

Ihren Ursprung hat die C. in der Computergrafik, die bis 1950 zurückreicht. Damals nahmen Ben F. Laposky und Norman McLaren mit einer Kamera elektronische Schwingungen eines Kathodenstrahloszillographen auf und erzeugten durch Überlagerung einfache geometrische Formen. Ab Mitte der sechziger Jahre entwickelte sich die Computergrafik als Kunstrichtung, wobei die Komplexität der Bilder stark von dem Stand der Hardware, den Rechnern, abhing. Die Simulation per Computer spielte vor allem im militärischen und industriellen Bereich eine entscheidende Rolle.

Die zunächst statischen Bilder wurden Ende der 60er Jahre zu Bewegungsabläufen weiterentwickelt, die als Computeranimation bezeichnet werden können. Pioniere auf diesem Gebiet waren z. B. John Whitney (*Permutations*, Verwandlungen, USA 1970), Charles Csuri und James Shaffer. Aufgrund der Miniaturisierung, der Steigerung der Rechenkapazität und Automatisierung von Rechenprozessen sind inzwischen dreidimensionale Objekte Standard. Die C. setzte sich zunächst im elektronischen Medium Fernsehen durch.

Nach Vorstellungen eines →Electronic Cinema sollte der Computer auch für den Spielfilm eine wichtige Rolle spielen. →Walt Disneys *Tron* (Tron, USA 1981, R.: Steven Lisberger) wurde unter Verwendung der damals größten Rechneranlagen produziert und gilt oft als der erste computeranimierte Spielfilm. Doch hier trügt der Schein: lediglich 15 Minuten sind im Rechner entstanden. Der Film war an der Kinokasse erfolglos, für größere Projekte wurde C. in Hollywood zunächst nicht mehr eingesetzt. Sie wurde Domäne des Kurzfilms, beispielsweise sorgte John Lasseter (Pixar) mit Filmen wie *Luxo Jr.* (Luxo Jr., USA 1986), *Red's Dream* (Rots Traum, USA 1987) oder *Tin Toy* (Blechspielzeug, USA 1988) weltweit für Aufsehen. George Lucas' Firma →ILM wurde Illusionsschmiede für →Special Effects und computeranimierte Sequenzen.

Die 80er Jahre markieren einen erheblichen Einschnitt, weil es gelang, eine Brücke zwischen den bisher getrennten Welten von Film, Video und Computer zu schlagen. Dies ermöglicht, einen Film traditionell auf Filmmaterial zu drehen, ihn dann elektronisch nachzubearbeiten, Effekte hinzuzufügen und ihn als Kopie ins Kino zu bringen. Inzwischen ist man über die atemberaubenden visuellen Effekte à la *The Terminator II: Judgment Day* (Terminator II: Tag der Abrechnung, USA 1991, R.:

James Cameron) oder *Last Action Hero*, USA 1993, R.: John McTiernan) längst hinaus. Die unscheinbare Bearbeitung im Computer ist zum Alltag geworden – auch um Fehler zu korrigieren (Kratzer, Retusche störender Drähte, Zurechtrücken verrutschter Masken). In *Forrest Gump* (USA 1994, R.: Robert Zemeckis) trifft Tom Hanks nicht nur eine Reihe amerikanischer Präsidenten, sondern er schüttelt ihnen die Hände, und sie sprechen sogar Dialogsätze zu ihm. Dazu wurden die Mundbewegungen eines Schauspielers als Vorlage genommen, um die Lippen der Präsidenten per Computer synchron zu bewegen. Eine der längsten Computeranimationen von ILM war übrigens der Flug der Feder zu Beginn und am Ende von *Forrest Gump*. *Toy Story* (USA 1995, R.: John Lasseter), der erste ganz im Rechner produzierte Spielfilm der Filmgeschichte, hat eine Länge von 77 Minuten, und daran wurde fast fünf Jahre gearbeitet. Er kostete rund 30 Mio. Dollar und spielte in den ersten vier Wochen 100 Mio. Dollar ein. (K. H.)

❑ Joseph Deken: Computerbilder. Kreativität und Technik, Basel / Boston / Stuttgart 1984

❑ Herbert W. Franke: Computergraphik Computerkunst, München 1971

❑ Don Shay, Jody Duncan: The Making of Jurassic Park, New York 1993

Continuity-System umfaßt im Hollywood-Kino spezifische → Montage-Regeln, die darauf abzielen, die Kontinuität einer Szene visuell so zu inszenieren, daß der Schnitt tendenziell unsichtbar wird. Dabei gelten die folgenden Gebote: Eine Szene wird mit einem → Establishing Shot (einer eröffnenden Szenentotale) eingeleitet; ist die Szene lang, wird zur räumlichen Orientierung des Zuschauers gelegentlich ein Reestablishing Shot eingesetzt. Zur Vermeidung der ruckartigen Bildbewegung des → Jump Cut muß die folgende Einstellung aus einer anderen Kameraposition und möglichst in einem anderen Ausschnitt erfolgen. Ein Wechsel des Kamerawinkels hat nach einer Daumenregel mindestens 30 Grad zu betragen, weil sonst die Veränderung des Winkels erfahrungsgemäß als → Anschlußfehler verstanden wird. Eine Handlung zwischen zwei Personen etabliert eine «Handlungslinie», die beim Wechsel der Kameraposition von einem Bild zu einem anderen nicht übersprungen werden darf (180-Grad-Regel), weil sonst die Personen ihre relative Position zu wechseln scheinen (→ Achsensprung). (B. H. / H. W.)

Copyright Regelung der Nutzungsrechte an einem Werk geistiger Arbeit (Urheberrecht). Anders als in Literatur, Kunst oder Musik ist beim Film oft kein einzelner Inhaber der Rechte an einem Werk, sondern die Produktionsfirma. Die Nutznießung erstreckt sich auf alle Formen der Auswertung wie Kinoabspiel, Video- und Laserdisc-Verleih und -Verkauf, Fernsehausstrahlung und Ausschnittverwendung. In Deutschland besteht die Gültigkeitsdauer des Copyrights bei individuellen Autoren bis 70 Jahre nach deren Tod, bei Firmen und Institutionen besteht es mindestens 25 Jahre, kann aber durch einen zeitlich unbefristeten Erwerb der Einzelrechte (Stoffrechte, Musikrechte, Rechte des Regisseurs und Autors) ebenfalls bis 70 Jahre nach dem Tod der jeweiligen Urheber gelten.

Cover Shot Ein Zwischenbild, das den Übergang von einer Einstellung zu einer anderen, mit ihr ansonsten nicht kontinuierlich verbindbaren ermöglicht. Ein C. S. kann erforderlich sein, weil das belichtete Material nicht genau genug zur erwünschten Schnittfolge paßt und ein Nachdrehen nicht in Frage kommt. Er kann auch den erforderlichen Übergang zwischen zwei räumlich getrennten Abschnitten in einer Szene ermöglichen, für die ein kontinuierlich wirkender Schnitt nicht möglich ist.

Credit Liste der Beteiligten an einer Filmproduktion mit Angabe ihrer Funktion (→ Abspann, → Vorspann). Die Abfolge der C. kann ebenso wie die relative Größe der Nennung vertraglich geregelt sein, z. B. bei den Hauptdarstellern.

Cross-Cutting Schnittfolge, die zwischen zwei oder mehr Handlungen wechselt und sie in eine meist chronologisch simultane Beziehung setzt (→ Parallelmontage, → Kontrastmontage).

Cut Away Ein Schnitt, der von der aktuellen Handlung wegführt, oft eingeleitet durch den Blick einer Person in das → Off.

Cut Back Ein Schnitt, der nach einem → Cut Away oder → Zwischenschnitt wieder auf die vorherige Handlung zurückführt.

Cut In Ein Schnitt, der auf eine relative totale → Einstellungsgröße folgt und deutlich näher an die Handlung heranführt, dabei aber die räumliche Konstellation bewahrt, wenn sie auch aus einer anderen Perspektive aufgenommen wird.

Cutter Berufsbezeichnung der verantwortlichen Person für die → Montage des Films, löste den in Deutschland früher gebräuchlichen Ausdruck Schnittmeister ab. In den → Credits eines Films wird die Tätigkeit oft als → Schnitt angegeben. Die Bedeutung der Arbeit für die Gestaltung des Filmes und seine Wirkung auf die Zuschauer kommt im entsprechenden englischen Wort editor (etwa gleich Redakteur) deutlicher heraus.

D d

Day for Night Auch amerikanische Nacht, die Aufnahme von Szenen bei Tageslicht, die als Nachtszenen im Film erscheinen sollen. Die nötige Abdunkelung geschieht durch Filter oder Unterbelichtung. Das Fluidum dieser Aufnahmen wird oft von den deutlichen Schatten bestimmt, die durch das Sonnenlicht entstanden und die dem ansonsten abgedunkelten Bild eine leicht irreale Qualität verleihen. Ein bemerkenswerter Fall eines emigrierten europäischen Regisseurs, der in seinen französischen Filmen solche Aufnahmen weitgehend vermieden hatte, in den USA aber diese Technik kurzzeitig übernahm, ist Jean Renoir (vgl. *La règle du jeu*, Die Spielregel, F 1939, und *Swamp Water*, In den Sümpfen, USA 1941).

Decla-Bioskop Am 16. 2. 1915 wird die Decla-Film gegründet, die das Kapital der Deutschen Eclair übernimmt. Die Firma produziert und verleiht (seit 1916) Filme und wird von Erich Pommer geleitet. Die berühmteste Produktion begründet den → expressionistischen Film und gelangt nach Kriegsende 1918 in die Kinos: *Das Cabinet des Dr. Caligari* (D 1919 / 20, R.: Robert Wiene). Für die Decla arbeiten auch schon Fritz Lang (*Die Spinnen*, D 1919 / 20; *Harakiri*, D 1919), Johannes Guter, Otto Rippert und Ludwig Berger.

Als im März 1920 die Fusion mit der Deutschen Bioskop AG zur D.-B. vollzogen wird, ist sie der zweitgrößte Filmkonzern Deutschlands. Der größte Konkurrent der → Ufa wird von dieser im November 1921 übernommen, die Produktionen firmieren aber noch ein paar Jahre unter dem eingeführten Namen.

❑ Wolfgang Jacobsen: Erich Pommer. Ein Produzent macht Filmgeschichte, Berlin 1989

Découpage Französische Bezeichnung für die Fragmentierung der → Szenen in einzelne Aufnahmen. Mit D. wird sowohl das → Drehbuch, in dem schon die einzelnen → Einstellungen numeriert und mit Hinweisen zur Kamera versehen sind, bezeichnet wie auch die → Montage, die die in einzelne Aufnahmen aufgelöste → Szene oder → Sequenz in ihren Zusammenhang stellt.

DEFA war die einzige Filmgesellschaft der DDR – und bereits vor dem sozialistischen Staat auf deutschem Boden gegründet. Am 17.5.1946 wurde die Lizenz für die Herstellung von Filmen aller Art an die «Deutsche Film-A.G. in Gründung» durch die Sowjetische Militäradministration (SMAD) erteilt. «Der Film als Massenkunst muß eine scharfe Waffe gegen die Reaktion und gegen den Krieg und Militarismus und für den Frieden und die Freundschaft aller Völker der ganzen Welt werden» – so Oberst Sergej Tulpanow, Leiter der Informationsabteilung der SMAD. Seit Oktober 1945 bereitete ein sechsköpfiges sogenanntes «Filmaktiv» im Auftrag der Zentralverwaltung für Volksbildung die Gründung vor. Erste Aktivität war Anfang 1946 die Produktion des Aktualitätendienstes *Der Augenzeuge*, eine → Wochen- bzw. Monatsschau, die sich ausdrücklichen Objektivitätskriterien verschrieb und so scharf abgrenzte von jener nationalsozialistischer Provenienz. Am 13.8.1946 dann als «Deutsche Film GmbH» gegründet, wurde die D. mit einem Stammkapital von 20000 RM ausgestattet und danach am 11.11.1947 in eine deutsch-sowjetische Aktiengesellschaft umgewandelt. Ihre ersten Produktionsstätten waren die ehemaligen Ateliers der Tobis-Filmkunst in Berlin-Johannisthal und die Althoff-Ateliers in Babelsberg, wo auch der erste Spielfilm, *Die Mörder sind unter uns* (D 1946, R.: Wolfgang Staudte), entstand. Er gab das zentrale D.-Thema des Antifaschismus vor, dessen Tradition von *Affaire Blum* (D 1948, R.: Erich Engel) und *Rotation* (D 1949, R.: Wolfgang Staudte) in herausragender Weise fortgesetzt wurde. Erstmals konnte die D. im November 1948 in einem Atelier auf dem ehemaligen → Ufa-Gelände in Babelsberg drehen (*1-2-3-Corona*, D 1948, R.: Hans Müller). Der erste Film, in dem sozialistische Ziele anklangen, war *Unser täglich Brot* (D / DDR 1949, R.: Slatan Dudow). Im Juli 1952 beschloß die 2. Parteikonferenz der SED die «planmäßige Errichtung der Grundlagen des Sozialismus». Zum 31.12.1952 wurde die D. aufgelöst und an ihrer Stelle volkseigene Betriebe gebildet: D.-Studio für Spielfilme, D.-Studio für populärwissenschaftliche Filme (beide Potsdam-Babelsberg), D.-Studio für Wochenschau und Dokumentarfilme (Berlin; die beiden letztgenannten 1969 zusammengeführt zum D.-Studio für Kurzfilme, Potsdam-Babelsberg / Berlin), D.-Studio für Synchronisation (Berlin-Johannisthal), D.-Kopierwerk (Berlin-Köpenick) und D.-

Dreharbeiten zu *Die Mörder sind unter uns*, D 1946, R.: Wolfgang Staudte

Filmübernahme- und Außenhandelsbetrieb (Berlin). 1956 kam das D.-Studio für Trickfilme in Dresden hinzu.

Seit 1952 war die DEFA der Hauptverwaltung Film im Ministerium für Kultur unterstellt. Zentrale Motive der Filme speisen sich aus der Analyse des Faschismus (Genese, antifaschistischer Widerstand) und einer Widerspiegelung der sozialistischen Gesellschaft, verknüpft mit der Absicht ihrer Weiterbildung und -entwicklung, Erziehung und Unterhaltung. Waren reine → Genreproduktionen selten (der pazifistische Science-Fiction-Film *Der schweigende Stern*, 1959 / 69, R.: Kurt Maetzig, ist eine Ausnahme), so legte man großen Wert auf eine kontinuierliche, qualitätsvolle Produktion von Filmen für Kinder. Ein eigenes Kapitel zwischen bereitwilliger politischer Auftragserfüllung und präziser, seismographischer Beobachtung stellt der D.-Dokumentarfilm dar. Generell waren die Filme der 50er Jahre geprägt von der Kunsttheorie des Sozialistischen Realismus (zum Schaffensprinzip erhoben durch das 5. Plenum des ZK der SED im März 1951), so die beiden von Kurt Maetzig inszenierten Ernst-Thälmann-Filme *Sohn seiner Klasse* (1954) und *Führer seiner Klasse* (1955). Eine vorsichtige politische Lockerung schlug sich nach Stalins Tod 1953 in einer vielfältigeren Produktionspalette nieder: Der Alltag wurde für den Film entdeckt (*Berlin – Ecke Schönhauser*, 1957, R.: Gerhard Klein), das Thema Antifaschismus (*Stärker als die Nacht*, 1954, R.: Slatan Dudow) stand ebenso auf der Tagesordnung wie die opulenten Propagandawerke, aber auch publikumswirksame Unterhaltung begann sich durchzusetzen – von der Literaturadaption (*Kein Hüsung*, 1953, R.: Artur Pohl) bis zur Märchenverfilmung (*Die Geschichte vom kleinen Muck*, 1953, R.: Wolfgang Staudte). Das Ende der Tauwetter-Periode wurde 1958 manifest, als die SED mit dem sogenannten «Revisionismus» abrechnete. Die Produktion blieb gegen den «Formalismus» gerichtet, der Gegenwartsfilm steckte in einer Krise, Konrad Wolfs *Sonnensucher* (1958) über Konflikte im sowjetisch kontrollierten Uranbergbau wurde verboten und erst 1972 aufgeführt. Die Abriegelung der Grenze in Berlin (August 1961) führte zur Produktion einiger Filme zum Thema als nachträglicher Rechtfertigung (*... und deine Liebe auch*, 1962, R.: Frank Vogel; *Der Kinnhaken*, 1962, R.: Heinz Thiel), erbrachte aber auch einige verhalten freche Gegenwartsfilme (*Ach, du fröhliche ...*, 1962, R.: Günter Reisch; *Die Glatzkopfbande*, 1963, R.: Richard Groschopp). Formal herausragende, auf der Grundlage des Sozialismus kritische D.-Produktionen in dieser Zeit waren *Der geteilte Himmel* (1964, R.: Konrad Wolf), *Lots Weib* (1965, R.: Egon Günther) und *Die besten Jahre* (1965, R.: Günther Rücker).

Nach dem Sturz Chruschtschows 1964 und im Nachgang zum 11. Plenum des ZK der SED im Dezember 1965, das die zweite Etappe des «neuen ökonomischen Systems» beschloß, wurde fast eine gesamte Jahresproduktion verboten, weil sie zu offenherzig und selbstkritisch ausgefallen war (→ Regalfilme, die größtenteils erst 1990 vorgeführt wurden). Vor allem dem Bedürfnis nach Unterhaltung entsprachen zwei Genres: die zahlreich fortgesetzten Indianerfilme um den jugoslawischen Star Gojko Mitic (*Die Söhne der großen Bärin*, 1966, R.: Josef Mach) und heitere Musikfilme (*Heißer Sommer*, 1968; R.: Joachim Hasler). Nach Erich Honeckers Amtsantritt als Erster Sekretär des ZK der SED 1971 schien zunächst eine politische Liberalisierung auf, die sich in Filmen wie *Der Dritte* (1972, R.: Egon Günther) oder *Die Legende von Paul und Paula* (1973, R.: Heiner Carow) manifestierte. Schon Günthers *Die Schlüssel* (1973 / 74), ein Meilenstein des DEFA-Films, erregte jedoch wieder Mißfallen. Frank Beyers *Jakob der Lügner* (1974 / 75) wurde als einziger DEFA-Film für einen Oscar nominiert. Viele Filme einer jungen Regisseur-Generation (darunter Rainer Simon, Iris Gusner, Siegfried Kühn) wurden Mitte der 70er Jahre massiv dabei behindert, Öffentlichkeit zu finden. Nach der Ausbürgerung Wolf Biermanns 1976 platzten die Hoffnungen der Künstler auf mehr künstlerische Freiheit. Trotz weiteren staatlichen Drucks konnten auch in den achtziger Jahren interessante Filme entstehen, etwa *Solo Sunny* (1979 / 80, R.: Konrad Wolf), *Jadup und Boel* (1980 / 1988, R.: Rainer Simon), *Der Aufenthalt* (1982 / 83, R.: Frank Beyer), *Fallada – letztes Kapitel* (1988, R.: Roland Gräf), *Coming Out* (1989, R.: Heiner Carow).

Nach der Auflösung der D. (buchhalterischer Stichtag: 1. 7. 1992) soll eine Stiftung die Aufgaben der kommerziellen wie nichtkommerziellen Auswertung des D.-Filmstocks sowie der fachgerechten Aufbewahrung und Sicherung der Kopien übernehmen. (R. A.)

- ❑ Walter Busse: Die DEFA. Gelenkte Kunst auf der Leinwand. In: Der Monat, Oktober 1952
- ❑ Christiane Mückenberger / Günter Jordan: «Sie sehen selbst, Sie hören selbst...»: Eine Geschichte der DEFA von ihren Anfängen bis 1949, Marburg 1994
- ❑ Ralf Schenk (Red.): Das zweite Leben der Filmstadt Babelsberg. DEFA-Spielfilme 1946–1992. Hg. Filmmuseum Potsdam, Berlin 1994
- ❑ Albert Wilkening: Betriebsgeschichte des VEB DEFA-Studio für Spielfilme. Teil 1: Geschichte der DEFA 1945-1950, o. O., o. J. (Babelsberg 1981); Teil 2: Geschichte der DEFA 1950–1953, o. O., o. J. (Babelsberg 1984)
- ❑ Peter Zimmermann (Hg.): Deutschlandbilder Ost. Dokumentarfilme der DEFA von der Nachkriegszeit bis zur Wiedervereinigung, Konstanz 1995

Dekoration Im Studio aufgebaute Kulisse für Dreharbeiten. D. können Innenräume vortäuschen, Landschaften oder ganze Städte. Sie sind oft in einem verkleinerten Maßstab gebaut, um einerseits die Kosten für den Bau zu senken, andererseits durch perspektivische Verkürzungen größere Ausmaße zu suggerieren, als sie mit realen Bauten erreichbar wären. D. für → Interieurs sind oft beweglich, um der Kamera eine ungehinderte Bewegung zu ermöglichen, und können auf Bestandteile realer Innenräume (die vierte Wand, Decken etc.) verzichten. Meist sind sie nicht oder nicht vollständig aus den Materialien gebaut, nach denen sie aussehen, sondern leichte Konstruktionen, deren Schauseite täuschend echt wirkt und deren Rückseite nur ein Stützgerippe ist. D. sind auf die Kamerawirkung hin konzipiert und nur dort sorgfältig ausgeführt, wo bei den Dreharbeiten der Kamerablick hinfallen wird. Unvollständig sind D. auch dann, wenn Szenen im Freien vorgetäuscht werden sollen. Die Kombination von Landschaftsfragmenten mit Hintergrundbildern ermöglicht die Suggestion von Weite. In bestimmten Fällen werden Filme in D. gedreht, die ursprünglich für eine andere Produktion gebaut wurden. Teile der D. von *King Kong* (King Kong und die weiße Frau, USA 1933, R.: Ernest B. Schoedsack, Merian C. Cooper) sind für den Brand von Atlanta in *Gone with the Wind* (Vom Winde verweht, USA 1939, R.: Victor Fleming) in Flammen aufgegangen, und die ursprünglich für *Der Kongreß tanzt* (D 1931, R.: Eric Charell) aufgebaute Wiener Straße wurde in einer anderen → Ufa-Produktion erneut Schauplatz, diesmal für *Der Walzerkrieg* (D 1933, R.: Ludwig Berger).

Denotation In der semiologischen Theorie eine der beiden prinzipiell möglichen Beziehungen eines Zeichens auf seinen Gegenstand, die denotativ und konnotativ bestimmt sein kann. In der D. bezieht sich das Zeichen auf den Gegenstand, in dem es ihn bezeichnet (in der Sprache das Wort Haus, welches sich auf ein bestimmtes Haus oder die Klasse aller Häuser bezieht). In der Theorie von Christian Metz beruht die D. im Film auf der Ähnlichkeit des Filmbildes mit dem abgebildeten Gegenstand – diese Bilder sind grundsätzlich denotativ. Die filmische Bedeutung ist «immer mehr oder weniger motiviert, niemals arbiträr» (Metz 1972, S. 151), wie sie es in der Sprache ist (das Wort Haus bezeichnet den Gegenstand Haus und die Klasse der Gegenstände, hat aber mit ihnen keine Ähnlichkeit). Die Ähnlichkeit bestimmt auch die Beziehung der akustischen Information auf der Tonspur zum Filmrezipienten, das reproduzierte Geräusch ähnelt dem wirklichen Geräusch. Die unvermeidbare D. des Films hat u. a. zu seiner Auffassung als einer prinzipiell realistischen Kunst beigetragen: Doch beruhen Filmbilder in ihrer Beziehung zum Gegenstand zwar grundsätzlich, nicht aber ausschließlich auf der D. (→ Konnotation).

❑ Christian Metz: Semiologie des Films, München 1972

Detektivfilm Genrebezeichnung für Filme, die in der Regel auf literarischen Vorlagen beruhen und deren Helden dank ihrer Beobachtungsgabe und Fähigkeit zur logischen Kombination ein Verbrechen aufklären.

In den Filmserien des französischen Regisseurs Louis Feuillade entwickelten sich erste Genrekonventionen: In *Fantomas* (1913 / 14) ist der geheimnisumwitterte Titelheld ein Meister der Verwandlung, der in immer neuen Kostümierungen Verbrechen begeht, die ganz Europa in Aufregung versetzen. Seine Gegenspieler sind ein Polizeiinspektor und ein Journalist, die dem maskierten Verbrecher auf der Spur bleiben, auch wenn er ihnen am Ende einer jeden Episode erneut entkommt. *Fantomas* gleicht einem tragischen Märchen, in dem der grausame Zauberer über den tapferen Prinzen triumphiert. Es geht «um die Verbindung zeitgenössischer Ängste mit einer Darstellung des universalen Kampfes zwischen dem Guten und dem Bösen» (Seeßlen).

Auch im deutschen Kino hatten im und nach dem Ersten Weltkrieg Detektivserien Konjunktur. Die populärsten hießen *Joe Deebs* und *Stuart Webbs* – benannt nach ihren angelsächsischen Protagonisten. In diesen Filmen ging es weniger um Verbrechen und Kriminalität als um Tempo, Technik und Fortschritt, um einen modernen, urbanen Lebensstil. Die deutschen D. jener Zeit waren Kino der physischen Bewegung, und vor allem der Schauspieler und Kaskadeur Harry Piel verkörperte als Joe Deebs einen modernen Typus, der den Lebenshunger der revolutionären Zeit zum Ausdruck brachte.

In den USA erlebte der D. in den 30er Jahren eine erste Blütezeit. Es entstanden Serien von Filmen, die bekannte literarische Figuren in den Mittelpunkt stellten: Sherlock Holmes, Philo Vance und Bulldog Drummond. Eine Besonderheit waren die orientalischen Detektive. Der Chinese Charlie Chan löst seine Fälle mit Geduld und Beharrlichkeit. Seine vorgetäuschte Biederkeit verleitet die Verbrecher, ihn zu unterschätzen. Diese Filme zeichneten sich auch durch ihre komödiantischen Momente aus: So produziert der Detektiv fortwährend blumige Sentenzen, die er als alte chinesische Spruchweisheiten ausgibt. Peter Lorre spielt den japanischen Detektiv Mr. Moto, einen Meister der Verstellung und Verkleidung, der sich seiner Umgebung bis zur Unauffälligkeit anpassen, aber auch mit Jiu-Jitsu aufwarten kann. Diese Detektivserien zeigten erstmals positive asiatische Helden: zuvor waren sie im amerikanischen Kino nur in der Rolle von Schurken zu sehen.

Bis zu diesem Zeitpunkt behandelte der D. das Verbrechen als ein Rätsel, dessen Lösung vom Detektiv vor allem eine intellektuelle Anstrengung verlangte. Unter dem Einfluß des → Film Noir wandelte sich das → Genre in den 40er Jahren grundlegend: Es ging nicht mehr um die Aufklärung eines Falles, sondern um die Frage, wie der Privatdetektiv in einer Welt

The Maltese Falcon **(Die Spur des Falken), USA 1941, R.: John Huston**

von Korruption und Gewalt überleben konnte und dennoch moralisch integer blieb. Humphrey Bogart spielt in *The Maltese Falcon* (Die Spur des Falken, 1941, R.: John Huston) und *The Big Sleep* (Toten schlafen fest, 1946, R.: Howard Hawks) Privatdetektive, die am Ende nicht viel gewonnen, aber wenigstens ihre Haut gerettet haben. Sam Spade und Philip Marlowe sind Zyniker und Moralisten zugleich, die selbst zu Figuren in einem Spiel werden, das sie nicht mehr durchschauen. Weitere herausragende D. der 40er Jahre, die auf Romanen von Raymond Chandler und Dashiell Hammett beruhen, sind *The Glass Key* (Der gläserne Schlüssel, 1942, R.: Stuart Heisler), *Murder, My Sweet* (1944, R.: Edward Dmytryk), *The Lady in the Lake* (Die Dame im See, 1947, R.: Robert Montgomery) und *The Brasher Doubloon* (1947, R.: John Brahm).

In den 30er Jahren bereiste der Filmdetektiv die ganze Welt, lernte verschiedene ethnische Milieus kennen und mußte die lokalen Gepflogenheiten berücksichtigen. In den 40er Jahren wurde aus der geographischen Mobilität eine soziale: Nun führte den Detektiv sein Fall quer durch alle gesellschaftlichen Schichten. In den 50er Jahren hatten die zwar harten, aber doch moralischen Detektive abgedankt. Die Dekade der Reaktion und Massenpsychosen gebar ihren eigenen Detektivhelden: Mike Hammer, Titelfigur der Romane von Mickey Spillane, ist ein antidemokratischer Vigilant, Jäger, Richter und Henker in Personalunion. Auf der Leinwand erschien Mike Hammer in *I, the Jury* (Der Richter bin ich, 1953, R.: Harry Essex) und *Kiss Me Deadly* (Rattennest, 1955, R.: Robert Aldrich). *Kiss Me Deadly* ist ein Film voller Subversion, der wie in einem Brennglas die Paranoia einer Gesellschaft bündelt. Der Film erteilt jeder Sinnsuche durch den Zuschauer und den Detektiv eine radikale Absage und zeigt einen einsamen, zur sprachlichen Kommunikation unfähigen Helden.

Eine andere Art von D. entstand in den 60er Jahren in England. Die Filme um die schrullige, aber resolute Miss Marple, eine Romanfigur von Agatha Christie, die von Margaret Rutherford verkörpert wurde, präsentierten klassische Kriminalgeschichten mit skurrilem Humor, an deren Ende die betagte Amateurdetektivin den Täter dank ihrer scharfen Beobachtung und ihres wachen Verstandes überführen kann. Auch in den folgenden Jahrzehnten entstanden herausragende D. wie *Chinatown* (1974, R.: Roman Polanski) und *Night Moves* (Die heiße Spur, 1975, R.: Arthur Penn). Doch der Detektiv hatte inzwischen als mythische Figur des Kinos ausgedient. Die Filme des Genres waren immer auch Kommentar zum Verbrechen, zu Moral und Strafe gewesen. Diese Aufgabe kam ab Ende der 60er Jahre zunehmend dem Polizeifilm zu, der den Kämpfer um Gerechtigkeit nun als Mitglied eines Kollektivs zeigte, während der Detektiv fast immer Einzelgänger gewesen war. (R. M.)

❑ William K. Everson: The Detective in Film. A Pictorial Treasury of the Screen Sleuth from 1903 to the Present, Secaucus 1972
❑ Michael R. Pitts: Famous Movie Detectives, Metuchen / London 1979
❑ Georg Seeßlen: Mord im Kino. Geschichte und Mythologie des Detektiv-Films, Reinbek 1981
❑ John Tuska: The Detective in Hollywood, Garden City 1978

Deutsches Institut für Filmkunde → DIF

Diegese Die erzählte Welt des Films, d. h.: die expliziten (in Bild und Ton repräsentierten) und implizierten (aus den sicht- und hörbaren Informationen erschlossenen) räumlichen und zeitlichen Bedingungen sowie die kausalen Beziehungen der Handlungen und die Figurenbeziehungen. Nichtdiegetische Elemente des Films sind definiert als solche, die von einer Figur des Films nicht wahrgenommen werden oder, strikter, prinzipiell nicht wahrgenommen werden können. In diesem Sinne sind → Abspann und → Vorspann sowie bei längeren Filmen die per Titel annoncierte Pause nichtdiegetisch. Im → Stummfilm ebenso die Hinweise auf Beginn und Ende eines Aktes (Ende des 2. Aktes, 3. Akt): Sie sind Bestandteile des Films, nicht aber der D. Die Unterscheidung eines nur von einer Figur nicht wahrgenommenen Elementes des Films trennt diegetische und nichtdiegetische Elemente in anderer Weise. So ist eine im → Off angesiedelte Musik in diesem Fall immer nichtdiegetisch, ebenso jeder andere Off-Ton, auch wenn eine spätere Entwicklung (Schwenk, Schnitt) die Quelle zeigt und damit den Ton als diegetisch erweist.

❑ Edward Branigan: Point of View in the Cinema, Berlin / New York / Amsterdam 1984

DIF Das Deutsche Institut für Filmkunde e. V. wurde 1949 als gemeinnützige Einrichtung für filmwissenschaftliche Forschung und Lehre gegründet. Heute gibt es zwei Abteilungen: In Frankfurt, im gleichen Gebäude wie das Deutsche →Filmmuseum, werden schriftliches Material und Fotos zu Filmen archiviert. Im Filmarchiv in Wiesbaden werden Kopien deutscher Filme gesammelt. Weitere Schwerpunkte sind →DEFA-Filme, ausländische Klassiker und deutsche Werbefilme. Neben der Restaurierung und Rekonstruktion alter →Nitrofilm-Bestände werden Filme (vor allem aus der Zeit bis 1945) im nichtkommerziellen Bereich verliehen. Seit 1980 wird das Archivkino Caligari in Wiesbaden betrieben. (K. H.)

Digital Compositing Computergestützte Zusammensetzung von Bildelementen, die verschiedenen Filmen entstammen oder auch mit →Computeranimation kombiniert werden können (→ILM). D. C. ist ein entscheidender Schritt in der Ablösung des Films von der fotografischen Reproduktion als Grundlage jeder Filmaufnahme. In Filmen wie *In the Line of Fire* (Die zweite Chance, USA 1993, R.: Wolfgang Petersen) oder *Forrest Gump* (USA 1994, R.: Robert Zemeckis) wurde mit D. C. geschickt dokumentarisches mit inszeniertem Material kombiniert, um die Spielfilme authentischer erscheinen zu lassen. Inzwischen gibt es eine Vielzahl unterschiedlicher Systeme und Firmen, bei denen D. C. vorgenommen werden kann. (K. H.)

Digitaler Ton Die Wellenform des Schalls wird bei der Aufzeichnung mehrere tausendmal pro Sekunde als Zahlenwert erfaßt und gespeichert. Der D. T. spielt gegenwärtig besonders bei Aufzeichnung und →Postproduction eine Rolle, doch Systeme für das Abspiel von D. T. sind in Deutschland bereits in über 500 Kinosälen vorhanden.

Direct Cinema Stil des →Dokumentarfilms, der in den 50er Jahren in den USA entstand und anstrebte, soziale Vorgänge zurückgenommen und unauffällig zu beobachten, ohne kontrollierend in ihren Ablauf einzugreifen. Ziel des innovativen Ansatzes war eine möglichst unmittelbare und vorurteilslose Darstellung des sogenannten «wirklichen Lebens». Technologische Veränderungen der 16-mm-Kameras und -Tongeräte richteten sich auf eine größere Flexibilität und die verbesserte Aufnahme des Synchrontons. Traditionelle Arbeitsformen im Dokumentarfilm wurden aufgegeben: das Aufnahmeteam wurde verkleinert, Vorgaben eines Drehbuchs, Interviews oder Anweisungen eines Regisseurs waren verpönt, empfindlicheres Filmmaterial erlaubte den Verzicht auf künstliches Licht, und die geschulterte Kamera bzw. die Verwendung von →Zoom-Objektiven ermöglichten eine größere Mobilität. Die Aufnahmen wurden zumeist chronologisch montiert, und es bestand der Anspruch, sie weder musikalisch noch durch einen erläuternden Kommentar zu begleiten, was jedoch nur selten in Reinform geschah.

Der Stil bildet sich zunächst durch Robert Drew, Richard Leacock u. a. im amerikanischen → Fernsehen heraus, hat aber im improvisatorischen →Spielfilm der Zeit Parallelen (*Shadows*, Schatten, USA

1959, R.: J. Cassavetes). Drew, der aus dem Fotojournalismus von «Life» kommt, will vor allem wirkliche Geschichten dramatisch erzählen. Der Kameramann Leacock knüpft hingegen an die dokumentarische Tradition Robert Flahertys an. Er versteht das Filmen als Prozeß der Erkundung und Entdeckung, der sich der Wirklichkeit unterordnet, während die Kamera unaufdringlich beobachtet. Das Uncontrolled Cinema will daher Formen der Kontrolle in der Drehsituation aufgeben, was vor der Kamera abläuft, soll nicht gesteuert werden. Indem sich gesellschaftliche Vorgänge unbeeinflußt entfalten, sollen Unterschiede zwischen bestehenden Vorurteilen und dem tatsächlichen Ablauf deutlich werden. Dennoch betont Leacock immer wieder, daß die Subjektivität der Filmemacher auf die Gegenstandswahl, Kameraarbeit und Montage einen spürbaren Einfluß hat. Daß die Ereignisse zwar subjektiv gefiltert, aber gleichwohl in ihrem Ablauf nicht verändert werden, erlaubt den Zuschauern jedoch gegenüber traditionellen, oftmals inszenierten Dokumentarfilmen – im besten Fall – eine direktere Partizipation.

In der frühen Phase des D. C. (etwa 1958–1963) überwiegt die dramatisierende Arbeit für den Fernsehjournalismus. Die chronologische Montage erzeugt Spannungsbögen durch eine Krisenstruktur, die zwei Grundpositionen in einem Konflikt, einer Entwicklung und der Auflösung zeigt. Diese an fiktionalen Erzählformen orientierte Struktur führt zur Konzentration auf Individuen und deren psychologische Bewährung in Streßsituationen (*Primary*, 1960, *Eddie*, 1961, *The Chair*, 1962, alle Drew Associates). Aus dem Team der Drew Associates gehen Filmemacher wie Donn A. Pennebaker oder Albert und David Maysles hervor, die sich, wie auch Leacock, ab 1964 selbständig machen. Das D. C. wird stilistisch ausdifferenziert und beeinflußt als realistische Darstellung den Spielfilm; zu Filmen über öffentliche Ereignisse und Celebrities kommen andere über Institutionen (*High School*, 1968, R.: F. Wiseman), Rockkonzerte (*Gimme Shelter*, 1970, R.: D. und A. Maysles, C. Zwerin) oder politische Entwicklungen. Die zurückgenommene Beobachtung wird zunehmend reflexiver und mit traditionelleren Formen (Interviews, Kompilation) kombiniert. Vor allem der autobiographische und feministische Film greift den Ansatz – z. T. auch mit Videotechnologien, die noch mobiler und flexibler sind – in den siebziger Jahren auf (*Nana, Mom and Me*, 1974, R.: A. Rothschild, *Diaries 1971-1976*, 1980, R.: E. Pincus).

Angesichts der Parallelen zum → Cinéma Vérité, aber auch zu konkurrierenden amerikanischen Filmstilen (radikaler politischer Film) wird das D. C. von Anbeginn mit Kritik bedacht. Von journalistischer Seite werden Tendenzen der Emotionalisierung und zum sensationellen Sujet bemängelt, engagierte Dokumentaristen bezweifeln die Möglichkeit einer vollkommen zurückgenommenen Beobachtungshaltung. Häufige Einwände sind, daß es aufgrund der anwesenden Technik keine Neutralität der Filmemacher geben könne, die reine Beobachtung zu Voyeurismus und Oberflächenphänomenen tendiere und eine Idealisierung der Wirklichkeit stattfinde. Diese Kritik ist in vielen Punkten berechtigt. Dennoch haben herausragende Filme die Stärken des Ansatzes –

eine authentische, unvoreingenommene Neugierde auf seiten der Filmemacher und den Anspruch, das gesellschaftliche Leben in seiner Eigendynamik zu erfassen – umsetzen können. Auch neuere Formen des Dokumentarfilms greifen daher immer wieder auf das D. C. zurück. (C. D.)

❑ Beyerle, Mo / Brinckmann, Christine N. (Hg.): Der amerikanische Dokumentarfilm der 60er Jahre: Direct Cinema und Radical Cinema, Frankfurt am Main 1991
❑ Decker, Christof: Die ambivalente Macht des Films. Explorationen des Privaten im amerikanischen Dokumentarfilm, Trier 1995
❑ Levin, G. Roy: Documentary Explorations – 15 Interviews with Film Makers, New York 1971
❑ Mamber, Stephen: Cinéma Vérité in America: Study in Uncontrolled Documentary, Boston 1974

Director's Cut Schnittfassung des Films, die in voller Übereinstimmung mit dem Regisseur, aber in Zusammenarbeit mit dem →Cutter entstanden ist, die jedoch noch nicht den →Feinschnitt repräsentiert. Das Recht auf den D. C. ist oft Vertragsbestandteil, um den Einfluß des Regisseurs auf die endgültige Gestalt des Films zu stärken. Vor allem im amerikanischen →Studiosystem, aber auch in staatlich vollständig kontrollierten Gesellschaften wie der UdSSR, gab es spektakuläre Beispiele für gekürzte oder umgeschnittene Versionen, die nicht den Intentionen des Regisseurs entsprachen und die ohne seine Mitarbeit entstanden. Mit dem Hinweis auf den D. C. werden mittlerweile längere Fassungen auch dann angeboten, wenn die vom Studio publizierte Version nicht gegen den Willen des Regisseurs entstanden ist (so Kevin Costners *Dances with Wolves*, Der mit dem Wolf tanzt, 1990).

Diskontinuität Eine Verbindung von →Einstellungen, die bewußt gegen die Konventionen des →Continuity-Systems verstößt. Die Schnitte vermitteln nicht den Eindruck einer räumlichen und zeitlichen Kontinuität, sondern weichen von dieser Zuschauererwartung ab: durch einen unvermuteten Wechsel der Bewegungsrichtung, der Positionen der Darsteller vor der Kamera u. ä. Diskontinuierliche Verbindungen können auch durch einen abrupten Wechsel des Lichtes, der Farbe oder des Dekors entstehen. Sie erscheinen in einem Zusammenhang, der den Konventionen der Kontinuität folgt und stellen motivierte Abweichungen dar, die sich auf eine Person der Handlung (deren Verwirrung, Angst o. ä.) oder kritische Situationen (Gewaltausbrüche, Katastrophen) selbst beziehen lassen. Im Gegensatz zum →Anschlußfehler ist die D. kein Versehen oder unzureichenden Produktionsbedingungen geschuldet, sondern kalkuliert hergestellt.

Dokumentarfilm Filmform, die eine möglichst wirklichkeitsnahe Darstellung anstrebt. Sie bildet sich nach den frühen →Aktualitäten und den →Wochenschauen in den 20er Jahren aus und zeigt eine große stilistische Bandbreite. Anspruch ist es, einen realen Sachverhalt in seinen wesentlichen Aspekten zu entfalten. Dabei kann es um eine authentische Wiedergabe von Lebenswelt ebenso gehen wie um eine Vermittlung von Erfahrungen oder Lebensgefühlen. Seit den 20er Jahren konkurrieren Ansätze, die eine distanzierte und naturnahe Abbildung bevorzugen (Robert Flaherty) oder für eine kreative Interpretation – d. h. auch für Nachinszenierungen, den Einsatz von Musik und an-

***Nanook of the North* (Nanuk, der Eskimo), USA 1921, R.: Robert Flaherty**

dere poetische oder rhetorische Mittel – plädieren (John Grierson). Sie unterscheiden sich in der Haltung zum Gegenstand (Grad der Kontrolle) und in seiner Aneignung, beide wählen jedoch Personen, Ereignisse und Schauplätze aus, die unabhängig vom Film, d. h. als Teil der gesellschaftlichen Realität, existieren. Früh wird der →Spielfilm als nur unterhaltendes Illusionskino abgelehnt und mit dem sozialen Engagement der Dokumentaristen konfrontiert. Politisch dominiert häufig eine dezidiert gesellschaftskritische Haltung, aber auch die ethnographische Exploration (→Ethnographischer Film), der humanistische Appell und die Filmpropaganda sind zeittypische Funktionen.

Dem Wahrheitsanspruch und der spezifischen Autorität des Dokumentarfilms liegen die Vorstellungen zugrunde, daß das filmische Rohmaterial aufgrund der (scheinbar) objektiven Kamera einen Abbildcharakter besitze und daß es authentischer sei, in der Wirklichkeit Vorgefundenes – im Gegensatz zum Erfundenen des fiktionalen Films – aufzugreifen. Strittig bleiben jedoch neben der Frage, wie objektiv Filmtechnologien sind, die Begriffe der Wirklichkeit und der Fiktionalität. Neuere Konzepte betonen daher, daß Realität nicht unvermittelt abgebildet, sondern in eine eigenständige Form gebracht wird. Rhetorische und ästhetische Mittel sowie Erwartungshaltungen der Zuschauer befördern dokumentarische Effekte, die in ihrer appellativen Kraft einem historischen Wandel unterliegen. Durch stilistische und technologische Innovationen werden sie als Konventionen einer (realistischen) Repräsentation deutlich, deren Entwicklungsdynamik enge Wechselwirkungen zum Wandel des Spielfilms aufweist.

In den 20er und 30er Jahren bilden sich die wesentlichen Genres des Dokumentarfilms heraus: inszenierte, ethnographische, beobachtende und agitatorische ebenso wie →Kompilationsfilme, Collagen oder Querschnittsfilme. Stilbildend wird Robert Flahertys *Nanook of the North* (Nanuk, der Eskimo, USA 1922), der den Alltag einer Eskimofamilie schildert. In der Sowjetunion (Dsiga Wertow), Holland (Joris Ivens), England (John Grierson) und den USA (Pare Lorentz) entstehen politisch engagierte, z. T. didaktisch-erzieherische Traditionen, die sich sozialen Problemen widmen und mit jeweils unterschiedlichen radikalen oder reformerischen Implikationen Veränderungen propagieren. Erfahrungen der Moderne, etwa das dynamische Stadtleben, kommen in experimentelleren Filmen wie Walter Ruttmanns *Berlin. Die Symphonie einer Großstadt* (D 1927) zum Ausdruck. Im Vorfeld des Zweiten Weltkriegs verbinden sich dokumentarische Konventionen mit propagandistischen Anliegen, und die problematischen Aspekte der persuasiven Rhetorik treten besonders deutlich hervor. Leni Riefenstahl ästhetisiert in *Triumph des Willens* (D 1935) den deutschen Faschismus, während Frank Capra mit seiner Serie *Why We Fight* (USA 1942–45) neue Maßstäbe der Kriegskompilation setzt. In den 60er Jahren ermöglichen technologische Veränderungen eine größere Mobilität der Kamera und die Aufnahme mit Synchronton. Gegen die Künstlichkeit nachgestellter Handlungen prägen →Cinéma Vérité und →Direct Cinema eine Ästhetik der Unmittelbarkeit, die den zunehmenden Einfluß des Fernsehens verdeutlicht. In den 80er Jahren wird dagegen eine Wiederaufnahme von Nachinszenierungen und eine stärkere formale Reflektiertheit deutlich. Diese reagiert nicht nur auf die Kritik an einem simplen Abbildrealismus, sondern auch auf Fragen nach einer dokumentarischen Ethik, die durch immer unauffälligere Technologien aufkommen. Obwohl die gesellschaftlichen Funktionen der Filme für eine demokratische Öffentlichkeit unklarer geworden sind, entwickeln sich die Darstellungskonventionen des Dokumentarfilms und seine Möglichkeiten der öffentlichen Intervention beständig weiter. (C. D.)

❑ Barnouw, Erik: Documentary. A History of the Non-Fiction Film. Second Revised Edition, New York / Oxford 1993

❑ Barsam, Richard Meran: Nonfiction Film. A Critical History. Revised and Expanded, Bloomington 1992

❑ Hattendorf, Manfred (Hg.): Perspektiven des Dokumentarfilms, München 1995

❑ Nichols, Bill: Representing Reality. Issues and Concepts in Documentary, Bloomington 1991

❑ Rosenthal, Alan (Ed.): New Challenges for Documentary, Berkeley / Los Angeles / London 1988

❑ Roth, Wilhelm: Der Dokumentarfilm seit 1960, München 1982

Dolby-System Rauschunterdrückungsverfahren, das nach seinem Erfinder Ray M. Dolby benannt wurde und seit 1975 im Kino eingesetzt wird. Ziel war die Verbesserung der Tonqualität. Das D.-S. arbeitete zunächst mit drei, dann mit vier

Kanälen, wobei drei durch Lautsprecher hinter der Leinwand, der vierte (Surround- oder Effektkanal) durch Lautsprecher im Zuschauerraum wiedergegeben werden. Das System wurde 1986 weiterentwickelt zum Dolby SR (Spectral Recording) und 1991 zu Dolby Digital. Bei diesem System ist die digitale Toninformation auf dem Filmband zwischen den Perforationslöchern gespeichert, d.h., man kann das → Vollbild nutzen. In Deutschland besaßen 1995 mit 1842 Abspielstätten rund die Hälfte der Kinos eine Dolby-Ausstattung, davon 1071 mit Dolby SR und 560 mit Dolby Digital. (K. H.)

Dolly Fahrbare Plattform verschiedener Größe für die Kamera, die entweder auf Schienen oder Rädern bewegt werden kann. Die Bereifung ist auf lautlosen Lauf ausgelegt und erlaubt, wenn keine Schienen benutzt werden, neben dem Vor- und Zurückfahren auch seitliche Bewegungen. Je nach Größe bietet der D. dem Kameramann und weiteren Personen Platz. Die Kamera ist auf der Plattform auf einem Stativ montiert, das höhenverstellbar ist und horizontale wie vertikale Schwenks erlaubt. Mit dem D. können ohne größeren Aufwand Bewegungen der Schauspieler nachvollzogen wie auch davon unabhängige → Kamerabewegungen ausgeführt werden.

Doppelbelichtung Zweimaliges Belichten desselben Filmstreifens mit unterschiedlichen Abbildungen. Die beiden Bilder können entweder gänzlich verschieden sein (→ Überblendung) oder sich in Partien gleichen. Im letzteren Fall kann die D. benutzt werden, um in den Bildraum ein Element zu integrieren, das in der Szene nicht vorhanden oder in ihr unmöglich zu zeigen wäre, wie z. B. das Bild eines Schlafenden, dem in der zweiten Belichtung das Bild des erwachenden und aufstehenden Mannes überlagert wird. Derart kann ein Traum oder eine Vision visualisiert werden. D. können in ähnlicher Weise auch verwendet werden, um übernatürliche Wesen im Bild erscheinen zu lassen. Die Kombination beider Bilder ist meist auf die Handelnden bezogen (Traum, Vision), kann aber auch als eine Art Kommentar eingesetzt werden, der von ihnen unabhängig bleibt. Werden zwei verschiedene Bilder kombiniert, so kann damit unter anderem eine Erinnerung oder die Gedanken einer im Bild sichtbaren Person wiedergegeben werden. In nichtnarrativen Filmen ist die D. nicht in solchen erzählerischen Zusammenhängen begründet. Sie kann sich an den formalen Qualitäten der jeweiligen Bilder orientieren und Verbindungen z. B. aufgrund der Ähnlichkeit im Umriß herstellen, Kontraste hervorheben oder verschiedene Phasen eines Ablaufes synthetisch zusammenbringen.

Double Vertreter eines Hauptdarstellers. Als → Stunt bezeichnet, wenn damit die Durchführung waghalsiger Szenen verbunden ist. Ein D. kommt auch zum Einsatz, wenn ökonomische Gründe es nahelegen, z. B. bei Aufnahmen an entfernten Drehorten, die in totalen → Einstellungen gefilmt werden können. Auch, wenn der Hauptdarsteller für bestimmte Zeiträume nicht zur Verfügung steht, werden bestimmte Szenen mit Hilfe des D. realisiert. Hauptdarsteller lassen sich oft in Nacktszenen doubeln (Stand in).

Double Feature Programmform, in der zwei Spielfilme zusammen in den Kinos gezeigt wurden. In den USA in den 30er oder 40er Jahren verbreitet. Die beiden Spielfilme wurden unterschiedlich beworben und vom Publikum verschieden gewertet. Die Abrechnung gegenüber dem Verleih verlangte von den Kinos andere Bewertungen: das billigere → B-Picture wurde pauschal entgolten, das → A-Picture nach der Besucherzahl.

Dramaturgie Im engeren Sinne die Theorie der dramatischen Gattung und der Aufführung ihrer Werke. Im Film ist D. die Ausarbeitung eines Stoffes (d. h. einer für den Film geeigneten Geschichte) nach den Anforderungen des Mediums und im Hinblick auf seine möglichst überzeugende Wirkung. In → Studios (bspw. in jenen Hollywoods, aber auch in der → Ufa und in anderen großen Konzernen sowie in denen der sozialistischen Länder) wurden dramaturgische Abteilungen unterhalten, die dafür zuständig waren, filmisch umsetzbare Ideen zu sichern und mit den Drehbuchautoren die Entwicklung des Stoffes bis zur drehfertigen Fassung zu entwickeln.

Drehbuch Sammelbegriff für verschiedene Textformen, die einen Film durch Anweisungen für Regisseur, Schauspieler, Kameramann, Bühnenbauer und Techniker konzipieren und die szenische Gestaltung vorbestimmen. Es ist Grundlage für die finanzielle Kalkulation, die Arbeitsplanung und für den Schnitt des gedrehten Films. Das eigentliche Drehbuch steht am Ende einer Textgenese. Sie beginnt beim Exposé, dem ersten Entwurf, zuweilen auch Resümee oder Synopsis genannt; auf ein bis zwei Seiten wird die Grundsituation, die ideelle Linie der Geschichte, festgehalten. Die nächste Stufe, das → Treatment (frz.: scénario), konkretisiert diese Geschichte in erzählender Form, indem sie sie in einzelne Sequenzen umsetzt. Der Umfang beträgt ca. 20 bis 30 Seiten. Beim Treatment wird der → Point of View der → Kamera eingenommen. Eine noch ausführlichere Fassung nennt man Rohdrehbuch. Kameraführung und Dialog sind auch dort noch nicht exakt festgelegt.

Im fertigen D. (engl.: script oder screenplay, frz.: découpage) ist die produktionsreife Stufe erreicht, mit numerierten Einstellungen, genauem Dialog und präzisen Angaben zur Kameraführung. Der Umfang variiert stark, je nach Filmlänge, typographischer Gestaltung usw. Je nach Autor und nach der Arbeitsweise des Regisseurs deckt sich das D. mit dem sogenannten «Regiebuch», das dann noch präzisere Informationen zur Drehsituation, zu → Drehort und Drehzeit enthält. Daneben gibt es seit der Tonfilmzeit die Begriffe Dispositionsplan (eine Aufstellung, nach Drehtagen geordnet) und das → Storyboard, in dem skizzenhaft die → Mise-en-scène, also die szenische Einrichtung der Einstellungen, perspektivisch sowie ihre Größenordnung und Raumverteilung festgehalten werden.

Jedes (→ Tonfilm-)D. besteht grundsätzlich aus drei verschiedenen Bestandteilen: Beschreibungspassagen sollen das Bild der künftigen Einstellungen beim Leser entstehen lassen, d. h., die Figuren und die Gegenstände, die die Kamera später aufzeichnen wird, müssen beschrieben werden, ihre Farben, Beleuchtung und

Bewegungen, Kostüme und Bauten, kurz: alles Sichtbare, dazu Handlung und Logik, in der sie zueinander stehen. Die Elemente der akustischen Ebene, also gesprochener oder gesungener Text, Musik und Geräusche werden dann den Beschreibungspassagen zugeordnet. Dabei muß vermerkt werden, welche Tonquellen im →On und im →Off, also auch zu sehen oder nur zu hören sind. Schließlich braucht man den Technotext: Es müssen alle zusätzlichen, für Dreharbeiten und Nachbearbeitung wichtigen Größen (Kamerabewegung, -perspektive und technische Aufnahmekriterien, Einstellungsgröße und -dauer, Verknüpfung der Einstellungen, Numerierung, Effekte) fixiert werden.

Die historische Entwicklung der D.-Textstufen bis zur heute gebräuchlichen Form verlief in sechs Phasen. In der Frühzeit des Filmmediums (1895–1906) genügten einfache Formen der Fixierung von Bildinhalten, Auf- und Abtritten, Einstellungs- und Szenenabfolgen sowie der Zwischentitel. Der komplexere erzählerische und psychologische Aufbau der Filme bis ca. 1913 führte zur Herausbildung verschiedener Prototypen. Sie orientierten sich an den verwandten Opernlibretti, denn sie hatten die Konzentration auf die Sujetlinie und – bis heute gültig – die Herausbildung einer Teilung in beschreibende Passagen und Technotext gemein. Zudem benutzte die →Zensur diese D. als Leseform des Films. In der folgenden Phase der Literarisierung und Standardisierung (1914–1923) bildeten sich die Grundformen der modernen Textstufen heraus. Die einsetzende Massenproduktion der Filme erforderte eine arbeitsteilige, schriftliche Konzeption, die dem →Continuity-System angepaßt war. Sie ermöglichte eine ökonomische, strikt durchorganisierte Zusammenarbeit verschiedenster Berufe, kostensparende Abfolge der Einstellungen und kalkulierbare Kosten für Produktion und Fertigstellung. Die ausgehende Stummfilmzeit (1924–1930) war deshalb von der Festlegung auf bewährte Standards und von der Entstehung des professionellen, fast industriellen Drehbuchschreibens nach bewährten dramaturgischen Bauprinzipien geprägt. Es bildeten sich, vom Expressionismus inspiriert, neue avantgardistische Formen mit starker Rhythmisierung, welche die Technotextangaben in den beschreibenden Text integrierten. Der technische Umbruch beim Übergang zum Tonfilm (ab 1930) markiert die Reduzierung auf die beiden noch heute verwendeten Hauptformen: Nach europäischer Konvention werden in zwei Parallelspalten Bildbeschreibung und Technotext von der akustischen Ebene (Text, Musik, Geräusche) abgesetzt. Nach amerikanischer Konvention sind die beiden Bereiche kombiniert und nur vertikal mit Absätzen getrennt. Der Übergang zu den elektronischen Medien hat zusätzlich verschiedene individuelle Notationssysteme für neue technische Möglichkeiten und Produktionsweisen bei Aufnahme und Schnitt entstehen lassen. (A. S.)

❑ Jochen Brunow (Hg.): Schreiben für den Film. Das Drehbuch als eine andere Art des Erzählens, München 1988

❑ Syd Field, Peter Märthesheimer, Wolfgang Längsfeld (Hg.): Drehbuchschreiben für Fernsehen und Film. Ein Handbuch für Ausbildung und Praxis, (2. Aufl.) München 1987

❑ Jürgen Kasten: Film Schreiben. Eine Geschichte des Drehbuchs, Wien 1990

❑ Alexander Schwarz (Hg.): Das Drehbuch. Geschichte, Theorie, Praxis, München 1992

❑ Jean-Paul Torok: Le scénario. Histoire, Théorie, Pratique, Paris 1986

Drehort Schauplatz eines Films oder einer Filmszene, der (im Unterschied zum →Set) nicht eigens für den Film aufgebaut wurde. Diese Originalschauplätze bringen eine authentische Atmosphäre in den Film: Regisseure, die einen realistischen Stil bevorzugen, haben sie entsprechend häufiger gewählt. Die frühen Filme des →Neorealismus (*La Terra trema*, Die Erde bebt, I 1948, R.: Luchino Visconti, der ganz in Sizilien gedreht wurde), Beispiele des semidokumentarischen amerikanischen Films (*The Naked City*, Die nackte Stadt, USA 1948, R.: Jules Dassin, mit seinen in New York realisierten Sequenzen), einige der →Trümmerfilme aus Deutschland überraschten das Publikum nach dem Ende des Zweiten Weltkrieges mit einer ungewohnten Häufung solcher D. Doch ist das Drehen →On Location im →Western lange üblich und bei Filmemachern wie Jean Renoir schon vor dem Krieg die Regel gewesen.

Die Dreharbeiten an diesen D. unterliegen Beschränkungen, die im →Studio nicht vorhanden sind: Wände können nicht bewegt werden, die Decken behindern möglicherweise die Ausleuchtung des Raumes, im Freien müssen große Areale abgesperrt werden, um zu verhindern, daß Unbeteiligte im Bild erscheinen etc.

Drehverhältnis Die Relation zwischen dem bei Dreharbeiten belichteten zum schließlich im Film verwendeten Material. Das D. variiert je nach der Arbeitsweise der Filmemacher. Im narrativen Film hängt es vor allem von der Anzahl der →Takes, die für jede Einstellung aufgewendet werden, sowie von der Anzahl der Kamerapositionen, aus denen eine Szene aufgenommen wird, ab. Chaplin, der seine Szenen oft während der Dreharbeiten improvisierend und variierend entwickelte, soll für *Goldrush* (Goldrausch, USA 1925) gut 70 500 Meter Film belichtet haben – bei einem schließlich 2600 Meter langen Film ein D. von 27 : 1. Hitchcock dagegen bereitete seine Filme akribisch vor und versuchte, mit →Storyboards bereits die Kamerapositionen zu definieren, um derart sicher zu sein, daß der Film nur in seinem Sinn geschnitten werden konnte. Das D. bei dieser Arbeitsweise ist tendenziell kleiner als bei einigen aufwendigen Hollywood-Produktionen, für die Szenen aus möglichst vielen Kamerapositionen aufgenommen werden, um erst am Schneidetisch die endgültige Auswahl zu treffen. Diese Produktionsweise führt schnell auf ein D. von 20 : 1 oder deutlich mehr. Dokumentarische Filme können noch weit höhere D. erfordern, da hier oft keine Vorhersage über geeignete Aufnahmemomente, geschweige eine vollständige Kontrolle der zu filmenden Ereignisse möglich ist. Selten allerdings dürfte ein D. ähnlich dem für *Triumph des Willens* oder *Olympia* (D 1934 bzw. 1938, R.: Leni Riefenstahl) überlieferten erreicht worden sein. Der Einsatz etlicher Kamerateams wie die Fülle der dokumentierten Rituale und Wettkämpfe führte hier zu einer exorbitanten Relation: für die beiden Teile des *Olympia*-Films wurden aus den belichteten 400 000 Metern Material zunächst bei der Sichtung drei Viertel aussortiert. Die restlichen 100 000 Meter wurden im Prozeß des Filmschnitts schließlich auf die

6000 Meter (etwa 220 Minuten) gebracht, die der nach zwei Jahren fertiggestellte Film dauerte.

Dup-Negativ Im Gegensatz zum in der → Kamera entstandenen Originalnegativ entsteht das D.-N. durch Umkopieren von einem Zwischenträger, idealerweise von einem vom Originalnegativ gezogenen Dup-Positiv (→ Lavendel). Massenkopien von Kinofilmen werden stets vom D.-N. gezogen, um das Originalnegativ zu schonen. Bei der Umkopierung und Restaurierung von historischen Filmen ist man oft darauf angewiesen, ein D.-N. von einer mehr oder weniger gut erhaltenen Vorführkopie zu ziehen, wenn keine Originalnegative mehr erhalten sind. Hiermit ist unweigerlich ein gewisses Abfallen der Bildqualität verbunden. (M. K.)

Eastman Color 1950 vorgestelltes Farbverfahren der Eastman Kodak Co. für Kinofilme in Negativ-Positiv-Prozeß. (Farbige Umkehrfilme von Eastman gab es schon vorher unter der Bezeichnung Ektachrome bzw. Kodachrome.) E.-C.-Filme sind mehrschichtig wie beim → Agfacolor-Verfahren, allerdings werden andersartige farbgebende Substanzen (Farbkuppler) verwendet. Das E.-C.-Verfahren zeichnete sich zunächst durch eine gegenüber → Agfacolor kräftigere Farbwiedergabe aus und hat sich später weltweit als führender Farbprozeß durchgesetzt. Vor allem im Interesse einer Vereinheitlichung der Verarbeitung von Farbfilmen haben alle führenden Rohfilmhersteller das E.-C.-Verfahren nach und nach übernommen. (M. K.)

❑ Gert Koshofer, Color. Die Farben des Films, Berlin 1988
❑ Robert Koziol (Gert Koshofer), 30 Jahre Eastman Color (1950–1980), in: MFM / Moderne Fototechnik, 28. Jg. (1980), Hefte 6–8

Eastman Kodak Co. Weltweit führendes Unternehmen der fotografischen Industrie, 1880 gegründet von George Eastman (1854–1932). Eastman stellte zunächst Trockenplatten her, ab 1884 Fotopapier, 1885 fotografische Platten mit Film als Schichtträger und ab 1889 Rollfilme, die seit 1891 von Edison für seine kinematographischen Arbeiten benutzt wurden. Die damals eingeführte Konfektionierung des Filmmaterials – 35 mm Filmbreite, Bildhöhe 4 Perforationslöcher – ist heute noch allgemein gültiger Standard. Das weithin bekannte Markenzeichen → Kodak wird seit 1888 verwendet. Die seit ihrer Gründung in Rochester, N. Y., ansässige Firma expandierte rasch und eröffnete Tochtergesellschaften in mehreren Ländern, zunächst in Frankreich und England, später auch in Deutschland. 1927 übernahm E. die Pariser Rohfilmfabrik von → Pathé und konnte damit seine führende Position auf dem Weltmarkt festigen. Mit dem 1923 erschienenen 16-mm-Film setzte die Firma einen weiteren Weltstandard, 1932 folgte der 8-mm-Film. Der 1948 entwickelte schwer entflammbare → Sicherheitsfilm mit Triacetat als Schichtträger löste Anfang der fünfziger Jahre den bis dahin verwendeten → Nitrofilm ab. 1950 wurde der Firma dafür ein Oscar (→ Academy Award) zuerkannt. Heute wird der Acetatfilm zunehmend vom mechanisch stabileren Film auf Polyesterunterlage verdrängt, den E. seit 1960 zunächst in Produkten für die grafische Industrie erprobt hatte. Für das → Eastman-Color-Verfahren erhielt die Firma 1952 einen weiteren Oscar, dieses Farbfilmverfahren hat sich nach anfänglicher Rivalität mit → Agfacolor inzwischen ebenfalls als weltweit gültiger Standard etablieren können. Neben einer breiten Palette von Produkten für Fotografie und Kinematographie stellt E. auch Kunstfasern und pharmazeutische Produkte her und ist seit den achtziger Jahren zunehmend auf dem Gebiet der elektronischen Bildbearbeitung präsent. (M. K.)

❑ Eastman Kodak Co.: From Glassplates to Photo CDs., The Kodak Story, Rochester 1992

Edison Company Eines der ersten Unternehmen, das sich der professionellen Erfindung und Vermarktung moderner Technik verschrieben hat. Insgesamt meldete der am 11. 2. 1847 geborene Thomas Alva Edison rund 1000 Patente an, von denen nur der kleinste Teil Film und Kino betraf. Schon als Zwanzigjähriger erfand er einen elektrischen Stimmzähler und arbeitete an der Verbesserung der Telegraphie. 1876 richtete Edison sein berühmtes Labor Menlo Park in West Orange, New Jersey, ein, in dem er Forschungen koordinierte und durchaus von den Arbeiten seiner Mitarbeiter profitierte. Diese Entwicklungsfabrik hatte vor allem das Ziel der kommerziellen Verwertung. Arbeitsbereiche wurden in den nächsten Jahrzehnten z. B. das Telefon, Kopierapparate, Phonographen, Erzaufbereitung, Röntgengeräte, Schreibmaschine, Zement, Glühbirne und Elektrifizierung. Edison wird dafür bekannt, seine Patentansprüche auch gegen die eigentlichen Erfinder per Gericht durchzukämpfen. 1888 wird sein Mitarbeiter William Kennedy-Laurie Dickson beauftragt, Bilder zum Phonographen zu entwickeln. Im Herbst meldet dann Edison ein Patent für ein Gerät an, «das für das Auge das gleiche leistet wie der Phonograph für das Ohr, nämlich die Aufzeichnung und Wiedergabe von in Bewegung befindlichen Dingen, und zwar auf eine preiswerte, praktisch verwertbare und einfache Art» (Vögtle, 1982, S. 98). Am 6. 10. 1889 sind die Forschungen so weit gediehen, daß Dickson im Labor eine Vorführung arrangiert, bei der er in einem kurzen Film auftritt und dabei spricht. 1891 patentiert Edison – nur für die USA – sein → Kinetoskop, einen Guckkasten, durch den einzelne Zuschauer einen laufenden Filmstreifen (mit 48 Bildern pro Sekunde) betrachten können, und richtet für die Herstellung der Filme ein Filmstudio ein (The Black Maria). Am 23. 4. 1896, einige Monate nach den Vorführungen der Skladanowskys und → Lumières, findet in New York die Premiere des Vitascope-Projektors statt, der eigentlich ein Jahr zuvor von Thomas Armat entwickelt worden war und dessen Vermarktung und Herstellung Edison übernahm. Die E. C. wird zu einem wichtigen Faktor der amerikanischen Filmgeschichte, da es Edison 1908 schafft, einen Zusammenschluß von Patenten für Filmproduktion und -auswertung zu erzielen, der quasi ein Monopol darstellt (→ Motion Picture Patents Company, MPPC). Ein Abkommen mit → Eastman-Kodak sicherte die exklusive Belieferung mit → Filmmaterial. 1910 wurde von der MPPC ein eigener Verleih gegründet. Die rigorose Verfolgung von Produzenten, die gegen die Patente verstießen, und die konservative Politik der Firma soll einer der Gründe für den Umzug der Filmindustrie von der Ost- zur Westküste gewesen sein. Doch auf Dauer ließ sich dies Monopol nicht durchsetzen. (K. H.)

❑ Tino Balio (Hg.): The American Film Industry, Madison 1976

❑ Ronald W. Clark: Edison. Der Erfinder, der die Welt veränderte, Frankfurt am Main 1981

❑ Gerald Mast (Hg.): The Movies in Our Midst. Documents in the Cultural History of Film in America, Chicago / London 1982

❑ Fritz Vögtle: Thomas Alva Edison in Selbstzeugnissen und Bilddokumenten, Reinbek 1982

Editor Angelsächsische Bezeichnung für die Person, in deren Verantwortung der → Schnitt des Films liegt (→ Cutter).

Einakter Film mit der Länge eines → Aktes, d. h. von etwa 10 Minuten. Die Mehrzahl aller Filme bis ca. 1915 waren Ein- oder Zweiakter. Als Teil des Vorprogrammes blieben sie auch später, als der abendfüllende → Spielfilm zur Regel wurde, populär. Die Produktion der E. nahm aber seit den 30er Jahren kontinuierlich ab, u. a. als Folge der → Double Features.

Einstellung Endliche Folge von Phasenbildern, die fortlaufend nacheinander belichtet wurden. Als zeitliche Einheit wird sie entweder von anderen E., die ihrerseits von definierter Dauer sind, oder von Filmanfang respektive Filmende begrenzt. Die kürzest denkbare E. ist das → Einzelbild, jedoch ist diese Kürze nur selten eingesetzt worden, da die menschliche Wahrnehmung es nicht mehr klar und eindeutig aufnehmen kann. In schnellen → Montagesequenzen sind aber E. von der Länge nur weniger Bildfelder gebräuchlich und können auch differenziert wahrgenommen werden. Die maximal erreichbare Länge einer E. ist abhängig von der Antriebsart der Kamera sowie der Größe des Filmmagazins, das benutzt wird. Von Federwerken getriebene Apparate lassen mitunter nur eine kontinuierliche Filmbelichtung für wenige Sekunden zu, danach muß das Werk neu aufgezogen werden. So ist der erste lange Spielfilm Eric Rohmers, *Le signe de lion* (Im Zeichen des Löwen, F 1959), mit einer solchen Kamera aufgenommen worden, was die für Rohmers Œuvre ungewöhnlich kurzen E. erklärt.

Abgesehen von diesen Beschränkungen kann die Dauer der E. ebensolang sein wie der Filmstreifen, der im Filmmagazin vorrätig ist. Diese Magazine können bei herkömmlichen 35-mm-Kameras Filmrollen bis zu 300 Meter Länge aufnehmen, was bei einer kontinuierlichen Frequenz von 24 Bildern pro Sekunde einer Laufzeit von 11 Minuten entspricht (16-mm-Kameras besitzen entsprechend Magazine von bis zu 120 Meter Fassungsvermögen). Diese Dauer wird jedoch nur ausnahmsweise erreicht – Alfred Hitchcock hat in *Rope* (Cocktail für eine Leiche, USA 1948) mit ca. 10 Minuten langen E. experimentiert, deren Übergänge kaschiert wurden, so daß der Eindruck eines ungeschnittenen Films von 80 Minuten Dauer entstand. Relativ lange E. ermöglichen es den Schauspielern, eine Aktion ohne Unterbrechung auszuspielen, und können so zu einer größeren Intensität der Darstellung führen (wie sich unter anderem in den Filmen von Jean Renoir, William Wyler, Carl Theodor Dreyer, Jean-Marie Straub und Danièle Huillet beobachten läßt).

Das zusammenhängend aufgenommene Stück Filmstreifen oder der → Take ist zugleich ein definierter Ausschnitt. Die Bildbegrenzung (→ Kadrage) ist zwangsläufige Folge der fotografischen Abbildung, jedoch bei gegebenem Bildformat frei gestaltbar. Man spricht von der Einrichtung der E., deren Bildgrenzen von der Entfernung der Kamera zur Aufnahmesituation, dem gewählten Objektiv, der Neigung der Kamera abhängen. Die räumliche Grenze der E. ist wie ihre zeitliche variabel. Kamerabewegungen lassen bei gleichbleibendem Format verschiedene Ausschnitte aus der Szenerie sichtbar werden, sie können den sichtbaren Raumausschnitt sowohl erweitern wie einengen. Im Gegensatz zum → Zoom überführen sie den in der E. repräsentierten Raum in den nichtrepräsentierten und umgekehrt (→ Kamerabewegung, → Fahrt, → Schwenk).

Diese zeitlichen und räumlichen Grenzen sind daher nicht nur negativ auf das Ausgegrenzte bezogen. Mit Ausnahme von Filmen, die aus einer einzigen, unbeweglichen E. bestehen (der Regelfall in den sehr frühen Filmen; auch in bestimmten Experimentalfilmen eingesetzt) ist eine E. immer in einem Kontext verankert, der aus ihren Begrenzungen zugleich (chronologische oder räumliche) Übergänge werden läßt. Die Definition der E. geschieht in diesem Sinne durch den → Schnitt. Er fixiert einerseits ihre zeitliche Dauer endgültig (jede E. in einem Film ist kürzer als der ursprüngliche Take, da z. B. die an seinem Anfang aufgenommene → Klappe selbstverständlich ebenso eliminiert wird wie die Bilder, die nach dem Ende der gewünschten Aktion noch weiter belichtet wurden). Andererseits fügt er mit den umgebenden E. den implizierten, nur partiell in der einzelnen E. repräsentierten Raum als Kontext ein (→ Filmraum). Die semiologische Filmtheorie hat bei dem Versuch, die kleinste filmische Einheit zu definieren, die E. als das kleinste filmische Segment bestimmt (man bedarf mindestens einer E. für einen Film), das jedoch nicht zugleich das kleinste Element der filmischen Bedeutung ist (denn in jeder E. können verschiedene Faktoren – Bewegungen der Figuren wie der Kamera, Akzentuierungen durch die Beleuchtung u. ä. – bedeutsam werden).

❑ Noël Burch: Theory of Film Practice, Princeton N. J. 1981

- Stephen Heath: Narrative Space; in: Screen, Vol. 17, Nr. 3, 1976
- Juri M. Lotman: Probleme der Kinoästhetik, Frankfurt am Main 1977
- Christian Metz: Semiologie des Films, München 1972
- Rainer Rother: Die Form der Abbildung und die Struktur der Erzählung; in: filmwärts, Nr. 17, 1990

Einstellungsgröße Die relative Größe, die das Abgebildete in einer → Einstellung im Verhältnis zum Gefilmten einnimmt. Es existieren verschiedene Typen, die nicht immer vollständig voneinander abgegrenzt werden können. Gebräuchliche Unterscheidungen sind: Panorama (z. B. eine Landschaft, in der Figuren nur klein erscheinen), Totale (eine Gruppe von Personen, die jeweils zur Gänze im Bild zu sehen sind, sowie ein Großteil ihrer Umgebung), Halbtotale (eine Person, mit ihrer unmittelbaren Umgebung vollständig erfaßt), Halbnah (Personen oder Gruppen, die nicht mehr von Kopf bis Fuß, jedoch etwa mit zwei Drittel ihrer Größe im Bild erscheinen), Amerikanisch (die Person ab dem Knie), Nah (z. B. der Oberkörper eines Darstellers), Groß (z. B. das Gesicht), Detail (z. B. die Augenpartie bildfüllend). Die Unterscheidung ist nicht nur zwischen einzelnen Typen wie der halbnahen und amerikanischen Einstellung recht schwierig zu treffen, sie hängt auch vom Kontext des Filmes ab. Je nachdem, ob sich die Aufmerksamkeit auf nur eine Person oder eine Gruppe richtet, kann die Bewertung zu einem größeren oder kleineren Typ neigen. Die E. beziehen sich auf die Wertigkeit, die in dem Bildfeld das Objekt des primären Interesses einnimmt. Eine Differenzierung von E. ist besonders für Aufnahmen von Darstellern nützlich – sie ist konsequent zudem nur für solche Einstellungen durchführbar, da hier als einheitliches Maß der menschliche Körper angenommen wird, kann aber bei Gegenständen sehr schwierig sein.

Einzelbild Das einzelne belichtete → Bild eines Filmstreifens.

Einzelbildaufnahme Das Verfahren, die Bilder nicht in kontinuierlicher → Bildfrequenz aufzunehmen, sondern die Belichtung jedes Bildes gesondert auszulösen, wird für Trickaufnahmen genutzt. Im → Animationsfilm werden auf diese Art

Detail

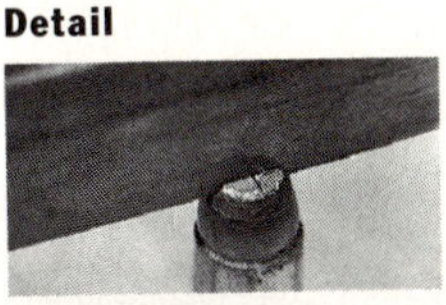

Groß

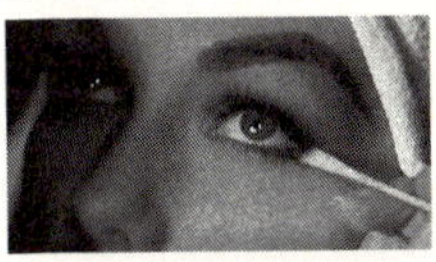

Nah

Amerikanisch

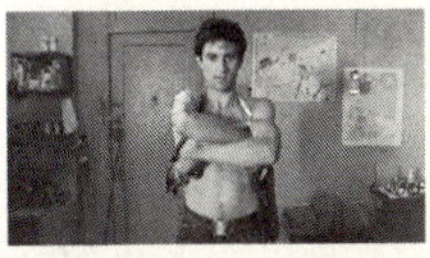

Halbnah

Halbtotale

Totale

Panorama

z. B. Puppen in verschiedenen Bewegungsphasen fotografiert, deren Folge dann bei der Projektion den Eindruck der Bewegung erzeugt. E. ermöglichen auch den →Zeichentrickfilm. Die Ausrüstung mit einer Einzelbildschaltung ist nicht nur für Spezialkameras kennzeichnend; auch einige Apparate für den nichtprofessionellen Einsatz verfügen darüber.

Electronic Cinema Innovation der Produktion von Filmen, derzufolge jede Phase der Herstellung von den technischen Möglichkeiten des Computers bestimmt wird. Bei der Oscar-Verleihung 1979 verkündete Francis Ford Coppola seine Idee der elektronischen Filmproduktion. Der eigentliche Film wächst im Rechner. Am Beginn steht das Drehbuch, das durch eingescannte Skizzen des →Storyboards, Polaroids, Fotos und erste →Probeaufnahmen ergänzt wird. Beginnen die Dreharbeiten, wird das parallel zum Film auf Video gedrehte Material ebenfalls eingescannt. Der Computer ist auf dem neuesten Stand der Dreharbeiten. Die elektronische Produktion erlaubt es im Prinzip, daß der Regisseur von seinem Schreibtisch aus über Satellit verschiedene Teams auf dem Globus kontrolliert. Aber der Hintergrund kann ebenso im Studio simuliert werden. Der Vertrieb sollte nicht mehr auf Filmmaterial erfolgen, sondern die Kinos sollten zentral über Satellit versorgt werden.

Coppola wollte damit die Kontrolle der Regisseure und Produzenten über die Filme zurückerobern. Sein Konzept scheiterte jedoch am Stand der Technik, und das Versprechen, damit Filme billiger produzieren zu können, wurde nicht erfüllt. Sein Film *One from the Heart* (Einer mit Herz, USA 1982) kostete 30 Mio. Dollar und spielte lediglich eine Million ein. Nach Problemen mit *Hammett* (Hammett, USA 1982, R.: Wim Wenders) rechnete Wenders in *Der Stand der Dinge* (D 1982) mit dieser neuen Produktionsweise ab. Inzwischen sind einige der Aspekte dieses Konzepts – vor allem bei der →Postproduction – verwirklicht. Das Ausgangsmaterial bei der Herstellung der Bilder ist beim Spielfilm, aber auch bei der Werbung oder Musikclips meist Film. Er bietet die höchste Auflösung und ist ein internationaler Standard. Dagegen kann die Bearbeitung und das Einfügen besonderer Effekte bereits durch den Rechner geleistet werden. Allerdings kann das elektronische Bild bis heute nicht in hoher Auflösung auf eine große Leinwand projiziert werden; deshalb wird das digitalisierte Bild wiederum auf Filmmaterial ausgescannt. Die Vorführung beruht weiterhin auf den im letzten Abschnitt hergestellten Filmkopien. (K. H.)

- ❑ Albert Abramson: Electronic Motion Pictures. A History of the Television Camera, Berkeley / Los Angeles 1955
- ❑ Coppola's Electronic Cinema System. In: American Cinematographer, 8 / 1982
- ❑ Francis Ford Coppola. Hanser Reihe Film 33, München 1985
- ❑ Kay Hoffmann: Am Ende Video – Video am Ende?, Berlin 1990

Emulsion Lichtempfindliche Schicht, die auf ein Trägermaterial (früher →Nitrofilm, heute →Sicherheitsfilm aus Acetat oder Polyester) aufgebracht ist. Die E. besteht aus lichtempfindlichen Silberhalogenkristallen, die in Gelatine eingebettet sind. Bei Lichteinwirkung lassen die Kristalle ein latentes Bild entstehen, das durch die Entwicklung sichtbar wird. Die Zusammensetzung der E. bestimmt die fotografischen Eigenschaften (Empfindlichkeit, → Gradation, Körnigkeit etc.) des → Filmmaterials. Moderne Filme tragen mehrschichtige E.: Neben der bildgebenden Schicht sind Schutz- und Haftschichten aufgebracht. Farbfilmemulsionen enthalten mehrere für die verschiedenen Grundfarben sensibilisierte Schichten, in die zusätzlich farbgebende Substanzen (Farbbildner – Farbkuppler) eingebracht sind, die von Filterschichten getrennt werden. (M. K.)

Endband Am Ende jeder einzelnen Filmrolle (Akt) befindet sich nach dem Ende der Ton- und Bildspur ein genormtes Stück Film, das dem Vorführer ermöglicht, bei den angelieferten Akten zu unterscheiden, ob sie auf Ende liegen oder ob sie mit dem → Startband als Beginn gespult sind. Angaben zur Aktnummer und der Filmtitel ermöglichen die Identifikation des Films.

Entfesselte Kamera Abkehr von der szenischen Auflösung der Filmhandlung in starre Einstellungen (eine inszenatorische Konvention des frühen Kinos), die durch eine wenig avancierte Kameratechnik und das Primat eines erschütterungsfreien Bildes bedingt wurde. In den 20er Jahren begann in Frankreich, vor allem aber in Deutschland eine Blütezeit der mobilen Kamera. Sie wurde zum Kennzeichen des deutschen Kinos jener Zeit und trug maßgeblich zu seinem Renommee bei.

Die zunehmende Mobilität der Filmkamera ist in erster Linie das Ergebnis des Erfindungsreichtums der Kameraleute, die die Apparatur von der Fessel des Stativs zu befreien suchten. Fahrten in Filmen der frühen zwanziger Jahre wie in *Scherben* (1921, R.: Lupu Pick), in dem die Kamera hinter einem auf dem Schienenstrang wandernden Streckenwärter herfährt, wurden von einem Schienenwagen aus aufgenommen.

Den ersten Kamerawagen in der Geschichte des deutschen Films benutzte Guido Seeber bei den Dreharbeiten zu *Sylvester* (1923, R.: Lupu Pick). Dieses Gefährt lief auf vier gummibereiften Rädern; auf ihm war ein horizontal drehbarer Ausleger montiert, an dessen Ende die Kamera auf einem Stativ befestigt wurde. So war es möglich, während einer Vorwärtsfahrt zugleich eine horizontale Schwenkbewegung auszuführen. Eine Kontrolle des Bildes während der Aufnahme war nicht möglich. Dieser Kamerawagen blieb – wie alle Vehikel, die der Kamera zur Mobilität verhalfen – eine Sonderanfertigung. *Sylvester* markiert einen ersten Meilenstein in der Geschichte der bewegten Kamera im deutschen Kino. Bemerkenswert war vor allem das → Drehbuch Carl Mayers, das neben den → Einstellungsgrößen auch die → Fahrten und → Schwenks der Kamera bereits detailliert vorgibt. Während die Kerngeschichte, ein intimes, psychologisch nuanciertes Melodram um einen Mann zwischen Mutter und Ehefrau, in langen, starren Einstellungen inszeniert ist, zeigt die bewegte Kamera die Umwelt, wie Mayer die öffentliche Gegenwelt nannte. Dekor und Schauspielstil reduzierten die Figuren auf ihre innere Befindlichkeit; die Kameraoperationen hingegen erschließen, wie bereits in *Hintertreppe* (1921, R.: Paul Leni, Leopold Jessner), den großstädtischen Raum, verorten die Handlung.

Karl Freund bei Dreharbeiten zu *Der letzte Mann*, D 1924, R.: F. W. Murnau

Es ist die Auseinandersetzung mit dem Thema der Großstadt, die in Deutschland die E. K. hervorbringt. Kameraoperationen werden als eine adäquate filmische Form entdeckt, um dieses neue Sujet zu visualisieren. Viele bedeutende Filme zu diesem Thema – *Die Straße* (1923, R.: Karl Grune), *Der letzte Mann* (1924, R.: F. W. Murnau), *Die freudlose Gasse* (1924, R.: G. W. Pabst), *Asphalt* (1929, R.: Joe May) – greifen auf die Hilfe der bewegten Kamera zurück, um Tempo, Geschwindigkeit, Bewegung, Rhythmus, Dynamik umzusetzen. Vor allem *Der letzte Mann* gilt als Inbegriff deutschen Kamera-Virtuosentums. Die Filmindustrie versuchte mit Produktionen, die sich von der Konfektionsware abheben und den deutschen Film als künstlerisch herausragend etablieren sollten, den internationalen Markt zu erobern. *Der letzte Mann* spielte in diesem Konzept eine prominente Rolle. E. K. war das Schlagwort, mit dem die → Ufa die innovative Aufnahmetechnik propagierte.

Bereits die erste Einstellung des Films, die eine Abwärtsbewegung – den Blick aus einem verglasten Aufzug – mit einer Vorwärtsbewegung – der Fahrt durch die Hotellobby – kombiniert, verlangte vom Kameramann Karl Freund jenen Mut zum Experiment, der den ganzen Film kennzeichnet. Er montierte die Kamera auf ein Fahrrad. In anderen Einstellungen dreht sich die Kamera mit der Tür des Hotels oder wird gemeinsam mit dem Schauspieler Jannings auf eine drehbare Wippe gesetzt, um den trunkenen Zustand des Portiers zu visualisieren: Der Hintergrund taumelt, nicht aber der Schauspieler.

Von den Fesseln des Stativs befreit war die Kamera auch, wenn sie von Hand oder am Körper geführt wurde. So schnallte sich Freund die auf einem Brett montierte Kamera vor die Brust, um die subjektive Perspektive des betrunkenen Portiers zu simulieren. Diese Subjektivierung des Kamerablickes war eine wichtige Konsequenz der E. K. in *Der letzte Mann*. In einer anderen Sequenz vermittelt die Handkamera dagegen die Perspektive des sich selbst im Traum beobachtenden Jannings. Aber die Kamera bleibt immer auch aktives Instrument, eine selbständige erzählerische Instanz. Ein Jahr nach *Der letzte Mann* emanzipierte Karl Freund die Kamera auch von den letzten noch bestehenden Zwängen. In *Varieté* (1925, R.: E. A. Dupont) wird die Kamera, das Sehen selbst zum Thema des Films. Die Bewegung bestimmt das Verhältnis der Blicke – der Kamera, der Figuren und des Zuschauers – neu. (R. M.)

❑ Lotte H. Eisner: Die dämonische Leinwand, Frankfurt am Main 1980
❑ Barry Salt: Film Style and Technology. History and Analysis, London 1983
❑ Robert Müller: Lichtbildner. Zur Arbeit des Kameramannes. In: Gleißende Schatten. Kamerapioniere der zwanziger Jahre, Berlin 1994

Episodenfilm Mehrere in sich geschlossene, durch ein gemeinsames Merkmal verbundene Kurzfilme, zusammen etwa so lang wie ein Spielfilm, von einem oder mehreren Regisseuren inszeniert (in letzterem Fall auch Omnibus-Film genannt).

Als Beispiele aus der Stummfilmzeit gelten *Intolerance* (USA 1916, R.: D. W. Griffith) und *Three Ages* (USA 1923, R.: Buster Keaton). In beiden Fällen sind jedoch die Episoden durch anspruchsvolle Montagetechnik miteinander verwoben, anstatt, wie im deutschen → Stummfilm, durch eine Rahmenhandlung in Beziehung gesetzt; so in *Der müde Tod* (1921, R.: Fritz Lang) und einem der letzten expressionistischen Filme, *Das Wachsfigurenkabinett* (1924, R.: Paul Leni). Die Rahmenhandlung von *If I Had a Million* (Wenn ich eine Million hätte, USA 1932, R.: Ernst Lubitsch, Norman Taurog, Norman McLeod u. a.), einem frühen → Tonfilm, an dem acht Regisseure beteiligt waren, erzählt die Geschichte von einem Millionär, der beschließt, seiner raffgierigen Verwandtschaft ein Schnippchen zu schlagen. Er beschenkt acht wahllos aus dem Telefonbuch herausgepickte Unbekannte mit einem Scheck von je einer Million Dollar. Die in verschiedenen Genres inszenierten Episoden zeigen die Wirkung dieses unverhofften Reichtums auf das Leben der Scheckempfänger. Diese Art des E. fand in den USA wenig Nachfolger, war jedoch in den vierziger und fünfziger Jahren in England beliebt: In *Dead of Night* z. B. (Traum ohne Ende, GB 1945, R.: Alberto Cavalcanti, Charles Crichton, Robert Hamer, Basil Dearden) erzählen einige in einem Landhaus versammelte Personen von unheimlichen Erlebnissen, die als Rückblenden im Stil des Gothic Thriller inszeniert sind.

Das gemeinsame Merkmal der E. kann auch in ihrer literarischen Grundlage bestehen. *Quartet* (GB 1948, R.: Harold French u. a.) basiert auf vier Kurzgeschichten von W. Somerset Maugham, der im Film auch einen Kommentar spricht. Die Form wurde 1950 mit *Trio* und 1951 mit *Encore* wiederholt, die jeweils drei Kurzfilme nach Storys des gleichen Autors zusammenfassen. Weitere Beispiele für die Verfilmung von Kurzgeschichten sind Arbeiten einzelner Regisseure: In Frankreich inszenierte 1951 Max Ophüls mit *Le Plaisir* drei Geschichten von Guy de Maupassant; für den japanischen Film *Kaidan* (1964) verwendete Masaki Kobayashi eine Vorlage des englischen Literaten Lafcadio Hearn aus dem Jahr 1896; aus jüngster Zeit stammt *Short Cuts* (USA 1993), für den Robert Altman auf zehn Kurzgeschichten von Raymond Carver zurückgriff.

Eine andere Art des E. benutzt einen bestimmten Gegenstand als Verbindungsglied. In Helmut Käutners hochgelobtem erstem Nachkriegsfilm *In jenen Tagen* verfügt ein Autowrack über eine Erzählerstimme und läßt seine Besitzer seit 1933 Revue passieren. Die Episoden sind 1946 im zerstörten Hamburg gedreht und handeln von kleinen Leuten, die auch unter der Diktatur des Nationalsozialismus Individualität und Zivilcourage bewahrten. *In jenen Tagen* ist mitunter als deutsches Beispiel eines → Neorealismus angesehen worden, vergleichbar einem weiteren berühmten E. aus dem gleichen Jahr, Roberto Rossellinis *Paisà*, der Begegnungen der in Italien vorrückenden amerikanischen Truppen mit der Bevölkerung beschreibt.

Drei verschiedene Eigentümer desselben Autos porträtiert auch *The Yellow Rolls Royce* (Der gelbe Rolls-Royce, GB 1964, R.: Anthony Asquith), und um die sechs Besitzer eines Fracks geht es in *Tales of Manhattan* (USA 1942). Dessen Regisseur, Julien Duvivier, hatte bereits 1937 in Frankreich mit *Carnet de Bal* einen E. inszeniert, von dem er 1941 in den USA das Remake *Lydia* (Eine Frau vergißt nie) drehte: eine Frau erinnert sich an frühere Verehrer, deren Schicksale sind Gegenstand der Episoden.

Naheliegend in diesem Zusammenhang scheint die Verfilmung der sieben Todsünden (*I sette peccati capitali / Sept péchés capitaux*, Die sieben Sünden, I / F 1951, R.: Yves Allégret, Claude Autant-Lara, Roberto Rossellini u. a.; *Les sept péchés capitaux*, Die sieben Hauptsünden, F 1962 R.: Jean-Luc Godard, Jacques Demy, Claude Chabrol u. a.) und der Zehn Gebote (*Le Diable et les dix commandements*, F 1962, R.: Julien Duvivier). Einige Regisseure der → Nouvelle Vague produzierten auch in anderen Zusammensetzungen Omnibus-Filme, bekanntestes Beispiel ist *Paris vu par...* (F 1965, R.: Eric Rohmer, Claude Chabrol, Jean Rouch u. a.), dessen Episoden in fünf Pariser Quartiers spielen. Vergleichbar beschreibt *New York Stories* (1989, R.: Woody Allen, Francis Ford Coppola, Martin Scorsese) die Stadt aus der Sicht von drei Regisseuren der New-Hollywood-Generation. Auch einige italienische Regisseure der 50er und 60er Jahre bedienten sich der episodischen Struktur, so verwendete Vittorio de Sica in *L'oro di Napoli* (Das goldene Neapel, I 1954) wiederum die Stadt als gemeinsamen Schauplatz verschiedener Schicksale, und in *Ieri, oggi e domani* (1963) stifteten seine Stars Sophia Loren und Marcello Mastroianni die Verbindung zwischen den Episoden. Die sechs Regisseure der Liebesgeschichten von *Amore in Città* (Liebe in der Stadt, I 1953, R.: Michelangelo Antonioni, Federico Fellini, Cesare Zavattini u. a.) griffen noch einmal die Ästhetik des Neorealismus auf. *Boccaccio 70* (I / F 1961, R.: Vittorio de Sica, Federico Fellini, Mario Monicelli, Luchino Visconti) ist eine Sammlung von Frauenporträts, ähnlich wie *Le streghe* (Hexen von heute, I / F 1966, R.: Pier Paolo Pasolini, Franco Rossi, Vittorio de Sica, Luchino Visconti).

Eine neuere britische Produktion ist *Aria* (1987, R.: Robert Altman, Nicolas Roeg, Ken Russell u. a.), dessen zehn Regisseure jeweils eine Opernarie inszenieren; jüngere Beispiele aus den USA sind Akira Kurosawas *Dreams* (1990), Jim Jarmuschs *Night on Earth* (1991) und Quentin Tarantinos *Pulp Fiction* (1994). *Pulp Fiction* könnte man allerdings auch (wie z. B. Robert Altmans *Nashville*, 1975, und *A Wedding*, Eine Hochzeit, 1978) zu den episodisch erzählten Filmen rechnen, die einer elliptischen Struktur folgen, d. h. eine Geschichte von verschiedenen Punkten aus aufrollen und einzelne Stränge lose miteinander verknüpfen.

Der häufigste Vorwurf an den E. ist der der Beliebigkeit: zu weit hergeholt wirkte oft das verbindende Merkmal, zu disparat die Einzelbeiträge, zuwenig plausibel der konstruierte Zusammenhang. Bemerkenswert ist deshalb die Omnibus-Produktion *Deutschland im Herbst*, die 1977, zu Zeiten der größten Terroristenangst in der Bundesrepublik, von Regisseuren des → Neuen Deutschen Films produziert und inszeniert wurde: das gemeinsame Anliegen der Filmemacher, ihre persönliche Wahrnehmung eines Ausnahmezustandes filmisch umzusetzen, macht *Deutschland im Herbst*, trotz der qualitativ unterschiedlichen Beiträge, zu einem Dokument der Empörung über eine Gesellschaft, die ihre demokratischen Rechte zu vergessen droht. (D. S.)

Erzählung Formale Struktur von → Spielfilmen. Das erzählerische Potential des Films mußte historisch erst erkundet werden, vor allem durch die Entwicklung der

→ Montage. Neben der dominanten Form des → Spielfilms finden sich auch in anderen Gattungen (→ Dokumentar-, → Experimental- oder → Essayfilm) narrative Anteile.

Narrativik, Narratologie und Erzählforschung bezeichnen die Analyse und Typologie von Erzähltexten wie Alltagserzählungen, Märchen, literarischen Erzählgattungen usw. Narrative Strukturen sind die spezifischen Strukturen von Erzähltexten, die diese von anderen Arten des Mitteilens und der Mitteilung (Beschreibung, Argumentation, Aufzählung usw.) unterscheiden. Narrative Texte verbinden die dargestellten Handlungen folgerichtig (nach dem Schema von Ursache und Wirkung) miteinander.

Die Narratologie hat verschiedene Versuche unternommen, Strukturen von Geschichten zu bestimmen. Einflußreich war Todorovs «Äquilibriumsmodell», das eine Geschichte als Abfolge dreier Phasen beschreibt: Zunächst ist der Anfangszustand der fiktionalen Welt ausbalanciert; sodann erfährt er eine Störung und wird durch das Handeln der Charaktere in einen neuen, wiederum stabilen Endzustand überführt. An diese strukturalistische Forschungstradition knüpfen zeitgenössische Theorien an, die E. als Verhältnis von «Exposition», «Komplikation» und «Resolution» bestimmen. Die Grundvorstellung derartiger, formale Eigenschaften von E. aufsuchender Analysen ist eine geschlossene, einfache, kanonisierte und zeitlich lineare Geschichte (d. h. ein nur sehr begrenzter Ausschnitt des Formenbaus von Geschichten). Konsequenterweise bilden sogenannte «Geschichten-Grammatiken» («Story Grammars») die Zielvorstellung dieser Untersuchung, die von den besonderen Bedingungen des Erzählens mittels Film, verbaler Sprache oder dramatischer Aufführung zu abstrahieren versuchen.

Schon die russischen Formalisten haben daher die Differenzierung von E. in eine Inhalts- und Ausdrucksebene vorgeschlagen, die sie als «Fabel» (→ Story) und «Sujet» (heute gewöhnlich als → Plot bezeichnet) gefaßt haben, eine konzeptuelle Unterscheidung, die, mit leichten Modifikationen, seitdem ein zentrales Instrument der Erzähltextanalyse ist. Als «Fabel» wird die zeitlich-lineare und kausal verknüpfte Kette von Ereignissen und handelnden Figuren bezeichnet. Die Fabel ist eine abstrakte, formale Struktur, die mit dem «Geschichten-Wissen» des Zuschauers – seinem Wissen über die Handlungsschemata, -motive und Genres – korrespondiert. Das «Sujet» ist dagegen die Präsentation, Auswahl und Anordnung der Fabelereignisse im Film. So kann der Film Handlungsteile aussparen, um den Zuschauer zu Hypothesen über die Ereignisse anzuregen. So wird im Detektivfilm vom Typ des «Whodunit» zwar häufig der Mord am Anfang gezeigt, die Identität des Mörders jedoch erst am Ende des Films enthüllt, so daß sich die Neugierde des Zuschauers auf die Suche des Detektivs richtet. Der Plot manipuliert die Zeit, indem z. B. Handlungsteile wiederholt werden, wie etwa in *Rashomon* (Japan 1950, R.: Akira Kurosawa), der dasselbe Ereignis aus den einander widersprechenden Perspektiven der Beteiligten erzählt. Oder die temporale Ordnung der Ereignisse ist verändert, indem → Rückblenden oder seltener, wie in *Once Upon a Time in America* (Es war einmal in Amerika, USA 1984, R.: Sergio Leone), → Vorausblenden benutzt werden. All diese erzählerischen Strategien dienen dazu, den Zuschauer auf je spezifische Weise in den Prozeß der Fabelkonstruktion zu verwickeln und dabei Neugierde und Spannung aufzubauen.

Narration ist folglich nicht substantiell, sondern prozessual zu verstehen, als kommunikativer Akt, in dem eine Geschichte entfaltet wird, deren Erschließung Aufgabe eines interpretierenden Zuschauers ist. Narration ist damit zugleich eine Aktivität, die das Wissen des Rezipienten und seine Eingeweihtheit in das Geschehen reguliert. (B.H./ H.W.)

❑ Bordwell, David: Narration in the Fiction Film, Madison 1985.
❑ Branigan, Edward: Narrative Comprehension and Film, London/New York 1992.
❑ Chatman, Seymour: Story and Discourse. Narrative Structure in Fiction and Film, Ithaca/London 1978.
❑ Wuss, Peter: Filmanalyse und Psychologie. Strukturen des Films im Wahrnehmungsprozeß, Berlin 1993.

Essanay 1907 von George K. Spoor und G. M. Anderson gegründete Produktionsfirma, die von 1915 bis 1916 Charles Chaplin unter Vertrag hatte, der danach zu Mutual wechselte. E. war Mitglied der → Motion Picture Patent Company (MPPC) und bildete mit drei weiteren Mitgliedern dieser Company eine Allianz, die jedoch beendet wurde, als die Alliierten von dem Partner → Vitaphone aufgekauft wurden.

Essayfilm Eine → Gattung des Films, deren Stellung zunächst negativ definiert ist. Anders als → Spielfilm oder → Dokumentarfilm läßt sich der E. nicht durch ein spezifisches Verhältnis zur vorfilmischen Realität begreifen; anders als der → Lehrfilm, der wissenschaftliche Film oder der → Werbefilm ist er auch nicht vorrangig durch Zwecke seiner Auftraggeber definiert. Dieses Ausweichende hat seine Gründe in den Produktionsbedingungen: E. sind → Autorenfilme par excellence und daher auf die rigiden Vorgaben der Auftragsproduktion nicht festzulegen; sie sind aber auch der Unterscheidung zwischen dokumentarischen und fiktionalen Elementen nicht verpflichtet, weil sie beide in sich enthalten können.

Wie der literarische Essay ein Sprechen über einen Gegenstand ist, und zwar über einen bekannten, der in neuer Perspektive präsentiert wird, so hat der E. mit ihm dieses Sprechen über etwas gemein. Grundsätzlich gilt die Perspektivität der Darstellung als primär; es gibt nicht die Illusion, einem Geschehen zu folgen, auch nicht die, einem Wirklichen bei der Entwicklung zuzuschauen. Die Elemente des E. sind disparat (wie im → Kompilationsfilm), ihre Einheit wird nicht über eine Rekonstruktion z. B. einer historischen Periode durch das Arrangieren des von ihr überlieferten filmischen Materials garantiert. Einheitsstiftend im E. ist allein die subjektiv geprägte Präsentationsweise. Auch da, wo der E. (vorübergehend) konventionelle Montageformen befolgt, ist die Ordnung seiner Bilder als Folge eines bewußten Arrangements für den Zuschauer primär. Für ihn zeichnet sich die Gattung gerade durch diese Subjektivität der Darstellung aus, und seine Wahrnehmung bezieht sich auf sie – ein E. kann schlecht gemacht sein, seine Aussagen faktisch inkorrekt: dies beschädigt ihn als E. nicht. Viel eher ist das Urteil, er sei uninteressant oder böte nur Bekanntes, für ihn schlecht.

***Sans Soleil* (Ohne Sonne), F 1982, R.: Chris. Marker**

Tatsächlich verhält sich daher der Zuschauer gegenüber dem E. wie der Leser vor dem literarischen Essay. Während ein Feature oder eine Reportage (zwei Formen des → Fernsehens) wesentlich durch die Information definiert sind, die sie übermitteln, bietet diese nicht den Schwerpunkt der E. – sie müssen daher originell sein, um zu fesseln. Auch diesen Zwang zur Originalität, unmittelbare Folge der subjektiven Perspektivierung, teilen filmischer und literarischer Essay. Historisch wohl frühestes Beispiel eines E. ist *Häxan* (S 1921, R.: Benjamin Christensen), der allerdings in der Stummfilmzeit kaum Nachfolger gefunden zu haben scheint. In mancher Hinsicht sind die Verfahren der Kompilationsfilme, die über den Ersten Weltkrieg gedreht wurden, dem E. verwandt; hier wie dort finden sich zeitgenössische Dokumentaraufnahmen neben nachträglich inszenierten Szenen, Tricksequenzen können eingesetzt werden. Doch sind diese Filme gerade nicht auf die Wahrnehmung subjektiver Perspektivierung hin angelegt: sie wollen rezipiert werden als eine wahre Geschichte. Inszenierungen werden als Dokument ausgegeben, Einseitigkeiten sollen als objektive Darstellung akzeptiert werden. Eine Tradition des E. bildet sich erst nach dem Zweiten Weltkrieg, im Grunde erst mit den 60er Jahren aus. Die Fragwürdigkeit des Erzählkinos und seiner Konventionen, die problematisch gewordene Authentizität des Dokumentarfilmes, die offenbarten Manipulationsmöglichkeiten des Kompilationsfilms setzen eine Reflexion über den Status der Film-Bilder frei. Die Bildbefragung ist letztlich der Schnittpunkt aller E., sie sind gegenüber dem Medium prinzipiell un-naiv. In der Deutung, dem Mehrfachlesen von Bildern, besteht denn auch eines der durchgängigen Interessen der Filmemacher. Chris. Marker ist wohl der früheste Exponent des modernen E., beginnend mit *Lettre de Sibérie* (F 1958), befragt er Bilder, bis hin zu denen aus dem Computer (*Sans Soleil*, Ohne Sonne, F 1982). In Deutschland sind die bekanntesten Vertreter der Gattung Alexander Kluge (*Die Patriotin*, 1979; *Die Macht der Gefühle*, 1983; *Der Angriff der Gegenwart auf die übrige Zeit*, 1985), Harun Farocki (*Wie man sieht*, 1986; *Videogramme einer Revolution*, 1992) und Hartmut Bitomsky (*Der VW-Komplex*, 1990).

❑ Augenblick, Heft 10, 1991 (Versuche über den Essayfilm)
❑ Christiane Habich: Häxan, in: filmwärts, Nr. 20, 1991
❑ Rainer Rother: Die Gegenwart der Geschichte. Ein Versuch über Film und zeitgenössische Literatur, Stuttgart 1990
❑ Christa Blümlinger, Constantin Wulff: Schreiben Bilder Sprechen. Texte zum essayistischen Film, Wien 1992

Establishing Shot Die →Einstellung, mit der eine Szene eingeführt wird. Sie ist die erste Aufnahme, die den Handlungsraum präsentiert und ihn vollständig zeigt. Ihr nachfolgende Einstellungen nehmen andere Perspektiven ein und nähern sich den Personen stärker; der im E. S. definierte Raum wird nun entfaltet.

Ethnographischer Film Als Subgenre des →Dokumentarfilms ein Grenzgänger, der sich zwischen Wissenschaft und Kunst, zwischen Geschichtenerzählen und Dokumentieren, zwischen Fiktion und Wirklichkeit bewegt. Einzig gemeinsamer Nenner ist sein Gegenstand: das Fremde, die Fremdheit und deren visuelle Repräsentation. Konventionell beschäftigt sich der ethnographische Film, wie die Ethnologie selbst, überwiegend mit nichtindustriellen, oft schriftlosen Gesellschaften.

Im Vergleich zum Dokumentarfilm war der E. F. stärker der Wissenschaft verhaftet und hatte ängstlich vermieden, sich mit künstlerischen und filmsprachlichen Fragestellungen auseinanderzusetzen.

Schon die ersten Versuche ethnographischer Filmarbeit zeugen von den thematischen Vorlieben zukünftiger E. F. Auf der Exposition Ethnographique de l'Afrique Occidentale 1895 in Paris hatte der französische Arzt Fèlix-Louis Regnault zum ersten Mal einen handwerklichen Vorgang – eine Wolof-Frau beim Töpfern eines Tonkruges – gefilmt. Regnault beschäftigte sich weiterhin mit diversen Bewegungsstudien in unterschiedlichen Gesellschaften. Die akribische Aufzeichnung von Ritualen und Handwerk entwickelte sich zum klassischen Thema des E. F., dessen Interesse es mehr war, die museale Aufbewahrung untergehender Kulturen voranzutreiben, als mit den Gefilmten in einen Dialog zu treten. Diese Maxime wurde im Göttinger Institut für den Wissenschaftlichen Film (→IWF) noch bis Anfang der 90er Jahre vertreten.

Die filmische Inventarisierung kultureller Phänomene und der illustrierende Charakter der Bildmedien als Beigabe zu den schriftlichen Monographien war bis in die 40er Jahre Standard. Eine Ausnahme waren die Filme von Robert Flaherty, der mit der Methode der teilnehmenden Beobachtung bei den Inuit *Nanook of the North* (Nanuk, der Eskimo, USA 1922) und in der Südsee *Moana* (USA 1926) drehte. Dank ihrer visuellen Schönheit und großen poetischen Kraft hatten diese Filme im Gegensatz zu den üblichen ethnographischen Filmen ein großes Publikum gefunden. Flahertys Filme hatten jedoch zum damaligen Zeitpunkt wenig Einfluß auf den E. F.

Einen bewußteren Umgang mit dem Medium Film (und Fotografie) haben Margaret Mead und Gregory Bateson eingeleitet. Zum ersten Mal setzten sie den Film als ein eigenständiges Mittel der Ethnographie ein. Sie drehten in Bali und Neuguinea mehrere Filme (1936–1939) über die komplexen Beziehungsstrukturen in den jeweiligen Gesellschaften, die sie im Film kulturvergleichend präsentierten (Bsp. aus dieser Serie: *Childhood rivalry in Bali and New Guinea; Bathing Babies in three Cultures; A balinese Family*, USA 1936–1939). Entscheidende Veränderungen erhielt das ethnographische Filmschaffen in den 60er Jahren durch die Entwicklung der leichten 16-mm-→ Handkameras mit Synchronton.

In Frankreich entstand das → Cinéma Vérité, das in den USA eine Entsprechung im → Direct Cinema fand. Einer der innovativsten Filmemacher dieser Zeit war Jean Rouch, der neue dialogische Formen des Filmemachens entwickelte, in denen die Trennung zwischen Fiktion und Dokumentation nicht mehr existiert (z. B. *Jaguar*, F 1967, *Petit à Petit*, F 1979). Jean Rouch träumte von einer filmischen Ethnologie, die die Gefilmten zu Co-Autoren werden läßt. Nahezu zeitgleich entwickelten David und Judith MacDougall das Prinzip des nicht privilegierten Kamerastils (*To live with Herds*, USA 1968/72; *Turkana Trilogie*, USA 1973–1981), Robert Gardner trat am konsequentesten für die visuelle Eigenständigkeit des E. F. ein (*Forest of Bliss*, Wald der Glückseligkeit, USA 1986), und John Marshalls filmisches Schaffen war von Langzeitbeobachtungen geprägt (z. B. *N!ai, the Story of a 85!Kung Woman*, USA 1951–1980). Dank der zunehmenden Aktivität von ethnographischen Filmemacherinnen erfuhr der E. F. eine erhebliche thematische Erweiterung. Beispielsweise drehte Melissa Llewelyn Davies aus einer feministischen Perspektive mehrere Filme über die Maasai, einer patriarchal organisierten Gesellschaft in Ostafrika. Ihr Film *The Women's Olamal: The Social Organisation of a Maasai Fertility Ceremony* (GB 1984) behandelt anhand eines weiblichen Beschneidungsrituals das hochexplosive Thema der Geschlechterverhältnisse, indem sie die Maasai-Frauen selbst zu Wort kommen läßt – ein Thema, zu dem Männer keinen Zugang haben. Einen tiefen Eindruck hinterlassen die beiden Filme von Jean Lydall und Joanna Head, *The women who smile* (Das Lächeln der Frauen, GB 1990) und *Two girls go hunting* (GB 1991). In zwei eindringlichen Porträts erzählen Hamar-Frauen aus Äthiopien über die Ehe, die Liebe und das Frau-Sein in einer Hamargesellschaft. Jean Lydall und Joanna Head, die mit einem ausschließlich weiblichen Team drehten, bekamen dafür den Grand Prix auf dem Festival International du Film Ethnographique et Sociologique in Paris.

Die zunehmende Produktion von E. F., die in den 70er Jahren ihren Anfang fand, löste zugleich eine stärkere theoretische Auseinandersetzung mit dem Medium aus. Es entwickelte sich eine neue interdisziplinäre Fachrichtung – die Visuelle Anthropologie – die ganz allgemein die visuellen Phänomene, ihre Konstruktionen und Repräsentationen in verschiedenen Kulturen untersucht und dabei den Blick auf die eigene Kultur nicht vergißt.

❑ Edmund Ballhaus, Beate Engelbrecht (Hg.): Der ethnographische Film. Einführung in Methoden und Praxis, Berlin 1995
❑ Peter Ian Crawford, David Turton (Hg.): Film as Ethnography, Manchester / New York 1993
❑ Paul Hockings (Hg.): Principles of Visual Anthropology, The Hague, 1975
❑ Eva Hohenberger: Die Wirklichkeit des Films. Dokumentarfilm. Ethnographischer Film – Jean Rouch, Hildesheim / Zürich / New York 1988
❑ Peter Loizos: Innovation in Ethnographic Film. From Innocence to Selfconsciousness 1955–1985, Manchester 1993
❑ Bill Nichols: Representing Reality, Bloomington 1991

Executive Producer Funktion bei der Herstellung eines Filmes, wobei dieser → Credit für den oder die E. P. mehrere Funktionen benennen kann. So kann ein Studiobeauftragter für mehrere Produktionen diesen Titel führen oder auch derjenige, der für ein Projekt die Finanzierung regelt. Meist aber ist der E. P. die Person, die während der Dreharbeiten dafür sorgt, daß die → Drehorte zur Verfügung stehen, alle eventuell notwendigen Extras wie → Komparsen bereit sind, und Arrangements für die Hauptdarsteller trifft (Unterbringung, Reisen etc.).

Exilfilm Kategorie, unter der die wissenschaftliche Forschung zunächst jene Filme zusammenfaßt, an denen Mitarbeiter beteiligt waren, die vom deutschen Nationalsozialismus seit 1933 ins Exil getrieben wurden. Vom Exilfilm zu unterscheiden ist der Begriff → Filmexil; damit wird die Situation aller aus Deutschland oder aus den von den Nazis besetzten Ländern vertriebenen Menschen bezeichnet, die zuvor in der Filmbranche beschäftigt waren.

Nach ihrer Machtübernahme verbieten die Nationalsozialisten nahezu allen jüdischen Filmschaffenden die Ausübung ihres Berufes. Der größte Teil von ihnen, etwa 2000 Menschen, flüchtet ins Exil. Zu den Exilierten gehören alle bedeutenden, in der Weimarer Republik künstlerisch und kommerziell erfolgreichen Filmmitarbeiter. Einige von ihnen waren bereits vor 1933 bei der → Ufa, dem größten Arbeitgeber im Filmgeschäft, mit rassistischen Vorurteilen und politischer Zensur konfrontiert worden, hatten jedoch bei anderen Produktionsfirmen ihre Tätigkeit fortsetzen können.

Nicht alle vom Berufsverbot Bedrohten verlassen Deutschland unmittelbar nach der Machtübernahme. Einige wenige, so etwa der Regisseur und Schauspieler Reinhold Schünzel, können mit einer Sondergenehmigung des Propagandaministeriums noch einige Filme drehen, sind jedoch durch ständige Überwachung und Zensurmaßnahmen in ihrer künstlerischen Bewegungsfreiheit weitgehend eingeschränkt. So kommt es zu einer zweiten Emigrationswelle in den Jahren 1936 / 37.

Mehr als 500 der Exilierten erreichen → Hollywood, um in der weltweit größten Filmindustrie Arbeit zu finden. Die meisten von ihnen haben vorher in Frankreich, England, Österreich, Ungarn, Holland, aber auch in Italien, der Schweiz, Spanien, Portugal, Ägypten oder der Tschechoslowakei versucht, Filme zu realisieren. Über dem Einfluß, den deutsche Regisseure wie Fritz Lang und Robert Siodmak, Produzenten wie Erich Pommer oder Arnold Pressburger, Kameraleute wie Eugen Schüfftan und Drehbuchautoren wie Emmeric Pressburger Mitte der 30er Jahre insbesondere auf das britische und französische Kino haben, darf jedoch nicht übersehen werden, daß die meisten Exilierten ohne Arbeit und bitterster Armut ausgesetzt sind; zudem werden sie in ihren Gastländern von Internierung oder sogar der Auslieferung an Nazi-Deutschland bedroht. Die politischen Verhältnisse und der Beginn des Zweiten Weltkrieges treiben jene Filmschaffenden, die kein Visum oder keine Schiffspassage für die USA erlangen können, bis nach Indien oder China. Die Immigration in die USA wird von Hilfskomitees, an deren Gründung und Leitung zahlreiche in Hollywood ansässige, schon vor 1933 aus Deutschland nach Amerika ausgewanderte Filmschaffende beteiligt sind, wesentlich erleichtert. Sie kümmern sich um die notwendigen Einreisepapiere, sorgen für eine erste Unterkunft und können oft auch einen Arbeitsplatz in den Hollywood-Studios vermitteln (wobei dieser Arbeitsplatz von den Produktionsfirmen häufig nur pro forma eingerichtet wird, um den Neuankömmling für ein paar Monate mit einem kleinen Gehalt zu unterstützen).

Nicht allen Filmexilierten gelingt es, sich in das amerikanische Produktionssystem zu integrieren. Außer mit sprachlichen Problemen, die vor allem den Drehbuchautoren und Schauspielern Schwierigkeiten bereiten, sehen sie sich mit einer vom europäischen Kino unterschiedenen Arbeitsorganisation konfrontiert. War in Europa der Regisseur Künstler und Herr im Atelier, so ist er in Hollywood Handwerker und Befehlsempfänger des Produzenten. Daran scheitern vor allem Regisseure wie Joe May oder Richard Oswald, die in Deutschland schon in den 20er Jahren außerordentlich erfolgreich waren und über eigene Produktionsfirmen verfügten; sie können sich mit den neuen Gegebenheiten nicht arrangieren. Andere hingegen, so etwa Fritz Lang oder Robert Siodmak, sind bereit, mit kleinen → Low-Budget-Filmen ihr Talent unter Beweis zu stellen und sich nicht nur dem → Studiosystem anzupassen, sondern auch die Regeln des an → Genres orientierten amerikanischen Kinos zu übernehmen und zu variieren. So leisten gerade Fritz Lang und Robert Siodmak in den USA wesentliche Beiträge zur Stilentwicklung des → Film Noir. Obwohl nur ein kleiner Teil der von den Exilierten gedrehten Filme als Antinazifilm unmittelbar den Nationalsozialismus und die Situation des Exils behandelt, so bieten gerade diese Filme in der ersten Hälfte der 40er Jahre insbesondere den aus Deutschland nach Hollywood vertriebenen Schauspielern eine willkommene Arbeitsmöglichkeit. Zur bitteren Ironie der Geschichte gehört, daß die Opfer oft genug in SS- oder SA-Uniformen die Rolle der Täter zu spielen haben. Eine Rückkehr der Filmexilierten nach 1945 setzt – anders als etwa bei den vertriebenen Schriftstellern – nur zögernd ein. Die meisten haben, trotz aller Schwierigkeiten, ihr Auskommen im

Exilland gefunden. Zudem werden die Reimmigranten in den Westzonen eher unfreundlich und als lästige Konkurrenten behandelt; die absehbare politische Ausrichtung und Reglementierung der →DEFA in der Ostzone ist ebenfalls von geringem Reiz. Erst in den 50er Jahren, angesichts des Zusammenbruchs der amerikanischen Produktionsfirmen und auf Initiative einzelner Produzenten wie Artur Brauner, entschließen sich einige der von den Nazis Vertriebenen, wieder in Deutschland zu arbeiten. (M. E.)

❑ Christian Cargnelli, Michael Omasta: Aufbruch ins Ungewisse. Österreichische Filmschaffende in der Emigration vor 1945, Wien 1993
❑ Jan-Christopher Horak: Fluchtpunkt Hollywood. Eine Dokumentation zur Filmemigration nach 1933, Münster 1986
❑ John Russell Taylor: Fremde im Paradies. Emigranten in Hollywood 1933–1950, Berlin 1984

Expanded Cinema Der Begriff selbst entstand zu Beginn der 60er Jahre im Zusammenhang mit der Kunstbewegung der Expanded Arts und Fluxus und wurde durch die Multimedia-Ereignisse der Happenings charakterisiert. Durch Steigerung der sinnlichen Reize und Erweiterung der Technologie sollte das Bewußtsein erweitert und in der Verbindung von Kunst und Technik zugleich eine neue Verbindung von Kunst und Leben geschaffen werden.

Allgemein für alle Arbeiten, die über die gewöhnliche Filmproduktion hinausgehen, von Multiprojektionen mit mehreren Leinwänden und Lightshows über Multimedia-Aktionen (Mixed Media Performances), in denen Film, Dia und Videoprojektionen mit Aufführungen (Theater, Tanz) verbunden werden, bis zu Aktionen ohne Film, die das Medium reflektieren. Das erweiterte Kino, die zum Teil provozierenden künstlerischen Aktionen wollen die Grenzen der Filmleinwand sprengen, den Film in seinen grundlegenden Bestandteilen und seiner Bedeutung als Medium, die Scheinrealität des Bildes auf der Leinwand bewußtmachen und die herkömmlichen Vorstellungen von Film zerstören, um dadurch eine neue Perzeption zu ermöglichen. In den Konzepten und Tendenzen von E.-C.-Aktionen werden deshalb einzelne Elemente des Films (wie Belichtung, Licht, Bewegung, Zeit usw.), das →Filmmaterial selbst oder die Aufnahme- und Wiedergabetechnik bis hin zur Situation während der Vorführung einer bewußten Veränderung unterzogen. Ben Voutier provoziert das Publikum, indem er 1963, während ein Film läuft, die Leinwand schwarz zumalt. Eric Andersen rollt 1966 einen Filmstreifen über die Sitzreihen eines Filmsaales: der erste Zuschauer sah somit den ganzen Film, derjenige in der Mitte des Saales den halben und der letzte quasi nur ein Einzelbild. Statt eines Films läßt Hans Scheugl bei *zzz:hamburg special* (1968) einen Zwirnsfaden durch den Projektor laufen; er nennt ihn den letzten Film der Filmgeschichte.

Historisch wurzelt diese experimentelle Filmkunst bereits in der Vorgeschichte des Films (Kinetik) und bringt in den 20er Jahren spektakuläre Beispiele hervor (Dreifachprojektion in *Napoléon* von Abel Gance, 1927, und die Licht-Konzerte am Bauhaus). Im Dadaismus finden sich Beispiele für die Verbindung von Film und Theater; so war *Entr'acte* (F 1924, R.: René Clair) ursprünglich Teil eines Balletts, wobei am Ende der Dirigent gleichsam aus der

Leinwand sprang, auf dem Podium Platz nahm und zu dirigieren begann. Man Ray soll auf einem Ball, bei dem alle weiße Gewänder trugen, einen Film auf die tanzenden Paare projiziert haben. Eine Idee, die in den 60er Jahren wieder bei Ed Emshwiller und Stan Vanderbeek auftaucht, die Filme auf Tänzern und beweglichen, von Tänzern getragenen Leinwänden zeigten.

Zum E. C. sind weiter jene filmischen Versuche zu zählen, bei welchen außer Hören und Sehen auch Geruch, Geschmack, Tastsinn aktiviert werden sollen. Salvador Dalí schlug ein Fühl-Kino vor, welches den Zuschauern erlauben sollte, alles zu berühren, was gerade auf der Leinwand erscheint. Valie Export und Peter Weibel experimentierten Ende der 60er Jahre mit einem Tapp- und Tastkino, und John Waters produzierte 1981 *Polyester*, zu dem es an der Kinokasse Odorama-Karten mit Geruchsplaketten gab. (C. V.)

Experimentalfilm Genre mit unterschiedlichen Spielarten: →Absoluter Film, →Abstrakter Film, das Andere Kino, →Avantgardefilm, Cinéma Pur, E-Film, →Found Footage, →Materialfilm, nichtnarrativer Film, →New American Cinema, Psychedelischer Film, Struktureller Film, →Unabhängiger Film, →Underground-Film und diverse weitere Bezeichnungen sind zumeist mit einer bestimmten Entwicklung (historisch, ästhetisch, theoretisch) entstanden, im Zusammenhang mit gesellschaftlichen und künstlerischen Tendenzen bzw. speziell der Auseinandersetzung mit dem kommerziellen Kino. Zeitweise waren E. Versuche, die auf kinematographisch-technische Innovationen abzielten bzw. Übungen für spätere Spielfilme des jeweiligen Regisseurs darstellen sollten.

Dagegen stehen Ansätze, für die es mit E. um den Film als selbständige Kunstform geht, die das Medium seit Anbeginn begleiten und sich auf Vorläufer im Bereich der Kinetik bzw. Lichtkunst beziehen. Gemeinsam ist ihnen die Positionierung gegen die Filmindustrie oder höchstens an deren Rand. Es finden sich zwar auch etliche Belege für die kommerzielle Auswertung von vorheriger avantgardistischer Filmkunst: Walter Ruttmann drehte nicht nur *Berlin. Die Sinfonie der Großstadt* (D 1927), sondern zahlreiche Werbe- und Industriefilme; Len Lye und Norman McLaren fertigten Handmade-Films als Werbespots für die englische Post (30er Jahre); James und John Witney (USA) entwickelten Anfang der 60er Jahre die ersten Computerfilme und arbeiteten für IBM und CBS Television – so wie viele Film- und Videokünstlerinnen und -künstler heute in Lohn und Brot stehen u. a. bei Produzenten von Musikvideos.

Mehrheitlich werden E. freilich außerhalb der bzw. unabhängig von industriellen Produktions- und Verwertungszusammenhängen erstellt und verbreitet. Die Produktionsweise des E. läßt sich als eine Art ständig erneuerter Rückgriff auf die Arbeit der Filmpioniere beschreiben, die ihre Filme in einer Person als Unternehmer, Erfinder, Techniker, Kameramann, Beleuchter, Dekorateur, Schauspieler, Kopiermeister, →Cutter, Projektionist und Kassierer herstellten und auswerteten. Die Entwicklung der 16-mm-Technik schuf hierfür eine entscheidende Voraussetzung, denn damit wurde es möglich, wirklich unabhängig zu produzieren. Ein eigenes Organisations- und Distributionssystem schuf erstmals das → New American Cinema, die erste nichtkommerzielle Bewegung im Film, die sich über unabhängige Produktionsformen hinaus organisierte (Amos Vogel mit Cinema 16 [1959] und Jonas Mekas mit der Filmmaker's Cooperative [1962] in New York; Canyon Cinema Cooperative in San Francisco) und in Europa nach dem Auftritt beim Experimentalfilmwettbewerb in Knokke (1967) schnell Nachahmer fand (z. B. Austrian Filmmakers Cooperative in Wien mit Kurt Kren, Valie Export, Peter Weibel, Hans Scheugl, Ernst Schmidt und Gottfried Schlemmer und XSCREEN in Köln mit u. a. Birgit und Wilhelm Hein). Noch heute erfolgt die Verbreitung von E., abgesehen von einer Reihe profilierter → Filmfestivals und engagierten Kinos, entweder durch die Filmmacherinnen und Filmmacher selbst oder durch Spezial-→ Archive und -Verleiher, die indessen auch mit → Video als künstlerischem wie auch als Dokumentationsmedium arbeiten. Im → Fernsehen hat E. außer in einigen wenigen Nischen keinen Platz im Programm.

So kontrovers die Auffassungen über die Bewertung und Zuordnung von Arbeitsweise und Stilrichtung bei vielen ist, so hat sich mittlerweile doch ein Kanon etabliert, demzufolge die wichtigsten Stilrichtungen nach der → Avantgarde der 20er Jahre (auch: Absoluter Film, Abstrakter Film, → Surrealistischer Film) in den 30er Jahren durch die Studien von Oskar Fischinger (in Deutschland und den USA), Mary Ellen Bute und den Whitney-Brüdern, die Filme des Fotografen Ralph Steiner (USA) sowie die Materialfilme von Lye und McLaren (England bzw. Kanada) und die Polnische Filmmacher Kooperative SAF repräsentiert werden.

Wie bei den Surrealisten Buñuel und Cocteau sind für Maya Deren, Theoretikerin und Praktikerin, die 1943 ihren ersten Film *Meshes of the Afternoon* macht, Wirklichkeit und Traum im Film gleichzeitige Erfahrungen. Sie verwendet Kamera- und Schnittechniken, die im konventionellen narrativen Film als → Special Effects bezeichnet werden, und entwickelt den Begriff der vertikalen → Montage, die die normale Raum- und Zeitkontinuität, etwa einer linearen Erzählung, aufhebt.

In den 50er Jahren gibt es in Europa kaum nennenswerte neue Impulse, nicht zuletzt weil die Künstler der ersten Avantgarde emigriert sind. Immerhin findet 1949 in Knokke (Belgien) der erste internationale Experimentalfilmwettbewerb statt, auf lange Zeit das einzige und unregelmäßig stattfindende Festival für dieses Genre. In Schweden dreht Peter Weiss seine *Filmstudien*, in Frankreich arbeitet Alexandre Alexeieff an synthetischen Filmen und Jean Genet an *Un chant d'amour* (1950), der zunächst verboten wurde. In Deutschland werden abstrakte Filme von Haro Senft und Herbert Vesely (*Nicht mehr fliehen*, 1955) bekannt. Künstlerisch nachhaltig wirkende Filme entstehen in den USA, wo Stan Brakhage das innere Kino, Erinnerungen und Phantasien, die aus dem Unterbewußten herausgeholt und visualisiert werden, thematisiert und Kenneth Anger Sexualität, Gewalt und magische Elemente mit *Fireworks* (1947) und *Scorpio Rising* (1963) metaphorisch und provokant auf die Leinwand bringt – wichtige Bestandteile des Undergroundfilms (auch:

Independent Cinema) der 60er Jahre, der durch eine Fülle von Themen (Drogen, Sexualität, politische Analysen und Stellungnahmen), Formen und Kunstrichtungen (Fluxus → Expanded Cinema, Newsreels, Psychedelischer Film, Materialfilm) gekennzeichnet ist: Jonas Mekas, Bruce Baillie, Bruce Conner, Stan Vanderbeek, Ken Jacobs (Collage-Filme, Found Footage), Gregory Markopoulos (Überblendungen und Doppelbelichtungen in der Kamera, mythologische Dramen), Michael und James Whitney, Harry Smith, Michael Snow, Tony Conrad, Ernie Gehr, Hollis Frampton, Andy Warhol & Factory (struktureller Film). In den 70er Jahren läßt einerseits das Interesse an der Materialität des Films nach, während politisches Engagement zunimmt; der vitale Aufschwung der Frauenbewegung führt zu neuen Akzenten bei der Betonung geschlechterspezifischer Textur und Bildkomposition bzw. der Suche nach einem persönlich-politischen Standpunkt (Barbara Hammer, Yvonne Rainer). In Europa entwickelt sich parallel zunächst in Deutschland die größte Aktivität: Neben und mit Einzelpersönlichkeiten wie Vlado Kristl, Hellmuth Costard, Werner Nekes, Dore O., Lutz Mommartz, Birgit & Wilhelm Hein, Heinz Emigholz, Klaus Wyborny entstehen Kooperativen; es folgten Österreich, England und Holland mit vielzähligen Initiativen und künstlerischen Stilentwicklungen: der Formale Film, Expanded Cinema und Aktionsfilme (Otto Muehl), narrative Konzepte, politische Filme und Computerfilmkunst bis hin zum neuen Medium Video und neuen Materialfilmen in den 80er Jahren (Schmelzdahin, Klaus Telscher).

Bis heute gilt für E. die Weiterentwicklung filmischer Artikulation auf der Basis von fundamentaler Kritik am konventionellen narrativen Film (→ Spiel- und → Dokumentarfilm) und im Bemühen um poetische wie provokante Veränderungen unter Einbeziehung filmhistorischer Kenntnisse wie auch Erkundungen jener Medien, die als neue Medien für menschliche Wahrnehmung und darauf bezogene künstlerische Strategien erweiterte Möglichkeiten versprechen. (C. V.)

- ❑ Stephen Dwoskin: Film Is – The International Free Cinema, London 1975
- ❑ Frauen und Film. Nr. 37: Avantgarde und Expriment, Frankfurt am Main 1984
- ❑ Birgit Hein, Wulf Herzogenrath: Film als Film – 1910 bis heute, Stuttgart 1977
- ❑ Birgit Hein: Film im Underground, Frankfurt am Main 1971
- ❑ Jonas Mekas: Movie Journal. The Rise of the New American Cinema 1959–1971, New York 1972
- ❑ Jean Mitry: Le cinéma expérimental. Histoire et perspectives, Mailand 1971
- ❑ Ingo Petzke: Das Experimentalfilm-Handbuch, Frankfurt am Main 1989
- ❑ Hans Richter: Filmgegner von heute – Filmfreunde von morgen, Berlin 1929 / 1968
- ❑ Hans Scheugl, Ernst Schmidt jr.: Eine Subgeschichte des Films. Lexikon des Avantgarde-, Experimental- und Undergroundfilms, Frankfurt am Main 1974
- ❑ Amos Vogel: Film as Subversive Art, New York 1974

Export-Union des deutschen Films
→ EXU

Expressionistischer Film Von zeitgenössischen Einflüssen der Malerei, des Theaters und der Architektur beeinflußte Stilrichtung des deutschen Kinos, die um 1920 ihre Blütezeit erlebt. Zu den wichtigsten E. F. zählen *Das Cabinet des Dr. Caligari* (R.: Robert Wiene, 1919 / 20), *Von morgens*

***Das Cabinet des Dr. Caligari*, D 1919/20, R.: Robert Wiene**

bis Mitternacht (R.: Karl Heinz Martin 1920/21), *Genuine* (R.: Robert Wiene, 1920) und *Das Haus zum Mond* (R.: Karl Heinz Martin, 1920/21; dieser Film gilt als verschollen).

Die Sujets variieren die Konfrontation zwischen Psyche und Außenwelt, zwischen Seelenleben und gesellschaftlicher Moral. Das Subjekt ist nicht mehr Herr der Dinge, ist sogar seines eigenen Körpers entfremdet und seines sozialen Gewissens beraubt: Schlafwandelnd, ohne Kontrolle über Handlungen und Motive verübt das Medium Cesare im *Cabinet des Dr. Caligari* schandbare Verbrechen; ein biederer Bankkassierer begeht in *Von morgens bis Mitternacht* tagträumend Unterschlagung und Ehebruch; *Das Haus zum Mond* treibt seine Bewohner zu unmoralischen Handlungen, und *Genuine* schließlich ist eine in den Bann blutiger Sakralkulte geratene Sklavin, die sowohl ihren Herrn wie auch ihren Liebhaber in willenloser Abhängigkeit an sich bindet. In dem Konflikt zwischen äußerer Realität und entfremdetem Subjekt stellt sich der E. F. mit Dramaturgie und Inszenierung auf die Seite des in seinen Wahrnehmungen erschütterten Individuums, übernimmt seine von Visionen und Halluzinationen geprägte Sichtweise der Dinge und Zustände.

Charakteristisch für expressionistische →Filmarchitektur sind die verzerrten Perspektiven, die den Bauten jegliche Stabilität nehmen, und die schiefen Ebenen, auf denen die Figuren stets am Rande eines Abgrundes zu agieren scheinen. Darüber hinaus werden Requisiten oft nicht als bloße Gebrauchs- und Alltagsgegenstände verwendet, sondern in anspielungsreiche Traumsymbole übersetzt. Von besonderer Bedeutung für den expressionistischen Film ist seine Licht-und-Schatten-Dramaturgie. Den vornehmlich in nächtlichen Szenerien spielenden Geschichten entsprechend, sind die Schauplätze meist nur mit einem minimalen Grundlicht ausgeleuchtet. Aus dem vorherrschenden Dunkel heben frontale Lichtkegel einzelne Details heraus und lassen sie lange Schlagschatten auf den Bildhintergrund werfen; mit ihrer Lichtsetzung tragen die Kameraleute zur bedrohlichen, alptraumhaften Atmosphäre der Filme bei. Einen ganz eigenen Weg gehen der Kameramann Willy Hameister und die Architekten Hermann Warm, Walter Reimann und Walter Röhrig im *Cabinet des Dr. Caligari*: Die Licht-und-Schatten-Effekte werden auf das Dekor gemalt und so unmittelbar in die Filmarchitektur integriert. Da die Kulissen des Films ansonsten gleichmäßig hell ausgeleuchtet sind, scheinen sich die Darsteller als schattenlose Geisterwesen durch die erstarrte Welt der *Caligari*-Kleinstadt Holstenwall zu bewegen.

Eine dem Dekor und den Sujets des expressionistischen Kinos entsprechende Darstellungsweise entwickeln nur wenige Filmschauspieler: Werner Krauß entwirft, nicht nur für die Hauptrolle in *Von morgens bis Mitternacht*, die Figur eines Kleinbürgers, dessen mimisches Maskenspiel und rhythmisierte Gestik nicht so recht zu seinem behäbigen Leib passen wollen: So läßt er den Riß sichtbar werden, der die Seele vom Körper spaltet. Conrad Veidt interpretiert den Cesare in *Das Cabinet des Dr. Caligari* als ein der materiellen Schwerkraft enthobenes Phantom, dessen lange, durch ein eng anliegendes Trikot betonte Gliedmaßen unabhängig von seinem Willen zu agieren scheinen. Neben Krauß und Veidt demonstriert vor allem Alexander Granach expressionistische Schauspielkunst: Sein Häusermakler Knock in Murnaus *Nosferatu*, durch die Abhängigkeit vom Vampir zu Höherem berufen und zugleich der biedermeierlichen Kleinstadtwelt entfremdet, wechselt übergangslos von raumbeherrschender Gestik zu demutsvoller Körperkrümmung; so trägt Granach befremdenden Expressionismus in einen der romantischen Tradition verpflichteten Film.

Obwohl nur wenige E. F. in Deutschland produziert wurden, haben sie doch einen außerordentlichen Beitrag zur Entwicklung der Kinematographie geleistet. In ihrem Gefolge entwickelt sich die für den deutschen Film der Weimarer Republik typische Lichtsetzung, die – gegenüber der gleichmäßigen Ausleuchtung der amerikanischen Filme jener Epoche – mit starken Hell-dunkel-Kontrasten arbeitet. Darüber hinaus werden architektonische Zitate aus der expressionistischen Phase des Kinos in ansonsten eher realistisch oder impressionistisch gestalteten Filmen eingesetzt, etwa um durch stürzende Linien und verzerrte Perspektiven der psychischen Befindlichkeit einer Figur Ausdruck zu geben. Angesichts der in die USA exportierten deutschen Filme und – ab 1933 – unter dem Einfluß der ins Exil (→ Exilfilm) getriebenen deutschen Kameraleute, Filmarchitekten und Regisseure übernimmt das Hollywood-Kino in den späten 30er Jahren Formenelemente des Expressionismus. Im → Film Noir verbinden sie sich mit den Genremustern des → Melodrams und des → Kriminalfilms zu einem spezifischen Regelkanon.

Filmgeschichtsschreibung und → Filmtheorie rezipieren den E. F. zunächst entweder sozialpsychologisch als Verarbeitung der traumatischen Weltkriegserfahrungen und als Darstellung ohnmächtiger Angst vor despotischer Macht (Kracauer), oder kunsthistorisch als Fortsetzung romantischer Bildtraditionen im Medium Film (Eisner). Neuere Untersuchungen sind vor allem an einer genauen Eingrenzung des Begriffs E. F. und einer detaillierten Erfassung seines visuellen Elementes interessiert (Kasten). (M. E.)

❑ Siefried Kracauer: Von Caligari zu Hitler, Frankfurt am Main 1979

❑ Lotte H. Eisner: Die dämonische Leinwand, Frankfurt am Main 1975

❑ Jürgen Kasten: Der expressionistische Film, Münster 1990

Exterieur Jede Szene, die außerhalb von Gebäuden spielt, sei es tatsächlich eine → Außenaufnahme im Freien (Landschaft, Straße etc.) oder eine im Studio aufgebaute → Dekoration. Schon im → Drehbuch wird für jede Szene als Minimalinformation über den Schauplatz entweder «Außen» oder «Innen» genannt.

EXU Die Export-Union des Deutschen Films e. V. wurde 1954 gegründet. Sie ist der offizielle Berufsverband zur Förderung des Exports deutscher Filme und wird getragen von drei Mitgliedsverbänden (Produzenten und Exporteure). Außerdem leitet die EXU das Auswahlverfahren für die Nominierung des besten deutschen Films für die → Academy Awards. (K. H.)

Fahrt Bewegung der Kamera, entweder auf Schienen oder dem → Dolly. Man unterscheidet die Ranfahrt (Bewegung auf das abgebildete Objekt zu), die Rückwärtsfahrt (Bewegung vom Objekt weg), die seitliche F. und eine freie, nicht an eine einzige Richtung gebundene Bewegung. In der Fahrtaufnahme verändert die Kamera (im Gegensatz zum → Schwenk) ihren Standpunkt im Raum. Einfache F. in der Frühgeschichte des Films waren die → Phantom Rides, in denen die Apparatur auf Zügen (seltener auch Autos) montiert wurde, um derart eine Wegstrecke abzubilden. Die F. kann der Bewegung einer Figur oder eines Objektes folgen, sich einem Blick aus dem Bildraum heraus entsprechend auf das Angeschaute hinbewegen, den subjektiven Blick einer sich bewegenden Figur wiedergeben (→ Subjektive Kamera) oder eine von solchen Verbindungen an die Figuren gänzlich freie Bewegung darstellen. Je weniger die F. durch eine Figurenbewegung veranlaßt ist, desto eher wird sie als eigenständiges Element der filmischen Ausdrucksweise wahrgenommen werden.

Komplizierte Kamerafahrten kommen erst in den 20er Jahren in Gebrauch (→ Entfesselte Kamera). Als Pionierleistung gilt Karl Freunds Arbeit, vor allem für F. W. Murnaus *Der letzte Mann* (D

1924). Mit der Einführung des Tonfilms wird die Beweglichkeit der Kamera für kurze Zeit eingeschränkt, bis schallgedämpfte Gehäuse (→ Blimp) und entsprechend leise laufende Wagen für die Apparatur entwickelt wurden. Eine fast zehnminütige F. hält in Jean-Luc Godards *Weekend* (F 1967) die parodistische Version eines Wochenendstaus fest: eine der amüsantesten und zugleich kalkuliertesten F. der Filmgeschichte.

Rückwärtsfahrt der Kamera vor den beschwingt auf die Apparatur zufahrenden Paul Meurisse und Catherine Rouvel in *Le dejeuner sur l'herbe* (Frühstück im Grünen, Frankreich 1959), R.: Jean Renoir

Fantasy-Film Genre, das Mythen und Märchen hervorbringt, in denen Monster und Mutanten agieren, Geister und Dämonen beschworen oder Untote und künstliche Wesen zum Leben erweckt werden. Neben dem F.-F. bilden → Science-Fiction und → Horror Untergenres des phantastischen Films, deren Gemeinsamkeit in den Visionen, (Alp-)Träumen und düsteren Entwürfen archaisch oder utopisch fremder Welten liegt. Mit seinem mythischen Bodensatz verborgener Ängste und Triebe gibt sich der F.-F. oft zivilisationsmüde und ersinnt detailversessen eine Gegenwelt, die entweder übernatürlich, schicksalsverhaftet oder magisch erscheint. Motive der schwarzen Romantik und Sagen aus Religionsgeschichte und antiker Mythologie sind Grundstock des Genres. Heroic Fantasy und Sword and Sorcery bilden dabei zwei populäre literarische Richtungen, deren Romane und Comics spätere Verfilmungen anregten.

Frühe deutsche Beispiele phantastischer Sujets sind etwa Robert Wienes *Das Cabinet des Dr. Caligari* (D 1920), ein in seiner perspektivisch verzerrten Kulissenwelt zum Klassiker gewordenes Beispiel des → expressionistischen Films. Auch Fritz

Langs schwerblütige *Nibelungen*-Verfilmung (D 1924) mit den monumentalen Märchenwaldbauten sowie die düsteren *Nosferatu*- und *Golem*-Filme von F. W. Murnau (1922) und Paul Wegener (1914 + 1920) verdeutlichen den deutschen Einfluß auf Fantasy-Stoffe.

Anders die leichthändigen amerikanischen Werke *The Thief of Bagdad* (Der Dieb von Bagdad, USA 1924, R.: Raoul Walsh), *King Kong* (USA 1933, R.: Merian C. Cooper / Ernest B. Schoedsack) oder *Alice in Wonderland* (USA 1933, R.: Norman McLeod), die weniger der Sage oder dem Mythos als dem Märchen entlehnt sind. Victor Flemings *The Wizard of Oz* (Der Zauberer von Oz, USA 1939) mit dem farbenprächtigen Phantasiereich hinter dem Regenbogen knüpft an diese Tradition an. Die Zeichentrickfilme → Walt Disneys, *Snow White And The Seven Dwarfs* (Schneewittchen und die sieben Zwerge, USA 1937), der erste Farbtontrickfilm in Spielfilmlänge, und *Fantasia* von 1940, eine Interpretation klassischer Musik erstmals in → Stereo, bedienten sich in der Motivik ebenfalls Fantasy-Elementen.

Jede filmtechnische Neuerung nahm der F.-F. begierig auf, Ton, Farbe, Maske, → Special Effects, → Computeranimation. Das Experimentierfeld der eher billig produzierten Fantasy-Streifen war oftmals das → B-Picture – wobei die Grenzen fließend sind, wie Ray Harryhausen beweist: Seine Special Effects für *The Seventh Voyage of Sindbad* (Sindbads siebte Reise, USA 1958, R.: Nathan Juran), mit den miniaturisierten Skelettduellen, und *Clash Of The Titan* (Kampf der Titanen, USA 1981, R.: Desmond Davis) trennten gut 15 Mio. Dollar Budgetunterschied.

Die 60er und 70er Jahre warteten mit zahlreichen Herkules- und Odysseus-→ Adaptionen auf, bspw. Mario Bavas *Ercole al centro della terra*, (Vampire gegen Herakles, I 1961). Daneben entstanden Meisterwerke wie *2001 – A Space Odyssey* (2001 – Odyssee im Weltall, GB 1968, R.: Stanley Kubrick), die die Grenze zwischen Fantasy und → Science-Fiction vermengen und den Drehbuchautor Arthur C. Clarke veranlaßten, den Film als eine religiöse Weltraumoper zu bezeichnen. Auch der wegen seiner Effekte oft gerühmte *Star Wars* von George Lucas (Krieg der Sterne, USA 1977) zählt hierzu. Die von Lucas später gegründete Spezialeffekt-Schmiede Industrial Light & Magic (→ ILM) revolutionierte in den späten 80er Jahren das Filmhandwerk.

Mit den beiden Schwarzenegger-Vehikeln *Conan the Barbarian* (Conan der Barbar, USA 1982, R.: John Milius) und *Conan The Destroyer* (Conan der Zerstörer, USA 1984, R.: Richard Fleischer) fand eine Renaissance der eigentlichen Fantasy statt. Die am Realismus orientierte → Filmkritik monierte ideologische Klischees: Eskapismus, faschistoide Tendenz und Urtümelei. Nichtsdestotrotz erwiesen sich die beiden Streifen als außerordentlich erfolgreich und begründeten zusammen mit *E. T. – The Extra-Terrestrial*, (E. T. – Der Außerirdische, USA 1982, R.: Steven Spielberg) einen erneuten Fantasy-Boom, auf den auch *Dune* (Der Wüstenplanet, USA 1984, R.: David Lynch) aufsatteln wollte, aber aufgrund seiner unverständlich komplexen Erzählfäden scheiterte.

Die Nähe zum Märchen ließ vor allem jüngere Zuschauer zur Zielgruppe der Fantasy-Filme werden, eingeleitet durch

Conan the Barbarian **(Conan der Barbar), USA 1982, R.: John Milius**

die Zeichentrickverfilmung der Bibel des Phantastischen, J. R. R. Tolkiens «Herr-der-Ringe»-Saga, durch Ralph Bakshi (USA 1978). Ebenso sprechen *The Dark Crystal* (Der dunkle Kristall, USA 1983) der beiden Muppet-Väter Jim Henson und Frank Oz und die international erfolgreiche Michael-Ende-Verfilmung von *Die unendliche Geschichte* (BRD 1984, R.: Wolfgang Petersen) diese Altersgruppe an. In der Gefolgschaft von *Superman IV – The Quest For Peace* (Superman IV – Die Welt am Abgrund, USA 1987, R.: Sidney Furie) stürmten weitere Comicverfilmungen den Markt, die freilich auch ein erwachsenes Publikum erreichten. In konzertierter → Merchandising-Aktion allen voran: Tim Burtons *Batman* (USA 1989) mit dem Oskar-prämierten → Production Design von Antony Furst und *Batman Returns* (Batmans Rückkehr, USA 1992). Burton legte mit *Edward Scissorhands* (Edward mit den Scherenhänden, USA 1990) und mit *The Nightmare Before Christmas* (Tim Burtons Nightmare before Christmas, USA 1993) weitere virtuose Beispiele seiner düsteren Phantasiewelten vor: Zusammen mit Filmen wie *Naked Lunch* (GB / Kanada 1991, R.: David Cronenberg) und *Company of Wolves* (Zeit der Wölfe, GB 1984, R.: Neil Jordan) erinnern sie an die Grundhaltung der meisten Fantasy-Stoffe, die innere (psychologische) Welt als Ambivalenz der Realität auszugeben. (H. M.)

- Tony Crawley: Steven Spielberg – Eine Erfolgsstory, München 1989
- Rolf Giesen: Der phantastische Film – Zur Soziologie von Horror, Science Fiction und Fantasy im Kino, Schondorf 1980
- Rolf Giesen: Sagenhafte Welten – Der phantastische Film, München 1990
- Siegfried Kracauer: Fantasie, In: Theorie des Films, Frankfurt am Main 1964
- Roberta E. Pearson, William Uricchio: The Many Lives Of The Batman – Critical Approaches To A Superhero And His Media, London 1991
- Georg Seeßlen / Claudius Weil: Kino des Phantastischen – Einführung in die Mythologie und Geschichte des Horror-Films, Schondorf 1976
- Tzvetan Todorov: Einführung in die fantastische Literatur, Frankfurt am Main 1992

Farbauszug Durch Rot-, Grün- oder Blaufilter belichtetes (schwarzweißes) Filmmaterial, das folglich nur auf einen bestimmten Bereich des Farbspektrums, entsprechend seinem Anteil an der gesamten Lichtmenge, reagiert. Diese Auszüge aus dem einfallenden Licht können in geeigneter Kombination als Ausgangsmaterial für →Farbfilme dienen (→Bipack, →Technicolor).

Farbfilm Erste Versuche, dem Schwarzweißfilm Farbe hinzuzufügen, beruhten auf der nachträglichen →Kolorierung jedes Einzelbildes, wobei der Farbauftrag auf die Kopie per Hand, später unterstützt von Schablonen, vorgenommen wurde. Die Farbgebung entsprach nicht unbedingt den Farben der Kostüme und des Hintergrundes, da sie nachträglich und willkürlich geschah. Dieses u. a. von Méliès und den Firmen →Pathé und Gaumont eingesetzte Verfahren war wegen seiner hohen Kosten für längere Filme ungeeignet. Spätere Lösungen waren die →Virage und die →Tonung, bei der ganze Partien des Films in eine Farbe getaucht wurden. Optische Lösungen beruhten zunächst auf →additiven Verfahren, in denen die Belichtung des Schwarzweißfilmes über Filter, Raster oder Prismen derart erfolgte, daß entweder die Einzelbilder nacheinander, nebeneinander oder in bestimmtem Raster mit verschiedenfarbigem Licht sensibilisiert wurden. Bei der Vorführung wurde der Film dann mit entsprechend farbigem Licht vorgeführt. Bei der entstehenden Mischung verschiedenfarbigen Lichtes entstand beim Betrachter der Eindruck der Farbe.

Die technisch komplizierten und anfälligen additiven Verfahren wurden beginnend mit den späten 20er Jahren durch →subtraktive Verfahren ersetzt, wobei zwei konkurrierende Lösungen entwickelt wurden. →Technicolor basierte auf zunächst zwei, dann drei →Farbauszügen, die als Matrizen für einen Farbdruckprozeß dienten. Die entstehenden Kopien zeigten ein Farbbild, ohne daß das Film-Material selbst Stoffe enthielt, die auf Farben reagierten. Dies war der beim Positiv-Negativ-Verfahren (→Agfacolor, →Eastman Color) eingeschlagene Weg, der allen heute verwendeten Farbfilmen zugrunde liegt.

In den 20er Jahren wurde Farbe nur ausnahmsweise oder für bestimmte Teile des Films verwendet (so in *Ben Hur*, USA 1925, R.: Fred Niblo). Die Verbesserung von →Technicolor (seit 1932 mit drei Farbauszügen hergestellt) ermöglichte in den 30er Jahren in den USA einige bedeutende Farbfilme, von denen *Gone with the Wind* (Vom Winde verweht, USA 1939, R.: Victor Fleming) den größten Erfolg hatte.

In Deutschland begann die Produktion von abendfüllenden Spielfilmen in Farbe mit *Frauen sind doch bessere Diplomaten* (1939/41, R.: Georg Jacoby), dessen Produktion noch unter den Anfangsschwächen von Agfacolor litt. Die folgenden Farbfilme (bis 1945) zeigten einen sicherer werdenden Umgang mit dem neuen Kompositionsmittel, das einerseits eine realistischere Wiedergabe ermöglichen sollte und andererseits für fantastische Stoffe (*Münchhausen*, 1942, R.: Josef von Baky) geeignet schien. In den späten 40er Jahren produzierten bereits viele Länder Farbfilme, doch blieben sie noch lange die Ausnahme in der Gesamtproduktion und vor allem prestigeträchtigen Projekten sowie einzelnen Genres (→ Musical, → Western) vorbehalten. Dies änderte sich seit den 60er Jahren. Farbfilme sind mittlerweile die Norm, nur vereinzelt werden heute noch Filme in Schwarzweiß gedreht.

❑ Gerd Koshofer: Color. Die Farben des Films, Berlin 1988

Farbkontrast Das Verhältnis der verschiedenen in einem Bild vorhandenen Farbtönen nach ihrer Leuchtkraft und Verschiedenheit (z. B. Rot-Grün-Kontrast).

Farbtemperatur Eine Größe, die die Auswirkungen der Strahlung eines glühenden idealen «schwarzen Körpers» (ein schwarzer Hohlraum mit einer kleinen Öffnung, aus der das der Glühtemperatur entsprechende Licht austritt) auf die Farbwiedergabe bestimmt. Als eine Hilfsgröße nutzbar, da sich keineswegs alle Lichtquellen diesem schwarzen Körper analog verhalten. Bei Farbfilmen ist die Beachtung der Charakteristik einer Leuchtquelle notwendig, um Farbkonstanz der gleichen Objekte unter verschiedenen Bedingungen zu gewährleisten. Als Korrekturmöglichkeit sind Filter verfügbar. Das Filmmaterial wird mindestens auf zwei F. abgestimmt (Kunstlicht- und Tageslichtfilme).

FBW Die zunächst Filmbewertungsstelle der Länder der Bundesrepublik Deutschland (einschließlich Westberlins) und ab 1957 Filmbewertungsstelle Wiesbaden (FBW) genannte Institution hat im Schloß Biebrich in Wiesbaden ihren Sitz. Sie wurde am 20. August 1951 aufgrund einer Verwaltungsvereinbarung zwischen den westdeutschen Ländern eingerichtet, machte andere Bewertungsstellen, die sich seit 1946 in den Ländern Bremen, Hamburg, Nordrhein-Westfalen und Rheinland-Pfalz gebildet hatten, entbehrlich und schaffte einheitliche Grundlagen für die steuerliche Behandlung von Filmen.

Obwohl eine hessische Landesbehörde, ist die FBW zugleich auch eine Einrichtung der Länder, in deren Auftrag sie Aufgaben treuhänderisch auf Bundesebene wahrnimmt. Nach der z. Z. gültigen Verwaltungsvereinbarung über die FBW vom 1. 1. 1994, die erstmals auch von den neuen Bundesländern mitgetragen wird, hat sie «die Aufgabe, auf Antrag die in den vertragschließenden Ländern zur Aufführung bestimmten Filme in allen ihren Formen dahin zu begutachten, ob ihnen das Prädikat ‹wertvoll› oder ‹besonders wertvoll› zuerkannt werden kann.» (Artikel 2)

Die Erstbegutachtung eines eingereichten Films wird von einem Bewertungsausschuß vorgenommen; ein Hauptausschuß setzt sich nach einem möglichen Widerspruch des Antragstellers erneut mit dem

Film sowie mit der Widerspruchsbegründung auseinander. Den mit einem Prädikat versehenen Filmen wird bei öffentlicher Vorführung die Ermäßigung bzw. der Erlaß von Vergnügungssteuer gewährt (sofern das entsprechende Bundesland diese noch nicht abgeschafft hat).

Darüber hinaus können FBW-Prädikate für deutsche Produktionen einen erleichterten Zugang zur Filmförderung sowie zu Vertriebsförderungshilfen durch das → Kuratorium Junger Deutscher Film nach sich ziehen. Amerikanische Großverleiher, die häufigen Gebrauch von der Möglichkeit der Antragstellung machen, jedoch keinen direkten Gewinn aus einer Prädikatisierung schöpfen können, versuchen diese als werbewirksames, prestigeträchtiges Gütesiegel zu nutzen. Für deutsche Filme, in besonderem Maße aber für Produzenten von Kurzfilmen, denen kein eigener Markt mehr offensteht, ist ein FBW-Prädikat oft von existentieller Bedeutung. (R. A.)

❑ Gerd Albrecht: Die Filmbewertungsstelle Wiesbaden. Soziale Kontrolle im pluralistischen Gesellschaftssystem. In: Kölner Zeitschrift für Soziologie und Sozialpsychologie, 21. Jg., 1969

❑ Hans Hebeisen: Die Filmbewertungsstelle Wiesbaden (FBW). Versuch einer Strukturanalyse. In: UFITA, Bd. 57, 1970

❑ Christa Thelen: Wahre Werte. Der Amtsschimmel im Kino: Mit zweifelhaften Gutachten macht die Filmbewertungsstelle seit mehr als 40 Jahren ziellose Filmpolitik. In: Die Woche, 10. 2. 1994

❑ Steffen Wolf (Hg.): FILMFÖRDERUNG oder ZENSUR? Von DER DRITTE MANN bis OTTO – DER FILM. Gedanken zum Film, zur Filmbewertung und zur Filmförderung. 35 Jahre Filmbewertungsstelle Wiesbaden (FBW) (1951–1986), Ebersberg 1986

Feinschnitt Abschließender Arbeitsgang der → Montage, in dem die in ihrer Reihenfolge festgelegten → Einstellungen in ihrer endgültigen Länge bestimmt werden.

❑ Gerhard Schumm: Feinschnitt – Die verborgene Arbeit an der Blickregie. In: Hans Beller (Hg.): Handbuch der Filmmontage, München 1993

Felix Europäischer Filmpreis in Form einer von Professor Markus Lüpertz entworfenen Statuette, der seit 1988 jährlich vergeben wird – im ersten Jahr durch den Verein Europäischer Filmpreis e. V., seit 1989 durch die neugegründete European Film Academy (EFA), beide mit Sitz in Berlin. Der F. soll als Gegengewicht zum amerikanischen → Academy Award (Oscar) der Wahrung europäischer Filmkultur dienen. Nominiert werden können Filme, die in Europa produziert und mindestens einmal öffentlich vorgeführt worden sind. Von 1988 bis 1990 fand die Verleihung in den europäischen Kulturhauptstädten Berlin, Paris und Glasgow statt, seit 1991 ausschließlich in Berlin. Der F. wurde anfänglich in den Kategorien Bester Film, Bester Junger Film, Regie, Drehbuch, Schauspieler / in, Nebendarsteller / in, Nachwuchsschauspieler / in, Sonderbereich (Kamera, Musik, Ausstattung und Schnitt), Lebenswerk und besondere Verdienste um den europäischen Film vergeben. 1989 kam der Dokumentarfilm dazu, und 1996 wurde er um vier weitere Kategorien (europäische / r Schauspieler / in, europäischer Drehbuchautor, Five Continents Award für einen nichteuropäischen Film) ergänzt. (A. P.)

Fernsehen Noch vor der Erfindung des Films entstand in Verbindung mit der Telegraphie die Vision der Fernübertragung von Bildern. Als F. gelangte sie aufgrund soziotechnischer Entwicklungen und politisch-kultureller Zielvorstellungen erst Mitte der 30er Jahre des zwanzigsten Jahrhunderts zur technischen Reife und wurde mit zunächst geringer Reichweite mit dem Charakter eines Rundfunkmediums eingeführt. In den 40er Jahren in den USA und in den 50ern in Europa, dann weltweit als Massenmedium durchgesetzt, prägt das F. als Leitmedium politische und kulturelle Öffentlichkeit seither wie kein anderes Medium und hat sich zudem mit Geräteherstellung, Programmproduktion und Werbeindustrie zu einem wesentlichen Wirtschaftsfaktor entwickelt. Es hat mit zur internationalen Krise der Filmindustrie und zur völligen Umstrukturierung des Sektors audiovisueller Produktion und Distribution beigetragen.

Wenn F. auch Formen anderer Medien, insbesondere von Film und Hörfunk, integriert, erhält es seinen besonderen Charakter als Programmedium, das v. a. bei privatwirtschaftlicher Institutionalisierung eine Vielzahl konkurrierender Programme rund um die Uhr anbietet. Neben Spielfilmen sind dies insbesondere serielle Programme fernseheigener Charakteristik wie Serien, Quiz-, Spiel- und Talkshows, Nachrichten-, Magazin-, Sport- und Ratgebersendungen sowie ereignis- oder saisonbedingt auch Live-Berichte von Sportgroßveranstaltungen, Kriegsausbrüchen, Karnevalsumzügen und Parlamentsdebatten. Eine fernseheigene Ästhetik haben vor allem Kurzformen (Trailer, Werbespots, Musikvideos) und Lang- bzw. sogenannte Endlosformen (Mehrteiler, Reihen, Serien, Seifenopern) ausgeprägt.

Die Fernsehsysteme verschiedener Staaten unterscheiden sich in Regelungsmechanismen und Programmcharakteristik. Staatliches F. unterliegt politisch-ideologischem Dirigismus (idealtypisch in der Ex-UdSSR). Privatwirtschaftlich-profitorientiertes F. reguliert sich nach Produktionskosten, Werbeaufkommen und Einschaltquoten (USA), öffentlich-rechtliches F., das von Gremien sogenannter gesellschaftlich relevanter Gruppen kontrolliert wird, folgt in der Regel den Leitvorstellungen einer pluralen bürgerlichen Demokratie und ihrer kapitalistischen Ökonomie (so z. B. in Großbritannien und der BRD). Die staatlichen Regelungen werden aber durch Internationalisierung und grenzüberschreitende Satellitenausstrahlung zunehmend unterlaufen.

In der BRD hat das F. seit den 60er Jahren v. a. durch seine Nachrichtensendungen, Politmagazine, Fernsehspiele und seine Förderung junger Filmemacher (→ Film-Fernsehabkommen) an der Demokratisierung der Nachkriegsgesellschaft mitgewirkt und war bestrebt, Öffentlichkeit an die institutionelle Politik zu binden. Spätestens seit dem Sendebeginn privater Programme 1984/85 folgt es der Tendenz der durchgreifenden Individualisierung und Kapitalisierung der Gesellschaft. Dies dürfte sich mit mehr Spartenprogrammen, abrufbaren Sendeangeboten und Diensten via Breitbandkanal, digitaler Kommunikationsbox und Fernsehbildschirm verstärken und auch auf Nutzerseite durchsetzen.

Weltweit läßt sich F. als Katalysator der Globalisierung, Verwestlichung und gesellschaftlichen Modernisierung in all ihrer Doppelgesichtigkeit kennzeichnen. Doch sind seine Wirkungen umstritten und ungeklärt, wie extrem differierende Forschungsergebnisse in den Hauptfeldern der Wirkungsforschung zu Meinungsbildung, Fernsehgewalt und Kindern zeigen. Kulturkritische Positionen gehen von einer (ideologisch) übermächtigen, kulturzerstörenden, passiv machenden Prägungskraft bis hin zur Möglichkeit vollständiger Wirklichkeitssimulation aus, für die der Golfkrieg (Virilio) und der politische Umbruch in Osteuropa die Präzedenzfälle lieferten. Demgegenüber betrachten soziologisch orientierte Forschungsansätze F. im Kontext alltäglicher Lebenszusammenhänge und aktiver Weltaneignung. Hier gilt F. als «kulturelles Forum» Newcomb/Hirsch), als «Barde zeitgenössischer Kultur» (Fiske) oder als Agentur der «Selbstkultivierung des Subjekts» (Wulff). Brauchbare Forschungsergebnisse sind auf längere Sicht wohl nur dort zu erwarten, wo der häufig kritisierte Unterhaltungscharakter des Mediums nicht als Gegenbegriff möglicher Information, Bildung und Erziehung gesehen wird, sondern als deren spezifischer Modus in einer sich ausdifferenzierenden Fernsehkultur. (E. M.)

- ❑ Charlton, Michael u. Klaus Neumann-Braun: Medienkindheit – Medienjugend, Essen 1992
- ❑ Fiske, John: Television Culture, London/New York 1987
- ❑ Newcomb, Horace u. Paul Hirsch: Fernsehen als kulturelles Forum. In: Rundfunk und Fernsehen Jg. 34, H. 2, 1986
- ❑ Virilio, Paul: Krieg und Fernsehen, München/Wien 1993
- ❑ Wulff, Hans J.: Rezeption im Warenhaus. Anmerkungen zur Rezeptionsästhetik des Umschaltens. In: Ästhetik & Kommunikation Jg. 24, Nr. 1 (H. 88), 1995

FFA Die Filmförderungsanstalt in Berlin ist eine Bundesanstalt des öffentlichen Rechts und wurde 1968 gegründet. Ihr Zweck ist die wirtschaftliche Förderung des deutschen Films. Dazu steht jährlich ein Etat von rund 60 Millionen DM zur Verfügung. Zur Finanzierung erhebt die FFA bei Filmtheaterbesitzern (1,5% bis 2,5%) und bei Videoanbietern (2%) eine Filmabgabe vom Jahresumsatz; außerdem beteiligen sich die Fernsehanstalten mit freiwilligen Abgaben. Die Förderung umfaßt sämtliche Bereiche der Filmwirtschaft (z. B. Drehbuch, Produktion, Verleih und Abspiel im Kino, Videoverleih). (K. H.)

Filmarchitektur Alle für einen Film errichteten oder veränderten Bauten und Räume. Bereits die allerersten öffentlich aufgeführten Filme des Berliners Max Skladanowsky arbeiten mit rudimentären filmarchitektonischen Elementen: Für die bei Tageslicht in einem Kaffeehausgarten gedrehten Varieté-Auftritte wurden hinter den Künstlern weiße Tücher gespannt, um das Interesse der Filmzuschauer auf die Stars zu lenken. Diese Leinwände erfüllen eine grundlegende Aufgabe der F., sie grenzen die filmische Wirklichkeit gegen die außerfilmische Realität ab.

Später wird dann für die in den Ateliers gedrehten Filme durch Kulissen eine eigene, auf die erzählte Handlung bezogene Wirklichkeit geschaffen, die sich insbesondere beim → expressionistischen Film weit von realen Vorbildern entfernt. Vor allem Bühnenbildner und Maler sind in dieser Zeit verantwortlich für die szenographischen (d. h. filmarchitektonischen) Entwürfe. Daneben gibt es, etwa von Hans

***Sunrise* (Sonnenaufgang), D 1927, R.: Friedrich Wilhelm Murnau**

Poelzig für *Der Golem, wie er in die Welt kam* (D 1920, R.: Paul Wegener / Henrik Galeen), Versuche avantgardistischer Architekten, auf Freigeländen massive, dreidimensional ausgeführte Filmbauten zumeist visionären Charakters zu errichten; solche Experimente bleiben jedoch Ausnahmen. Erfolgreicher und für die F. wegweisend sind Entwürfe von Freibauten, die in Hinblick auf den von der Kamera erfaßten Bildausschnitt komponiert sind. Zahlreiche italienische, österreichische und deutsche Monumentalfilme zwischen 1910 und 1930 erwecken den Anschein rahmensprengender Dimensionen vor allem durch die geschickte Kombination von → Kadrage und einzelnen, einen größeren Zusammenhang nur suggerierenden Architekturelementen.

Vielbeachtetes Beispiel für die Integration vom Kamerastrategien und Filmbauten wird der 1924 von F. W. Murnau im Auftrag der → Ufa inszenierte Film *Der letzte Mann*; durch die in den Bildhintergrund hinein gestaffelten, zunehmend miniaturisierten Dekors erzeugen die Architekten Robert Herlth und Walter Röhrig im Einklang mit der → entfesselten Kamera Karl Freunds die Illusion räumlicher Tiefe.

Innerhalb der Funktion, filmische Realität zu gestalten, kommen der F. unterschiedliche, meist jedoch miteinander verknüpfte Aufgaben zu: Sie bestimmt die soziale Gebundenheit und die seelische

Verfassung der Figuren; exemplarisch zeigt sich dies etwa in der von Alexandre Trauner konzipierten, melancholischen Hafenbar aus *Le quai des brumes* (Hafen im Nebel, F 1938, R.: Marcel Carné) oder der ärmlichen Mansarde von *Le jour se lève* (Der Tag bricht an, F 1939, R.: Marcel Carné). Darüber hinaus charakterisiert F. die historische Epoche und die geographische Situation, in der die Handlung spielt, sei es durch die babylonischen Säulenhallen in D. W. Griffith' *Intolerance* (USA 1916) oder durch das unüberschaubare Wolkenkratzerlabyrinth in Ridley Scotts *Blade Runner* (USA 1982). Vor allem auf den filmischen Rhythmus und die Stimmung einzelner Szenen zugeschnitten sind die Dekors im Musical und Revuefilm; da die entsprechenden Genres zumeist auf und neben den Bühnen von Theatern, Opernhäusern, Cabarets oder Filmstudios spielen, können sie sich oft einen Blick hinter die Kulissen der Filmbauten erlauben, ohne dabei die Einheit von Zeit, Raum und Handlung zu zerstören.

In Europa und Amerika verlaufen die Entwicklungslinien der F. unterschiedlich. Während das amerikanische Kino tendenziell an der Erfahrung zeitlicher Abläufe interessiert ist, erzählt das europäische (und vor allem das deutsche) Kino eher von räumlichen Situationen. Daher haftet den Bauten etwa der Ufa stets ein statisches, oft sogar erdgebundenes Moment an; zwischen den futuristischen Bauten von *Metropolis* (D 1925/26, R.: Fritz Lang) ist für das gotische Häuschen des Erfinders Rotwang die Zeit stehengeblieben, zudem ruhen die Wolkenkratzer auf dem Fundament eines tief in den Untergrund gegrabenen Labyrinths. Das → Production Design der amerikanischen Studios folgt einem anderen Konzept und bemüht sich bei den Bauten um eine dynamische Linienführung. Am deutlichsten wird dies in den 30er Jahren, als die Studios die Räume buchstäblich in Bewegung setzen: Bei mehreren Oceanliner-Filmen wird die Metropole zur schwimmenden Stadt, die im Stromliniendesign und mit Höchstgeschwindigkeit neuen Horizonten entgegenfährt.

Bei den → Autorenfilmen des → Neorealismus und der → Nouvelle Vague in den 40er und 50er Jahren scheint die F. an Bedeutung zu verlieren. Doch auch Regisseure wie Antonioni oder Godard greifen architektonisch in die am Drehort vorgefundene Realität ein – und sei es nur, indem sie eine Mauer neu streichen lassen oder eine Schaufensterdekoration umgestalten. Oft sind es allerdings gerade diese Veränderungen, die den Zuschauer darauf stoßen, daß die Realität des Films zwar verwandt, aber nicht identisch ist mit der Wirklichkeit außerhalb des Kinos.

Ab Mitte der 20er Jahre verbindet sich die F. eng mit den → Special Effects. In den Film eingespiegelte und einkopierte Modellbauten erweitern den Spielraum der Filmarchitekten bis hin zur Simulation des Weltraums in den → Science-Fiction-Filmen. Seit den 80er Jahren und verstärkt in den 90er Jahren werden Filmbauten auch als Computergraphiken entworfen; Animationsprogramme erlauben es dabei dem Production Designer, in der von ihm konzipierten virtuellen Welt jede gewünschte Kameraoperation vorzunehmen und so nicht nur den architektonischen, sondern auch den filmischen Raum zu kontrollieren. (M. E.)

- ❑ Donald Albrecht: Architektur im Film. Die Moderne als große Illusion, Basel / Boston / Berlin 1989 (herausgegeben und übersetzt von Ralph Eue)
- ❑ Alfons Arns, Hans-Peter Reichmann (Red.): Otto Hunte – Architekt für den Film (Kinematograph 10), Frankfurt am Main 1996
- ❑ Dietrich Neumann (Hg.): Filmarchitektur. Von Metropolis bis Blade Runner, München / New York 1996
- ❑ Cinema 40. Ausstattung, Frankfurt am Main 1994

Filmarchive Schätzungsweise fünfzig Prozent der seit 1895 produzierten Filme sind verloren, darunter etwa neunzig Prozent der Stummfilme. Ohne die Arbeit der zahlreichen nationalen F. wäre die Bilanz noch deprimierender. Neben der allgemeinen Aufgabe der Sicherung eines Teils des jeweiligen kulturellen Erbes ist ihr Charakter als Dienstleistungsbetrieb zur Vorbereitung film- und kommunikationshistorischer Forschungen, Publikationen und Veranstaltungen sowie für Filmproduktionen verstärkt in den Vordergrund getreten. Zu F. im weiteren Sinne gehören Institutionen, in denen auch andere Dokumente gesammelt werden – etwa Firmen- und Personennachlässe, technische Geräte, Plakate, Zeitschriften, Literatur, Presseausschnitte, Filmprogrammhefte, Zulassungs- und Zensurkarten, Werbe- und ähnliche Materialien, Fotos, Drehbücher, Text-, Dialog- und Montagelisten, Kostüme und Kostümentwürfe, Noten und Schallplatten von Filmmusik.

Die historische Entwicklung der meisten F. zeugt zwar von starken Differenzen in Organisation und inhaltlicher Ausrichtung, doch haben sich vor allem in Deutschland unternommene Versuche einer Teilung in F. und Kinematheken (vgl. Terveen) nicht durchgesetzt, die ursprünglich einer ideologischen Scheidung zwischen geschichtsrelevanten Filmdokumenten und solchen nur für die Entwicklung der Filmkunst wesentlichen Spielfilmen entsprach. Das Ziel jeglicher Archivarbeit lautet heute, die verwahrten Materialien wissenschaftlicher, journalistischer oder privater Nutzung für möglichst lange Zeit zugänglich zu machen, wozu auch das Zeigen von Filmen gehört. Ein unlösbares Dilemma zeigt sich im Widerspruch zwischen Erhaltung und Benutzbarmachung der von Verschleiß und Zerstörung bedrohten Filmkopien. Für F. gilt das Primat der Erhaltung originär überlieferter Archivaliengattungen als wertvollstem Material (möglichst des Negativs). Doch die Dauerlagerungsfähigkeit von Film hängt sowohl von seinem Aufbau ab wie von Umwelteinflüssen (Temperatur, Luftfeuchtigkeit, Schadstoffe, Bakterien, Schimmelpilze), denen er ausgesetzt ist und die so individuelle klimatische Lagerbedingungen erforderlich machen.

Bestandserhaltung betreiben F. durch die zeit- und kostenintensive Umkopierung der bis 1951 gebräuchlichen, sich leicht zersetzenden Filme mit Nitrozellulose-Unterlage (→ Nitrofilm) auf solche mit Zelluloseazetat-Unterlage (→ Sicherheitsfilm), die heute allerdings ebenfalls nicht mehr als dauerhaft stabil gilt. Von Polyester- bzw. Polycarbonat-Unterlagen wird eine etwa um den Faktor 10 erhöhte Lebensdauer erwartet. Im → Bundesarchiv-Filmarchiv bedeutet Umkopierung die Anlage eines Sicherungspakets (typisch: Bild- und Tonnegativ, zusätzliches Duplikatpositiv, Kopie oder weiteres Zwischenpositiv für Benutzungszwecke, denen mittlerweile auch Videomaterialien dienen). Die Entwicklung leistungsfähiger elektronischer Speichermedien mit entsprechender Sicherheit erhöht für die F. die Aussicht auf Bewältigung einer anstehenden Sicherungsproblematik in immensen Dimensionen. Sämtliche Arbeiten der → Filmrestaurierung enden allerdings derzeit noch auf Film.

Die Verknüpfung von Film und Archiv berührt den stark diskutierten Komplex von Film und Geschichte und dabei die Kernfrage nach der Brauchbarkeit von Film als zumeist unbeabsichtigt entstandener Überrest-Quelle v. a. für den interpretierenden Historiker. Der vermutlich erste Hinweis dazu findet sich in der vom polnischen Kameramann Matuszewski im März 1898 in Paris herausgegebenen Schrift «Une nouvelle Source de l'Histoire». Die Bedeutung der Augenzeugenschaft einer Filmkamera bei einem Ereignis macht hier den zentralen Gedanken aus. Ihretwegen müsse ein «kinematographisches Museum», ein Aufbewahrungsort für Filme (und für somit fixierte Vergangenheit) geschaffen werden. Die ersten drei Jahrzehnte des zwanzigsten Jahrhunderts kennen zahllose Überlegungen und Versuche in der Nachfolge Matuszewskis. Archivgründungen beschlossen z.B. Paris (1905), Brüssel (1910) und Kopenhagen (1912), Wien (1912) und London (1914) planten Vergleichbares. In Deutschland wurde der Vorschlag einer Abgabepflicht von Filmen jeder Art an ein zu schaffendes Staats-Filmarchiv publiziert (1914). Der Erste Weltkrieg gab, speziell in England, Frankreich und Deutschland, einen wesentlichen, freilich nicht den einzigen Impuls zur Filmarchivierung. In der Nachkriegszeit legten Filmgesellschaften und Industriekonzerne Archive bzw. Verleihstöcke für Lehrzwecke, Werbung oder Propaganda an, die 1917 geschaffene → Ufa sammelte Filme der eigenen Produktion, welche später einen Grundstock des Reichsfilmarchivs bildeten. Der von Filmschaffenden, Wissenschaftlern und Erziehern Ende der 20er Jahre massiv formulierte Wunsch nach Filmarchiven mündete in die Bewegung der großen Archivgründungen der 30er Jahre: 1933 eröffnet der Vorläufer des späteren Svenska Filminstitutet in Stockholm, 1934 wird das ein Jahr später eingeweihte stattliche Reichsfilmarchiv in Berlin gegründet, in der UdSSR entsteht der Vorläufer des späteren Gosfilmofond, die National Film Library des British Film Institute in London sowie das Film Department des Museum of Modern Art in New York werden 1935 installiert, 1936 die Cinémathèque Française als private Einrichtung in Paris. Als letzte Kinematheksgründung vor dem Zweiten Weltkrieg gilt jene in Brüssel 1938, dem Jahr der Gründung der Fédération Internationale des Archives du Film (FIAF) in Paris. Deren erster und bis 1946 letzter Kongreß im Sommer 1939 in New York stellte klar, daß die FIAF selbst keine Filme, Fotos, Drehbücher usw. sammelt, sondern allein der Kommunikation und Koordination unter den Archiven dient. Als prononcierteste Vertreter der internationalen Bewegung der F. galten lange Zeit der Engländer Ernest Lindgren und der Franzose Henri Langlois: Der eine erarbeitete als erster systematische Methoden der Filmarchivierung, der andere war die lebende Legende, der es ganz entschieden darum ging, mit dem Sammeln und Zeigen von Filmen Wirkung zu erzielen. (R. A.)

- ❑ Hans Barkhausen: Zur Geschichte des ehemaligen Reichsfilmarchivs. In: Zeitgeschichte im Film- und Tondokument. Hg. von Günter Moltmann und Karl Friedrich Reimers, Göttingen / Zürich / Frankfurt 1970
- ❑ Raymond Borde: Les Cinémathèques, Bordeaux 1983
- ❑ Penelope Houston: Keepers of the Frame. The Film Archives, London 1994
- ❑ Wolfgang Klaus (Hg.): World Directory of Moving Image and Sound Archives, München / New Providence / London / Paris 1993
- ❑ Goetz Pollakowski: Filmbearbeitung und Filmarchivierung, Ökonomische und ökologische Aspekte, Berlin 1990
- ❑ Richard Roud: A Passion for Films. Henri Langlois and the Cinémathèque Française, New York 1983
- ❑ Friedrich Terveen: Filmarchivierung für Forschung und Lehre. Erste Überlegungen und Ansätze 1895 bis 1932. In: Der Bär von Berlin. Jahrbuch des Vereins für die Geschichte Berlins, Nr. 26 (1977), und: Zur Entwicklung in Deutschland 1932–1942. In: Der Bär von Berlin, Nr. 27 (1978)
- ❑ Paola Cherchi Usai: Burning Passions. An Introduction to the Study of Silent Cinema, London 1994

Filmbewertungsstelle Wiesbaden
→ FBW

Film d'Art Zunächst von der Compagnie des Films d'Art realisierte Werke, in denen berühmte Schauspieler der Comédie Française, darunter Sarah Bernhardt, auftraten. Die Filme entstanden nach Drehbüchern bekannter Autoren. Das Konzept versuchte, die Jahrmarktskunst Film durch die Beteiligung renommierter Vertreter der etablierten Künste ästhetisch zu veredeln. Jedoch waren die Filme, wie die erste dieser Produktionen, *L'Assassinat du Duc de Guise* (F 1908, R.: André Calmette), nicht sonderlich innovativ in der Ausnutzung der Möglichkeiten der filmischen Artikulation. Ähnlich wie die kurzlebige Compagnie des Films d'Art versuchten auch → Gaumont und → Pathé in dieser Zeit, durch die Beteiligung prominenter Künstler Filme zu realisieren, die den Zugang zu neuen (bürgerlichen) Zuschauerschichten öffnen sollten. Dem F. ist in dieser Hinsicht der auf prominente Bühnendarsteller und Schriftsteller setzende deutsche → Autorenfilm von 1913 verwandt.

Filmexil Bezeichnung für die Gesamtheit der von den Nationalsozialisten in die Emigration gezwungenen, vorher im deutschen Film Beschäftigten. Dieses Exil betraf Hunderte von Menschen und beraubte den deutschen Film der kreativsten Produzenten, Regisseure, Kameraleute, Darsteller, Drehbuchautoren, Komponisten... Die meisten der ins F. Gezwungenen waren Juden, einige mußten emigrieren, weil sie der politischen Linken zugehörten. Das Filmexil begann unmittelbar nach dem Machtantritt der Nationalsozialisten, doch emigrierten auch in den folgenden Jahren noch viele, die zunächst an eine nur vorübergehende Situation geglaubt hatten. (→ Exilfilm)

- ❑ Jan-Christopher Horak: Fluchtpunkt Hollywood. Eine Dokumentation zur Filmemigration nach 1933, Münster 1986
- ❑ Christian Cargnelli, Michael Omasta (Hg.): Aufbruch ins Ungewisse. 2 Bände, Wien 1993

Film-Fernsehabkommen Im Zusammenhang mit der Novellierung des Filmförderungsgesetzes (FFG), das im Sinne einer Hebung des Qualitätsstandards der bundesdeutschen Filmproduktion allgemein als gescheitert galt, schlossen ARD und ZDF 1974 erstmals mit der Filmförderungsanstalt (→ FFA) das sogenannte F. zur Regelung der gemeinsamen Finanzierung von Spielfilmen. Von einer je zur Hälfte von Fernsehanstalten und FFA besetzten Achterkommission ausgewählte Projekte wurden mit Fernsehgeldern (in den ersten fünf Jahren mit insgesamt 34 Mio. DM) und zusätzlichen Mitteln der FFA bei einem Eigenanteil von 25% der jeweiligen Produktionsfirma gefördert. Dem jeweiligen Film waren in der Regel 24 Monate Kinoauswertung vor der ersten Fernsehausstrahlung garantiert.

Das Abkommen trug einer schon gängigen Kooperationspraxis Rechnung und entsprach v. a. den Bedürfnissen der sogenannten Jungfilmer, deren Filme vielfach von den Fernsehspielredaktionen, insbesondere vom Westdeutschen, Bayerischen und Hessischen Rundfunk sowie vom ZDF, produziert wurden und eben deshalb nicht in den Genuß der Filmförderung kamen: Die Regelungen des FFG sahen eine alleinige Kinoauswertung über mindestens zwei Jahre vor, die Fernsehanstalten bestanden aber auf der Erstausstrahlung oder allenfalls gleichzeitigem Kinostart ihrer Produktionen. Die durch das Abkommen ermöglichte Förderung von jährlich zwischen acht und 20 solcher «amphibischer Filme» (Günther Rohrbach, damaliger Fernsehspiel-Chef des WDR) war in der Filmkritik heftig umstritten. Die Protagonisten eines puristischen, ökonomisch erfolgreichen Kinos befürchteten, daß eine ästhetisch aufs Fernsehen abgestimmte Filmproduktion den endgültigen Tod des bundesdeutschen Kinos bedeutete. In der Tat veränderten die gesellschaftliche Stellung des Mediums → Fernsehen wie der Einfluß seiner Fernsehspiel- und Filmredaktionen Produkte, Märkte und Rezeptionszusammenhänge. Dieser Wandel trug, wie Elsaesser dargestellt hat, entscheidend zur Politisierung des → Neuen Deutschen Films, wenn nicht gar zu seiner Formierung aus dem Jungen Deutschen Film bei: «Politische Fragen, soziale Probleme, aktuelle und historische Themen wurden im Spiel- und Dokumentarfilm in einer Weise behandelt, die in der Bundesrepublik bislang unbekannt gewesen war» (1994, S. 61). Das Gros der wichtigsten bundesdeutschen Spielfilme seither gehört zu den vom F. ermöglichten Koproduktionen.

Dem Abkommen waren ein dem Fernsehen zugeschriebener Zuschauerschwund in den Kinos und verschiedene Versuche ordnungspolitischer Gegenmaßnahmen vorausgegangen. Schon 1958/59 war die Gründung fernseheigener Filmstudios auf der Grundlage in die Krise geratener Filmbetriebe vollzogen (Bavaria Ateliergesellschaft durch WDR, SDR und Bavaria Filmkunst; Studio Hamburg durch NDR und Gyula Trebitsch Film); 1965 war der Grundsatzvertrag zwischen ARD, ZDF und dem Verband Deutscher Film- und Fernsehproduzenten geschlossen worden, der den Fernsehanstalten die TV-Rechte an 100 Spielfilmen der Jahre 1960 bis 1964 sicherte und die Auszahlung von $^{7}/_{10}$ der Lizenzgebühren an die Investition in neue Projekte band; 1965 wurde das → Kuratorium Junger Deutscher Film mit fünf Millionen Mark Starthilfe des Bundes infolge des Oberhausener Manifests gegründet; 1967 schließlich folgte dann das Wirtschaftsgesetz des Bundes «über Maßnahmen zur Förderung des deutschen Films» zur Rettung des bundesdeutschen Kinos.

Das F., seit 1974 mehrfach novelliert,

dabei u. a. auf Dokumentarfilm und Drehbuchförderung ausgeweitet, markiert also den endgültigen Umbruch der bundesdeutschen Medienlandschaft zugunsten der Dominanz des Fernsehens, das für die Produktion und Distribution bundesdeutscher Filme führend wurde und den entsprechenden Fernsehredakteuren eine nicht unumstrittene Machtposition verschaffte. (E. M.)

- Blaney, Martin: Symbiosis or Confrontation? The Relationship between the Film Industry and Television in the Federal Republic of Germany from 1950 to 1985, Berlin 1992
- Elsaesser, Thomas: Der Neue Deutsche Film. Von den Anfängen bis zu den neunziger Jahren, München 1994
- Hickethier, Knut: Die Zugewinngemeinschaft. In: Deutsches Filmmuseum Frankfurt am Main (Hg.): Abschied vom Gestern. Bundesdeutscher Film der sechziger und siebziger Jahre, Frankfurt am Main 1991

Filmfestival Nationale oder internationale Filmschau, die in der Regel jährlich oder alle zwei Jahre an demselben Ort stattfindet und die aktuelle Jahresproduktion oder Filme zu einem bestimmten Thema präsentiert. Ein F. wendet sich an ein internationales Fachpublikum bzw. als kulturelles Ereignis an die regionale Bevölkerung.

Wann das erste F. stattgefunden hat, läßt sich nicht mit Bestimmtheit feststellen. Ein noch heute existierendes wichtiges F. wird meist als das erste reguläre Universalfestival bezeichnet: Am 6.8.1932 begann in Venedig die «Mostra d'arte cinematografica». Die Filmfestspiele waren Teil der Biennale und dauerten bis zum 21. August. Offizielle Preise gab es nicht, wohl aber Voten des Publikums für den besten Film, den besten Hauptdarsteller und die beste Hauptdarstellerin. In diesem Jahr entschied sich das Publikum beim besten Film für *Putjowka w shisn* (Der Weg ins Leben, UdSSR 1931, R.: Nikolai Ekk) und bei den Darstellern für die Oscarpreisträger desselben Jahres: Frederic March und Helen Hayes.

Heute besteht das F. aus mehreren Sektionen. Im Zentrum steht der Wettbewerb, in dem aktuelle Produktionen um die Preise (Hauptpreis: Goldener Löwe) konkurrieren, die von einer internationalen Jury zum Abschluß des F. vergeben werden. Daneben gibt es mehrere Informationsreihen sowie einen Filmmarkt. Der internationale Produzentenverband Fédération Internationale des Associations des Producteurs des Films (FIAPF, Paris) hat dem Festival von Venedig den A-Status verliehen, da es folgende Kriterien erfüllt: internationaler Wettbewerb mit Weltpremieren, eine internationale Jury und Preise.

Ein wesentlicher Bereich eines A-F., für das Publikum nicht zugänglich, ist heute der Filmmarkt, eine Fachmesse, auf der zwischen Autoren, Filmmachern, Produzenten und Verleihern sowie Filmtheatern und Fernsehsendern über Lizenzen für Stoffrechte verhandelt und Verträge über die kommerzielle Auswertung der Filme abgeschlossen werden.

Außer Venedig besitzen den A-Status: Cannes (erstmals 1946, im Mai, Hauptpreis: Goldene Palme), Berlin (1951, im Februar, Goldener Bär), Karlovy Vary (1946, bis 1993 alternierend mit Moskau, seit 1995 jährlich im Juli, Goldene Schale), Locarno (1946; A-Status seit 1994, im August, Goldener Leopard), Mannheim (1952, im Oktober, Josef-von-Sternberg-Preis), Moskau (1935 bzw. 1959, bis 1993 alternierend mit Karlovy Vary im Juli, Goldmedaillen), San Sebastian (1954, im September, Goldene Muschel) und einige andere.

Während bei den genannten der Spielfilm im Zentrum steht, um den zwischen den F. ein harter Konkurrenzkampf ausgetragen wird, gibt es weitere wichtige Festivals für andere Genres (Kurzfilm, Animationsfilm, Dokumentarfilm, Experimentalfilm) sowie nationale Produktionen (deutscher Film in Hof und Saarbrücken, Schweiz in Solothurn, Österreich in Wels und Salzburg).

Spezialfestivals widmen sich bestimmten Formen oder →Genres, wie etwa →Stummfilm, →Science Fiction und →Fantasy, →Musikfilm, schwul-lesbische Filme, ethnologische Filme, →Komödien etc. F. erfüllen bei aller Unterschiedlichkeit fast alle dieselben Funktionen: Sie sind eine Werbung für das Medium Film und Treffpunkt für die Branche sowie öffentliches Forum und Ort der Begegnung für Professionelle und Publikum. Sehr viele Filme sind innerhalb kurzer Zeit an einem Ort zu sehen (leider oft genug auch nur im Rahmen der F., da viele Filme keine kommerzielle Auswertung erfahren).

Schon immer waren F. auch von politischen (und wirtschaftlichen) Interessen geprägt: Nicht nur die internationale Konkurrenz um das Image als Filmstadt, sondern auch direkte politische Intentionen spielen eine Rolle; so fungierte die Berlinale von Anbeginn als sogenanntes Schaufenster des Westens und war die Leipziger Dokumentar- und Kurzfilmwoche, trotz aller Restriktionen, als innenpolitisches Ventil und internationaler Ausweis für Liberalität wirksam. (C. V.)

- ❑ Wolfgang Jacobsen: Berlinale. Internationale Filmfestspiele Berlin, Berlin 1990
- ❑ Domenico Lucchini, Gian Carlo Bertelli: Festival Internazionale del Film Locarno – 40 Ans, 40 Anni, 40 Jahre, Locarno 1987
- ❑ Flavia Paulon: La dogaressa contestata. La favolosa storia della mostra die Venezia, Venezia 1972

Filmförderung Differenziertes System von staatlichen Subventionen und Schutzbestimmungen. Mit F. wird der Versuch unternommen, die ökonomischen Schwächen der nationalen Filmwirtschaft und -kultur auszugleichen. Diese resultieren aus strukturellen Mängeln wie etwa der Tatsache, daß das Kinoabspiel in Deutschland (wie in fast allen anderen europäischen Ländern) zu mehr als 80% von amerikanischen →Verleihern beherrscht wird und somit der verbleibende Marktanteil nicht ausreicht, um die Filmproduktion der jeweiligen Länder zu finanzieren. Hinzu kommt, daß Film nicht nur ein Wirtschaftsfaktor ist, sondern als nationales Kulturgut den Schutz- und Förderungsbestimmungen der Kunst- und Kulturpflege unterliegt. In Deutschland sind für die Abwicklung der F. verschiedene Einrichtungen des Bundes (→Filmförderungsanstalt in Berlin) und der Länder (→Kuratorium junger deutscher Film e. V. und einzelne Länderfilmförderungen, s. u.) zuständig.

Die Mittel für F. werden durch Steuern sowie Abgaben von Verleihern, Filmtheatern und Sendeanstalten aufgebracht. Verstärkt nehmen diese Aufgabe auch privatrechtlich organisierte Institutionen wahr, wie etwa die Medienstiftungen, die seit einigen Jahren von einigen Landesregierungen als GmbHs gegründet werden oder, wie in der Schweiz, durch Kulturstiftungen und Kulturfonds von kommerziellen Unternehmen.

Wenig bekannt ist, daß bereits 1932 ein ungarischer Filmfonds zur Förderung des einheimischen Filmwesens gegründet wurde, finanziert aus den Abgaben, die für die Untertitelung ausländischer Filme zu zahlen waren. Von F. spricht man in der BRD seit dem ersten Filmförderungsgesetz (FFG) vom 1. Dezember 1967, welches vorgängige wenig erfolgreiche Versuche ablöste, der Filmindustrie durch Bürgschaftsaktionen und Kinogroschen aus der Krise zu helfen, die mit der Verbreitung des Fernsehens in Verbindung stand. Den Forderungen einer Gruppe von 26 Regisseuren (Oberhausener Manifest, 1962) wurde zunächst mit der Einrichtung des Kuratoriums junger deutscher Film e. V. entsprochen, wo seither aus Mitteln, die die Länder beisteuern, die Produktionskosten für Debütarbeiten bezuschußt werden. Außerdem wurden in Berlin (DFFB), München (HFF) und Ulm (Institut für Filmgestaltung) Ausbildungs-, Forschungs- und Entwicklungsinstitute eingerichtet, um den künstlerischen Nachwuchs zu fördern. Mit dem FFG werden (nach verschiedenen Novellierungen, zuletzt 1992) Kinobesitzer unterstützt, wenn sie die technischen Anlagen und die Ausstattung ihrer Filmtheater verbessern, und Filmproduzenten, wobei zwischen verschiedenen Förderungsarten unterschieden wird, die sich u. a. am Einspielergebnis der Filme an der Kinokasse, an Prädikaten (der Filmbewertungsstelle, → FBW) und Preisen (→ Bundesfilmpreise, Festivalpreise) orientieren.

Auch die Finanzierung von → Filmmuseen, → Kinematheken und → Filmarchiven, Film- und Kinopreisen, → Filmfestivals, → kommunalen Kinos und Filmclubs sowie Filmhäusern und -werkstätten zählt zu den Maßnahmen, mit denen Bund, Länder und Gemeinden die Filmindustrie und -kultur fördern.

Im Rahmen der Wahrnehmung ihrer kulturpolitischen Aufgaben haben seit Beginn der 80er Jahre die Bundesländer eigene wirtschaftliche und kulturelle F. eingerichtet (Drehbuch- und Projektentwicklung, Produktion, Verleih / Vertrieb und Abspiel). Lange standen sich hierbei verschiedene Modelle gegenüber: Konnten Hamburg und Nordrhein-Westfalen mit den 1979 bzw. 1980 gegründeten kulturellen F. in Selbstverwaltung kontinuierlich Erfolge mit Festivalpreisen für die dort geförderten Filme feiern, stand für die wirtschaftliche F. Bayerns außer Frage, daß mit den Mitteln der F. das Produktionszentrum Bavaria gestärkt wurde. Die Gründung der Filmstiftung Nordrhein-Westfalen GmbH (mit einem Budget von rund 45 Mio. DM) setzte 1991 neue Maßstäbe und forcierte den Wettbewerb der Länder um Medienstandorte (Wirtschaftskraft, Arbeitsplätze und kulturelles Renommee). Berlin-Brandenburg konterte mit der Filmboard GmbH (rund 35 Mio. DM). Bundesweit wurden erneut Grundsatzfragen (z. B. kulturell oder wirtschaftlich?) der F. diskutiert (Finanzvolumen aller Fördereinrichtungen 1995 ca. 150 Mio. DM), nicht zuletzt im Kontext europäischer Entwicklungen.

In nahezu allen Bereichen des Filmschaffens wurden seit dem Europäischen Film- und Fernsehjahr 1988 verschiedene Programme der Europäischen Kommission (EU, Brüssel) und des Europarats

(Straßburg) zur Unterstützung und Förderung der Filmwirtschaft und -kultur realisiert. Das MEDIA-Programm der EU stellt 1996 mit 310 Mio. ECU (ca. 600 Mio. DM) für den Zeitraum von vier Jahren das größte Finanzvolumen für die Bereiche Projektentwicklung, Fortbildung und Verleih / Vertrieb zur Verfügung. Zielsetzungen des Programms sind: die Respektierung der sprachlichen und kulturellen Vielfalt Europas; die Bewahrung und Aufwertung des europäischen audiovisuellen Erbes; die Entwicklung des Potentials in Ländern oder Regionen mit geringer Produktionskapazität, geographischer bzw. sprachlicher Ausdehnung; und schließlich die Unterstützung unabhängiger Produktions- und Vertriebsunternehmen.

Beständig umstritten ist die Einschätzung der Fördermechanismen hinsichtlich der Stärkung von unabhängigen Strukturen; Kritiker erwarten statt dessen eine stärkere Konzentration und Verflechtung der großen Medienunternehmen in Europa.

Anders als bei MEDIA partizipieren am Förderprogramm des Europarats (Eurimages) nicht nur die Mitgliedsstaaten der EU, und es wird, bis auf die Unterstützung von Kinos in vorwiegend osteuropäischen Ländern, ausschließlich die Produktion bzw. →Koproduktion von Filmen gefördert. (C. V.)

❑ Jan Berg, Knut Hickethier (Hg.): Filmproduktion, Filmförderung, Filmfinanzierung, Berlin 1994

❑ Bundesminister des Innern (Hg.): Filmförderung, Bonn 1978 / 1990

❑ Kurt Hentschel, Karl Friedrich Reimers (Hg.): Filmförderung. Entwicklungen / Modelle / Materialien, München 1985 / 1992

❑ Gisela Hundertmarl, Louis Saul (Hg.): Förderung essen Filme auf..., München 1984

❑ Gerhard Neckermann (DIW): Filmwirtschaft und Filmförderung, Berlin 1991

Filmförderungsanstalt →FFA

Filmformate Unterscheidbar sind verschiedene F. sowohl des Aufnahmematerials wie der Vorführung. Das übliche, seit →Edison hauptsächlich zur kommerziellen Filmproduktion verwendete Format für die Aufnahme und Wiedergabe ist der 35-mm-Film. Abweichende kleinere Formate – 16 mm bzw. 8 mm breit – wurden ursprünglich für Amateure hergestellt, wobei das 16-mm-Format auch für Dokumentarfilme und für Spielfilme mit geringem Budget verwendet wird. Kopien von 35-mm-Filmen werden für die nichtgewerbliche Nutzung auch in 16 mm verliehen. Neben diesen Standardformaten gab es in der Filmgeschichte u. a. auch Material von 9,5, 17,5 und 28 mm Breite. Als besonders großes, daher sehr detailreich abbildendes Format wurde, nach Anfängen schon in der Stummfilmzeit (→Biograph), vor allem in den 50er und 60er Jahren der 70-mm-Film benutzt, der heute aufgrund der hohen Kosten und auch des verbesserten normalen 35-mm-Films kaum noch eingesetzt wird.

Die Abbildungen auf den verschiedenen Materialien können in verschiedenen Höhen-Seiten-Verhältnissen erfolgen, so daß bei der Projektion differierende Formate entstehen (→Academy-Format, →Breitwand). Die Leinwand ist dabei für die verschiedenen Größen insofern einrichtbar, als die Höhe unverändert beibehalten wird, die Seitenausdehnung jedoch durch einen →Kasch regulierbar ist. Ist z. B. die Höhe mit 5 Metern festgelegt, so nimmt die Pro-

1:1,37

1:1,66

1:1,85

jektion eines Films im Normalformat 6,85 Meter Breite in Anspruch. Beim europäischen Breitwandformat mit einem Höhen-Seiten-Verhältnis von 1 : 1,66 werden 8,30 Meter, bei → Cinemascope 11,75 Meter Seitenlänge erforderlich. Das bedeutet, daß die Projektionsfläche von 34,25 m^2 über 41,5 m^2 auf 58,75 m^2 wächst. Das Verhältnis von der Größe des Abbildungsmaterials zur Größe der Projektionsfläche ist entscheidend für die erreichbare Qualität der Projektion. Einem 35-mm-Film steht das Vierfache der Fläche eines 16-mm-Films für die Bildinformation zur Verfügung, einem 70-mm-Film noch mal das Vierfache. Bei großen Leinwänden macht sich das deutlich bemerkbar.

❑ Gert Koshofer: Zur Geschichte der Breitwandfilme. In: Helga Belach, Wolfgang Jacobsen (Red.): Cinemascope. Zur Geschichte der Breitwandfilme, Berlin 1993

Filmgeschichtsschreibung Die Art und Weise, wie Film historisch beschrieben, erklärt und bewertet wird. Zentrale Fragen der F. betreffen die Konstitution des Gegenstands (einzelne Filme, Film als Industrie und Institution, Film als Technik, filmische Stile und Repräsentationssysteme oder das Verhältnis von Film und Gesellschaft) und die angewandten Methoden.

Die traditionelle F. (z. B. Sadoul, Gregor / Patalas) erzählt die Geschichte des Films in Form einer chronologischen Aneinanderreihung von (Meister-)Werken, meist nach Perioden und Nationen gegliedert. Die Auswahl orientiert sich dabei oft an den anerkannten Filmen, an Regisseuren im Sinne der Autorentheorie (→ Autorenfilm), an ästhetischen Kriterien oder an der Filmproduktion einzelner Länder. Eine andere Perspektive ergibt sich bei historischen Untersuchungen, die – wie bei Siegfried Kracauer – den Film als «Spiegel der Gesellschaft» betrachten.

Die F. ist mit ähnlichen Problemen konfrontiert wie die Zeitgeschichte: Periodisierung, Sicherung und kritische Auswertung der Quellen und Interpretationsmethoden. Die Periodisierung erfolgt oft durch die Übernahme gesellschaftlicher Einschnitte: Jahrzehnte, die beiden Weltkriege, die NS-Zeit usw., die aber nicht unbedingt den internen Entwicklungen des Films entsprechen. Besonders für den frühen Film stellt sich die Sicherung und Archivierung des Materials als durchaus problematisch dar. Nur relativ wenige Filme sind erhalten (und dann auch oft nur bruchstückhaft, ohne → Virage und Kolorierung), und es läßt sich nicht immer feststellen, ob der archivierte Film auch dem damals aufgeführten entspricht. Auch Filme jüngeren Datums sind längst nicht alle erhalten oder zugänglich.

In den Methoden und Herangehensweisen der F. gibt es in den letzten Jahrzehnten wesentliche neue Entwicklungen. Grundlegende Studien der Filmindustrie, vor allem des frühen Films und des Hollywoodfilms, ergeben neue Perspektiven und revidieren manche Legenden. Die Schule der New Film History stellt vor allem Film als Wirtschaftssektor und soziale Institution in den Mittelpunkt und sieht darin kausale Faktoren für Veränderungen in den Filmen selbst (z. B. Allen / Gomery, Harpole). Auch Bordwell, Staiger und Thompson untersuchen in ihrem Buch zum «Classical Hollywood Cinema» die stilistischen Merkmale der Hollywoodfilme als ein eigenes System auch im Zusammenhang mit technischen und wirtschaftlichen Innovationen.

Für den Frühfilm gibt es Versuche, filmische Form und Aufführungspraktiken in Zusammenhang mit bestimmten Wahrnehmungsmodi zu sehen. So werden die Unterschiede zwischen dem Kino der Attraktionen (→ Attraktionskino) beim frühen → Stummfilm und dem späteren narrativen Kino heute deutlich hervorgehoben (Elsaesser).

Film als historisches Dokument einer Gesellschaft ist Thema einiger neuerer Arbeiten, wobei die prinzipielle Schwierigkeit darin besteht, die Vermittlungen zwischen der Gesellschaft und dem ästhetischen Produkt Film zu bestimmen. Die Methoden des New Historicism (Kaes), der eine Brücke zu neueren Kulturtheorien schlägt, auf den Film anzuwenden stellt sich als diffizil heraus. Insbesondere die Kontextualisierung der Filme im kulturellen Umfeld ihrer Zeit ist dabei schwierig durchzuführen. In der Ausweitung der Materialbasis durch Produktionsdokumente, Polizeiberichte, Filmkritik usw. – aber nicht in Methoden und Fragestellungen – weist dieser Ansatz eine Gemeinsamkeit mit der New Film History auf.

Fragen der zeitgenössischen Aufnahme werden erst langsam befriedigender beantwortet, einerseits durch Studien der lokalen und regionalen Kinorezeption, andererseits durch Untersuchungen zur Rezeption einzelner Filme und Perioden (Staiger).

Der gegenwärtige Stand zeigt einige Fortschritte – insbesondere in Hinblick auf genauere Fakten und differenziertere Erklärungsmodelle –, jedoch in verschiedenen, in ihren Methoden und Fragestellungen oft nicht kompatiblen Bereichen. Eine synthetisierende Geschichte des Films ist bislang nicht in Sicht. (S. L.)

❑ Robert C. Allen, Douglas Gomery: Film History: Theory and Practice, New York u. a. 1985
❑ David Bordwell, Janet Staiger, Kristin Thompson: The Classical Hollywood Cinema, Film Style & Mode of Production to 1960, London 1985
❑ Thomas Elsaesser (Hg.): Early Cinema: Space, Frame, Narrative, London 1990
❑ Geschichtswerkstatt, Heft 17, Film – Geschichte – Wirklichkeit, Hamburg 1989
❑ Ulrich Gregor, Enno Patalas: Geschichte des Films, Reinbek 1976
❑ Charles Harpole, ed.: History of the American Cinema, 5 Bde., New York 1990ff
❑ Siegfried Kracauer: Von Caligari zu Hitler, Frankfurt am Main 1979
❑ Anton Kaes: Filmgeschichte als Kulturgeschichte: Reflexionen zum Kino der Weimarer Republik. In: Filmkultur zur Zeit der Weimarer Republik, hg. v. Uli Jung & Walter Schatzberg, München 1992

❑ Rainer Rother: Bilder schreiben Geschichte. Der Historiker im Kino, Berlin 1991
❑ Georges Sadoul: Geschichte der Filmkunst, Frankfurt am Main 1982
❑ Janet Staiger: Interpreting Films: Studies in the Historical Reception of American Cinema, Princeton 1992

Filmkritik Von der Schreib- und Wahrnehmungsweise eines Autors oder einer Autorin geprägter und zur Publikation bestimmter Text, der sich mit den inhaltlichen und formalen Spezifika eines Films auseinandersetzt; im Falle einer Sammelkritik können auch mehrere Filme besprochen und die Gemeinsamkeiten bzw. Unterschiede zwischen diesen Filmen behandelt werden. Der Filmkritiker geht bei seiner Arbeit implizit oder explizit von filmtheoretischen Ansätzen aus, die sein Interesse insbesondere an den ästhetischen, technischen, wirtschaftlichen, soziologischen, philosophischen oder psychologischen Gesichtspunkten eines Films oder eines Filmgenres wecken. Tendenziell setzt die F. ihre Rezipienten in Stande, Filme als Kunstwerke zu erfahren und zu kritisieren. Von der F. zu unterscheiden ist die als Serviceleistung vor dem Kinobesuch gedachte Filmbesprechung, die üblicherweise die erzählte Handlung eines Films referiert und in einem kurzen Resümee ihr wertendes Urteil abgibt.

Erste F. in Deutschland erschienen 1909 in den Zeitschriften «Der Kinematograph» und «Lichtbild-Bühne»; die Fachjournalisten reagieren so auf die Tatsache, daß mit dem im gleichen Jahr eröffneten Berliner Kinotheater Union-Theater am Alexanderplatz sich der Film an ein anspruchsvolles, kunstinteressiertes Publikum wendet. Ab 1910 werden auch in einzelnen Tageszeitungen F. veröffentlicht, seit 1911, mit den ersten langen, abendfüllenden Spielfilmen, widmen sich die Tageszeitungen regelmäßig den Kinoprogrammen. Neben generell kinofeindlichen Texten steht dabei zunächst eine an Theaterkritiken orientierte Wahrnehmung der Filme. Im Januar 1913 entwickeln die Rezensenten der großen Tageszeitungen anläßlich der Uraufführung des → Autorenfilms *Der Andere* (R.: Max Mack) weitreichende filmtheoretische Überlegungen: Sie vergleichen das Spiel Albert Bassermanns auf der Bühne und vor der Kamera, und sie gehen auf das Filmische in der Dramenvorlage von Paul Lindau ein.

In den 20er Jahren zeichnen sich zwei wesentliche, für die Filmkritik in Deutschland bis heute einflußreiche Richtungen der F. ab. Siegfried Kracauer (1979, S. 11) tritt für eine soziologisch orientierte F. ein, für ihn ist der «Filmkritiker von Rang nur als Gesellschaftskritiker denkbar», der die in den Filmen verborgenen sozialen Vorstellungen und Ideologien enthüllt. Rudolf Arnheim und Béla Balázs hingegen bemühen sich, in ihren F. vor allem die ästhetischen Probleme der jungen Filmkunst herauszuarbeiten, wobei der Marxist Balázs den Warencharakter des Films in seine Betrachtungen einbezieht. – Neben den Tageszeitungen und Magazinen veröffentlicht vor allem das Ende der 20er, Anfang der 30er Jahre täglich erscheinende Fachblatt «Film-Kurier» ausführliche F., die analytisch auf handwerkliche Aspekte der Filmgestaltung eingehen.

In der Nazizeit kann von einer Filmkritik in Deutschland nicht die Rede sein; Vorgaben aus dem Propagandaministerium, welche Filme wie zu rezensieren seien, bestimmen die einschlägige Publizistik, die Filmkritik wird durch die Filmbesprechung ersetzt. So haben es Filmkritiker nach 1945 schwer, an die Traditionen der Weimarer Republik anzuknüpfen. In der DDR können zaghafte, an Kracauer oder Balázs orientierte Versuche sich nicht behaupten, in den Filmbesprechungen dominiert das Primat der Parteilinie. In der Bundesrepublik gelingt es vor allem Gunter Groll in seinen an den Theaterkritiker Alfred Kerr erinnernden Texten, filmästhetische Fragen aufzuwerfen und zu diskutieren. Ein neuer Ansatz entsteht 1957 um Enno Patalas und die von ihm mitgegründete Zeitschrift «Filmkritik». Patalas verbindet die soziologischen und sozialpsychologischen Theorien der Frankfurter Schule, zu der auch Kracauer zu zählen ist, mit der den Film radikal als autonomes Kunstwerk einschätzenden Position der französischen Zeitschrift «Cahiers du Cinema». Die sich daraus ergebenden Widersprüche kulminieren 1966 in einer grundlegenden Diskussion der «Filmkritik»-Autoren um das Selbstverständnis der Filmkritik. Die Vertreter der sogenannten politischen Linken um Ulrich Gregor, Theodor Kotulla und den für die «Frankfurter Rundschau» schreibenden Wolfram Schütte sehen den Filmkritiker vor allem als Ideologiekritiker, während die sogenannte ästhetische Linke (Enno Patalas, Frieda Grafe, Dietrich Kuhlbrodt u. a.), beeinflußt insbesondere von den Filmen Jean-Luc Godards, «ästhetische Verfahren als gesellschaftliche Verfahren erkenn(en)... und selbst ästhetische Verhaltensweisen aktivier(en)» (Patalas in «Filmkritik» Nr. 7 / 1966). Indem er die Haltung des Autorenfilmers auf die des schreibenden Autors überträgt, rückt der Filmkritiker nun nicht allein Fragen der Filmästhetik, sondern auch der eigenen, den «Prozeß der Bewußtseinsbildung belebenden» (Patalas) Schreibweise in den Vordergrund. 1979 formulieren die Autoren der Zeitschrift «Filme» (Norbert Jochum, Norbert Grob, Jochen Brunow, Claudia Lenssen u. a., auch als Berliner Schule oder Sensibilisten bezeichnet), die Auffassungen der ästhetischen Linken weiterentwickelnd, eine radikale Position des Filmkritikers als eigenständigen Autors. 1989 werden auf einer von den Filmwissenschaftlern Prümm und Grob organisierten Veranstaltung in Berlin von Gertrud Koch, Karsten Witte, Dietrich Kuhlbrodt, Frieda Grafe u. a. die wichtigsten Positionen feministischer, soziologischer, postmoderner und ästhetischer Filmkritik dargestellt und diskutiert; die öffentliche Resonanz bleibt aber, anders als nach dem Streit in der «Filmkritik» 1966, unerheblich – in den 90er Jahren ist das Interesse an Filmbesprechungen größer als an Filmkritiken. (M. E.)

❑ Helmut H. Diedrichs: Anfänge deutscher Filmkritik, Stuttgart 1986
❑ Peter Hamm (Hg.): Kritik – von wem / für wen / wie. Eine Selbstdarstellung deutscher Kritiker, München 1968
❑ Gertrud Koch, Karsten Witte (Hg.): Seminar: Filmkritik. Protokolle einer Veranstaltung der Arbeitsgemeinschaft der Filmjournalisten in Frankfurt am Main 1978, München 1978
❑ Norbert Grob, Karl Prümm: Die Macht der Filmkritik. Positionen und Kontroversen, München 1990
❑ Siegfried Kracauer: Kino, Frankfurt am Main 1979

Filmmaterial Aus einer Trägerschicht und der →Emulsion bestehendes Material.

Der Träger bestand anfangs aus Nitrozellulose (→ Nitrofilm), heute aus Zellulose-Triacetat oder Polyester (→ Sicherheitsfilm). Die Emulsion des → Schwarzweißfilms besteht aus in Gelatine gebundenen lichtempfindlichen Kristallen, bei → Farbfilmen aus drei Lagen, in denen für die Primärfarben sensibilisierte Kristalle eingebettet sind. Neben diesen primären Bestandteilen weist das F. außerdem Schutzschichten gegen die mechanische Abnutzung auf. Das F. wird in großen Flächen hergestellt und anschließend auf die erforderlichen Maße für diverse → Filmformate geschnitten sowie mit einer Perforation und (aufbelichteten) Herstellerangaben versehen.

Filmmuseum F. stellen Materialien aus verschiedenen Bereichen der Produktion, Distribution und Rezeption von Filmen aus. Die Exponate verdeutlichen jeweils Aspekte, die auf Filme verweisen. Häufig werden auch Ausschnitte aus einzelnen Filmen – kürzere auch vollständig – in der Ausstellung gezeigt. Die Präsentation von Werken der Filmgeschichte ist in der Regel in angegliederten Kinos möglich, die Repertoirepflege betreiben. Ständige Ausstellungen und Wechselausstellungen zu speziellen Themen sind die engeren Aufgaben von F. Neue Standards setzte das Museum of the Moving Image in London. In Los Angeles ist die American Cinematheque im Aufbau, und seit langem eingeführt ist die Cinémathèque Française in Paris. In Deutschland gibt es große Filmmuseen in Frankfurt, Potsdam und Düsseldorf; für 1998 ist ein neues Museum zur Präsentation der Sammlungen der → Stiftung Deutsche Kinemathek in Berlin geplant. Ergänzend dazu gibt es einige regional orientierte und sich auf Einzelaspekte konzentrierende Museen und Sammlungen. (K. H.)

❑ Cinémathèque Française (Hg.): Musée du Cinéma Henri Langlois, 3 Bde., Paris 1991
❑ Axel Geis (Hg.): Filmstadt Babelsberg, Berlin 1994
❑ Hilmar Hoffmann, Walter Schobert (Hg.): Perspektiven. Zur Geschichte der filmischen Wahrnehmung, Frankfurt am Main 1986
❑ Museum of the Moving Image, London o. J.
❑ Maria Adriana Prolo, Luigi Carluccio: Il Museo Nazionale del Cinema, Torino 1978
❑ Stiftung Deutsche Kinemathek (Hg.): Das Filmmuseum, Berlin 1994

Filmmusik Seit Beginn der Präsentation von Filmen ist es aufgrund technischer Gegebenheiten üblich, die Musik nachträglich zum Film zu arrangieren. Dabei ist die F. zunächst mehr eine Angelegenheit des Veranstaltungsortes als des Produktionsteams. Im November 1895 begleitete die Vorführungen der lebenden Fotografien der Brüder Skladanowsky das Orchester des Variété-Restaurants Wintergarten in Berlin mit Stücken seines Repertoires; in Paris begleitete der Pianist des Grand Café im Dezember 1895 die einminütigen Filme der Brüder Lumière – was er spielte, ist nicht bekannt, er mag improvisiert haben. Soviel Zufallsspannung in diesem aphoristischen Zusammenspiel gewesen sein mag, erst die längeren, dramatischen Spielfilme verlangen eine Musik, die der Handlung des Films folgt.

Aufträge für Filmkompositionen, auch ein Indiz für das Interesse von Regisseur oder Produktionsfirma an einer abgerundeten Präsentation, sind selten, finden aber dort statt, wo der Film als Kunstwerk geltend gemacht wird. Die ersten Kompositionen dieser Art sind: von Camille Saint-Saëns zu *L'Assassinat du Duc de Guise* (F 1908, R.: André Calmette), die leitmotivische Musik vom Liszt-Schüler Josef Weiß zu *Der Student von Prag* (D 1913, R.: Stellan Rye) – dessen Drehbuchautor Hanns H. Ewers einen Prüfstein für gute und große Kunst intendierte –, die Partitur aus eigenen Kompositionen und Zitaten von Carl J. Briel zu *Birth of a Nation* (USA 1915, R.: David W. Griffith) – zu deren Uraufführung 40 Instrumentalisten und 12 Sänger benötigt wurden. Erste Versuche, die Beziehungen zwischen Film und Musik übergeordnet zu strukturieren, stellen die Cue Sheets dar, Listen von Musikstücken, die dem Film passend mitgeliefert wurden. Eigens für die Begleitung von Filmen komponierte Stücke erschienen 1913 als «Sam Fox Moving Picture Music» von J. S. Zamecnik, 1919 als «Kinothek» von Giuseppe Becce. Dies waren streng an den Vorbildern aus der Konzertliteratur orientierte Charakterstücke, die beliebig verlängert oder unterbrochen werden konnten. Ein systematisches Kompendium für die Praxis stellt das 1927 herausgegebene «Allgemeine Handbuch der Filmmusik» von Becce, Erdmann und Brav dar, in dem Gefühle und Situationen katalogisiert und ihnen programmatische Musikstücke zugeordnet werden.

Der Tonfilm übernimmt aus der Stummfilmpraxis die Auffassung von F. als orchestral. Bezeichnenderweise hat der Wegbereiter des →Tonfilms (*The Jazz Singer*, USA 1927, R.: Alan Crosland) die Musik zum Thema. Die Frühzeit des Tonfilms ist reich an Musikfilmen, →Tonfilm-Operetten, Filmen mit Gesangs- und Tanzeinlagen wie *Die Drei von der Tankstelle* (D 1930, R.: Wilhelm Thiele) und *Der blaue Engel* (D 1930, R.: Josef von Sternberg), welche echte Shows bieten, da keine Nachsynchronisation stattfand. Dieses Filmgenre, in dem die Musik in die Handlung einbezogen wird, findet Fortsetzungen in →Musicals und →Roadmovies.

Der allgemeine sprachliche Umgang mit dem Wort mag solcherart im Film eingesetzte Musik nicht so recht als F. anerkennen. Als F. gilt ihm lediglich die Musik aus dem →Off, über die gestritten wird, ob man sie hören solle oder nicht. Problematisch ist diese Begrifflichkeit insofern, als sie vor ungewohnten und gewagten Formen der Verknüpfung von Film und Musik, wie in *L'Amour à mort* (F 1984, R.: Alain Resnais, Musik: Hans W. Henze) scheitern muß. F. muß den Rezipienten fühlbar machen, um was es geht. Dazu gibt es verschiedene Möglichkeiten, u. a., Musik als affektive Sprache einzusetzen, wie in den Hollywood-Filmen der 30er, 40er Jahre. Aus Europa emigrierte Komponisten – Max Steiner, Erich Korngold, Franz Wachsmann (Waxman) – komponieren Scores, die programmatisch und leitmotivisch durchgearbeitet sind. Sie benutzen eine Kompositionstechnik, die zu diesem Zeitpunkt in der Konzertliteratur als veraltet gilt, doch der Illusion der filmischen Handlung verhelfen sie zu packendem Glamour.

Mit dem durchschlagenden Erfolg des Titelsongs von Dimitri Tiomkin zu *High Noon* (Zwölf Uhr mittags, USA 1952, R.: Fred Zinnemann) und dem allmählichen Machtverlust der →Studios werden Filmkompositionen mehr und mehr von Titelmelodien und Songs bestimmt. Die Loslösung vom orchestralen Sound, der Einbezug von Geräuschen, fremden und elektronischen Klängen in moderner F. haben ihre marginalen Vorreiter längst gehabt, z. B. in *Berlin. Die Sinfonie der Großstadt* (D 1927, R.: Walter Ruttmann, Musik: Edmund Meisel).

Immer wieder sind es Experimente, unkonventionelle Überlegungen und Randbereiche wie z. Zt. die Welt der Videoclips, von denen Impulse für den Mainstream der F. ausgehen und die zu avantgardistischen Artefakten führen, z. B. in *Koyaanisqatsi* (USA 1982, R.: Godfrey Reggio, Musik: Philip Glass).

Der Stil einer F. liegt weniger im musikalischen Material, sondern in der Weise, wie es verwendet wird. (M. L. B.)

❑ Hanns H. Ewers: Der Film und ich. In: Licht-Bild-Bühne, Nr. 23, 1913

❑ Theodor W. Adorno, Hanns Eisler: Komposition für den Film. In: Theodor W. Adorno, Gesammelte Schriften 15, Frankfurt am Main 1976

Film Noir US-amerikanische Filme der 40er und frühen 50er Jahre, die der pessimistischen Weltsicht einer in die Krise geratenen Gesellschaft mittels einer maßgeblich von der Lichtgebung geprägten Bildästhetik Ausdruck verliehen.

Im Sommer 1946 liefen in den Pariser Kinos innerhalb weniger Wochen fünf amerikanische Filme der Jahre 1941 bis 1945 an: *The Maltese Falcon* (Die Spur des Falken, 1941, R.: John Huston), *Laura* (1944, R.: Otto Preminger), *Murder, My Sweet* (Mord, mein Liebling, 1945, R.: Edward Dmytryk), *Double Indemnity* (Frau ohne Gewissen, 1944, R.: Billy Wilder) und *The Woman in the Window* (Gefährliche Begegnung, 1945, R.: Fritz Lang). Nachdem während der deutschen Okkupation kaum internationale Produktionen zu sehen waren, entdeckten die Franzosen nun mit einemmal eine neue Stimmung aus Zynismus, Desillusion und Düsternis, die sich in das zeitgenössische amerikanische Kino eingeschlichen hatte. Die literarischen Vorlagen der Filme stammten von Dashiell Hammett, Raymond Chandler, Cornell Woolrich und James Cain, Autoren, deren Kriminalromane in der bei Gallimard herausgegebenen Taschenbuchreihe «Serie noire» in französischer Übersetzung erschienen. In Anlehnung an diese Bezeichnung prägte der Filmkritiker Nino Frank den Begriff F. N.

Der F. N. ist kein eigenständiges → Genre, sondern ein Stil, der sich in bereits etablierten Genres manifestiert. Dies waren vor allem das → Melodram und der → Gangster-, Polizei- und Detektivfilm, aber es entstanden auch → Western und → Musicals im Stil Noir. Die Handlung kreist um ein Verbrechen, meist um einen Mord. In der ersten Hälfte der 40er Jahre ist der Held des F. mit der Aufklärung der Gewalttat beauftragt und verstrickt sich im Laufe der Ermittlungen immer mehr in das Geschehen. In späteren Jahren ist der Protagonist zunehmend selbst Opfer, betrogen um Geld, eine Frau, sein Leben. Er steht nicht über den Dingen, sondern ist ihnen ausgeliefert, ist Spielball eines willkürlichen Schicksals. In dieser Situation existentieller Unsicherheit definiert sich auch das Verhältnis zwischen Mann und Frau neu: Starke, selbstbewußte Frauen setzen ihre Attraktivität und Erotik kühl kalkulierend um des eigenen Vorteils willen ein und stürzen damit die schwachen Männer – am Ende aber auch sich selbst – ins Ver-

Out of the Past **(Goldenes Gift); USA 1947, R.: Jacques Tourneur**

derben. Mann oder Frau: Der F. führt moralisch ambivalente, oft psychisch deformierte Charaktere vor.

Der F. N. kennt keine Objektivität, Wahrheit ist immer relativ. Der Zuschauer erlebt das verhängnisvolle Geschehen aus subjektiver Perspektive: Häufig erzählt die Stimme des Helden aus dem → Off die Geschichte in Form einer → Rückblende. Die komplexe narrative Struktur mit ihrer verschachtelten chronologischen Ordnung entspricht der Desorientiertheit der Figuren. Auch die Schauplätze der Filme sind äußere Entsprechungen des inneren Zustands der Figuren. Der F. N. hat eine Vorliebe für die Randzonen der Großstädte: Lagerschuppen, Fabrikgelände, Hinterhöfe, Sportarenen, Bars, Absteigen, schäbige Hotelzimmer und regennasse Straßen.

Die Beleuchtungstechnik des → Low-Key-Lighting, die einen großen Kontrast zwischen den Spitzenlichtern des Führungslichtes und den Schwärzen der Schatten bedingt, wurde zur maßgeblichen ästhetischen Konvention des F. N. Die Kameraleute organisierten das Spiel von Licht und Schatten; sie entschieden, was auszuleuchten und was im Dunkel zu belassen sei. Erst im Verhältnis zum Schwarz erlangt das Licht hier dramaturgische Bedeutung. Es schafft keine Totalität, sondern parzelliert, trennt: Personen, Gegenstände und Dekor werden nicht vollständig ausgeleuchtet, vielmehr fällt das Licht nur auf

Partien, beleuchtet nur Teile des Ganzen. Indem es Figuren, Raum und Objekte gleichrangig behandelt, verdinglicht es die Personen. Streng geschiedene Bereiche von Hell und Dunkel strukturieren den Bildaufbau, staffeln den filmischen Raum.

Eine tiefenscharfe Fotografie läßt die Beziehungen zwischen Raum, Dekor und Figuren deutlich werden und bindet sie ein in das Spiel von Licht und Schatten. Es dominieren asymmetrische Arrangements und auffällige Diagonalen und Vertikalen, die der Komposition Spannung verleihen. Die dem F. N. eigene klaustrophobische Atmosphäre wird unterstrichen durch eine das Blickfeld begrenzende → Kadrage, die Figuren und Gesichter kühn an- oder buchstäblich zerschneidet.

Der F. N. ist thematisch und ästhetisch nicht homogen, sondern zeitlichen Entwicklungen unterworfen. Paul Schrader unterteilt drei einander überlappende Phasen: Zwischen 1941 und 1946, der Kriegszeit, dominierte als Privatdetektiv, Auftragsmörder oder Polizist eine Figur des romantisch veranlagten Einzelgängers. Die Filme entstanden fast vollständig in den Ateliers der Studios, und die Lichtgebung schreckte noch vor den harten Kontrasten späterer Jahre zurück. Zwischen 1945 und 1949, der realistischen Nachkriegsperiode, verlassen die Filme die Ateliers und begeben sich auf die Straßen der Großstadt, um den Alltag des Verbrechens und der Polizeiarbeit zu zeigen. Aus dem Gegensatz von authentischen Drehorten und einer stilisierenden Lichtgebung beziehen diese Filme eine besondere Spannung. In den Mittelpunkt rücken Polizisten und Verbrecher, aber auch Kriegsheimkehrer auf der vergeblichen Suche nach ihrem Platz in der Gesellschaft. Zwischen 1949 und 1953, von Schrader als «Periode psychotischer Aktion und eines selbstmörderischen Impulses» charakterisiert, drehen die Helden endgültig durch. Die Protagonisten sind nun neurotische Gangster, obsessive Polizisten und paranoide Reporter. Mit den Figuren radikalisiert sich auch die Ästhetik. Extreme Perspektiven und verkantete Einstellungen lassen die Welt buchstäblich aus den Fugen geraten. Mit der Präsidentschaft Eisenhowers ändert sich das soziokulturelle Klima in den USA und auch die Filme aus Hollywood. Sie propagieren nun das Bild eines mit sich selbst zufriedenen Landes. Dennoch gab es bis zum Ende der Dekade noch einige bemerkenswerte Nachzügler des F. N.: *Kiss Me Deadly* (Rattennest, 1955, R.: Robert Aldrich), *Touch of Evil* (Im Zeichen des Bösen, 1958, R.: Orson Welles) und *Odds Against Tomorrow* (Wenig Chancen für morgen, 1959, R.: Robert Wise). (R. M.)

❑ Raymond Borde, Etienne Duhamel: Panorama du Film Noir Américain (1941 - 1953), Paris 1955

❑ Paul Schrader: Notizen zum Film Noir. In: Filmkritik 238, Oktober 1976

❑ Alain Silver, Elizabeth Ward: Film Noir. An Encyclopedic Reference to the American Style, New York 1973

Filmographie In Anlehnung an den Ausdruck Bibliographie gebildeter Terminus, mit dem das Verzeichnis von Filmen (z. B. aller von einem Regisseur oder Kameramann gedrehten Werke) bezeichnet wird. Im Idealfall enthalten die filmographischen Angaben nicht nur Titel, Entstehungsjahr, Länge, Format etc., sondern auch ein möglichst vollständiges Verzeichnis aller Mitwirkenden am Film.

Die «klassische» Abfolge von Mastershot und Nahaufnahmen als Raumkonstruktion in *Four Feathers* (Vier Federn, GB 1939, R.: Zoltan Korda), mit June Duprez, John Clements und C. Aubrey Smith in den beiden mittleren Einstellungen

Filmraum wird zumeist als szenischer Raum bezeichnet. So beziehen sich die meisten Regeln des → Continuity-Systems auf die ungestörte Illusionierung eines szenischen Raums. Er umfaßt drei Arten und Bezugsgrößen: Der Einstellungsraum ist derjenige Raum, der in der einzelnen Einstellung repräsentiert ist. Der montierte Raum ist derjenige Raum, der in der → Montage hervorgebracht wird. Der Ton-Raum schließlich ist die Raumvorstellung, die durch den → Ton angeregt wird. Die filmische Raumvorstellung wird also aus sehr unterschiedlichen Quellen gespeist und umfaßt darüber hinaus die Erschließung von Räumen, die im Bild nur angezeigt oder impliziert sind.

Manche Filme bilden symbolische Raummodelle aus, die für sich Bedeutungen tragen können (einem Innen steht ein Außen gegenüber, einzelne Räume sind mit besonderen Bedeutungen oder mit Regeln belegt, Manipulationen des Raums symbolisieren Veränderungen der Psyche von Figuren usw.). Insbesondere hängt die Raumdarstellung mit Strategien der Subjektivierung zusammen (→ Subjektive Kamera, → Point of View). Die filmisch-fotografische Darstellung dreidimensionaler vorfilmischer → Szenen in einem zweidimensionalen Abbild fußt auf elementaren Prinzipien der menschlichen Raumwahrnehmung: Die Abdeckung von Objekten durch andere Objekte ist einer der wichtigsten Raumindikatoren. Auch das vorbewußte Wissen um Größen und Größenunterschiede von Objekten spielt in der Einschätzung der Raumverhältnisse eine wichtige Rolle. Die Einschätzung perspektivischer Relationen basiert z. B. wesentlich auf Objektwissen. Die Schärfe der verschiedenen Bildebenen und Unterschiede in der Oberflächentextur von Objekten sowie die Farbsättigung enthalten Hinweise auf die Raumlage. Neben dem Verhältnis von Licht und Schatten schließlich ist Bewegung ein primärer Raumindikator, wobei man Objekt- und → Kamerabewegungen sowie Veränderungen der Brennweite zu unterscheiden hat (→ Bildraum).

❑ Bordwell, David: Narration in the Fiction Film, Madison 1985
❑ Winkler, Hartmut: Der filmische Raum und der Zuschauer. ‹Apparatus› – Semantik – ‹Ideology›, Heidelberg 1992

Filmrestaurierung bezeichnet die Wiederherstellung bzw. größtmögliche Annäherung an den vermuteten Originalzustand von beschädigten und / oder unvollständig erhaltenen Filmen. Film ist ein fragiles Material, das durch unsachgemäße Lagerung und Benutzung leicht zerstörbar ist. Auch trägt die wirtschaftliche Instabilität der Filmbranche dazu bei, die Überlieferung von Filmen einem hohen Grad an Zufälligkeit zu unterwerfen: Filmfirmen verschwinden und mit ihnen die von ihnen produzierten Werke, an denen oft kein unmittelbares Aufführungsinteresse mehr besteht. Solche Filme werden zu Filmwaisen, für deren Erhaltung sich niemand mehr verantwortlich fühlt. Doch auch das Leben erfolgreicher Filme großer Produzenten kann sehr kurz sein: Nach dem oft nur wenige Wochen dauernden Kinoeinsatz vernichten Produzenten und Verleiher regelmäßig einen Großteil der von ihnen hergestellten Kopien, um den Markt für neue Filme freizumachen. Man schätzt, daß so 75–80% der in der Stummfilmepoche hergestellten Filme verlorengegangen sind und ein ebenfalls beträchtlicher Teil der späteren Produktion. Selbst von berühmten Filmen, die in jeder Filmgeschichte zitiert werden, sind vielfach keine Originalnegative, sondern nur Kopien fragwürdigster Qualität erhalten: mangelhaft in Bild und Ton, unvollständig, in sinnwidriger Schnittfolge usw. Eine wesentliche Aufgabe der → Filmarchive und aller verantwortlich mit (älteren) Filmen Arbeitenden (Fernsehanstalten, Kinobetreiber, Rechteinhaber etc.) besteht also darin, für jeden Film die bestmögliche – d. h. die dem Original am nächsten kommende – Fassung zu recherchieren, zu sichern oder wiederherzustellen. In der Praxis stehen diesem Ziel aber vielfältige Hindernisse entgegen: Viele Rechteinhaber scheren sich wenig um die Qualität, solange für die mangelhafte Fassung eines Films, die sie vertreiben, nur weiterhin genug bezahlt wird. Archive sind allein mit der Erfassung und Erhaltung ihrer Bestände oft schon überfordert und haben nicht die personellen, technischen und finanziellen Ressourcen zur Verfügung, die sie zur Erfüllung ihres Auftrags brauchten. Es gibt keinen zentralen Katalog, der die auf der Welt erhaltenen Filme erfaßt, und ein Teil der überlieferten Materialien ist in vielen Ländern aus politischen, rechtlichen und / oder kommerziellen Erwägungen nicht zugänglich. Die Restaurierung oder Rekonstruktion eines Films stellt daher im besten Falle eine mit Sorgfalt hergestellte Annäherung an die Fassung dar, in der der Film ursprünglich einmal konzipiert, hergestellt und verbreitet wurde. Wie die Edition eines Textes nach einem teilweise verschollenen Urtext beim Auftauchen neuer Fragmente sich als überholt erweisen kann, kann die Restaurierung eines Films durch den Fund eines vorher nicht bekannten, besseren Materials obsolet werden. F. bedeutet im wesentlichen das Herstellen von neuen Kopien, die möglichst besser als die Vorlage erscheinen, d. h. vollständiger, sauberer, fotografisch ausgewogener etc. Alle Eingriffe ins Material sollten gut begründet und dokumentiert werden, und sie sollten reversibel sein, damit beim Auftreten neuer Erkenntnisse die Arbeit ggf. fortgesetzt oder korrigiert werden kann.

Bei der Wiederherstellung eines Films werden, je nach Zustand der Vorlage, die folgenden Arbeitsschritte notwendig.

Umkopierung: Herstellung eines neuen Materials ohne oder mit minimalem Eingriff in die Gestalt des Films, abgesehen von kleineren technischen Reparaturen (Ausbesserung von Klebestellen und Perforation o. ä.).

Restaurierung: Eine Umkopierung, die mit inhaltlichen Eingriffen in das vorgefundene Material einhergeht. Diese Eingriffe können der Wiederherstellung der richtigen Szenenfolge dienen, die durch Tücken der Überlieferung oder durch eine vorangegangene Bearbeitung durcheinandergeraten ist; die Wiederherstellung von →Zwischentiteln kann sich als notwendig erweisen; oft wird der Film aus verschiedenen Kopien unterschiedlichen Erhaltungszustandes neu montiert, um eine möglichst vollständige Fassung zu erreichen; geeignete Kopierverfahren werden zur Wiedergewinnung einer akzeptablen Bild- und Tonqualität eingesetzt.

Rekonstruktion: Umkopierung und Restaurierung eines Films, der so unvollkommen überliefert ist, daß seine ursprüngliche Gestalt nicht mehr aus dem Material selbst abgelesen und nur durch Rückschlüsse wiedergewonnen werden kann. Hierzu können (falls erhalten) →Drehbuch, Zensurkarte, zeitgenössische Rezensionen und Beschreibungen und Aussagen von Zeitzeugen wertvolle Hinweise geben. Die seit Jahrzehnten laufende Umkopierungstätigkeit der Filmarchive und der Studios, die ihre Bestände pflegen, gilt als unspektakuläre Alltagsarbeit. Man sollte aber nicht verkennen, daß auch in diesem Bereich Fragen berührt werden, die u. U. über das Schicksal eines Films endgültig entscheiden: Welcher Film wird zuungunsten eines anderen bevorzugt bearbeitet; wie groß ist der technische Aufwand, der zur Rettung des Materials betrieben wird; wird die Vorlage – möglicherweise das letzte erreichbare Original aus der Entstehungszeit des Films – nach der Bearbeitung erhalten oder vernichtet?

Große Aufmerksamkeit erregte 1980 Kevin Brownlows Rekonstruktion von *Napoléon* (Frankreich 1927, R.: Abel Gance), die den Beginn eines weltweiten neuen Interesses an klassischen Stummfilmen und Filmgeschichte überhaupt markiert. Hiervon profitiert die vorher weitgehend im verborgenen blühende Arbeit von Archiven und einzelnen Enthusiasten sehr. Inzwischen haben sich Festivals wie Cinémémoire in Paris und das Annual Festival of Preservation in Los Angeles etabliert, auf denen ausdrücklich nur restaurierte Filme vorgeführt werden. Auch die Giornate del Cinema Muto in Pordenone und Cinema Ritrovato in Bologna bieten Foren, von denen Impulse ausgehen, die über die bislang eher kleinen Fachkreise weit hinausgehen und gelegentlich sogar die kommerzielle Filmwelt erreichen. (M. K.)

❑ Cinémathèque Royale (Hg.), Films in Distress, Brüssel 1989

❑ Gian Luca Farinelli, Nicola Mazzanti (Red.), Il cinema ritrovato. Teoria e metodologia del restauro cinematografico, Bologna 1994

❑ FIAF (Hg.), Preservation and Restoration of Moving Images and Sound, Brüssel 1986

❑ Catherine A. Surowiec (Red.), The Lumière Project. The European Film Archives at the Crossroads, Lissabon 1996

Filmtheorie bezeichnet jeden wissenschaftlichen Diskurs, der nach den Prinzipien fragt, die dem Film als Medium und Kunstform zu eigen sind. Das Ziel ist die systematische Beschreibung solcher Strukturen und Funktionen, die Film als Medium, als Kommunikationsmittel, als Kunstwerk, als Gegenstand der Geistes-, Kultur- und Ideologiegeschichte auszeichnen. Im Unterschied zur Filmanalyse, der es um die Aufschlüsselung der Strukturen des Einzelwerks geht, fußen zwar auch filmtheoretische Überlegungen oft auf der Analyse von Einzelfilmen oder einzelner Segmente, Formaspekte oder kommunikativer Bezüge, gelten jedoch allgemeingültigen Aussagen. Die Dialektik von Gestaltung und Wirkung steht im Zentrum des Interesses, auch wenn die Frage nach der Möglichkeit des Films als Kunst lange die ästhetische Debatte um den Film dominiert hat. Filmtheoretisches Denken der Neuzeit sucht das Wesen des Films von der Rezeption her aufzubauen: Wie funktioniert Film? Wie erzielt er kognitive und emotionale Effekte auf seiten des Rezipienten?

F. gliedert sich in verschiedene Teilbereiche, die aus Nachbardisziplinen gespeist werden und oft eigenständige Ansätze und Methoden entwickeln.

(a) Die Medientheorie des Films untersucht die materiellen, technologischen und wahrnehmungspsychologischen Grundlagen der Kommunikation mittels Film. (b) Aufgabe der semiotischen Analyse ist es, den Film als ein besonderes Kommunikations-, Symbol- und Darstellungssystem zu bestimmen und von anderen Symbolsystemen abzugrenzen. (c) Die Theorie der filmischen Verfahrensweisen läßt sich in drei Teilaspekten fassen: Eine Gruppe kreist um die Möglichkeiten der Inszenierung der Realität vor der Kamera (→ Mise-en-Scène, Licht, Schauspielführung, Ausstattung etc.). Eine zweite Gruppe ist in der Tatsache der fotografischen Abbildung lokalisiert (Wahl von Kamerastandort, Einstellungsgröße, Perspektive, → Tiefenschärfe, Wahl des Objektivs, → Kamerabewegungen; auch viele der → Postproduction-Arbeiten). Die dritte Gruppe untersucht Strategien der filmischen Bedeutungsproduktion über das fotografische Verhältnis hinaus (Strategien des Symbolischen wie Metapher und Metonymie; klassische → Montage-Sequenzen). (d) Die Dramaturgie des Films untersucht die Elemente und Leitgesichtspunkte, die Handlungsaufbau und -führung steuern, im Hinblick auf die beabsichtigten Wirkungen beim Zuschauer. Dazu zählen die Figurenkonstellation und die darin angelegten Konflikte, Beziehungen und Charakterisierungen, Spannungserzeugung und -auflösung, Umgang mit dramatischer und rhythmischer Beschleunigung oder Verlangsamung. (e) Die Texttheorie des Films untersucht die Behandlung und Darstellung räumlicher und zeitlicher Verhältnisse, Prinzipien des filmischen Erzählens und der filmischen Argumentation, die Anwendung rhetorischer Strategien im Film. (f) Die Gattungstheorie des Films untersucht Arten und Formen des Films wie → Spielfilm, → Dokumentarfilm, → Experimentalfilm, → Essayfilm, → Lehrfilm, Werbefilm etc. (g) Die Genretheorie untersucht Gruppen von Filmen, die stoffliche, dramaturgische, thematische oder stilistische Gemeinsamkeiten aufweisen wie der → Western, das → Musical, der → Film Noir. (h) Die soziologisch orientierte F. untersucht den Film im Rahmen gesellschaftlicher und kultureller Praxis. Dabei wird der Frage, wie Film, Ideologie und moderne Mythenbildung zusammenhängen, nachgegangen und die Bedeutung des Films im Leben des Zuschauers zu rekonstruieren versucht (Stars, Fankulturen usw.). (i) Die psychologisch fundierte F. untersucht die kognitiven, emotionalen und ästhetischen Wirkungen des Films auf seine Rezipienten und die psychologischen Grundlagen des Verstehens von Film.

Die F. ist fast so alt wie der Film selbst. Als erster zusammenhängender Entwurf gilt Hugo Münsterbergs lange vergessene Studie «The Photoplay: A Psychological Study» (1916). Darin sah der Autor den Film nicht so sehr als Reproduktion objektiver Realität, sondern als eine entäußerlichte Form des Denkens, Träumens und Vorstellens. Der Gestaltpsychologe Rudolf Arnheim argumentiert in seinem wichtigen «Film als Kunst» (1932) dahingehend, daß der Film als von der Realität abweichend zu verstehen sei, und sieht darin die Stärke des Films, der aus der Begrenzung gegenüber der Realität (Begrenzung des Bildfeldes, Zweidimensionalität des Filmbildes, Wegfall des Tons, Fragmentierung von Zeit und Raum in der Montage) sein expressives Potential gewinnt. Film transformiert so Realität in Bedeutung. In eine ähnliche Richtung argumentierten schon vor und in den 20er Jahren die verschiedenen formalistischen Schulen (in Petersburg, Moskau und Prag), die eine formale Beschreibung der Strukturen des Werks mit poetischen und rezeptionspsychologischen Gesichtspunkten verknüpften. In diesem Kontext entstanden auch die konstruktivistisch orientierten Montagetheorien Eisensteins und Pudowkins, die die filmische Bedeutungsproduktion auf die →Montage zurückführten. Auch der Ungar Béla Balázs vertritt eine Auffassung, die dem Film die Kraft zubilligt, eine neue Sicht auf die Wirklichkeit möglich gemacht zu haben: Die systematische Untersuchung aller filmischen Mittel, vor allem der von natürlicher Wahrnehmung abweichenden Prinzipien der Großaufnahme und der Montage, vermag die neue kulturelle Ausdrucksform des Films zu erfassen.

Siegfried Kracauers Werk «Theorie des Films: Die Errettung der äußeren Wirklichkeit» (1960) markiert eine klare Gegenposition zu diesem Postulat: Die Kraft des Films bestehe in seiner Eigenschaft, die Realität genau reproduzieren zu können. Das Ziel filmischer Darstellung sei nicht etwa die Verzerrung der Wirklichkeit, sondern die Steigerung unserer Wahrnehmung von ihr. Der Filmkritiker André Bazin greift diese Überlegungen auf – Kino sei «Objektivität in Zeit», hat er sein Programm einmal resümiert: Der Film habe sich der Realität und der natürlichen Wahrnehmung des Zuschauers anzunähern. Er lehnt die Kontrolle des Filmemachers über die Reaktionen des Zuschauers ab, die mit den Illusionierungstechniken, Erzähl- und Montageformen des Hollywood-Kinos beabsichtigt sei, und propagiert die größere Realitätsnähe in den Filmen des Neorealismus und die vermeintlich größere Freiheit des Zuschauers in denen Renoirs und Orson Welles', die mit langen Einstellungen (→Plansequenz) arbeiteten und die über das Mittel der →Tiefenschärfe Montage in das filmische Bild hineinverlegten.

Die Autorentheorie des Films, die in den Schriften Bazins angelegt ist und als Politique des Auteurs in der französischen Filmzeitschrift «Cahiers du Cinéma» von Bazins Schülern Truffaut, Godard, Rohmer und Chabrol verfochten wurde, begreift den Regisseur eines Films als dessen Autor in einem literarischen Sinne und nimmt von dieser Position aus eine Neubewertung des Hollywood-Kinos vor, das nicht mehr als Studio- oder Gruppenstil aufgefaßt wird: In einzelnen Filmen wird nach der persönlichen Handschrift des Regie-Künstlers gesucht. Diese These ist Programm für den → Autorenfilm gewesen, der die Entfremdung der industriellen Produktionsweisen des Films aufzuheben versuchte. Es sei vermerkt, daß mit der Popularisierung der Politique des Auteurs zur Autorentheorie (der New Yorker Kritiker Andrew Sarris sprach 1964 zum erstenmal von der Auteur Theory) auch die Institutionalisierung der akademischen Filmkritik vorangetrieben wurde.

Jean Mitry, ein französischer Filmemacher, Historiker und Theoretiker, der seit 1944 am Institut des Hautes Études Cinématographiques in Paris lehrte, faßte in seiner zweibändigen Schrift «Esthétique et Psychologie du Cinéma» (1963 / 65) die bis dahin in die Diskussion gebrachten Überlegungen zum Film zusammen und fokussierte sie auf das Grundproblem, inwiefern Film als eine Sprache zu begreifen sei. Soziologische und psychologische Dimensionen der Kinematographie und die detaillierte Untersuchung der filmischen Ausdrucksmöglichkeiten treten so wieder zusammen. Mitrys Werk markiert damit sowohl einen Endpunkt der klassischen F. als auch den Übergang zu einer modernen, modellgestützten F. Sie beginnt in den frühen 60er Jahren mit Christian Metz' Entwürfen einer → Semiotik des Films, die an Modellen der Liguistik orientiert war und nach den Bedeutungseinheiten des Films sowie nach den Operationen fragte, die zur Konstitution von Bedeutung führen (Grammatik des Films). Am berühmtesten wurde eine Typologie der filmischen Montageformen, die Metz als Syntagmen des Films bezeichnete.

Heute folgt die filmtheoretische Arbeit mehreren unterschiedlichen, manchmal heftig gegeneinandergesetzten Forschungsfragen und Bezugstheorien: In den 70er Jahren wurde die Psychoanalyse als Grundlage der Identifikations- und Aneignungsprozesse, die den Zuschauer mit dem Filmgeschehen und der filmischen Struktur zusammenbringt, zunehmend wichtig – wobei sich wiederum unter Bezug auf Freud, Lacan und die marxistische Theorie Althussers sehr verschiedene Lager herausbildeten. Dieser theoretischen Richtung geht es unter anderem um die Untersuchung der Subjektpositionierung durch das Kino: In Anlehnung an Althusser gilt die Kinematographie als eine Apparatur, die den Zuschauer auf eine fixe Position festschreibt und ihm so einen bestimmten Blick auf das Geschehen aufzwingt. Oft mit psychoanalytischer Orientierung verbunden, entwickelte sich die feministische F., die insbesondere über die Untersuchung der filmischen Repräsentation des Blicks das klassische Hollywood-Kino als patriarchalische Agentur beschrieb und nachzuweisen suchte, daß gewisse Formen von Voyeurismus und Skopophilie mit dem System der Geschlechterrollen erklärt werden können.

Die Frau ist im Hollywood-System das Objekt eines männlich dominierten Blicks. In Auseinandersetzung mit diesem industriell-patriarchalischen Komplex ging und geht es dabei auch um die Programmatik eines egalitären und emanzipierten Kinos. Die phänomenologische Theorie des Films, die sich vor allem auf die Psychologie Maurice Merleau-Pontys, aber auch auf Edmund Husserls Bewußtseinsphilosophie beruft, untersucht die Transformation, der Gegenstände unterworfen sind, wenn sie in der Wahrnehmung und im Verstehen als Bewußtseinsinhalte formiert werden. Neuerdings werden einige Forschungsrichtungen unter den Rubriken Gender Studies und Culturel Studies wieder zusammengeführt, die Textanalyse und Soziologie zu integrieren versuchen.

Die neoformalistische F. David Bordwells, Kristin Thompsons, Edward Branigans und Noël Carrolls, die in jüngster Zeit großen Einfluß genommen hat, ist ein Gesamtforschungsprojekt, das sich im Dreieck von F., -analyse und -geschichte bewegt. Die Eckpfeiler des Projekts bilden neben der Filmanalyse eine kognitiv orientierte Theorie des Films, in der das Verstehen des Films Gegenstand der Untersuchung ist, und eine historische Poetik des Films, die Grundlagen für eine Geschichte der filmischen Stile bereitstellt. (B. H. / H. W)

- ❑ Agel, Henri: Esthétique du cinéma, Paris 1957
- ❑ Andrew, Dudley: The Major Film Theories. An Introduction, London / Oxford / New York 1976
- ❑ Andrew, Dudley: Concepts in Film Theory, Oxford 1984
- ❑ Arnheim, Rudolf: Film als Kunst, Frankfurt am Main 1979
- ❑ Balázs, Béla: Schriften zum Film. Bd. I: Der sichtbare Mensch. Kritiken und Aufsätze 1922–1926, Berlin 1982
- ❑ Balázs, Béla: Schriften zum Film. Bd. II: Der Geist des Films. Artikel und Aufsätze 1926–1931, Berlin 1984
- ❑ Bazin, André: Was ist das Kino? Bausteine zu einer Theorie des Films, Köln 1975
- ❑ Kracauer, Siegfried: Theorie des Films. Die Errettung der äußerlichen Wirklichkeit, Frankfurt am Main 1964
- ❑ Metz, Christian: Semiologie des Films, München 1972
- ❑ Metz, Christian: Sprache und Film, Frankfurt am Main 1974
- ❑ Mitry, Jean: Esthétique et psychologie du cinéma. Tome I: Les structures [1963]. Tome II: Les formes [1965], Paris 1963 / 65
- ❑ Münsterberg, Hugo: Das Lichtspiel: eine psychologische Studie [1916] und andere Schriften zum Kino, Wien 1996
- ❑ Mulvey, Laura: Visuelle Lust und narratives Kino. In: Frauen in der Kunst. Bd. 1. Hrsg. v. Gislind Nabakowski u. a., Frankfurt am Main 1980

Filmwissenschaft Alle wissenschaftlichen Disziplinen, die der systematischen Erforschung von Filmen dienen: z. B. → Filmtheorie, → Filmgeschichte, Rezeptionsforschung.

Filmzeit Die Folge der → Einzelbilder als Basis des Films läßt ihn zu einer zeitlichen Kunst werden; er ist, im Gegensatz zu Künsten des Momentes (in denen das gesamte Kunstwerk als eine ausschließlich räumliche Anordnung der Einzelteile gegeben ist, wie in der Malerei, Skulptur, Fotografie), nicht eine augenblicklich vollständig gegebene, sondern eine prinzipiell durch Aufeinanderfolge verschiedener Elemente hervorgebrachte Kunst und darin einerseits der Literatur, andererseits der Musik vergleichbar. Wenn daher auch in der Rezeption von Malerei etc. das Kunstwerk sukzessive aufgenommen wird, so ist der Film doch darin von den momentan vollständig gegebenen Werken unterschieden, als er wesentlich Dauer ist. Gleich den anderen Künsten der Dauer besitzt der Film die Möglichkeit, seine Form in der Abfolge der Zeit (und nicht allein in der Verteilung seiner Elemente im Raum, was jedoch durch die →Bildkomposition zugleich zu seiner Charakteristik gehört) zu organisieren: Er verfügt über →Rhythmus, Änderungen in der Geschwindigkeit, Umkehrbarkeit von Abläufen und deren Wiederholung. Dabei ist der Einstellungswechsel der Grund für die zeitlich gestaltete Form, während in den →Einstellungen die Bewegungen von Figuren und Objekten bereits zeitliche Muster bilden können, die im Film lediglich repräsentiert, nicht aber von ihm geschaffen sind. Die Gestaltung zeitlicher Relationen (Vorher–Nachher, Beschleunigungen–Verlangsamungen, Wiederholungen etc.) sind prinzipiell in jedem Film zu bewältigen, doch ist deren Prägung in den verschiedenen →Gattungen des Films durchaus verschieden. Nur wenige Filme konzentrieren sich vorrangig auf die Formung zeitlicher Relationen (→Experimentalfilm); in der Regel sind die Zeitverhältnisse abhängig von überlagerten Strukturen der →Erzählung, des →Essay- oder des →Dokumentarfilms.

Ist der Film entweder eine Gattung, die eine diegetische Welt (Erzählung) präsentiert, oder als Dokument bzw. als Essay gekennzeichnet, so sind seine Zeitstrukturen motiviert und werden in Abhängigkeit zu den Grundlagen der Gattung wie der →Story präsentiert.

Jeder Film dauert eine definierte Zeit (die beim →Tonfilm exakt in einer Spieldauer angegeben werden kann, beim →Stummfilm aufgrund der variablen Aufnahme- und Projektionsgeschwindigkeit jedoch in Metern Filmlänge ausgedrückt wird, →Bildfrequenz). Die in ihm repräsentierten Ereignisse (reale wie fiktionale) erstrecken sich im Vergleich dazu über eine variable Dauer. Das Verhältnis von Filmzeit (= Dauer der Vorführung) und gefilmter Zeit (= Dauer der berichteten oder erzählten Begebenheiten) ist analog zu dem Verhältnis von Erzählzeit und erzählter Zeit aufzufassen und variabel sowohl auf den gesamten Film bezogen wie auf einzelne seiner Szenen. Die Identität beider Zeiten ist die Ausnahme und – wie in Zinnemanns *High Noon* (Zwölf Uhr mittags, USA 1952) – eher auf die Identität von Handlungszeit und Vorführdauer bezogen als auf die absolute Übereinstimmung der Dauer in jeder Szene (das Ende ist in diesem Film zeitlich gedehnt). Neben der Relation F. – gefilmte Zeit, die sich auf die Präsentation der →Story und des →Plots beziehen läßt, sind zeitliche Verhältnisse vor allem in den chronologische Linearität sprengenden, wie Geschwindigkeiten manipulierenden Szenen auffällig. →Rückblenden fügen in einen ansonsten linear verlaufenden Prozeß Handlungen aus der Vergangenheit ein, Vorausblenden leisten das gleiche für zukünftige Ereignisse (bezogen auf die Handlung). Dagegen lassen →Zeitlupen und →Zeitraffer die Zeit selbst scheinbar langsamer bzw. schneller vergehen.

Rhythmisierungen sind dem Film durch die →Montage zugänglich; es kann hier sowohl die Frequenz des Einstellungswechsels (sehr schnell, normal oder betont langsam erscheinend) gemeint sein wie die Repräsentation von Ereignissen bekannter

Dauer in bestimmter, davon abweichender Zeit.

Repetitionen sind in den meisten Fällen durch wiederholte Handlungen realisiert und weniger ein typisches Element der Zeitbehandlung im Film als Merkmal seines → Plots. Doch kann die Wiederholung (wie das mehrmals auftauchende Motiv der ihr Kind wiegenden Mutter in *Intolerance*, USA 1916, R.: D. W. Griffith) auch unabhängig davon hervortreten.

❑ Jan Mukařovský: Die Zeit im Film. In: Wolfgang Beilenhoff: Poetik des Films, München 1974

❑ Gilles Deleuze: Das Zeit-Bild. Kino 2, Frankfurt am Main 1991

Filmzeitschriften Zunächst erscheinen in Deutschland, wie in anderen Ländern, reine Branchenblätter (seit 1907 als erste «Der Kinematograph»), denen als Publikumszeitschriften erst später dem einzelnen Film gewidmete Blätter wie der «Illustrierte Filmkurier» (anfangs als Beilage zum «Filmkurier») folgen. Von einer kritischen Berichterstattung kann erst mit dem Erscheinen von «Bild und Film» (seit 1912) die Rede sein, doch bleibt dies letztlich eine kurzlebige Ausnahme. In den Tageszeitungen der 20er Jahre, auch in anderen Periodika, werden die Grundlagen der → Filmkritik eher diskutiert als in den nur dem neuen Medium gewidmeten Zeitschriften. Zu einer Entwicklung von F. kommt es in Deutschland erst nach dem Zweiten Weltkrieg, doch haben sie aufgrund der vergleichsweise geringen kulturellen Wertigkeit des Mediums einen schweren Stand und können einen Einfluß, der dem der «Cahiers du Cinéma» in den 50er und 60er Jahren vergleichbar wäre, nicht erreichen.

❑ filmwärts, Nr. 10/11, April 1988; Nr. 12, Herbst 1988; Nr. 13, Frühjahr 1989

❑ Blimp, Nr. 29, Sommer 1994; Nr. 30, Winter 1994

Filmzensur Die Alltagssprache setzt F. mit Verboten gleich. Meist ist es jedoch so, daß zur Prüfung auf Unbedenklichkeit vorgelegte Filme von den Zensurorganen zur öffentlichen Vorführung freigegeben werden. Ohne diese Genehmigung ist die Vorführung von Filmen in der Regel nicht gestattet, d. h. es gilt zunächst ein generelles Verbot für alle Filme, das erst durch den Akt der Freigabe jeweils aufgehoben wird. Explizit ausgesprochene Filmverbote liegen dann vor, wenn die Zulassung zur Vorführung versagt wird (totales Aufführungsverbot), eingeschränkt erteilt wird (z. B. Jugendverbot) oder wenn Schnittauflagen verordnet werden (Teilverbot). Die Verbotsgründe entsprechen im wesentlichen den auch für andere Medien geltenden Bestimmungen (Presse, Theater etc.), allerdings in verschärfter Weise, weil für den Film eine Präventivzensur üblich ist: Geprüft wird im vorhinein die mögliche Wirkung auf das Kinopublikum. Der damit gegebene weite Ermessensspielraum macht die F. zu einem flexiblen politischen Instrument der Medienkontrolle. Je nach Land verschieden, arbeitet die F. entweder als unmittelbar staatliches Organ oder als formal selbständige Einrichtung der Filmwirtschaft, der diese hoheitliche Aufgabe vom Staat übertragen wurde.

Die Geschichte der F. läßt sich als staatsbürgerlicher Reifeprozeß fassen, in dem Filmwirtschaft und Publikum die politische Loyalität von Geschäft und Vergnügen verinnerlichen und staatliche F. zunehmend überflüssig machen.

Im deutschen Kaiserreich wurde die F. zunächst von den Ortspolizeibehörden ausgeübt, im Ersten Weltkrieg vom Militär. Die Weimarer Reichsverfassung machte für das Medium Film eine Ausnahme von der generellen Zensurfreiheit: Durch das Reichslichtspielgesetz wurde die staatliche F. im Mai 1920 sanktioniert. Die aufgeführten Verbotsgründe schützten nicht nur das Ansehen des Staates und seiner Organe samt Lehrern, Ärzten und Rechtsanwälten, sondern auch staatliche Symbole sowie Ehe und Familie mit ihrem bürgerlichen und christlichen Moralkodex vor Gefährdungen, die von Kinoleinwänden hätten ausgehen können. Die Generalklausel der «Gefährdung der öffentlichen Sicherheit und Ordnung» ermöglichte darüber hinaus das Aufführungsverbot von Filmen, die kontroverse Themen behandelten. Durch Störaktionen erreichte z. B. die Berliner NSDAP ein Verbot des pazifistischen Films *All Quiet On The Western Front* (Im Westen nichts Neues, USA 1930, R.: Lewis Milestone). Weil über Filmverbote schon in der Weimarer Republik nach politischer Opportunität entschieden wurde, konnte der nationalsozialistische Staat die Organe der F. ohne fundamentale juristische und personelle Eingriffe übernehmen. Die rasche «Arisierung» des Filmwesens wurde durch Berufsverbot für jüdische und politisch unerwünschte Filmschaffende erreicht. Die Einführung der Drehbuchzensur durch einen Reichsfilmdramaturgen kam der Filmwirtschaft entgegen, weil sich dadurch das Verbotsrisiko für fertige Filme verminderte. Die Ende der 30er Jahre zunehmende Verlagerung der F. auf persönliche Entscheidungen von Hitler und Goebbels traf vor allem ausländische Filme.

Während in der DDR eigene Organe der F. überflüssig waren, weil der Staat selbst die Filme produzierte, wurde die F. in der BRD nach dem amerikanischen Vorbild des →Production Code der →Freiwilligen Selbstkontrolle der Filmwirtschaft (FSK) übertragen. Der Staat selbst zensierte Filme aus den Ostblockstaaten über die Einfuhrkontrolle des sog. Interministeriellen Ausschusses in Bonn. Über Bundesbürgschaften wurde außerdem massiver Einfluß auf Inhalte, Besetzung und Gestaltung der westdeutschen Spielfilmproduktion genommen. Die FSK übernahm im wesentlichen die Verbotsgründe des Reichslichtspielgesetzes von 1920. Ende der 60er Jahre verlor die FSK mit dem Wandel des Moralkodex sowie mit der sozialliberalen Ostpolitik an Bedeutung. Seit 1972 konzentriert sie sich vorwiegend auf den Jugendschutz. Die F. verlagert sich auf die Beschlagnahmung von Filmen, die Gesetze gegen die Verherrlichung von Gewalt bzw. Verbreitung von Pornographie verletzen, durch die Staatsanwaltschaft. Es bleibt die im Einzelfall schwer faßbare, aber allgegenwärtige Schere im Kopf der Filmemacher. (M. L.)

❑ Bär, Peter: Die verfassungsrechtliche Filmfreiheit und ihre Grenzen. Filmzensur und Filmförderung, Frankfurt am Main / Bern / New York / Nancy 1984

❑ Loiperdinger, Martin: «Filmzensur und Selbstkontrolle. Politische Reifeprüfung», in: Wolfgang Jacobsen, Anton Kaes, Hans Helmut Prinzler (Hg.), Geschichte des deutschen Films, Stuttgart / Weimar 1993

Filter Vor das Objektiv der Kamera gesetzte, aus Glas oder Kunststoff bestehende durchsichtige Scheibe, die für bestimmte Lichtwellen oder Einfallswinkel undurchdringlich ist. F. können der Farbkorrektur dienen, Reflexionen minimieren, Färbungen ermöglichen. Mittels F. können beim Kopieren unerwünschte Eigenschaften des aufgenommenen Films korrigiert werden. Für bestimmte Farbfilmverfahren sind F. bei der Projektion eingesetzt worden, um durch die abwechselnde Vorführung durch verschiedenfarbige F. einen Farbeindruck hervorzurufen (→ Additive Farbverfahren).

Flashback → Rückblende

Flashforward, auch Flash Ahead, → Vorausblende

Flügelblende Im → Projektor angebrachter Mechanismus, der bei jeder Lichtphase (→ Malteserkreuz) für eine kurze Unterbrechung der Projektion sorgt. Bei → Tonfilmen mit der standardisierten → Bildfrequenz von 24 Bildern / Sekunde wird eine Zweiflügelblende (zweimalige Unterbrechung), bei auch für → Stummfilme eingerichteten Apparaten eine Dreiflügelblende (dreimalige Unterbrechung) eingesetzt. Mit der F. wird eine häufigere Reizung des auf den Hell-dunkel-Wechsel reagierenden Auges erreicht, so daß der Eindruck eines «flimmernden» Bildes bei Schwankungen der Helligkeit (die bei der Aufnahme, beim Kopieren entstanden oder durch die Projektion selbst bedingt sein können) nicht auftritt. Der Einsatz einer Flügelblende erhöht die Lichtreize für das Auge von 24 pro Sekunde beim Tonfilm auf 48. Beim Stummfilm wird bei 16 Bildern pro Sekunde mit einer Dreiflügelblende ebenfalls eine Frequenz von 48 erreicht.

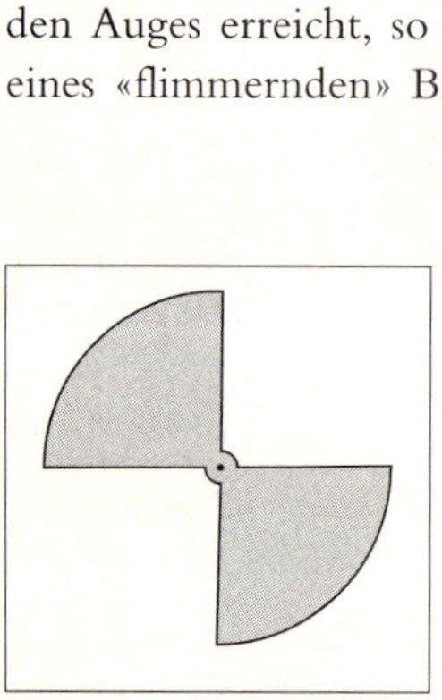

Flügelblende

Format → Academy Format, Breitwandfilm, Cinemascope, Cinerama, Filmformate, IMAX, Schmalfilm, Todd-AO-Verfahren, Vistavision

Found-Footage Ein ästhetisches Verfahren, das bereits bestehendes Bildmaterial zur Transformation und Umdeutung verwendet. Diese besondere Verwertung von gefundenem Material hat eine spezifische Kinematographie hervorgebracht, die sich im Bereich der Collage ansiedeln läßt, jener Kunst, die sich Anfang dieses Jahrhunderts in der Malerei durchsetzte und vor allem für die Dadaisten von großer Bedeutung war. Das Material wird aus allen erdenklichen Quellen bezogen: Archivbilder, Filmabfälle und -reste, Amateuraufnahmen – in jedem Fall stammen die Bilder ursprünglich aus einem anderen Kontext. Die Motivation für die Verwendung von Fremdmaterial und der Umgang mit diesem ist sehr vielschichtig und unterschiedlich. F. F. wird in der europäischen Diskussion mit experimenteller Arbeitsweise identisch bzw. als Kategorie des → Avantgarde- und → Experimentalfilms gesehen; die nordamerikanische Begrifflichkeit versteht darunter alle möglichen Varianten, etwa auch die Grenzfälle zum Spiel- und

Dokumentarfilm. Als eigenes Genre hat sich schon früh der →Kompilationsfilm entwickelt. Jene Darstellungsformen, die bei Kompilationsfilmen mehr oder weniger akzeptiert werden, sind genau diejenigen, die in Collagefilmen in Frage gestellt werden. Das Filmmaterial wird auf jede erdenkliche Art verändert: zum einen wird die ursprüngliche Narration oder Kadrierung bzw. Sinnstiftung demontiert, indem →Sequenzen zerlegt, vervielfacht hintereinander- oder zu Schleifen montiert werden (Bruce Conner, David Rimmer, Artavadz Peleshian, Martin Arnold, Matthias Müller); zum andern wird die Materialität selbst thematisiert, indem die Filmmacherinnen und Filmmacher den unbelichteten oder belichteten Filmstreifen chemisch oder mechanisch manipulieren (kolorieren, bekleben, zerkratzen, mit Bakterien zersetzen etc.) oder auch die Beziehung zwischen Film als materieller Filmrolle und Film als immateriellem, projiziertem Lichtbild untersuchen, etwa durch die Reproduktion auf verschiedenen Materialträgern (Film – Foto, Film von der Leinwand abfilmen etc.). Nicht zuletzt die Geschichte des Films und die Entwicklung seiner Sprechweisen bis hin zur Reflexion der Konventionen und Übermacht des Mainstream-Kinos oder in letzter Zeit auch der gängigen Fernsehbilder stehen im Zentrum solcher filmischen Collagen.

Gemeinsam ist allen F.-F.-Filmen die kritische Auseinandersetzung mit der Darstellung und Wahrnehmung von Realität in der Abbildung bzw. Repräsentanz in visuellen Medien. (C. V.)

❑ Blimp: Heft 16, Wien 1991
❑ Cecilia Hausheer, Christoph Settele (Hg.): Found Footage Film, Luzern 1992

Frame →Einzelbild

Free Cinema Das britische F. C. wurde getragen von einer kleinen Gruppe von Filmkritikern und -regisseuren, die für die filmtheoretische Zeitschrift «Sequence» und später für «Sight and Sound» schrieben. Lindsay Anderson (der Kopf und Urheber der Bewegung), Karel Reisz und Tony Richardson forderten ein sozialdokumentarisches Kino, das sich den Problemen des Alltags vor allem der Arbeiterklasse zu stellen habe. F. C. im engeren Sinne war zunächst der Titel von sechs Programmen, die zwischen 1956 und 1959 im Londoner National Film Theatre liefen, und wurde danach zum Namen einer Bewegung, die in der Tradition des britischen Dokumentarfilms der 30er bis 40er Jahre stand (John Grierson, Basil Wright, Paul Rotha, Humphrey Jennings u. a.). Das erste Filmprogramm (Februar 1956) bestand aus *Momma Don't Allow* (1956, R.: Reisz / Richardson), *O Dreamland* (1953, R.: Anderson) und *Together* (1955, R.: Mazatti / Anderson). Die Programme der folgenden drei Jahre setzten die Tendenz des ersten fort, zeigten aber auch nichtenglische Produktionen, so Norman McLarens Animationsfilm *Neighbours* (Kanada 1952), Lionel Rogosins *On the Bowery* (Die Bowery, USA 1956), Georges Franjus *Le Sang des bêtes* (F 1949), Roman Polanskis *Dwaj ludzie z szafa* (Zwei Männer und ein Schrank, Polen 1958) und *Nice Time* der Schweizer Filmemacher Alain Tanner und Claude Goretta (1957).

Nach den großen Erfolgen der Angry Young Men des englischen Theaters und der Literatur (John Osborne, Harold Pinter, Alan Sillitoe) entstanden meist nach ihren Vorlagen die Spielfilme *The Entertainer* (Der Komödiant, 1960, R.: Tony Richardson), *A Kind of Loving* (Nur ein Hauch Glückseligkeit, 1961, R.: John Schlesinger), *The Loneliness of the Long Distance Runner* (Die Einsamkeit des Langstreckenläufers, 1962, R.: Tony Richardson), *Room at the Top* (Der Weg nach Oben, 1959, R.: Jack Clayton), *Saturday Night and Sunday Morning* (Samstagnacht bis Sonntagmorgen, 1960, R.: Karel Reisz), *A Taste of Honey* (Bitterer Honig, 1961, R.: Tony Richardson), *This Sporting Life* (Lockender Lorbeer, 1963, R.: Lindsay Anderson). Damit endet zugleich die Phase der sogenannten Kitchen-Sink-Filme (Spülstein-Filme), so die eher abfällige Bezeichnung für diese Filme, die im Milieu der kleinen Leute spielen und in episodischer Form Alltagsgeschichten erzählen. Ihr Einfluß auf das englische Kino ist gleichwohl bis heute ungebrochen und findet im New British Cinema, beispielsweise in den Filmen von Kenneth Loach und Mike Leigh, oder in dokumentarischen Projekten wie den Arbeiten der Amber-Gruppe seinen Niederschlag.

Die filmgeschichtliche Bedeutung entsteht aus zwei Gesichtspunkten: Zum einen versucht die Bewegung, sozialkritische Stellungnahme mit poetischer Realistik zu verbinden. Leitkonzept ist neben der Poesie, der Einforderung des schöpferischen Individualismus des Filmkünstlers, der sich nicht länger den Zwängen der kommerziellen und konservativen Kulturproduktion unterwirft, der Anspruch an Filmkritiker und Filmemacher, Stellung zu beziehen. Ob die Filme diese Forderungen haben einlösen können oder einer sozialdemokratischen Attitüde verhaftet geblieben sind, ist bis heute umstritten.

Zum anderen führt die Bemühung um Unabhängigkeit von den ökonomischen und ideologischen Zwängen der Filmindustrie zu einer eigenartigen Lokalisierung derartiger Filmarbeit an den Rändern des kommerziellen Kinos. Dazu ist es unter Umständen nötig, eigene Produktionskontexte aufzubauen: Die Spielfilmproduktion der Gruppe begann, nachdem Richardson 1958 zusammen mit dem Dramatiker John Osborne die Firma Woodfall Films gegründet hatte. Auch die Rolle der Schirmherrschaft, die das British Film Institute gewährte, ist ähnlich hoch anzusetzen wie die Bedeutung, die der Fernsehkanal Channel Four bis vor kurzem für das New British Cinema hatte. Die Programme wurden zunächst veranstaltet, um überhaupt eine Öffentlichkeit für die eigenen Filme zu schaffen, und schufen so zugleich eine Plattform, von der aus die Regisseure und die von ihnen bevorzugten Stoffe und Milieus Eingang in die etablierte Filmindustrie fanden. (B. H. / H. W.)

- ❑ John Hill: Sex, Class and Realism. British Cinema 1956–1963, London 1986
- ❑ Eva Orbanz: Eine Reise in die Legende und zurück. Der realistische Film in Großbritannien, Berlin 1977
- ❑ Alexander Walker: Hollywood, England. The British Film Industry in the Sixties, London 1986

Freiwillige Selbstkontrolle der Filmwirtschaft → FSK

FSK Mit dem Ende der Militärzensuren in den drei westlichen Besatzungszonen am 15. 7. 1949 wurde die Schaffung einer Freiwilligen Selbstkontrolle der Filmwirtschaft (FSK) möglich. Erich Pommer und Curt Oertel gelten als deren Initiatoren nach dem Vorbild des amerikanischen → Production Code. Staatliche (Film-) → Zensur wurde so ab dem 18. 7. 1949 in der BRD durch eine Prüfung seitens der Filmwirtschaft ersetzt. Der erste von der F. geprüfte Film war der → Überläufer *Intimitäten* (D 1944, R.: Paul Martin) – die Entscheidung lautete antragsgemäß: frei ab 16 Jahren ohne Schnitte, nicht geeignet für die stillen Feiertage. Die Diskussion der Frage, ob die F. vor dem Hintergrund des Artikels 5 GG («Eine Zensur findet nicht statt») als verfassungswidrig einzustufen sei, wurde seit dem Ende der 50er Jahre in Juristenkreisen vehement geführt. Die Motive bei der Gründung der F. (mit Sitz in Wiesbaden) waren vielfältig: «Einmal wollte man durch die Einrichtung einer Selbstkontrolle einem staatlichen Kulturinterventionismus wie dem im Dritten Reich geübten vorbeugen, zum anderen suchte man zu verhindern, daß der Staat die rein negative Zensur wieder an sich brächte, die er in der Weimarer Republik ausgeübt hatte.» (Noltenius, 1958, S. 1)

Zudem war die Filmwirtschaft interessiert «an einer privaten und zentralen Zensurstelle, da im Fall einer staatlichen Zensur diese in die Zuständigkeit der Länder gefallen wäre. Deren eventuell unterschiedliche Auslegungen aber hätten die auf einfache und großflächige Verbreitung angelegte Ware Film geschäftlich behindern können.» (Saul, 1984, S. 31) Juristischer Träger der F. ist die Spitzenorganisation der Filmwirtschaft e. V. (→ SPIO). Ein Arbeitsausschuß und zwei Berufungsinstanzen beraten und stellen die Eignung vorgelegter Filme (und Werbematerialien) zur öffentlichen Vorführung vor Erwachsenen, vor Kindern und Jugendlichen und an den stillen Feiertagen fest. Für die Entscheidung maßgebend ist die Wirkung eines Films auf den Ausschuß. Die Prüfung findet nur auf Antrag statt, eine Kennzeichnungspflicht besteht nicht. Jeder Film kann ohne F.-Prüfung auf den Markt kommen, er wird dann allerdings so behandelt, als sei keine Jugendfreigabe erteilt worden. Die Einstufungen lauten: freigegeben o. A. (ohne Altersbeschränkung), ab 6, 12, ab 16 und nicht freigegeben unter 18 Jahren. Seit 1985 werden auch Videos von der F. freigegeben, bis dahin konnte jedermann jeden Videofilm ausleihen. Heute machen die Videos einen Großteil der F.-Prüfungen aus. Ende der 60er Jahre verschwanden die politischen Aspekte der F.-Entscheidungen. «Die Kontroversen um die FSK sind heute weitgehend verstummt, sind Teil der Kulturgeschichte der BRD geworden. Im Interesse des Jugendschutzes prüft sie immer noch den Großteil der Kino- und Videofilme.» (Visarius, 1989, S. 10) Film & Fakten, ein Magazin der F., erschien von 1987 bis 1993. Die F.-Freigabekarten, archiviert im → Deutschen Institut für Filmkunde (Frankfurt / Main), stellen für die Zeit nach 1949 filmhistorische Quellen ersten Ranges dar. (R. A.)

❑ Martin Loiperdinger: Filmzensur und Selbstkontrolle. In: Wolfgang Jacobsen, Anton Kaes, Hans Helmut Prinzler (Hg.): Geschichte des deutschen Films, Stuttgart / Weimar 1993
❑ Johannes Noltenius: Die Freiwillige Selbstkontrolle der Filmwirtschaft und das Zensurverbot des Grundgesetzes, Göttingen 1958
❑ Louis Saul: Film und Staat. Ein historischer Abriß. In: Gisela Hundertmark, Louis Saul (Hg.): Förderung essen Filme auf. Positionen – Situationen – Materialien, München 1984
❑ Karsten Visarius: 40 Jahre FSK. In: epd Film, Nr. 9, 1989

Fujicolor Von der Firma Fuji hergestelltes Farbmaterial. Unter dem Markennamen wurden zunächst Umkehrfilme und später auf dem → Agfacolor-Verfahren basierende Positiv-Negativ-Filme hergestellt. Seit 1965 basiert F. auf dem → Eastman-Color-Prinzip (→ Farbfilm).

FWU Das Institut für Film und Bild in Wissenschaft und Unterricht gemeinnützige GmbH wurde 1950 gegründet. Es entwickelt und fördert aktuelle medienpädagogische Konzepte für Unterricht, Bildung und Kultur. Es produziert und verbreitet audiovisuelle Medien (Video, Film, Dia), Computersoftware und CD-ROM für Aus- und Weiterbildungseinrichtungen. Hinzu kommt die Beratung bei der Auswahl der Medien und der Beschaffung von geeigneter Hardware. (K. H.)

Galgen Umgangssprachliche Bezeichnung für eine Vorrichtung im Schneideraum, an der einzelne Filmstreifen aufgehängt und vorsortiert werden. (M. K.)

Gangsterfilm US-amerikanisches Filmgenre, das vom Aufstieg und Fall des Helden innerhalb eines dem organisierten Verbrechen zugehörigen Sozialverbandes erzählt.

Bereits während der Stummfilmzeit produzierte Hollywood Filme über die Unterwelt und das organisierte Bandenwesen. Aber erst der Tonfilm machte den G. populär und etablierte ihn als eigenständiges → Genre. Der Ton gab den zuvor stilisierten und melodramatischen Gangsterepen eine neue realistische Qualität. Journalisten und Broadway-Szenaristen mit einschlägigen Milieukenntnissen schrieben lakonische Dialoge. Die idiomatische Ausdrucksweise und der rüde Tonfall waren für den Gangster neben seiner ständigen Bereitschaft zur physischen Aktion die wichtigsten Mittel im täglichen Kampf um seinen Platz in der Unterwelthierarchie. Nicht nur der Slang wurde wichtiges Merkmal des Genres, sondern auch die urbane Geräuschkulisse.

Die Zeit der Prohibition von Januar 1920 bis Dezember 1933 bildet den historischen Bezugsrahmen für den klassischen amerikanischen G. Das Genre etablierte mit dem Bootlegger, dem Produzenten und Schmuggler illegalen Alkohols, einen Gangstertypus als Filmhelden, der in den Augen vieler Großstädter ein legitimes Bedürfnis befriedigte und deshalb während der Roaring Twenties, den stürmischen 20er Jahren, große Popularität genoß. Diese Figur verkörperte in den Filmen der frühen 30er Jahre, zu einer Zeit, als viele Amerikaner mit dem Beginn der Depression die immense wirtschaftliche und soziale Ungleichheit im Land am eigenen Leib erfuhren, nochmals den Mythos einer klassenlosen Gesellschaft, in der dem einzelnen – ungeachtet der Herkunft und des sozialen Status – dank privater Initiative, Selbstbewußtsein und Durchsetzungsvermögen der Weg zu Reichtum, Erfolg und Glück offenstand.

Die G. dieser Zeit, zu deren herausragenden Beispielen *Little Caesar* (Kleiner Cäsar, 1930, R.: Mervyn LeRoy), *Public Enemy* (Öffentlicher Feind, 1931, R.: William Wellman) und *Scarface* (Narbengesicht, 1932, R.: Howard Hawks) gehören, erzählen von Männern, die den amerikanischen Traum auf gewalttätige Art verwirklichen und die Tradition des freien, rücksichtslosen Unternehmertums fortführen. Die Charaktere und Ereignisse auf der Leinwand waren der Realität des großstädtischen Gangstertums nachempfunden, einer Realität, mit der etliche Zuschauer täglich konfrontiert waren. Dieser Bezug zur Alltagswirklichkeit – «pictures snatched from the headlines» lautete zu dieser Zeit Hollywoods Werbespruch – trug maßgeblich zum Erfolg der Filme bei. Der Gangsterkult der Depression fand im Kino seine ästhetische Vermittlung und erlangte mythische Dimension. Dabei räumten die Filme der Schilderung von Organisation und Struktur der Bande, ihrer Hierarchie, dem Ehrenkodex, dem Konflikt zwischen Loyalität und Verrat den Vorzug ein gegenüber der kriminellen Aktion. Die Gang wurde als komplexes Sozialgefüge gezeigt, als ein Geflecht hochgradig instabiler zwischenmenschlicher Beziehungen.

Die Filme, die den Prohibitionsgangster als zentrale Figur präsentieren, erzählen von einem historischen Typus, der in seinem Handeln Momente archaischer Lust- und Triebbefriedigung mit einem modernen Verständnis seiner Arbeit verbindet. Das Ende der Prohibition und der Beginn des New Deal änderten das soziale Klima in den Vereinigten Staaten grundlegend und hatten auch Folgen für das Genre. Die Figur des Prohibitionsgangsters ließ sich nicht in Einklang bringen mit dem nun verlangten gesellschaftlichen Optimismus und dem Glauben an die staatliche Autorität. Cops und G-Men waren die Helden der neuen Zeit, während der Gangster nun vorwiegend als Ergebnis der mißlichen sozialen Umstände thematisiert wurde. Im Laufe der Zeit zersplitterte der G. in immer zahlreichere Subgenres und mit ihnen die standardisierten narrativen, figurativen und visuellen Stereotype, die die Filme der frühen 30er Jahre geprägt hatten. Vor allem das Verbrechen mafioser Provenienz gewann auf der Leinwand seit den 40er und 50er Jahren zunehmend an Bedeutung. Der Gangster und das Verbrechen verbürgerlichten.

Auf den Prohibitionsgangster ist im Verlauf der Filmgeschichte immer wieder Bezug genommen worden. In den späten 50er und frühen 60er Jahren – 1956 wur-

Scarface **(Narbengesicht), USA 1932, R.: Howard Hawks**

de eine Regel des →Production Code außer Kraft gesetzt, die es untersagt hatte, reale Gangster in Spielfilmen zu porträtieren – entstand ein ganzer Zyklus mehr oder minder authentischer Biographien bekannter Prohibitionsgangster. Diese →Biopics bemühten sich um eine historische Rekonstruktion des Großstadtlebens in den 20er und frühen 30er Jahren. Ende der 60er und Anfang der 70er Jahre kamen zwei Filme in die Kinos, die das Genre revitalisierten: *Bonnie and Clyde* (1967, R.: Arthur Penn) rückt zwei jugendliche Sozialrebellen in den Mittelpunkt. Der Film war auch ein Reflex auf die Erfahrungen des Vietnamkrieges, seine Helden wurden zu Identifikationsfiguren der protestierenden Jugend. *The Godfather* (Der Pate, 1972, R.: F. F. Coppola) erzählt vom Aufstieg, der Macht und der Behauptung einer Mafiafamilie in den USA. Der Film zeigt die Verschmelzung von Politik, Geschäft und organisiertem Verbrechen, das Bündnis von Bürger und Gangster im Spannungsfeld von Freundschaft, Loyalität, Rivalität und Verrat. *The Godfather* verdeutlicht aber auch den Zwiespalt, in dem sich der Gangster nach der klassischen Ära der Prohibitionszeit befand: Die Verbürgerlichung war nun einerseits Voraussetzung des kriminellen Erfolges, andererseits bedrohte sie seine Identität. (R. M.)

❑ Carlos Clarens: Crime Movies. From Griffith to the Godfather and Beyond, New York/London 1980

❑ Steven Lewis Karpf: The Gangster Film. Emergence Variation and Decay of a Genre 1930–1940, New York 1973

❑ John McCarthy: Hollywood Gangland. The Movies' Love Affair with the Mob, New York 1993

❑ Eugene Rosow: Born to Lose. The Gangster Film in America, New York 1978

❑ Jack Shadoian: Dreams and Dead Ends. The American Gangster/Crime Film, Cambridge/London 1977

GATT Das Welthandels- und Zollabkommen «General Agreement on Tariffs and Trade (GATT)» legt zwischenstaatliche Regelungen für den internationalen Wirtschafts- und Warenverkehr fest. Erstmals wurde der Vertrag in Genf 1947 von 23 Staaten unterzeichnet, die BRD trat 1951 bei; die Zahl der Mitgliedsstaaten wechselt ständig, und die Regeln decken rund 85% des Welthandels ab. Die wirtschaftspolitische Konzeption des G. ist ein möglichst freier internationaler Güteraustausch zwischen den Vertragsparteien, die Beseitigung von Handelshemmnissen wie Einfuhrbeschränkungen (Zölle), Antidumpingbestimmungen und anderen Arten der Protektion. Als dieses Abkommen 1993 neu verhandelt wurde, geriet GATT mit dem Bereich der Dienstleistungen «General Agreement on Tariffs and Services» (GATS) zum kulturpolitischen Schlagwort, weil im Vorfeld zwischen Vertretern der amerikanischen und der europäischen Filmindustrie ein Streit um filmpolitische und -wirtschaftliche Grundsatzfragen ausgetragen wurde. Während der US-Außenhandelsvertreter Mickey Kantor und der Chefunterhändler der Europäischen Union (EU), Sir Leon Brittan die Entschließung zum gesamten Dienstleistungssektor und damit auch die audiovisuelle Industrie verhandelten, wurde von seiten des nordamerikanischen Filmindustrieverbandes MPAA (Motion Picture Association of America) versucht, die europäischen Fördermechanismen und Quotenregelungen zu Fall zu bringen, während sich die europäische Filmwirtschaft im Verbund mit der Kulturpolitik mit dem Hinweis auf den Schutz der kulturellen Identität der europäischen Einzelstaaten gegen derlei Vereinnahmungen heftig zur Wehr setzte. Seit dem 15.12.1993 gelten nun Vereinbarungen – zunächst für zehn Jahre bzw. bis zum nächsten der regelmäßig alle fünf Jahre stattfindenden Ergänzungsgespräche –, die den audiovisuellen Bereich teilweise aus den GATS ausklammern: Quoten und Förderprogramme für die Kino- und Fernsehauswertung können bestehenbleiben, wenn sie nicht auf die neuen Technologien (Pay per View, Direktsatelliten, Glasfaserkabel etc.) ausgeweitet werden. (C.V.)

❑ Josef Nagel: Gefährliche Liebschaften. Der europäische Film nach den GATT-Verhandlungen. In: filmdienst, Nr. 2, 1994
❑ Conny E. Voester: Europa: GATT und das Grünbuch, in: epd Film, Nr. 7 / 94

Gattung Für den Film die Unterscheidung zwischen grundsätzlich verschiedenen Verwendungsformen des Mediums; als differente G. lassen sich z. B. → Spielfilm, → Dokumentarfilm, → Animationsfilm, → Essayfilm, → Lehrfilm, → Werbefilm unterscheiden (→ Genre).

Gendai-Geki Japanische Filme, deren Handlung Gegenwartsthemen behandelt, in Abgrenzung vom historischen → Genre der → Jidai-Geki.

Genre Bezeichnung von Filmgruppen, die z. B. durch eine typische soziale oder geographische Lokalisierung, durch spezifische Milieus oder Ausstattungsmerkmale, Figuren- und Konfliktkonstellationen oder durch besondere Themen oder Stoffe gekennzeichnet sind, so → Western, → Melodram, → Gangsterfilm u. ä. Der Begriff wird gelegentlich synonym mit dem der → Gattung gebraucht; sinnvollerweise jedoch werden als Gattung entweder die klassischen Gattungen wie Komödie, Tragödie, Parabel etc. oder aber die verschiedenen Filmgattungen wie → Spiel-, → Dokumentar-, → Experimental-, → Lehr-, → Werbefilm etc. benannt.

In der Filmwissenschaft als Gegenkonzept zum → Autorenfilm gebräuchlich, bezeichnet G. also vielfach wiederholte, stereotype Formen des Erzählens und Darstellens. Sie kristallisieren sich in medialer Kommunikation heraus und regulieren Prozesse der Produktion, Distribution und Rezeption.

Das G.-Phänomen geht auf die serielle Produktion von Trivialliteratur, auch als Schemaliteratur bezeichnet, zurück. Auch Filmproduktion gestaltete sich von Beginn an zu großen Teilen hochgradig standardisiert: Gängige Muster anderer populärer Medien, insbesondere der (seriellen) Unterhaltungsliteratur und der Vorführungen optischer Apparate, wurden adaptiert; publikumsträchtige Stoffe, Formen und Erzählweisen wurden umgehend kopiert, variiert und seriell produziert. Im sich herausbildenden System kapitalintensiver Filmwirtschaft erschienen G. als handhabbare Größe der Kalkulation, und insbesondere die auf Genreformen spezialisierten Production Units im → Studiosystem Hollywoods prägten zwischen 1930 und 1955 eine an industrieller Herstellung jeweiliger G. orientierte Filmproduktion aus. Auch im → Fernsehen, vor allem im privatwirtschaftlichen, werden wegen profitorientierter Produktions- und Distributionsweisen Genreformate bevorzugt. Verbindet das Publikum mit G. feste Erwartungen hinsichtlich Thema, Stoff, Dramaturgie oder Ausstattung, so sind diese Erwartungen auf Produzentenseite in ökonomischer wie in ästhetischer Hinsicht wiederum kalkulierbar, weshalb Wulff von «Erwartungserwartungen» spricht.

In historischer Entwicklung sind die Filme eines G. eher durch ein «lebendiges Genrebewußtsein» (Schweinitz) vermittelt als durch dauerhaft gleiche Merkmale – wie sich der umgangssprachliche Gebrauch von Genrenamen überhaupt durch Unschärfe, wenn nicht gar durch pragmatische Beliebigkeit auszeichnet. So sind über 775 Filmgenre-Bezeichnungen und in Programmzeitschriften über 1000 Namen für Fernsehgenres gebräuchlich. Scharfe Differenzierungen werden zudem schwieriger, weil in jüngerer Zeit zunehmend Multi- und Meta-G.-Filme hergestellt werden, um möglichst viele unterschiedliche Publikumsgruppen mit ein und derselben Produktion anzusprechen.

In der wissenschaftlichen Behandlung von G. sind zwei grundsätzliche Richtungen zu unterscheiden: Taxonomische und strukturale Ansätze basieren auf dem Versuch, anhand konstitutiver Elemente eines G. Klassifikationen zu entwickeln. Sie greifen dabei häufig auf Wittgensteins Konzepte der Familienähnlichkeit (vgl. Fileshov) zurück. In Anlehnung an Propps grundlegende Analyse von russischen Zaubermärchen wurden verschiedene Versuche unternommen, die stereotypen Strukturen einzelner Genres zu beschreiben, so z. B. Wright zum Western. Funktional orientierte Ansätze dagegen streben Bestimmungen der Funktion oder Erklärungen des historischen Wandels von G. im kommunikativen Prozeß von Gesellschaften an, so den gemeinschaftsbildenden Charakter der rituellen, mythischen G.-Erzählungen (Ritual-Ansatz) oder die Überformung sozialer Konflikte und Regulation von Produktions- wie Verstehensprozessen (Ideologie-Ansatz); beide Ansätze werden häufig kombiniert (vgl. Neale). Für den konstruktivistischen Ansatz schließlich sind G. «Instrumente im Prozeß der jeweiligen gesellschaftlichen Realitätskonstruktion» (Schmidt, 1987, S. 189). (E. M.)

❑ David Fileshov: Genre Theory and Family Resemblance – Revisited. In: Poetics 20, 1991
❑ Barry Keith Grant: Film Genre Reader, Austin 1986
❑ Daniel Lopez: Films by Genre. 775 Categories, Styles, Trends and Movements, Jefferson / London 1993
❑ Stephen Neale: Genre, London 1980
❑ Vladimir Propp: Morphologie des Märchens, Frankfurt am Main 1975
❑ Gerhard Rusch: Fernsehgattungen in der Bundesrepublik Deutschland. In: Geschichte des Fernsehens in der Bundesrepublik Deutschland, Bd. 1, Hg. von Knut Hickethier, Münster 1994
❑ Siegfried J. Schmidt: Skizze einer konstruktivistischen Mediengattungstheorie. In: SPIEL 6, 1987
❑ Jörg Schweinitz: ‹Genre› und lebendiges Genrebewußtsein. In: Montage / AV 3,2, 1994
❑ Will Wright: Six Guns and Societies. Structural Study of the Western, Berkeley 1975
❑ Hanns J. Wulff: Die Erzählung der Gewalt. Untersuchungen zu den Konventionen der Darstellung gewalttätiger Interaktion, Münster 1985

Gilde deutscher Filmkunsttheater Der eingetragene Verein wurde im Juli 1953 gegründet. Die in ihm zusammengeschlossenen Kinos («Gildekinos») haben sich die

Förderung und Verbreiterung des künstlerischen Films und des daran interessierten Publikums zum Ziel gesetzt. Die Gilde ist ein früher Versuch, in die eher kommerziell orientierte Filmwirtschaft einen künstlerisch-anspruchsvollen Aspekt einzubringen. (K. H.)

Gildekinos → Gilde deutscher Filmkunsttheater

Gradation Bezeichnung für die Fähigkeit eines Filmmaterials, Licht, Mitteltöne und Schatten in einem bestimmten Verhältnis wiederzugeben. Es gibt härtere oder steilere (d. h. kontrastreichere) und flachere (kontrastärmere) Materialarten für verschiedene Aufnahme- und Kopierzwecke. Die durch zunehmende Belichtung ebenfalls zunehmende Schwärzung des Materials wird in einer Gradationskurve wiedergegeben, die für dieses Material charakteristisch ist. In gewissen Grenzen kann der Gradationsverlauf durch die Belichtung, die Art des Entwicklers und die Entwicklung (Temperatur, Entwicklungszeit) beeinflußt werden. (M. K.)

Handkamera Mit dem Aufkommen leichterer Kameras vor allem im → Dokumentarfilm, zunehmend aber auch im → Spielfilm eingesetzter Kamerastil, bei dem die Kamera nicht vom Stativ, sondern aus der Hand und von der Schulter geführt wird. Handkameraszenen sollen im Dokumentarfilm Unmittelbarkeit und Authentizität vermitteln, im Spielfilm werden sie oft zur Steigerung der Dramatik von Action-Szenen eingesetzt. Seit den 70er Jahren ermöglicht das → Steadicam-System die Beweglichkeit einer H. bei voller Bewahrung der Gleichmäßigkeit der Bewegung, die sich bis dahin nur durch Schienen- und Kranfahrten erreichen ließ. (M. K.)

Hauptverband Deutscher Filmtheater
→ HDF

Hays Office Die von ihrem Vorsitzenden Will H. Hays abgeleitete populäre Bezeichnung für die Organisation Motion Picture Producers and Distributors of America (gegründet 1922). Die Gründung gilt als der erste (von öffentlichen Diskussionen erzwungene) Versuch der Hollywood-Studios, dem Druck konservativer Kreise nachzukommen, die explizite Darstellung von unmoralischen Handlungen aus den Filmen zu verbannen. Das Ziel, eine unmittelbare Einflußnahme des Gesetzgebers zu vermeiden, wurde weitgehend erreicht. Das H. kann in den Anfangsjahren als eine von den → Majors unterhaltene Agentur zur Verbesserung der lobbyistischen Arbeit und zur Vermeidung schädlicher Auswirkungen auf das Image der Filmindustrie aufgefaßt werden. Kontakte sowohl zu Politikern wie der Presse dienten diesem Ziel. Doch kam es, nach einer neuen, vor allem von katholischen Verbänden getragenen Protestkampagne gegen freizügige Filme in den frühen 30er Jahren zur Einführung des → Production Code, dessen Einhaltung ebenfalls vom H. O. überwacht wurde. Er führte zu einer wesentlich restriktiveren Praxis, die als Selbstverpflichtung der Studios und Verleiher gestaltet wurde.

❑ Will H. Hays: The Memoirs of Will H. Hays, Garden City 1955
❑ Raymond Moley: The Hays Office, New York 1945

HDF Der Hauptverband Deutscher Filmtheater e. V. wurde 1950 in Wiesbaden zunächst unter dem Namen Zentralverband Deutscher Filmtheater gegründet. Der H. wird von den einzelnen regionalen Wirtschaftsverbänden der Filmtheaterbesitzer gebildet. Er vertritt die Belange der Filmtheater gegenüber anderen Sparten der Filmwirtschaft sowie anderen Wirtschaftszweigen, Behörden und Parlamenten auf nationaler und internationaler Ebene. (K. H.)

HDTV Das High Definition Television war als hochauflösende, zukunftsträchtige Fernsehtechnik geplant. Das jetzige PAL-System arbeitet mit 625 Zeilen, das amerikanische NTSC mit 525 Zeilen. Die japanische Fernsehgesellschaft BHK beschäftigte sich seit Anfang der 70er Jahre mit einer Fernsehtechnik von 1125 Zeilen, die mit 60 Hertz (30 → Vollbilder / Sek.) und einem breiten Bildformat von 5 : 3 übertragen wird. Versuche, dies 1986 als internationalen Standard durchzusetzen, scheiterten am Widerstand amerikanischer und europäischer Firmen, die eigene Systeme entwickelten. Ziel war jeweils ein hochauflösendes Bild, das für einen riesigen Flachbildschirm geeignet ist. Da H. eine immense Übertragungsbandbreite beim Signaltransport benötigt, nicht kompatibel mit dem bisherigen Signal war, deshalb erhebliche Investitionen in Studio- und Sendetechnik und jeden einzelnen Fernsehapparat erforderte und zudem noch in Analogtechnik arbeitete, konnte es sich zunächst nicht durchsetzen. Zukunftsträchtig scheinen heute eher digitale und mit dem bisherigen Signal kompatible Fernsehsysteme, die ebenso eine multimediale Vernetzung mit Computern ermöglichen. (K. H.)

❑ Kay Hoffmann: Am Ende Video – Video am Ende? Aspekte der Elektronisierung der Spielfilmproduktion, Marburg 1990

Heimatfilm Bundesdeutsches und österreichisches Genre, das seine Blütezeit in der ersten Hälfte der 50er Jahre erlebte und 1950 mit dem Operettenfilm *Schwarzwaldmädel* (R.: Hans Deppe), einem → Remake des 1933 von Georg Zoch inszenierten Films, den ersten Erfolg feierte. *Schwarzwaldmädel* war auch die erste Nachkriegsproduktion in → Agfacolor; ein 1950 verwendeter Sonderstempel der Post kündigte ihn stolz als «der erste neue deutsche Farbfilm» an. Im H. spielt die von den Kriegsereignissen scheinbar unberührte Landschaft die Hauptrolle – so nennt der Vorspann der österreichischen Produktion *Der Förster vom Silberwald* (1954, R.: Alfons Stummer) Landschaften im Vorspann neben den Darstellern. →Stock Shots – in anderem Zusammenhang gedrehte, dokumentarische Aufnahmen von Flora und Fauna, Bergpanoramen oder Totalen friedlicher Täler – werden immer wieder zwischen die im Studio inszenierten Handlungspassagen montiert. So beschwören Schwarzwald, Alpen oder Heide ein Bild von Kontinuität und heiler Natur; und die Menschen, eingebunden in ein System jahrhundertealter Bräuche, handeln nach festen Normen, die durch Nationalsozialismus und Krieg nicht ins Wanken geraten mußten. →Rückblenden kommen im H. nicht vor; die Geschichten – um Generationskonflikte, die Konfrontation von Stadt und Land, die Integration von Fremden – werden linear erzählt und finden ein gutes Ende. H. sind nur selten historische Kostümfilme; sie spielen in der Nachkriegsgegenwart, auf die gelegentlich im Dialog, nie im Bild Bezug genommen wird.

Nach *Schwarzwaldmädel* war Farbe für das Genre unverzichtbar und trug zum Erfolg der zahlreichen Remakes von Filmen aus den 30er und 40er Jahren bei. Den größten Publikumserfolg der gesamten Dekade inszenierte 1951 Hans Deppe: *Grün ist die Heide*, ebenfalls ein Remake (Erstverfilmung 1932, R.: Hans Behrendt). Hans Deppe, der das Genre als Regisseur und Produzent entscheidend prägte, hatte bereits 1933 sein Regiedebüt mit *Der Schimmelreiter* gegeben – nach Sujet und Schauplatz ebenfalls eine Art H.: Es geht um die Konfrontation zwischen Tradition und Fortschritt, Aberglauben und Aufklärung an der westfriesischen Küste. Hans Deppe mit seiner großen Produktivität als Schauspieler, Drehbuchautor und Regisseur innerhalb der Filmindustrie des Dritten Reiches und seiner auch nach Kriegsende bruchlos verlaufenen Karriere ist exemplarisch für den Vorwurf der personellen Kontinuität, den die progressive zeitgenössische →Filmkritik formulierte: Die wiederaufgebaute bundesdeutsche Filmindustrie sei fast komplett von Protagonisten des →nationalsozialistischen Films übernommen worden, die weder Interesse an der Aufarbeitung jüngster Vergangenheit noch an aktuellen Problemen hätten.

In seiner statistischen Untersuchung des Genres von 1947-1960 hat Höfig einen Anteil von 20% H. an der gesamten bundesdeutschen Filmproduktion errechnet: dieser hohe Anteil spiegelt den genretypischen Pakt zwischen Industrie und Publikum wieder. Durch figurative und narrative Konventionen, ikonographische Momente, visuelle Kodierungen und Type →Casting konnten die Zuschauer Figuren und Handlungsmuster sofort durchschauen und sich dem tröstlichen Genuß des Bekannten hingeben. Die Industrie reagierte auf die hohen Besucherzahlen mit der Produktion immer neuer H. Schon 1953 war das Genre so deutlich umrissen, daß die anspruchsvolle Filmkritik ihre Polemik gegen den Unterhaltungsfilm hauptsächlich darauf konzentrierte, und bis heute werden die 50er Jahre der bundesdeutschen Filmgeschichte als ästhetisch uninteressant vernachlässigt. Unter sozio- und psycholo-

***Grün ist die Heide*, D 1951, R.: Hans Deppe**

gischer Perspektive haben sich einige Autoren auf Drehbuchebene mit dem H. beschäftigt. So interpretieren etwa Seidl und Bliersbach die Figuren in *Grün ist die Heide* als Repräsentanten der Nachkriegsgesellschaft: wohnungslose Vagabunden, enteignete ostpreußische Gutsbesitzer, heimatvertriebene Schlesier, zerrissene Familien, der ambitionierte Nachkriegskarrierist. Seeßlen rechnet Ferien- und Schlagerfilme, die spätestens ab 1957 verstärkt an die Stelle des H. traten, ebenfalls zum Genre: Wenn auch die Konfliktstrukturen gleich blieben, waren Adria und Ägäis für die Bundesbürger nun erreichbar und damit als Schauplätze interessant geworden. Und die große Welt der Revuestars und Schlagersternchen schien mit dem wachsenden individuellen Wohlstand nicht mehr unerreichbar und bedrohlich fremd. In der Geschmacklosigkeit, der grellen Farbigkeit der Heimat- und Urlaubslandschaften, im Singen und Klingen der Schlagerfilme entdeckt Göttler die hilflose Stummheit einer seelenlosen Wiederaufbau-Gesellschaft, ihre Unfähigkeit, Erfahrungen zu vermitteln und ihre zwangsläufige Konzentration auf Äußerlichkeiten – aus Mangel an inneren Werten.

Mitunter wurde der H. als bundesdeutsches Pendant zum → Western bezeichnet; allerdings scheint dieser Vergleich allenfalls auf der Ebene der im Drehbuch verankerten Konflikte plausibel. Im Unterschied zum Western, bei dem die Durchquerung von Landschaft und die Überwindung großer räumlicher Distanzen zentrale Motive des Handelns und Außenaufnahmen zentrale ästhetische Merkmale sind, wirkt der H. statisch und artifiziell. Einmal in Schwarzwald, Alpen oder Heide gestellt, bleiben die Figuren dort, ohne ihre Umgebung recht wahrzunehmen. Tatsächlich verhinderte die Mischung von Studioszenen mit Stock Shots die Interaktion der Darsteller mit der Topographie. Niemals geht es im H. um die spezifischen Eigenarten eines Schauplatzes, sondern um dessen dekorative Aspekte, um das grundsätzliche Vorhandensein von Landschaft überhaupt. (D. S.)

- ❑ Gerhard Bliersbach: So grün war die Heide. Der deutsche Nachkriegsfilm in neuer Sicht, Weinheim / Basel 1985
- ❑ Fritz Göttler: Westdeutscher Nachkriegsfilm. Land der Väter. In: W. Jacobsen, A. Kaes, H. H. Prinzler (Hg.): Geschichte des deutschen Films, Stuttgart / Weimar 1993
- ❑ Willi Höfig: Der deutsche Heimatfilm 1947-1960, Stuttgart 1973
- ❑ Claudius Seidl: Der deutsche Film der 50er Jahre, München 1987
- ❑ Georg Seeßlen: Durch die Heimat und so weiter. In: Hoffmann, Hilmar und W. Schobert (Hg.): Zwischen Gestern und Morgen. Westdeutscher Nachkriegsfilm 1946-1962, Frankfurt am Main 1989

High Definition Television →HDTV

High-Key-Ausleuchtung Eine →Beleuchtung, die das gefilmte Geschehen in ein sehr helles, in der ganzen Szene möglichst gleichmäßiges Licht taucht. Schatten werden bei dieser Ausleuchtung weitgehend vermieden durch den Einsatz eines dominierenden hellen, aber diffus strahlenden Key-Lights (Führungslichts), dem weitere (seitlich davon und über der Szene angebrachte) Lichtquellen beigegeben sind. Im Effekt sind die hellen Valeurs im Bild deutlich dominierend.

Historienfilm Zunächst die Bezeichnung für jeden Film, dessen Handlung in einer vergangenen Zeit spielt. Als ein →Genre ist der H. jedoch auch dadurch definiert, daß die Vergangenheit vergegenwärtigt wird, also Figuren auftreten, die historische Gestalten verkörpern und an Handlungen beteiligt sind, die auf überlieferten Geschehnissen beruhen. Eine weitere Voraussetzung für die wirksame Vergegenwärtigung ist, daß Dekors und Kostüme entsprechendes Zeitkolorit besitzen. H. warten also mit einer besonderen, meist auch besonders aufwendigen Ausstattung auf, die für den Betrachter eine minimale Glaubwürdigkeit besitzen muß, um den Eindruck, einem in einer Vergangenheit spielenden Geschehen beizuwohnen, nicht zu stören. Die Authentizität sowohl der Schauplätze wie der Kostüme und Bauten ist dabei relativ; für den H. ist maßgeblich, daß die für die Handlung relevanten Bereiche einen starken und kohärenten Eindruck hervorrufen, nicht aber, daß die Rekonstruktion stimmig auch in historischer Rücksicht ist. Sowohl überlieferte Ereignisse und Personen können zum Gegenstand eines H. werden (*Aleksandr Newski*, Alexander Newski, R.: S. Eisenstein, UdSSR 1938) wie fiktionale Ereignisse, die von keiner Überlieferung gedeckt sind. Kevin Brownlow und Andrew Mollo inszenieren mit *It happened here* (GB 1966) einen Film, in dem die fiktive Besetzung Großbritanniens durch deutsche Truppen im 2. Weltkrieg mit aller Authentizität versehen ist. Entscheidend für den H. ist nicht die historische Treue, sondern die Fülle der Details und die Stimmigkeit seines Entwurfs, die Vergangenheit signalisieren können.

Ein bestimmter minimaler Bezug auf ein überliefertes Geschehen in der Vergangenheit ist für den H. dennoch zentral. Auch wenn keine seiner Figuren einer nachweisbaren Gestalt der Geschichte entspricht, muß doch die Handlung auf ein Ereignis eingehen, das Gegenstand der geschichtlichen Überlieferung ist. Das unterscheidet den H. von solchen Genres, die eine «Vergangenheit vor aller Überlieferung» darbieten (wie es im → Fantasyfilm geschieht) oder die als Monumental- bzw. Antikfilme auf Sagen und Mythen beruhen oder ihnen analoge Handlungen entwerfen. Wird der Zeitbezug auf eine nicht lange zurückliegende Epoche ausschließlich durch die Dekors etc. garantiert, während die Figuren in einer → Story agieren, die keine oder nur beiläufige Verbindung mit historischen Ereignissen aufweisen, spricht man von einem Kostümfilm oder auch Period Picture, ohne daß die Abgrenzung eindeutig zu leisten wäre. So ist z. B. Rainer Werner Fassbinders *Die Ehe der Maria Braun* (BRD 1978) ein H., der seine Story in den letzten Jahren des Zweiten Weltkrieges und der Nachkriegszeit ansiedelt, ohne daß Historikern als zentral erscheinende Begebenheiten dieser Periode im Film inszeniert würden. Deswegen könnte er auch als Period Picture firmieren. Dagegen wären Fassbinders *Lili Marleen* (BRD 1980) oder Istvan Szabos *Mephisto* (Ungarn, BRD, Österreich 1981) insofern eindeutigere H., als sie vergangene Ereignisse deutlicher an die erzählte Geschichte binden.

Der H. ist, ähnlich dem historischen Roman (der oft als Vorlage dient) ein Genre, das sich stärker auf die Evokation einer Atmosphäre von Vergangenheit konzentriert als auf das genaue Nachstellen historischer Ereignisse. Selbst wo es auf den ersten Blick scheinbar um solches Nachstellen geht – wie in filmischen Inszenierungen entscheidender Schlachten, die exemplarisch unterschiedlich etwa Michael Tschiaureli in *Paradenie Berlina* (Die Schlacht um Berlin, UdSSR 1949), Peter Watkins in *Culloden* (GB 1964) oder Joseph Vilsmaier in *Stalingrad* (BRD 1993) versucht haben –, ist das Entscheidende am H. selbstverständlich nicht seine historische Genauigkeit, sondern seine ästhetische Qualität. Die Klage von Historikern über den nicht korrekten und zu freizügigen Umgang der H. mit der Geschichte übersieht, daß es sich bei dem Genre nicht um eines der Historiographie handelt (filmische Geschichtsdarstellung versucht demgegenüber nicht selten der → Kompilationsfilm), sondern um ein Genre des Unterhaltungsfilms. Daher ist historiographisch am H. eher aufschlußreich, wie er in seiner Zeit steht (welche Perspektive auf die Vergangenheit er eröffnet und wie diese von der Entstehungszeit des Films geprägt ist), als wie er die porträtierte Zeit präsentiert. Unter diesem Gesichtspunkt fallen einige Werke auf, die eine reflektierte Position gegenüber der filmischen Geschichtsdarstellung einnehmen. Wo der H. die Vergegenwärtigung anstrebt und daher ein naiv erzählendes Verhältnis zur Geschichte besitzt, sind Filme, die nicht vor allem visualisieren wollen, wie es eigentlich gewesen sei, auf die Schaffung von Distanzen aus. Die Erwartung von Zuschauern richtet sich gegenüber einem H. auf die Fülle der Details und die Lebendigkeit der Darstellung – wodurch sie zur mediengerechten Erfüllung des Darstellungsideals des Historismus werden. Doch ist die Präsentation der Vergangenheit filmisch nicht auf solche Lösungen beschränkt. Beispiele für Filme, die eher die Fremdheit der Vergangenheit hervorheben, als sie zu vergegenwärtigen, sind Carl Theodor Dreyers *La Passion de Jeanne d'Arc* (Die Passion der Jungfrau von Orleans, F 1928) und *Vredens Dag* (Tag des Zorns, DK 1943), die ungeachtet ihrer Detailtreue in der Rekonstruktion der Vergangenheit die Differenz zwischen unserer Zeit und der Vergangenheit betonen, als sie vertraut scheinen zu lassen. Dreyers Absicht, das Wesentliche der Vergangenheit durch die Vereinfachung in Dekor und Kostüm, durch Klarheit statt durch Fülle wiederzugeben, hat gegenüber dem herkömmlichen H. einen entscheidenden Vorteil. Seine Filme lassen sich nicht einfach als lebendige Bilder aus der Vergangenheit verstehen, sie treten immer als Bilder über sie hervor. Die ästhetische Leistung Dreyers ist daher auch historiographisch relevant: seine Geschichten provozieren jedes Verständnis von Vergangenheit, das sie als bloße Verlängerung der eigenen Zeit ansieht.

In der Filmgeschichte blieben Dreyers Filme Ausnahmeerscheinungen. Vorherrschend waren H., die historiographische Reflexionen ausschlossen. Dennoch sind Filme über geschichtliche Ereignisse, wie kolportagehaft immer sie erzählt wurden, für die Entwicklung der filmischen Artikulation folgenreich gewesen. Nicht nur haben sie entscheidend zur Durchsetzung des abendfüllenden Spielfilmes beigetragen – beginnend mit den italienischen Antikfilmen wie Giovanni Pastrones *Cabiria* (I 1913), dem David Wark Griffith' erster klassischer Erzählfilm *Birth of a Nation* (USA 1915) folgte. Ernst Lubitsch hat in Deutschland mit den Großproduktionen *Madame Dubarry* (1919) und *Anna Boleyn* (1920) den Historienfilm um die intime Sicht auf private Nöte der Hauptfiguren ergänzt und damit die ersten Exporterfolge der Nachkriegszeit ermöglicht. Der H. war, schon wegen der Anforderungen an Ausstattung und Inszenierung, besonders geeignet, die Leistungen der Filmindustrie auf einem hohen Niveau zu bündeln. Wenn auch historiographische Debatten über die Problematik der Darstellung vom Genre gänzlich unbeachtet blieben, so hat sich doch in den 70er Jahren eine neue Form des fiktionalen Films über geschichtliche Themen herausgebildet, die oft in Kooperation mit historischen Beratern entstanden. Gemeinsam ist diesen Filmen ein geschärftes Bewußtsein über die Problematik des Authentizitätseindrucks von H., dem einerseits neue Authentizitätszeichen (Laiendarsteller, Dreharbeiten in den passenden Landschaften etc.), andererseits narrative Strategien entgegengestellt werden, die die Perspektivität der Darstellung selbst in den Mittelpunkt des Interesses rücken. Für die erstere Bemühung können Filme wie René Allios *Les Camisards* (Die Kamisarden, F 1971), Stanley Kubricks *Barry Lyndon* (GB 1973–75), Ermanno Olmis *L'albero degli zoccoli* (Der Holzschuhbaum, I 1978) und sogar der unter den Bedingungen großer Studioproduk-tionen hergestellte *Reds* (USA 1981, R.:

***Spartacus*, USA 1959, R.: Stanley Kubrick**

Warren Beatty) stehen. Die Versuche, mittels hervorgehobener Perspektivität zu arbeiten, kulminieren in der Präsentation eines Diskurses über Vergangenheit statt ihrer Darstellung. Die →Adaption von Brechts fragmentarischem Roman «Die Geschäfte des Herrn Julius Cäsar» durch Jean-Marie Straub und Danièle Huillet, *Geschichtsunterricht* (BRD 1972), ist hier besonders konsequent: Ein junger Mann in einem modernen Anzug besucht die in Togen gekleideten Zeugen der Geschichte des Herrn Cäsar, und durch deren Aussagen allein stellt sich die Rekonstruktion her. Keine Vergangenheit mehr, sondern eine (inszenierte) Begegnung mit den Quellen der Geschichte, die nicht als Geschehen gegeben ist, sondern aus dem noch Gegenwärtigen der Vergangenheit, dem Überlieferten, konstruiert werden muß.

❑ Geschichtswissenschaft, Heft 17, 1989
❑ Marc Ferro: Der Film als «Gegenanalyse» der Gesellschaft. In: Claudia Honegger (Hg.): Schrift und Materie der Geschichte, Frankfurt am Main 1977
❑ Robert A. Rosenstone (Hg.): Revisioning History. Film and the Construction of a New Past, Princeton 1995
❑ Rainer Rother (Hg.): Bilder schreiben Geschichte. Der Historiker im Kino, Berlin 1991

Hollywood Früher Vorort, seit 1937 Stadtteil von Los Angeles, in dem die amerikanischen Filmstudios ihre Produktionsstätten unterhielten.

Die Verlagerung der amerikanischen Filmindustrie von der Ost- an die Westküste hatte verschiedene Gründe: 1908 hatten sich die führenden amerikanischen Filmproduzenten und -importeure zu einem Trust zusammengeschlossen. Dieses Kartell besaß das Monopol über alle für Aufnahme- und Vorführapparate notwendigen Patente und verlangte für deren Nutzung Lizenzgebühren. Unabhängige Produzenten, die die Lizenzzahlung verweigerten, flohen vor der Kontrolle durch den Trust ins ferne Kalifornien. Der Ort Hollywood, dessen Name sich von den englischen Wörtern für Stechpalme und Wald ableitet, bot zudem den Vorteil niedriger Grundstückspreise und Arbeitslöhne sowie idealer klimatischer und landschaftlicher Verhältnisse. Berge und Meer waren nah und konnten als Kulisse genutzt werden. Ab 1910 sandten die Filmgesellschaften ihre Drehstäbe während der Wintersaison nach Hollywood, und gegen Mitte des Jahrzehnts wurde die Ortschaft zum Zentrum der amerikanischen Filmproduktion. Die Studios errichteten hier ihre Ateliers, an die sich die Freigelände (Backlots) anschlossen, auf denen die Außenaufnahmen gedreht wurden. Während der Ära des →Studiosystems wurde Hollywood zum Synonym für die Fabrikation von filmischer Traumware. (R. M.)

❑ Zelda Cini, Bob Crane: Hollywood. Land and Legend, Westport 1980

❑ Bruce Torrence: Hollywood: The First 100 Years, Hollywood 1979

Hollywood Ten Bei der ersten Anhörung des Komitees für unamerikanische Umtriebe verweigerten 1947 die Drehbuchautoren John Howard Lawson, Dalton Trumbo, Albert Maltz, Alvah Bessie, Samuel Ornitz, Herbert Biberman, Ring Lardner Jr., Lester Cole, der Regisseur Edward Dmytryk und der Produzent Adrian Scott die Aussage vor dem Komitee. Sie beriefen sich auf das First Amendment, das verfassungsmäßige Recht auf freie Meinungsäußerung, und sprachen dem Ausschuß seine Legitimation ab. Sie kamen auf die schwarze Liste (→ Black List) und kämpften erfolglos dafür, nicht ins Gefängnis zu kommen. Zur Unterstützung ihrer Kampagne stellten sie 1950 den Film *The Hollywood Ten* her, der ebenfalls verboten wurde. (K. H.)

❑ Alvah Bessie: Inquisition in Hollywood, New York 1965

❑ Larry Ceplair, Steven Englund: The Inquisition in Hollywood. Politics in the Film Community 1930–1960, Garden City / New York 1980

Horrorfilm Mit dem Beginn des →Tonfilms zu voller Entfaltung gelangtes →Genre, das auf phantastische Momente im deutschen →Stummfilm zurückgreift. Bestimmende Konvention ist die Erzeugung von Furcht durch eine bestimmte Ästhetik, Handlungsmuster, Orte und Figuren im Einverständnis mit dem Publikum. Einzelne Verfilmungen typischer Horrormotive gibt es seit Beginn der Filmgeschichte, und fast alle Sujets sind im deutschen Stummfilm bereits vertreten: Vampirismus (*Nosferatu*, 1922, R.: F. W. Murnau), Persönlichkeitsspaltung (*Der Student von Prag*, 1913, R.: Stellan Rye), Retortenwesen (*Der Golem*, 1915, R.: Henrik Galeen, Paul Wegener; *Die Rache des Homunculus*, 1916, R.: Otto Rippert) und sogar lebende Tote (*Das Cabinet des Dr. Caligari*, 1919, R.: Robert Wiene). Das Unheimliche der deutschen Genrevorläufer beruht zum großen Teil auf dem verfremdeten, expressionistischen Dekor mit seinen gemalten Schatten und verzerrten Perspektiven und dem stilisierten →Schauspiel; dadurch scheinen sie, selbst wenn Handlungsort und -zeit angegeben sind, in ein zeitloses Niemandsland gerückt.

Eine solche Atmosphäre versuchen die US-amerikanischen Klassiker des →Genres, die zu Beginn der 30er Jahre entstanden und zahlreiche Fortsetzungen und →Remakes nach sich zogen, mit realistischeren Dekors und vor allem der noch jungen Tontechnik heraufzubeschwören. So entstanden die Prototypen aller Sujets: *Dracula* (1931, R.: Tod Browning), *Dr. Jekyll and Mr. Hyde* (1931, R.: Rouben Mamoulian), *Frankenstein* (1931, R.: James Whale), *White Zombie* (1932, R.: Victor Halperin); und mit *King Kong* (1933, R.: Merian C. Cooper / Ernest B. Schoedsack) wurde der Kanon der H.-Motive um die Figur des Monsters erweitert. Fortan waren die Schauspieler Boris Karloff und Bela Lugosi auf H.-Figuren festgelegt, die niedliche Fay Wray stieß nicht nur als Opfer King Kongs spitze Schreie aus, und Lionel Atwill und John Barrymore etablierten sich als elegante, aber manisch-obsessive Wissenschaftler im Pakt mit den Mächten der Finsternis. Für die Effekte des Schreckens wurden kinematographische Techniken erfunden oder weiterentwickelt: der →Stop Trick in *King Kong*; Boris Karloffs Make-up, das – anders als etwa eine Maske – dem Monster eine eigene Mimik verlieh, in *Frankenstein*; die nur durch verschiedene Filter vor der Kamera – und ohne Überblendungen – bewerkstelligte Verwandlungssequenz während des ständig lauter werdenden Herzschlags in *Dr. Jekyll and Mr. Hyde*; die spezifische Beleuchtung und Kameraarbeit des deutschen Emigranten Karl Freund in *Dracula*.

Mitte der 30er Jahre war das Interesse des Publikums am H. zurückgegangen; eine zweite Hochphase erlebte das Genre in den frühen 40er Jahren, als sich die Firma →RKO und der Produzent Val Lewton ihm zuwandten. In dem in Zusammenarbeit mit dem Regisseur Jacques Tourneur produzierten Film *The Cat People* (Katzenmenschen, 1942) wird eine neue Qualität des Schreckens präsentiert: Die Bedrohung liegt als Atmosphäre über dem ganzen Film; Schatten und Geräusche überzeugen von der Existenz einer unmittelbaren Gefahr, ihre Quelle bleibt jedoch buchstäblich im Dunkeln. Die weiteren Filme des Duos, *I walked with a Zombie* (Ich folgte einem Zombie, 1943) und *The Leopard Man* (1943), sind nach den gleichen Prinzipien gedreht. Die Zusammenarbeit von Lewton und Tourneur und ihre Erfindung des unsichtbaren Grauens diente als Ausgangsmaterial für eine der Episoden in *The Bad and the Beautiful* (Die Stadt der Illusionen, 1952, R.: Vincente Minelli), einem der selbstreferentiellen Hollywood-Filme, der die rücksichtslosen Geschäftsmethoden innerhalb der Filmindustrie schildert. Erst 1940 konnte Universal mit Lon Chaney als Werwolf in *The Wolf Man* (USA 1941, R.: George Waggner), eine Figur etablieren, die in den 30er Jahren keinen Erfolg gehabt hatte. Der Werwolf und RKOs Katzenmenschen erweiterten die klassische H.-Menagerie um neue Varianten. In den 50er Jahren repräsentierten in erster Linie die von Jack Arnold wiederum bei Universal gedrehten Filme über urzeit-

King Kong, USA 1933, R.: Ernest B. Schoedsack, Merian C. Cooper

liche oder mutierte Kreaturen die Entwicklung des Genres. Bekannt geworden sind vor allem *Creature from the Black Lagoon* (Der Schrecken vom Amazonas, 1954), *Tarantula!* (1955) und *The Incredible Shrinking Man* (Die unglaubliche Geschichte des Mister C., 1956), in denen sich H.-Elemente mit solchen des →Science-Fiction-Films mischen. Das Unheimliche bricht als Ergebnis unkontrollierten technischen Fortschritts plötzlich in die Alltagsrealität ein – die Filme spiegeln die Angst der Amerikaner vor der Atomkraft wider.

Einen weiteren Zyklus bilden die acht auf literarischen Vorlagen von Edgar Allan Poe basierenden, von Roger Corman gedrehten Filme in den 60er Jahren (*House of Usher*, Die Verfluchten, 1960, *The Raven*, Der Rabe – Duell der Zauberer, 1963, u. a.); hier setzen die Verwendung von →Farbfilmmaterial und →Breitwandformat neue Genreakzente. Corman arbeitete mit einem festen Stab von Drehbuchautoren, Technikern und Schauspielern (Vincent Price, Boris Karloff, Peter Lorre, Basil Rathbone). Ebenfalls in dieser Dekade entstanden die Produktionen der britischen Firma Hammer, die Sujets der US-amerikanischen Klassiker aus den 30er Jahren wiederbeleben und sie mit mehr oder weniger deutlichen sexuellem Subtext unterlegen. Zur selben Zeit inszenierte in Italien vor allem Mario Bava einige Genreproduktionen, die auf romantische Vorlagen zurückgriffen, sie aber sadistisch-sexistisch interpretierten.

In den 70er Jahren dominierten wieder US-amerikanische Produktionen das Genre: John Carpenter, Wes Craven und Tobe Hooper sind seine Protagonisten; Carpenter hat die Tradition bis heute fortgesetzt und um eigene Motive variiert, jüngstes Beispiel ist *In the Mouth of Madness* (Die Mächte des Wahnsinns, 1993). Daneben existieren weiterhin Remakes der klassischen Mythen, so z. B. des Vampirismus in *Near Dark* (Near Dark – Die Nacht hat ihren Preis, 1987, R.: Kathryn Bigelow) und *Dracula* (Bram Stokers Dracula, 1992, R.: Francis Ford Coppola). Als Subgenre entstand in den 60er Jahren der Splatter-Film, bei dem es aber weniger um den Einbruch des Unheimlichen in die Alltagsrealität als vielmehr um die Zurschaustellung von immer spektakuläreren → Spezialeffekten geht. (D. S.)

❑ Rolf Giesen: Sagenhafte Welten. Der phantastische Film, München 1990

❑ Frank Schnelle: Hollywood Professional. Jack Arnold und seine Filme, Stuttgart 1993

❑ Hans Schifferle: Die 100 besten Horror-Filme, München 1994

❑ Georg Seeßlen: Kino des Phantastischen. Geschichte und Mythologie des Horror-Films, Reinbek 1980

Icon Ein Zeichen, das sein Objekt durch Ähnlichkeit repräsentiert, sei es als Diagramm (Ähnlichkeit der Relationen) oder durch die Ähnlichkeit der Abbildung. Filme sind gegenüber ihren repräsentierten Objekten (d. h. soweit sie auf der fotografischen Reproduktion beruhen) immer ähnlich.

ILM Abkürzung für die Firma Industrial Light & Magic, die 1975 von George Lucas begründet wurde, um die → Special Effects für *Star Wars* (Krieg der Sterne, USA 1977, R.: George Lucas) herzustellen. 1978 erfolgte der Umzug nach San Rafael. Inzwischen hat sich I. zur weltweit führenden Firma für Spielfilmeffekte entwickelt. Unter den zehn an der Kinokasse erfolgreichsten Filmen aller Zeiten war I. an der Produktion von fünf beteiligt. I. gewann → Academy Awards für die Arbeit an *Star Wars, The Empire Strikes Back* (Das Imperium schlägt zurück, USA 1980, R.: Irwin Kershner), *Raiders of the Lost Ark* (Jäger des verlorenen Schatzes, USA 1981, R.: Steven Spielberg), *E. T. – The Extra-Terrestrial* (E. T. – Der Außerirdische, USA 1982, R.: Steven Spielberg), *Return of the Jedi* (Die Rückkehr der Jedi-Ritter, USA 1983, R.: Richard Marquand), *Indiana Jones and the Temple of Doom* (Indiana Jones und der Tempel des Todes, USA 1984, R.: Steven

Spielberg), *Cocoon* (Cocoon, USA 1985, R.: Ron Howard), *Who framed Roger Rabbit?* (Falsches Spiel mit Roger Rabbit, USA 1988, R.: Robert Zemeckis), *The Abyss* (Abyss, USA 1988, R.: James Cameron), *Terminator 2* (Terminator 2, USA 1991, R.: James Cameron) und *Forrest Gump* (Forrest Gump, USA 1994, R.: Robert Zemeckis). Dabei kommen sowohl traditionelle Tricktechniken zum Einsatz (wie Modelle, Miniaturen, mechanische Effekte, Masken, →Matte Painting, →Stopp Tricks usw.) als auch neueste Computertechnologie (→Digital Compositing, →Computeranimation). (K. H.)

❑ Dale Pollock: Skywalking. The Life and Films of George Lucas, New York 1983

❑ Thomas G. Smith: Industrial Light & Magic. The Art of Special Effects, New York 1986

IMAX Breitbildverfahren, das ab Ende der 60er Jahre entwickelt wurde und seine Premiere bei der EXPO 1970 in Osaka hatte. Das Einzelbild auf dem 70 mm breiten I.-Film nimmt einen Raum von 15 Perforationslöchern ein (gegenüber 5 Perforationslöchern beim konventionellen 70-mm-Film) und wird horizontal zur Laufrichtung des Films aufgenommen. Damit ist er dreimal so groß wie das konventionelle 70-mm-Bild und zehnmal so groß wie das 35-mm-Bild. Während der Vorführung wird das große Bild durch ein Vakuum an die Hinterlinse der Projektionsoptik gesaugt. Durch die Brillanz der Vorführung und eine spezielle Kinoarchitektur wird ein intensiveres Kinoerlebnis erzielt. Die sehr aufwendigen Produktionen haben eine Länge von 15 bis 90 Minuten und werden in speziellen Sälen in Museen, Lehrinstitutionen, Einkaufszentren, Freizeit- und Vergnügungsparks vorgeführt. Inzwischen gibt es eine ganze Palette verschiedener Bild- und Tonsysteme. Bei I. Dome (früher: Omnimax) erfolgen die Aufnahmen mit einem Fischaugenobjektiv in einem Blickwinkel von 180 Grad und werden in eine Kuppel projiziert. In New York hatte im April 1995 Jean Jacques Annauds *Wings of Courage* Premiere, der erste I.-Spielfilm in 3 D, der von Sony produziert wurde. Von dem Special-Effect-Spezialisten Douglas Trumbell, der Mitte der 70er Jahre das →Showscan-System entwickelt hatte, wurde I. Ridefilm entwickelt, das mit einer 180-Grad-Rundumleinwand arbeitet und bei dem die Sitze auf einem hydraulischen bewegbaren Plateau installiert sind.

Im Oktober 1995 existierten weltweit 128 I.-Theater, davon 19 in Europa, und es gab dafür über 120 Filme; sie erreichten 50 Mio. Zuschauer im Jahr. Das erste deutsche I.-Theater wurde 1992 beim Deutschen Museum in München eröffnet und hat jährlich über eine Million Besucher. Weitere Kinos gibt es in Speyer und Brühl, in den nächsten Jahren sind zahlreiche weitere geplant. Im Frühjahr 1996 wird das erste deutsche 3-D-Kino in Sinsheim eröffnet. (K. H.)

❑ Rainer Rother: Jahrmarkt der Bilder. Über Schauwerte im IMAX-Kino. In: Merkur Nr. 569, 50. Jg., 1996

Index Ein Zeichen, das über eine wesentliche, inhärente Beziehung ein Objekt bezeichnet. Typische Beispiele sind die Sonnenuhr (der Schatten als Anzeige der Zeit ist abhängig vom Sonnenstand) und der Wetterhahn (dessen Stellung von der Windrichtung bestimmt wird). I. können filmisch genutzt werden, um aus dem durch das →Icon gegebenen Zusammenhang weitergehende Bedeutungen zu entwickeln. Wichtiger als die in Montagesequenzen genutzten eindeutigen I. (eine Folge herabfallender Kalenderblätter für das Vergehen der Zeit) sind solche, die ihre Qualität als Icon beibehalten. Das Bezahlen für die Liebe wird in Pabsts *Tagebuch einer Verlorenen* (D 1928) wie in vielen anderen Filmen sowohl als Vorgang gezeigt wie als die Realisierung der Prostitution einer Frau aus Not inszeniert. Als I. aufgefaßte Elemente des Films sind immer interpretative Leistungen des Zuschauers, der in einem Abbild nicht allein die Ähnlichkeit mit dem Objekt, sondern zugleich die von ihm suggerierten anderen Bedeutungen realisiert. Ein I. ist daher kulturell bestimmt.

Industrial Light & Magic →ILM

Inflationskino Die Frühphase der Weimarer Republik brachte, bis zur Überwindung der Inflation durch die Einführung der Rentenmark (Oktober 1923), für große Filmfirmen wie die →Ufa die Chance mit sich, durch Verkäufe der Filme ins Ausland aus der schlechten wirtschaftlichen Lage Nutzen zu ziehen. Mit I. sind jedoch nicht allein diese Filme gemeint, dieses Kino gilt vielmehr wesentlich als eines der eskapistischen Stoffe und exotischen Schauplätze.

Innere Montage Auf Bazins Anmerkungen zu einem neuen, durch die →Schärfentiefe gekennzeichneten Filmstil (den er vor allem bei den Werken von Orson Welles und William Wyler, doch auch bei Jean Renoir, F. W. Murnau und Erich von Stroheim ausgeprägt sieht) zurückgehende Bezeichnung, mit der die Bevorzugung langer →Einstellungen gegenüber dem Einstellungswechsel zur Charakterisierung der Handlung gemeint ist. In den von großer Schärfentiefe gekennzeichneten Einstellungen können die Handlungsträger räumlich gestaffelt und gleicherweise scharf abgebildet auftreten und ihre Beziehungen eher als Variation des Verhältnisses von Vorder- und Hintergrund gestaltet werden als durch →Montage von aufeinanderfolgenden Aufnahmen der am Konflikt beteiligten Figuren. Zudem erlauben →Kamerabewegungen in bestimmten Fällen die kontinuierlich hergestellte Beziehung sonst durch den Schnitt getrennter Elemente. Die I. M., von Bazin als ein realistisches Darstellungsprinzip gelobt, wurde als eine stilistische Option von sehr verschiedenen Regisseuren verwendet. Sie steht zur (äußeren) →Montage jedoch nicht in einem ausschließlichen Gegensatz; die I. M. erlaubt den Schnitt ebenso wie die klassische Montage, reduziert allerdings ihren Beitrag zugunsten anderer stilistischer Optionen.

❑ André Bazin: Die Entwicklung der kinematographischen Sprache. In: ders.: Was ist Kino, Köln 1975

Insert Einstellungen, die in Szenen hineingeschnitten werden, ohne die Kontinuität der Handlung zu unterbrechen. Zwei grundlegende Formen des I. lassen sich unterscheiden, bei denen Schriftstücke oder Gegenstände in den Ablauf der Szene durch eine Großaufnahme eingefügt werden. Zeitungsschlagzeilen, Briefe, Telegramme etc., die die Figuren erhalten und die für sie wesentliche Informationen enthalten, können aus dem räumlichen Zusammenhang der Szene isoliert und wie in einer Detailaufnahme eingeschnitten werden, um diese Informationen auch dem Zuschauer zu geben. Anders als bloße Raum- und Zeitangaben (die auf diese Art allerdings auch vermittelt werden können) sind diese Schriftstücke Teil der Handlung selbst. Oft werden diese I. von Spezialisten hergestellt, die ansonsten nichts mit der Produktion des Films zu tun haben und deren Aufgabe darin besteht, die I. den Verhältnissen der anderen Einstellungen (Beleuchtung etc.) anzupassen. In der Regel erscheinen sie in fremdsprachlichen Fassungen in der jeweiligen Landessprache und sind gesondert aufgenommen worden.

I. können auch in die Szene als Großaufnahme eingeschnittene Details sein – exemplarisch etwa Telefone, Uhren etc., die dem Zuschauer entweder eine bestimmte Information erstmals geben oder seine Aufmerksamkeit erneut auf schon bekannte Zusammenhänge konzentrieren, die mit diesen Objekten in Verbindung stehen. Die immer wieder als I., oft aber auch motiviert durch einen Blick einer Figur ins Bild gesetzten Uhren in *High Noon* (Zwölf Uhr mittags, USA 1952, R.: Fred Zinnemann) sind ebenso ein Beispiel wie die von Hitchcock exponierten Objekte, mit denen er seine → Suspense-Strukturen aktualisiert (wie das Telefon in *Dial M for Murder*, Bei Anruf Mord, USA 1954, oder die Notenblätter in *The Man Who Knew Too Much*, Der Mann, der zuviel wußte, USA 1955). I. können der aktuellen Szene entnommen sein (wie in den genannten Beispielen), doch können sie auch einem davon unabhängigen Raum entstammen.

Eine deutlich andere Verwendung von I. liegt in den Filmen von Jean-Luc Godard, Alexander Kluge und anderen vor. Hier sind Texte nicht als bloße Informationen zur Handlung eingesetzt, sondern besitzen einen kommentierenden, ironisierenden oder zitierenden Wert. Diese I. behalten gegenüber den Bildern des Films eine eigenständige Funktion, sind nicht narrativ gebunden. Von den Mottos, die mitunter zu Beginn eines Films erscheinen (so in *La Règle du jeu*, Die Spielregel, F 1939, R.: Jean Renoir, ein Zitat aus Beaumarchais' «Le marriage de Figaro») unterscheidet diese I., daß sie sich nicht wie eine Leseanweisung für den ganzen Film verstehen lassen. Das I. «Je näher man ein Wort ansieht, desto ferner sieht es zurück», das in der *Patriotin* (R.: Alexander Kluge, BRD 1979) zunächst auf Karl Kraus verweist, wird in einer Überblendung durch das Wort «Deutschland» komplettiert und behält eine gegenüber der Szene, in der es erscheint, eigenständige Aussage (→ Essayfilm). Eine Information zu Handlungsort und Zeit, entweder als ein → Zwischentitel auf neutralem Grund oder über einem Szenenbild, wird gelegentlich auch als I. bezeichnet, obwohl es strenggenommen nicht in die Szene hineingeschnitten wird. In diesem Wortgebrauch sind auch eingeschnittene Schrifttafeln, wie sie z. B. in *The Shining* (Shining, GB / USA 1980, R.: Stanley Kubrick) vorkommen, inbegriffen, wo die Gliederung des Films von solchen Zwischentiteln bestimmt ist, die mit Zeitangaben die Beschleunigung der Handlung in Richtung auf die finale Konfrontation verdeutlichen. In anderen Filmen wird die Datierung und Lokalisierung nicht vor einem neutralen Hintergrund gegeben, sondern erscheint in Einstellungen, die bereits den Handlungsort zur angegebenen Zeit zeigen. Beispiele dafür sind der Beginn von *Psycho* (USA 1960, R.: Alfred Hitchcock) oder eingeblendete Titel wie «Drei Monate später».

Institut für den Wissenschaftlichen Film → IWF

Institut für Film und Bild in Wissenschaft und Unterricht → FWU

Inszenierung Die Umsetzung des → Drehbuches in Aktionen der Darsteller vor der Kamera. Diese zentrale Aufgabe der → Regie umfaßt anders als die I. im Theater zugleich die geplante Aufsplitterung (→ Decoupage) der Aktion in einzelne Teile, die von der Kamera in separaten Aufnahmen festgehalten werden. Zur I. gehören im arbeitsteiligen Prozeß der Filmaufnahme daher auch all die gestaltenden Möglichkeiten der Apparatur, die durch die Wahl des Kamerastandpunktes und des Objektivs gegeben sind wie → Einstellungsgröße, -winkel, Verhältnis von Vorder- und Hintergrund etc. Die I. ist von der → Montage nicht zu trennen, da sie die bewußte Herstellung des für den Schnitt geeigneten Materials beinhaltet. Jedoch kann die I. mindestens partiell die Option noch offenhalten. Einerseits werden mehrere Versionen der gleichen Teilhandlung gefilmt (→ Takes) und auch mehrere von ihnen kopiert, so daß die Auswahl der besten Leistung der Schauspieler, der besten Lichtwirkung etc. erst am Schneidetisch erfolgen kann. Andererseits besteht die Möglichkeit, die Aktion aus verschiedenen Entfernungen und Blickwinkeln aufzunehmen, so daß der → Schnitt erproben kann, welche der möglichen Kombination für optimal angesehen wird.

- ❑ Wsewolod Pudowkin: Filmtechnik. Filmmanuskript und Filmregie, Zürich 1961
- ❑ François Truffaut: Mr. Hitchcock, wie haben Sie das gemacht?, München 1973

Interieur Jede Szene, die innerhalb von Gebäuden spielt, unabhängig davon, ob diese in realen Bauten oder in Studiokulissen aufgenommen wurde. (→ Außenaufnahme, → Drehort, → Exterieur, → Set)

Irisblende Die Objektivblende der Filmkamera besteht aus beweglichen, einander überlappenden Metall-Lamellen und ist in ihrer Öffnung veränderlich, reguliert also den Lichteinfall auf das Filmmaterial. Diese Objektivblende in Form einer Iris ermöglicht unter den strikt beschränkten Bedingungen der Filmaufnahme (die Belichtungszeit kann wegen der → Bildfrequenz nicht länger als im Idealfall $^{1}/_{24}$ Sekunde sein) eine Anpassung der Belichtung an die Lichtverhältnisse und das Filmmaterial, ohne daß bei der Abbildung eine Abdeckung des Bildfensters erzielt wurde. Mit ihr können auch Unter- oder Überbelichtungen realisiert werden.

Auch: Trickblende, vor allem im → Stummfilm üblich, meist beim Drehen hergestellte Blende, in der das gesamte Bildfeld bis auf einen kreisförmigen Ausschnitt schwarz erscheint. Diese Art der Hervorhebung des Bilddetails kann als Ersatz für eine Großaufnahme dienen (in der das Detail bildfüllend erschiene) oder als Hervorhebung aus dramaturgischen Gründen. Eine Person kann aus einer Gruppe mittels der I. isoliert werden, da sie die in der Folge wesentliche Handlung begehen wird oder weil sie auf diese Weise in die Handlung eingeführt wird.

Italowestern Eine vor allem in den 60er Jahren populäre Variation des → Western. Mit den Karl-May-Verfilmungen in Deutschland, aber auch mit den Indianer-Filmen der → DEFA hatte eine Übertragung des Western in Filmländer begonnen, in denen dieses Genre, bis auf kurze und folgenlose Ausnahmen im Stummfilm, keine Tradition besaß. Die I. begannen als billige Imitationen des amerikanischen → Genres, deren Regisseure und Darsteller mit angelsächsisch klingenden Pseudonymen zeichneten. Doch veränderten vor allem die Filme von Sergio Corbucci und Sergio Leone bald die Charakteristik des I., wenn auch in der Gesamtproduktion die parodistischen und parasitären Werke überwogen. Beide knüpften nicht an den klassischen Beispielen des Genres an, sondern gingen von den reflektierten, die Grundlagen des Western schon in Frage stellenden und sogar zerstörenden Spätwestern aus. Insofern ist der I. weniger eine Alternative zum Western insgesamt als eine Variante des Spätwestern, wie ihn u. a. Regisseure wie John Ford (*The Searchers*, Der Schwarze Falke, USA 1956; *The Man Who Shot Liberty Valance*, Der Mann, der Liberty Valance erschoß, USA 1962), Howard Hawks (*Rio Bravo*, USA 1959) oder Sam Peckinpah (*Ride the High Country*, Sacramento, USA 1961) ausgeprägt hatten.

Gegenüber der vermeintlich naiven Erzählhaltung und Figurenkonstellation des Western ist der I. deutlich stärker an den ambivalenten bis unmoralischen Seiten der Charaktere interessiert. Während die Spätwestern davon handeln, daß der Verhaltenskodex des Westerners sowohl die Ausbeutung des Landes wie die Ausrottung der Indianer einschließt und er strikt genommen Zivilisation nicht etwa ermöglicht, sondern ausschließt, konzentrieren sich die I. auf den bereits verfallenen Kodex. Daher spielen in ihnen die wechselnden Koalitionen zwischen Parteien, die sich nach Opportunitätsgesichtspunkten verbünden und verfeinden, ebenso eine Rolle wie Freundschaften, die auf strikt ökonomischen Grundlagen gegründet sind. Die Erzählungen des I., die wegen ihrer Zynismen und eines scheinbar größeren Realismus wesentlich zu seiner Popularität beitrugen, handeln von Kopfgeldjägern, Banditen, Revolutionären und Spekulanten. In ihnen ist der Westerner als Held lange schon verschwunden (wird aber reinstalliert in Corbuccis *Il grande silenzio*, Leichen pflastern seinen Weg, I / F 1968, und Leones *C'era una volta il west*, Spiel mir das Lied vom Tod, I 1968). Die Dramaturgie des I. setzt auf überraschende Umschwünge und Ellipsen, mit denen die Sukzession des Verrats (*Il buono, il brutto, il cattivo*, Zwei glorreiche Halunken, R.: Sergio Leone, I 1966), die Rache für Morde an den Eltern, das Scheitern der mexikanischen Revolution durch Gewinnmacherei (*Il Mercenario*, Der Gefürchtete, I 1968, R.: Sergio Corbucci) in Szene gesetzt werden. Die damals überraschende Storyführung erweist sich im Rückblick als das schwächste und vorhersagbarste Moment des I., seine von Kritiken beklagte Immoralität scheint heute andererseits der Vorbote eines Erzählens, das an den Standards des klassischen Stils nicht länger festzuhalten

Clint Eastwood in *Per qualche dollaro in più* (Für ein paar Dollar mehr), D/Italien/Spanien 1965, R.: Sergio Leone

bereit ist. Formal ist das Genre von größerer Exaltiertheit als jedes andere der 60er Jahre. Die filmischen Mittel werden nicht im Sinne einer unsichtbaren Regie begriffen, ihre Funktionalität für die Präsentation der Handlung untergraben. Einen Schlag versetzt der I. nicht dem Genre des Western, sondern dem Erzählen selbst. Darin ist der I. ein frühes Exempel eines postmodernen Kinos (schon Wolfgang Lepenies beschrieb es 1972 als Kino des Posthistoire). Die negativen Expositionen von Leone, die aufgeschobenen Enden bei Corbucci nehmen gegenüber der Erzählung eine radikalere Haltung ein als die Storys der Filme zu den Grundlagen des Westerngenres. Das parodistische Element wird hier zum Formprinzip, selbst Kamerabewegungen entlarven sich als bloße Konventionen. Der I. hat eine vergleichsweise kurze Konjunktur gehabt; seine ersten Beispiele kommen um 1963 in die Kinos, der letzte bemerkenswerte Film dieses Subgenres (genauer: dieser Welle von Genredemolierungen) ist Leones *Giù la testa* (Todesmelodie, I 1971). Neben Parodien, wie den Filmen mit Bud Spencer und Terence Hill, folgten auf den I. vor allem amerikanische Filme, die Momente der expliziten Gewaltdarstellung ebenso übernahmen wie einige der Manierismen (→ Zeitlupe, → Zoom).

❑ George N. Femin, William K. Everson: The Western, New York 1973

❑ Oreste de Fornari: Sergio Leone, München 1984

❑ Christopher Frayling: Spaghetti Westerns, London 1981

❑ Wolf Lepenies: Der Italo-Western – Ästhetik und Gewalt. In: Karsten Witte (Hg.): Theorie des Kinos, Frankfurt am Main 1972

❑ Rainer Rother: Jenseits des Erzählkinos: Zitat und Bastelei. In: Die Neue Gesellschaft / Frankfurter Hefte, 38. Jg., 6 / 1991

❑ Thomas Weisser: Spaghetti Westerns – The Good, the Bad and the Violent, Jefferson / London 1992

IWF Das Institut für den Wissenschaftlichen Film ist in Deutschland die zentrale Serviceeinrichtung für Produktion, Dokumentation und Vertrieb audiovisueller Medien für Forschung und Lehre. Es wurde 1956 als gemeinnützige GmbH der Länder mit Sitz in Göttingen gegründet und wird von Ländern und Bund gemeinsam finanziert. Der Forschungsservice hilft Wissenschaftlern bei der Visualisierung ihrer Arbeiten. Die IWF-Dokumentation bietet kostenlose Informationen aus einer aktuellen Mediendatenbank sowie aus derzeit 17 Fachkatalogen. (K. H.)

J

Jendai-geki Ein → Genre des historischen Films (→ Historienfilm) in Japan, dessen Geschichten bevorzugt in der Togukawa-Ära (1616–1868) angesiedelt sind, als die japanische Gesellschaft gegenüber westlichen Einflüssen noch weitgehend abgeschottet war. Das populäre Genre hat auch Filme hervorgebracht, die international erfolgreich waren (*Shichinin no samuraj*, Die sieben Samurai, J 1954, R.: Akira Kurosawa; *Kagemusha*, Kagemusha – Der Schatten des Kriegers, J 1980, R.: Akira Kurosawa; *Ugetsu monogatari*, Ugetsu – Erzählungen unter dem Regenmond, J 1953, R.: Kenji Mizoguchi; *Joi-uchi*, Rebellion, J 1967, R.: Masaki Kobayashi). Insbesondere die Samuraifilme Kurosawas beeinflußten andere Filmemacher; die ersten → Italowestern Sergio Leones sind kaum verhüllte → Remakes oder Variationen, in denen die Charakterisierung der Hauptfigur härter und zynischer als bis dahin gewohnt ausfiel.

Jump Cut Ein Schnitt von einer Einstellung auf eine andere, deren räumlich-zeitliche Kontinuität nicht gewahrt scheint. Alle Verbindungen, die nicht den (flexiblen) Regeln des → Continuity-Systems folgen und daher die Aufmerksamkeit auf sich ziehen, können als J. C. (im Unterschied zu den → Match Cuts, die ebenfalls eine Diskontinuität in zeitlicher oder räumlicher Hinsicht bedingen, die aber motiviert durch den Handlungsablauf erscheinen) bezeichnet werden. Doch ist der Begriff für intentionale Verletzungen der Konvention reserviert: → Anschlußfehler sind mit ihm nicht gemeint. Ein Beispiel für den bewußt eingesetzten J. C. ist das Gespräch zwischen Jean-Paul Belmondo und Jean Seberg in *À bout de souffle* (Außer Atem, F 1960, R.: Jean-Luc Godard), dessen Kontinuität ostentativ dadurch unterbrochen wird, daß während der Autofahrt allein die verschiedenen Antworten Sebergs auf die (fehlenden) Fragen Belmondos, bei entsprechend geändertem Hintergrund, repräsentiert sind. Schnitte, die aus einer kontinuierlichen Aktion unvermittelt (d. h. nicht durch → Zwischenschnitte verdeckt) einen Teil eliminieren; die die gleiche Person aus nur wenig verschiedener Perspektive aber deutlich veränderten Entfernung oder wenig abweichender Distanz bei veränderter Perspektive konsekutiv zeigen; die während eines im → Schuß-Gegenschuß-Verfahren aufgenommenen Gespräches plötzlich die bisher eingenommene Perspektive oder Entfernung merklich variieren oder die ein Gespräch mit beiden Beteiligten im Bild mit nur geringen Positionswechseln der Kamera aufnehmen, können als J. C. wahrgenommen werden. Jede Veränderung gegenüber den von der Wahrnehmung des Zuschauers gewohnheitsmäßig akzeptierten Kameraentfernungen und Blickwinkeln, die zu klein oder zu groß erscheint, kann bei einer konsekutiven Aktion als J. C. realisiert werden. So auch eine Veränderung des Gegenstandes der Abbildung bei gleicher Kameraposition; ein deutlicher Zeitwechsel (Tag–Nacht); oder, bei beibehaltener Relation zum Gegenstand, ein veränderter Hintergrund (außen–innen). Der J. C. ist ein Element der Wildheit, das in das funktionierende → Continuity-System einbricht.

❑ David Bordwell, Kristin Thompson: Film, Art. An Introduction, New York 1990

❑ Karel Reisz, Gavin Miller: Geschichte und Technik der Filmmontage, München 1988

Junger Deutscher Film → Neuer Deutscher Film

K k

Kader →Bild

Kadrage Auch Kadrierung. Vom französischen Wort cadrage abgeleitet; die Bestimmung des Rahmens des Bildes (oder die Einrichtung der →Einstellung).

Kamera Vorrichtung zur rasch fortlaufenden, schrittweisen Belichtung von Einzelbildern. Darin wird der unbelichtete Film von einer Vorratsspule dem Transportmechanismus zugeführt, der in der Regel aus einem Greiferwerk besteht. Dieses zieht den Film in das Fenster hinter dem Objektiv und hält ihn dort für den Moment der Belichtung fest. Nun gibt eine →Blende (Verschluß) den Lichtweg frei und deckt anschließend während der nächsten Transportphase das Fenster wieder ab. Der belichtete Film wird vom Mechanismus fortgeführt und auf einer Spule wieder aufgerollt. Dieser Bildwechsel muß mindestens 16mal in der Sekunde stattfinden, damit später der Eindruck einer durchgehenden Bewegung erzielt wird. Seit der Einführung des Tonfilms ist die Geschwindigkeit des Bildwechsels auf 24 Bilder pro Sekunde genormt. Der Antrieb von K. geschah in der Frühzeit oft von Hand, später durch Federwerke und Elektromotoren, die heute meist elektronisch geregelt sind. Die Anforderungen an die Mechanik von

Freie Kranfahrt, seitliche Fahrt und Schwenk am Beginn der Ballsequenz in William Wylers *Jezebel* (USA 1938)

K. sind sehr hoch, denn schon kleinste Ungenauigkeiten in Filmführung, Filmtransport und Laufgeschwindigkeit werden bei der Projektion des Filmbildes unweigerlich als Bildstands- oder Belichtungsschwankung wahrnehmbar. Moderne K. sind besonders geräuscharm konstruiert, um bei Tonfilmaufnahmen nicht störend zu wirken (→ Blimp), und verfügen über einen Spiegelreflexsucher, der die Beobachtung des Filmbildes während der Aufnahme erlaubt. Oft ist auch eine Videoausspiegelung möglich, die das Bild auf einem Monitor sichtbar macht und die parallele Aufzeichnung einer Videoarbeitskopie erlaubt. (M. K.)

Kamerabewegung Die Veränderung des Standpunktes der Kamera im Raum oder ihre Drehung um die eigene Achse sowie jede Kombination davon. Die zunächst starre Kamera wurde schon bald beweglich; der Schwenkkopf ermöglichte horizontale und vertikale Bewegungen, die Kamera wurde auf bewegliche Gerätschaften gesetzt (→ Phantom Rides). Zudem gibt es als dritte grundsätzliche Bewegungsform das «Rollen» der Kamera, ihre Drehbewegung um die horizontale Achse.

Früh lassen sich, z. T. den dafür noch nicht eingerichteten Apparaten abgetrotzt und deswegen etwas unbeholfen und wackelig wirkend, K. in dokumentarischen Filmen registrieren: sie reagieren

z. B. auf Bewegung des Beobachtungsobjektes, das aus dem Rahmen zu treten droht. Die Verbreitung der K. in →Aktualitäten ist Resultat der nicht vollständig kontrollierbaren Aufnahmesituation, hat aber auch den Charakter einer vollständigen Bestandsaufnahme (bei Fahrten und Schwenks, die z. B. Zerstörungen infolge Naturkatastrophen zeigen). Im Spielfilm war es *Cabiria* (I 1913, R.: Giovanni Pastrone) mit seinen sachten, in die Raumtiefe oder seitlich geführten K., der international für Aufsehen und einen Nachahmungseffekt sorgte. Doch blieb die Funktion der K. bis in die frühen 20er Jahre hinein weitgehend auf ein deskriptives Moment beschränkt, das auch bei *Cabiria*, im Ausstellen der monumentalen Bauten, überwog. Eigenständigen Ausdruck gewann sie nachhaltig im deutschen Stummfilm (→Entfesselte Kamera), wo sie erzählerisches Moment wurde.

Die technische Entwicklung ging bald über Provisorien hinaus (→Dolly, →Kran, →Steadicam), und die bewegliche Kamera wurde, nach einer kurzen Übergangsperiode im →Tonfilm, für den professionellen Film eine Option der filmischen Artikulation. Sowohl die Begleitung von Figurenbewegungen wie die selbständige Beschreibung eines Schauplatzes können mit ihr realisiert werden. Doch auch eine selbständige, anders nicht erreichbare Erzählung kann in einer K. beschlossen liegen, wie in der Schlußsequenz von *Professione: Reporter* (Beruf Reporter, I 1975 R.: Michelangelo Antonioni). Dort verläßt die Kamera einen Innenraum und läßt den Protagonisten, den Jack Nicholson spielt, zurück. In einer ungeschnittenen Bewegung gleitet die Kamera auf den Vorplatz des Hotels, beobachtet mehrere Personen, die Ankunft der Polizei und kehrt dann mit ihrem Blick ins Zimmer zurück: der Mann ist tot, möglicherweise ermordet. Die in ihrer Bewegung frei gewordene Kamera ist in solchen Beispielen die im Vergleich zu allen anderen Ausdruckmitteln dominierende narrative Instanz. (→Fahrt, →Schwenk)

❑ David Bordwell: Camera Movement and Cinematic Space. In: Ciné-Tracts, Vol. 1, No. 2

❑ Michael Esser (Red.): Gleißende Schatten. Kamerapioniere der 20er Jahre, Berlin 1994

❑ Barry Salt: Filmstyle and Technology. History and Analysis, London 1992

Kammerspielfilm In den frühen 20er Jahren in Deutschland, vor allem vom Drehbuchautor Carl Mayer geschaffener Typ eines Films, der sich auf wenige Figuren konzentriert und deren Drama sich in der Einheit von Ort und Zeit entwickelt. Die fast ausschließlich in wenigen Innenräumen spielenden Filme arbeiten vorrangig mit nahen bis großen →Einstellungen; der innere Konflikt der Figuren steht im Mittelpunkt. Dieser erscheint als zwanghaft, unentrinnbar. Zum Stil des K. gehört die Betonung der Schauspielkunst, die →Inszenierung hebt zudem die symbolische Bedeutung der Gegenstände hervor. Nach Drehbüchern Mayers entstanden die Filme *Scherben* (D 1921, R.: Lupu Pick), *Hintertreppe* (D 1921, R.: Paul Leni, Leopold Jessner), *Sylvester* (D 1924, R.: Lupu Pick) und *Der letzte Mann* (D 1924, R.: Friedrich Wilhelm Murnau). Nach Büchern anderer Autoren entstanden die ebenfalls zum K. gerechneten Filme *Schatten* (D 1923, R.: Arthur Robison) und *Michael* (D 1924, R.: Carl Theodor Dreyer). Die Bezeichnung wurde in Anlehnung an die Kammerspiele der Inszenierungen naturalistischer Dramen durch Max Reinhard geprägt.

❑ Lotte H. Eisner: Die dämonische Leinwand, Frankfurt am Main 1980

❑ Jürgen Kasten: Carl Mayer. Filmpoet. Ein Drehbuchautor schreibt Filmgeschichte, Berlin 1994

Kasch Teilabdeckung des Bildfeldes (→ Maske). Bei der Projektion wird der auf verschiedene →Bildformate einstellbare, bewegliche, mit schwarzem Stoff bezogene Rahmen der Leinwand als K. bezeichnet. Mit ihm wird ein an den Rändern scharf begrenztes Bild erreicht (→Filmformate).

Kellerfilm →Regalfilm

Keystone 1912 gegründete Firma, deren Produktion von Mack Sennett geleitet wurde. K. war eine Stätte des frühen →Slapstickfilms, deren Darstellertypen Keystone Cops and Bathing Beauties mit ihren regelmäßigen Auftritten legendär wurden. Zu den Komikern, die bei K. begannen, gehörte auch Charly Chaplin.

Kinefilm Für Filmzwecke hergestelltes, mit einer Perforation versehenes Filmmaterial. Verschiedene Formate (8, 16, 35, 70 mm breit) sind heute gebräuchlich (→ Filmformate).

Kinemathek Institution, die Filme und mit dem Medium verbundene Objekte (Photos, Entwürfe, Plakate, Geräte, Drehbücher) etc. sammelt. (→Archiv, →Filmmuseum)

Kinetoscope Von der →Edison Company vertriebenes, von W.K.L. Dickson entwickeltes Betrachtungsgerät für kurze Filmaufnahmen. Die mit dem Kinetographen (einer von Dickson gebauten Kamera) aufgenommenen Filme nutzten bereits das 35-mm-Format des Rollfilms von → Eastman und besaßen für jedes Einzelbild vier Perforationslöcher auf jeder Seite des Filmstreifens. Berühmte Sujets dieser kurzen Streifen waren unter anderem Boxkämpfe, artistische Darbietungen oder Tänze. Im Betrachtungsgerät lief der Film über verschiedene Rollen als Endlosschleife, wobei die Vorführung durch Einwurf eines Geldstückes in Gang gesetzt wurde. Die kontinuierliche Bewegung des Filmbandes wurde über einen Elektromotor

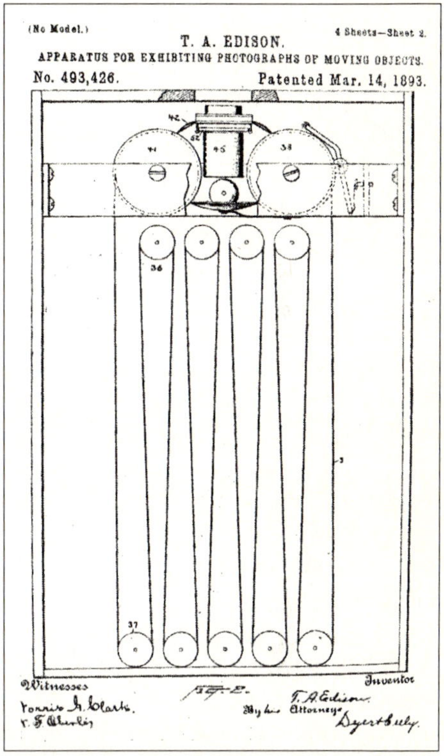

Edisons Schemazeichnung für die Patentanmeldung des Kinetoscopes

ermöglicht. Eine Blende ließ Licht jeweils für ein Einzelbild durch den Sehschlitz mit vergrößernder Optik dringen. Der auf einzelne Betrachter zugeschnittene Automat wurde seit 1893 öffentlich aufgestellt. Der Verzicht auf eine Projektion der Filme in Sälen, mit der ein größeres Publikum angesprochen wurde, war aus einer ökonomischen Kalkulation heraus unterblieben, doch zeigte sich mit den Vorstellungen der Brüder → Lumière, daß die Projektion der lukrativere Weg der Auswertung war. Am Ende des Jahrhunderts waren die Betrachtungsautomaten fast gänzlich verschwunden.

Kino Heute gebräuchliche Bezeichnung für die reguläre Abspielstätte von Filmen. In seiner Geschichte hat der Film diverse Modifikationen seiner Projektionsorte gekannt; erste permanente Orte der Filmvorführung waren die → Nickelodeons, in Deutschland die → Ladenkinos. Schon vor 1914 fand das ursprüngliche Jahrmarktsvergnügen auch in großen, repräsentativ gestalteten, auf neue, wohlhabende Publikumsschichten ausgelegten → Kinopalästen statt. Diese Form des Erstaufführungstheaters, dem auf dem Land und in Vororten kleinere Nachspielkinos entsprachen, blieb prägend bis in die 60er Jahre, in denen die zunehmende Konkurrenz des → Fernsehens sowie geändertes Freizeitverhalten eine Strukturkrise der gesamten Filmbranche verursachten. In Deutschland ging die Entwicklung zunächst in die Richtung der Aufteilung großer Säle in kleinere (Schachtelkinos), denen als Alternativen sowohl → Programmkinos wie → Kommunale Kinos entstanden. Seit den 80er Jahren entstehen wieder komfortable, mehrere größere Säle umfassende Kinos (→ Multiplex).

Neben den permanenten Spielstätten gab und gibt es Filmvorführungen mit mobilen Projektionsapparaten, die entweder zu besonderen Gelegenheiten oder im regelmäßigen Turnus Filmvorführungen in ansonsten anders genutzten Räumen ermöglichen.

❑ Rolf-Peter Baacke: Lichtspielarchitektur in Deutschland. Von der Schaubude bis zum Kinopalast, Berlin 1982

Kinopaläste Kinos mit besonderer Größe und repräsentativer Ausstattung. Die ersten ortsfesten Lichtspielhäuser waren → Ladenkinos. Um 1913 wurden – beeinflußt auch durch die wachsende Filmlänge – die ersten aufwendigeren Säle mit über 1000 Plätzen eröffnet, die sich in Deutschland stark am Vorbild der Theater orientierten. In den USA entstanden ab 1915 regelrechte Paläste mit riesigen Foyers und zahlreichen Läden, Restaurants und Dienstleistungseinrichtungen bis hin zur Krankenstation. Nicht allein Opernhäuser der Alten Welt dienten als Vorbild, sondern ebenso barocke Schlösser, gotische Kathedralen, orientalische Paläste, Tempel der Mayas oder Ägypter. Eine Besonderheit waren die an die Decke gemalten künstlichen Himmel; dadurch sollte die Illusion erweckt werden, man sitze im Freien. Kinopaläste hatten gewöhnlich 2000 bis 3000, später sogar über 6000 Sitze (Roxy, 1927) und setzten neue Maßstäbe für Luxus. Heute versuchen → Multiplexe damalige Ideen wieder aufzugreifen. (K. H.)

❑ Rolf Peter Baacke: Lichtspielarchitektur in Deutschland. Von der Schaubude bis zum Kinopalast, Berlin 1982

- Arthur S. Meloy: Theaters and Motion Picture Houses, New York 1916
- Ave Pildas: Movie Palaces. Survivors of an Elegant Era, New York 1980

Kinoreformbewegung Seit etwa 1907 im wilhelminischen Deutschland von verschiedenen Autoren und Interessengruppen getragene Tendenz, die publizistisch gegen den → Kintopp Stellung bezog. Vor allem der damalige → Spielfilm mit seinen mitunter sensationellen Geschichten forderte den Widerstand konservativer Bildungskreise heraus. Schon der dunkle Raum, den jede Filmvorführung erfordert, schien Gefahren für die Sittlichkeit heraufzubeschwören, welche durch die melodramatischen Storys keineswegs gemildert schienen. Die Propagierung von lehrhaften Filmen und die generelle Ablehnung des Spielfilms beginnen schon vor 1914 einer Strategie zu weichen, in der positive Konzepte für eine dem Volk zuträgliche Form der Unterhaltung entwickelt werden. Die aus dem Mißtrauen gegen die Masse und deren sowohl ungebildete wie gefährliche Bedürfnisse gespeiste K. findet nun vom Gesichtspunkt der Verhinderung solcher Befriedigung zu dem der patriotisch und sittlich gebotenen Steuerung der Befriedigung selbst. Die Bewegung mündet im Ersten Weltkrieg in eine Debatte über die Zuträglichkeit spekulativer Filmhandlungen überhaupt und spielt in den Überlegungen, Film als Propagandamittel zu nutzen, eine Rolle.

- Jörg Schweinitz: Prolog vor dem Film. Nachdenken über ein neues Medium 1909–1914, Leipzig 1992

Kinozug Im russischen Bürgerkrieg eingesetzte Form der Filmagitation; von Alexander Medwedkin entwickelt. Der K. enthielt Einrichtungen zur Entwicklung, zur Kopierung und zum Schnitt von Filmen sowie zur Projektion, so daß an den jeweiligen vom Zug besuchten Stationen Filme gedreht und dem Publikum binnen kürzester Frist gezeigt werden konnten. Die lange verloren geglaubten, vom Projekt des K. produzierten Filme sind vor kurzem von Chris. Marker in russischen Archiven identifiziert und in seinem Film *Le tombeau d'Alexandre* (Der letzte Bolschewik, F 1993) in Ausschnitten gezeigt worden.

Kintopp Auch Kientopp. In Berlin entstandene umgangssprachliche Bezeichnung, die sich von dem damals gebräuchlichen Wort Kinematograph ableitet. Mit ihm wurde der Ort bezeichnet, an dem Filmvorführungen stattfanden (→ Ladenkino), aber auch das Vergnügen allgemein. Auch für das Medium Film konnte K. gleichbedeutend eingesetzt werden.

Klappe Eine schwarze Tafel, die zu Beginn und am Ende jedes → Takes vor die Kamera gehalten wird. Auf ihr sind mit Kreide Daten zur Identifizierung des Films (Titel, Name des Regisseurs usw.) angegeben sowie die Nummer der aufzunehmenden Einstellung. Eine fortlaufende Zählung ermöglicht die Unterscheidung der jeweiligen Takes dieser Einstellung. Zur Synchronisierung von Ton und Bild wird im → Tonfilm die K. geschlagen, d. h., es wird eine mit einem Scharnier an der K. angebrachte Leiste auf sie geschlagen. Das Geräusch ermöglicht beim Schneiden die exakte Anpassung der Tonspur an das Bild.

Kodak Warenzeichen der → Eastman Kodak Co., zuerst verwendet für einen 1888 auf den Markt gebrachten Photoapparat für Rollfilm, der die Herstellerfirma und ihren Slogan «You push the button – we do the rest» weithin bekannt werden ließ. Mit der K.-Kamera war die bis dahin komplizierte und teure Amateurphotographie mit einem Schlage jedermann preiswert zugänglich. Der Apparat enthielt beim Kauf bereits Film für 100 Aufnahmen; nach der Belichtung wurde er an Eastman zurückgesandt, wo man die Aufnahmen zu einem Einheitspreis entwickelte und die Kamera mit frischem Film befüllte. Der Erfolg dieses Produkts bewog Eastman, den einprägsamen Begriff K. später auch für andere Erzeugnisse zu verwenden. (M. K.)

Kolorierung Verfahren der Farbgebung für einen Schwarzweißfilm, bei dem auf das Material per Hand Farben aufgetragen wurden. Die Umrisse der Farbe, die z. B. einem Kleid gegeben wurde, konnten in der Folge der Einzelbilder kaum genau übereinstimmen, so daß es bei der Projektion zum Eindruck von wolkigen oder tanzenden Farbflächen kam. In der von → Pathé eingeführten Schablonenkolorierung geschah der Farbauftrag über eine Matrize, die Flächen blieben weitgehend stabil und konnten dem Filmbild angepaßt werden. Das aufwendige Verfahren beruhte auf gleichbleibender Tönung einer Fläche und ermöglichte den Gebrauch von mehreren Farben für jede Einstellung (→ Colorisation).

Kommentar Erläuternder Text, der, aus dem → Off eingesprochen, Erläuterungen zu den im Film gezeigten Bildern gibt. Als Mittel des → Dokumentarfilmes seit Einführung des Tons dominierend bis zur Ausbildung neuer Stile (→ Direct Cinema, → Cinéma Vérité). Auch in anderen → Gattungen kann der K. eingesetzt werden und dient dort ebenfalls zur Informationsvermittlung, wie im → Lehrfilm, der → Wochenschau oder dem → Kompilationsfilm. Eine subjektivere Färbung kann der K. im → Essayfilm erhalten, wenn er eher Interpretationen der Filmbilder liefert als ihnen Informationen hinzufügt. Im → Spielfilm wird ein K. nur selten eingesetzt (→ Voice-Over).

Kommunale Kinos Ganz oder teilweise öffentlich finanzierte, nicht-kommerzielle Filmabspielstätten. Die Idee der westdeutschen K. K., allgemein als ein Kind der 70er Jahre und ihrer Kulturpädagogik angesehen, steht historisch in den Traditionen der Gemeindekinobewegung von 1912, Bestrebungen im Umfeld der SPD Ende der 20er Jahre, einer Programmatik des Deutschen Städtetages von 1952 sowie der Filmclubbewegung. Die Gründung der ersten kommunal subventionierten Kinos in Westberlin, Duisburg, Mannheim und Frankfurt am Main 1970/71 (nicht zufällig parallel zur Studentenbewegung) läßt sich erklären vor dem Hintergrund einer dreifachen Krise: der Städte (Enthumanisierung, Entvölkerung), der bis dahin vor allem auf Repräsentativität bedachten kommunalen Kulturpolitik und der Kino- und Filmwirtschaft. Auch suchte der → Neue Deutsche Film nach Abspielstätten, die sich ihm in den traditionellen Kinos und Filmkunsttheatern nicht boten. So stellten die K. K. von vornherein eine prononcierte Alternative zu den bestehenden Angeboten der kommerziellen Filmtheater dar. Ihre kleinsten gemeinsamen Nenner fanden sich im nichtgewinnorientierten Zeigen von Filmen und in dem Motto, «andere Filme anders zu zeigen» (Walter Schobert). Das kann zum Beispiel heißen: die Präsentation von Filmen innerhalb von Zusammenhängen (etwa in Seminaren, Werkschauen oder anders definierten Programmzyklen); die maximal zweimalige Aufführung einzelner Filme; das Angebot fremdsprachiger Produktionen möglichst in der originalen Fassung (ggf. mit deutschen Untertiteln); das Verständnis von Filmgeschichte nicht im musealen Sinne, sondern mit der Absicht, «in die Filmgeschichte sozusagen aus heutiger Sicht neue Schneisen zu legen» (Gregor 1971); eine aufwendige Aufführungspraxis bei Stummfilmen (Begleitung durch Live-Musik); die Betrachtung des Kinos als Ort des sozialen Kontaktes. Ziel war die Entwicklung eines neuen Filmverständnisses beim Publikum als Medium der Aufklärung, der Kritik und der Reflexion, der persönlichen Aussage, des Experiments und der Phantasie. Merkmal der Gründungen von K. K. war die Betrachtung von bestimmten Filmen als Kunstform, um sie abzusetzen von Filmen als Ware. Bereits 1971 formulierte Klaus Eder indes die Befürchtung, daß die Initiatoren kommunaler Kinos den Gemeinden gegenüber die Ausrede brauchen, es handle sich hier um Kunst – und die Gemeinden diese Ausrede brauchen, um Subventionen rechtfertigen zu können: «Film ist Ware, auch dann, wenn er in staatlich oder kommunal subventionierten Kinos vorgeführt wird.» (Eder, 1971, S. 4) Zwischen K. K. und →Filmarchiven herrscht aufgrund widersprüchlicher Interessen von jeher eine schwierige Beziehung. Eine Diskrepanz ist festzustellen zwischen der wissenschaftlichen Erarbeitung von Filmgeschichte und ihrer Präsenz in K. K. Durch die verschärfte Finanznot der Kommunen wurden zu Beginn der 90er Jahre unter anderem in Städten wie Hannover und Frankfurt am Main Krisensituationen ausgelöst. Ende 1995 gab es in der BRD 160 K. K., die in der Arbeitsgruppe für kommunale Filmarbeit e. V. (jetzt: Bundesverband Kinokultur e. V.) organisiert waren; zehn Prozent davon befanden sich in den fünf neuen Bundesländern. (R. A.)

❑ Klaus Eder: Kino ohne Kommerz. Über kommunale Kinos, Kunst-Kinos, Kommunikationszentren und Kulturpolitik. Ein Bericht zur Lage. In: Fernsehen und Film, Heft 7, Juli 1971
❑ Ulrich Gregor: Das Berliner Arsenal. In: Karsten Witte (Hg.): Theorie des Kinos, Frankfurt am Main 1973
❑ Hilmar Hoffmann: Kommunales Kino. In: ebd.
❑ Peter W. Jansen: Das Kino der Alternative. In: Hilmar Hoffmann (Hg.): Perspektiven der kommunlen Kulturpolitik, Frankfurt am Main 1974
❑ Reinhard Middel (Red.): Perspektiven kommunaler Filmarbeit in den neunziger Jahren, Frankfurt am Main 1990
❑ Walter Schobert: Andere Filme anders zeigen. Kommunale Kinos in der Bundesrepublik. In: Hans Günter Pflaum (Hg.): Jahrbuch Film 79/80, München 1979
❑ Volker Schulze: Frühe kommunale Kinos und Kinoreformbewegung in Deutschland bis zum Ende des ersten Weltkriegs. In: Publizistik, Heft 1, Januar-März 1977
❑ Walther Seidler (Red.): Filmgeschichte in der kommunalen Filmarbeit. Beiträge zu einem Symposium im Kino Arsenal am 30. Juni 1978 in Berlin. Hg. von der Stiftung Deutsche Kinemathek, Berlin 1978

Komödie Unter den → Genres des Films erfreuen sich die verschiedenen Spielarten der K. der dauerhaftesten Beliebtheit. Sie scheint kaum von Konjunkturen geplagt und besitzt an der Gesamtproduktion jedes Jahres, wenn auch nach Ländern unterschiedlich, einen hohen Anteil. Die Definition der K. ist frei von Bindungen an bestimmte Figuren, Landschaften oder Zeiten und wird ausschließlich vom gewünschten Effekt bestimmt und kennt etliche standardisierte Situationen und Storytypen, die zudem als → Parodien angelegt sein können. Dennoch lassen sich im weiten Feld des komischen Films einige ausgeprägte Formen oder Subgenres ausmachen.

Viel stärker als andere Genres ist die K. von bestimmten Schauspielern geprägt; der Komiker, seltener die Komikerin, kann die zentrale Instanz sein, mit der diese Filme ihr Gepräge finden. Dies gilt schon für die italienischen und französischen Darsteller, die um 1910 mit ihren → Serien besonders erfolgreich waren (Cretinetti, Onísime, kri kri u. a.). Max Linder war der erste Komiker, der im Film weltberühmt wurde; die von ihm geprägte Figur Max (schon die Kurzformen ihrer Namen verweisen auf die zentrale Bedeutung der Komiker und die vergleichsweise geringe der → Story), ein sorgfältig gekleideter, mit einem Gehstock balancierender Herr, beeinflußte Chaplins Figur des Tramps. Auch andere frühe Komiker entwickelten Figuren, die durch äußerliche Merkmale erkennbar waren und bestimmte Verhaltensmuster wiederkehrend zeigten (Ben Turpin, Fatty Arbuckle). Im deutschen Film sind für das komische Fach Hans Moser, Theo Lingen, Heinz Rühmann, in späteren Jahren Heinz Erhard, dann Loriot und Otto berühmt. Darsteller, die fast ausschließlich komische Rollen übernommen haben und dabei eine mehr oder minder große Bandbreite der Figur zeigten, waren international u. a. Fernandel, Louis de Funès, W. C. Fields, die Marx Brothers, das Duo Stan Laurel / Oliver Hardy, Jerry Lewis, Steve Martin, Toto, Roberto Benigni …

Neben der Identifikation durch den Darsteller sind auch stilistische und thematische Bezüge, die über allgemeine erzählerische Bauformen wie die Verwechslungs-K., die Militärklamotte oder die Ehe-K. hinausreichen, zu Grundlagen einer spezifischen K.-Tradition geworden. Die erste eigenständige komische Form des Films war der → Slapstick, in dem nur in diesem Medium realisierbare, komische Effekte erzielt wurden. Mit der Etablierung des abendfüllenden Spielfilms entwickelte die K. ebenfalls Langformen, von denen die in den USA in den 20er Jahren entstandenen Filme von Charles Chaplin (*Goldrush*, Goldrausch, USA 1925), Buster Keaton (*The Navigator*, Der Navigator, USA 1924; *The General*, Der General, USA 1926) und Harold Lloyd (*The Freshman*, Der Sportstudent, USA 1925; R.: Sam Tylor, Fred Newmeyer) Klassiker wurden. Eine ähnliche Blüte wie in diesem Jahrzehnt, in dem auch die Filme mit Harry Langdon und die ersten mit Stan Laurel / Oliver Hardy entstanden, hat die K. selten wieder erlebt. Die Bedeutung der physischen Aktion, die Verwendung von spektakulären Möglichkeiten anderer Genres (besonders des → Western) für komödiantische Effekte, die insbesondere das Stummfilmœuvre von Keaton aus-

Jour de fête **(Tatis Schützenfest), F 1947, R.: Jacques Tati**

zeichneten, ist in anderen Ländern deutlich weniger ausgeprägt. Auch entwickelten sich dort weniger prägende Darsteller; die klar gezeichneten Typen des Tramps, des Stoneface Buster oder des Jungen mit der Brille Harold blieben eine Spezialität des US-Kinos, die sich auch in den weiterhin produzierten kurzen Filmen findet. Kopiert wurden diese Typen auch in anderen Ländern, so in den frühen Filmen Yazuyiro Ozus in Japan.

Die Einführung des Tons ließ den Dialog zur Quelle der Komik werden. Tendenziell trat seither die physische Aktion zurück, auch der rein visuell gestaltete Gag verlor seine Bedeutung. In den K., die Ernst Lubitsch in den USA realisierte, ist jedoch der visuelle Witz ebenso wichtig wie der geschliffene Dialog. Mit der → Screwball Comedy entsteht in den USA ein neues Subgenre. Es beeinflußt auch den deutschen Film unter dem Nationalsozialismus (*Glückskinder*, 1936, R.: Paul Martin), ist dort aber im Tempo zurückgenommen und fast ganz auf dem Wortwitz aufgebaut. Karsten Witte stellt für die deutsche K. dieser Zeit eine generelle Verlagerung des visuellen Witzes auf den verbalen fest.

Eine besondere Situierung der K. in typisch englischem Ambiente, verbunden mit einer Aufmerksamkeit für die Probleme einer Gesellschaft, die gerade den Krieg gewonnen hat, aber noch lange unter den

Zwängen der Rationierung stehen wird, zeichnen die Ealing Comedies aus. Benannt nach dem Studio Michael Balcons, werden sie von Regisseuren wie Alexander Mackendrick, Robert Hamer, Charles Chrichton, Henry Cornelius realisiert und sind zwischen 1947 und 1955 sowohl sanfte Kritik wie prinzipielle Bestätigung des englischen Way of Life.

- ❑ Thomas Brandlmeier: Filmkomiker. Die Errettung des Grotesken, Frankfurt am Main 1983
- ❑ Raymond Durgnat: The Crazy Mirror. Hollywood Comedy and the American Image, London 1969
- ❑ Andrew S. Horton (Ed.): Comedy, Cinema, Theory, Berkeley / Los Angeles / Oxford 1991
- ❑ Walter Kerr: The Silent Clowns, New York 1975
- ❑ Gerold Mast: The Comic Mind, Chicago 1979
- ❑ Georg Seeßlen: Klassiker der Filmkomik, Reinbeck 1981
- ❑ Karsten Witte: Lachende Erben, Toller Tag. Filmkomödie im Dritten Reich, Berlin 1995

Komparse Darsteller kleiner Rollen, meist ohne Dialog, v. a. in Massenszenen oder für Szenen, die im öffentlichen Raum spielen, eingesetzt.

Kompilationsfilm Ein ganz oder überwiegend mit Ausschnitten aus bereits existierenden Filmen zusammengestelltes Werk, das, oft mit →Zwischentiteln oder → Kommentar, eine neue Kohärenz erreicht. K. nutzen das Ausgangsmaterial als eine Quelle und behandeln oft historische Themen. Der Umgang mit dem vorgefundenen Material hat andere Beweggründe als beim →Found-Footage-Film. Dort stehen ästhetische Probleme im Vordergrund, beim K. jedoch eine historische oder politische Fragestellung. Die entscheidende Leistung des K. ist die Zusammenfügung von Material, das aus unterschiedlichen Kontexten stammt und im ursprünglichen Zusammenhang für verschiedene Zwecke eingesetzt wurde. Der →Schnitt des K. muß daher die einzelnen Teile aus ihren Kontexten lösen und neu verbinden, ohne daß dies zum Eindruck der Fremdheit der Teile führte. «Bei kompetenter und gewissenhafter Verbindung kann das nichtinszenierte, direkt aufgenommene Material, dramatisiert und geschnitten, zu einer glaubwürdigen Darstellung vergangener Ereignisse werden. Es muß aber betont werden, daß die Authentizität des Originalmaterials nicht notwendigerweise einen wahrheitsgemäßen Kompilationsfilm ergibt.» (Reisz / Millar 1988, S. 133) Den möglicherweise ersten K. realisierte Esfir Schub mit *Padenije dinastii Romanowych* (Das Ende der Dynastie Romanow, UdSSR 1925). Zum Rückblick auf den überstandenen Weltkrieg wurden in mehreren Ländern K. hergestellt, die sowohl dokumentarisches als auch bereits während des Krieges inszeniertes, aber als authentisch ausgegebenes Material benutzten. In Deutschland wurde der zweiteilige Film *Der Weltkrieg* (D 1926 / 27, R.: Leo Lasko) von der →Ufa produziert. In diesem Film wurde auch nachträglich gedrehtes Material eingefügt. Diese Praxis ist für K. nicht ungewöhnlich, wird aber problematisch, wenn die eigens angefertigten Szenen nicht als solche gekennzeichnet werden. Für propagandistische Zwecke, denen auch schon die Weltkriegskompilationen verpflichtet sind, haben die Nationalsozialisten den K. eingesetzt; berüchtigstes Beispiel ist der antisemitische Hetzfilm *Der ewige Jude* (D 1940, R.: Fritz Hippler).

Wahrscheinlich ist keine andere Epoche

so oft durch K. erkundet worden wie der Nationalsozialismus. Die Lösungen des Problems, nur (oder: fast ausschließlich) Filmmaterial zur Verfügung zu haben, das bereits eine propagandistische Färbung besitzt, es aber in der Kompilation sozusagen gegen den Strich bürsten zu wollen, stellt sich hier besonders kraß. Erwin Leiser mit *Den blodiga tiden* (Mein Kampf, S 1960), Michail Romm mit *Obyknovennyi Fasism* (Der gewöhnliche Faschismus, UdSSR 1965) und Peter Cohen mit *Undergängens arkitektur* (Architektur des Untergangs, S 1989) haben vollkommen verschiedene Wege eingeschlagen, um gegen das Material einen aufklärenden Film zu realisieren. Eine Spielart des K. verbindet zeitgenössische Werbefilme zu einer Collage, deren Effekt mehr oder minder erhellend sein mag. Einen besonders eindrücklichen K. haben Harun Farocki und Andrei Ujica aus dem Material entwickelt, das während der Revolution in Rumänien sowohl von professionellen Teams wie von Amateuren aufgenommen wurde. Dieser Film befragt sein Material und läßt es, je länger er dauert, desto zweifelhafter werden, daß eine dieser Aufnahmen allein ein authentisches Bild des Dokumentierten zu geben vermöchte. *Videogramme einer Revolution* (BRD 1992) ist daher ein selbstreflexiver K. War der K. bis in die 60er und 70er Jahre noch oft für das Kino bestimmt und entsprechend auf Filmmaterial realisiert, so ist seine mittlerweile übliche Zielgruppe das Fernsehpublikum. Zu den sogenannten großen Jubiläen von historisch wichtigen Ereignissen werden von den Sendern aus ehemaligen Wochenschauaufnahmen und anderen Quellen Programme kompiliert und quasi auktorial präsentiert.

❑ Yizhak Ahren, Stig Hornskøj-Møller, Christoph B. Melchers: «Der ewige Jude». Wie Goebbels hetzte, Aachen 1990
❑ Jay Leyda: Filme aus Filmen. Eine Studie über den Kompilationsfilm, Berlin 1967
❑ Karel Reisz, Gavin Millar: Geschichte und Technik der Filmmontage, München 1988
❑ Harun Farocki: Substandard, in: Sensucht (= Schriftenreihe Forum, Bd. 4), Göttingen 1995, Hg. von der Kunst- und Ausstellungshalle der Bundesrepublik Deutschland

Konnotation Die Beziehung eines Zeichens zu dem Gegenstand, in der es sich nicht wörtlich auf ihn bezieht, sondern mit ihm verbundene Bedeutungen aktiviert. Für den Film sieht Metz die K. als Sinnerweiterung, die über die → Denotation zwar hinausgehen kann, jedoch immer von ihr abgeleitet oder motiviert erscheint.

❑ Christian Metz: Semiologie des Films, München 1972

Kontrast Das Verhältnis der hellen und der dunklen Bildpartien sowie das Vorkommen der Zwischentöne (Graustufen) bestimmen den K. im → Schwarzweißfilm; ein hoher K. liegt vor, wenn extrem helle und extrem dunkle Töne fast ohne Zwischenstufen vorhanden sind. Geringer Kontrast kommt durch das Fehlen oder die deutliche Abmilderung eines der Extreme zustande. Ein Bild, das über vielfältige Stufungen vom hellsten Bilddetail zum dunkelsten verfügt, hat reichen, aber nicht extremen K.

Kontrastmontage Eine Bildfolge, die die Einstellungen in der Form eines → Cross-Cutting oder einer → Parallelmontage zusammenfügt, ohne daß die Verbindung Gleichzeitigkeit oder Zusammengehörigkeit signalisiert. Die K. konfrontiert z. B.

Arm und Reich, Alt und Neu und muß dabei nicht immer auf einer Simultaneität der Szenen beruhen. Wird diese gewahrt, wie z. B. in *A Corner in Wheat* (USA 1909, R.: D. W. Griffith), wo die hungernden Farmer und der prassende Börsenspekulant in der gleichen Zeit agieren, so ist die K. ein Sonderfall einer Parallelmontage, die über das zeitlich verbindende Moment ein inhaltlich differenzierendes (oder gar trennendes) mobilisiert. Ist keine zeitliche Beziehung gegeben, so kann die K. ihren immer polemischen Unterton unabhängig von erzählerischen Zusammenhängen entfalten. Ein Beispiel für eine solche Montage ist die Gegenüberstellung der Schlachtung von Tieren und der Zerschlagung eines Streiks in *Statschka* (Streik, UdSSR 1925, R.: Sergej Eisenstein).

❑ Sergej M. Eisenstein: Streik (Schriften 1. Hg. von Hans-Joachim Schlegel), München 1974

Kopierwerk Aufgabe des K. ist zunächst die Entwicklung und Kopierung des in der → Kamera aufgenommenen Originalmaterials. Nach der → Montage des Films übernimmt das K. dann die Herstellung der Massenkopien für den Kinoeinsatz. Heutige K. arbeiten in hohem Maße mechanisiert: Die Entwicklung findet in Maschinen statt, in denen die Filme durch Tanks mit den benötigten Bädern laufen und nach einer anschließenden Warmlufttrocknung fertig aufgespult entnommen werden können. Die Kopierung der Filme ist in der Regel ein Stoßgeschäft, denn von einem bestimmten Film muß in kürzester Zeit eine große Zahl an Kopien hergestellt werden, um gleichzeitig zum Kinostart zur Verfügung zu stehen. Hierfür stehen automatische Kopiermaschinen mit hoher Arbeitsgeschwindigkeit zur Verfügung. Ein hohes Maß an verantwortungsvoller menschlicher Hand- und Kopfarbeit ist allerdings in den vorbereitenden Arbeiten im K. enthalten. Anhand der → Arbeitskopie wird das Originalnegativ geschnitten und kopierfertig gemacht, ggf. werden → Blenden und Trickaufnahmen zusätzlich angefertigt und eingesetzt. In Zusammenarbeit mit Regie und Kamera wird die Licht- und Farbbestimmung für den Film szenenweise erarbeitet. Nach der → Nullkopie und ggf. mehreren Korrekturkopien erfolgt dann die Freigabe für die Massenkopierung. (M. K.)

❑ Johannes Webers und K. Westendorp: Einführung in die Filmkopierwerkstechnik, in: Fernseh- und Kinotechnik 1 / 1978 – 11 / 1980

Koproduktion Ein Film- bzw. Fernsehvorhaben, das von mehr als einem Produzenten realisiert wird, wobei sich deren Beteiligung auf verschiedenste Bereiche erstrecken kann: Filmstoff, Drehbuch, Besetzung, Kalkulation und Herstellungskosten, Drehplan und Filmfinanzierung. Vertraglich wird vor Beginn der K. festgelegt, auf welchem der organisatorischen, technischen, wirtschaftlichen, finanziellen, künstlerischen und rechtlichen Gebiete die Entscheidungen gemeinsam oder von einzelnen getroffen werden.

Es gibt K. zwischen verschiedenen Fernsehanstalten (Gemeinschaftsproduktionen) und Fernsehanstalten mit unabhängigen Produzenten (Film-Fernseh-Koproduktionen), europäische und internationale K. für Film- und Fernsehwerke. Wenngleich als wichtigste Motivation für K. immer die Teilung von Kosten und Risiken gilt, wird der Unterschied zwischen der Kofinanzierung und einer echten K. darin gesehen, daß letztere mehr einschließt als die reine Kostenteilung und auf Synergien in anderen Bereichen setzt.

Eine K. hat zumeist nach Fertigstellung des Films ihren Zweck erfüllt und wird dann (juristisch) aufgelöst bzw. werden im Fall von entsprechenden vertraglichen Vereinbarungen lediglich noch Erlöse der kommerziellen Auswertung anteilig realisiert. (C. V.)

- ❑ Christina Kallas: Europäische Film- und Fernsehkoproduktionen, Baden-Baden 1992
- ❑ Georg Roeber / Gerhard Jacoby: Handbuch der filmwirtschaftlichen Bereiche, Pullach bei München 1973

Korn Die Abbildung der Gegenstände vor der Kamera erfolgt durch eine Sensibilisierung der photographischen Schicht. In ihr reagieren Halogen-Silber-Verbindungen, die in Gelatine als Bindemittel eingelagert sind, auf das einfallende Licht. Diese Verbindungen sind Kristalle, die auch als Körner bezeichnet werden. Lichtempfindliche Filme sind grobkörniger als geringer empfindliche, zeichnen also weniger Details. Bei extremer Vergrößerung wird das K. sichtbar.

Kran Transportvorrichtung für die Filmkamera. Im Gegensatz zum alltäglichen Vorstellungsbild eines Kranes ist ein K. im Film ein meist mit einer beweglichen Basis ausgestattetes Gerät, auf dem ein durch Gegengewichte stabilisierter Ausleger ragt, der eine Plattform für die Kamera trägt. Der Ausleger ist horizontal und vertikal schwenkbar, das gesamte Gerät entweder manuell, hydraulisch oder elektrisch betrieben. Die verschiedenen Typen eines K. erlauben sehr ausgedehnte und variable Kamerabewegungen, deren spektakulärste Form der fließende Übergang von einer extrem totalen Aufsicht zu einer sehr nahen Einstellung ist.

Kriminalfilm Allgemein die Bezeichnung für jeden Film, dessen Handlung sich um ein Verbrechen (und dessen Aufklärung) rankt. In der weiten Bedeutung, die das Wort im Deutschen besitzt, faßt es kein spezifisches →Genre, wohl aber werden unter ihm einige zusammengefaßt (→Detektivfilm, →Gangsterfilm, Polizeifilm). Als K. gelten so unterschiedliche Beispiele wie *Es geschah am hellichten Tag* (CH / D / E 1958, R.: Ladislao Vajda), *Le cercle rouge* (Vier im roten Kreis, F / I 1970, R.: Jean Pierre Melville), *Du riffifi chez les hommes* (Riffifi, F 1956, R.: Jules Dassin), *The Killers* (Rächer der Unterwelt, USA 1946, R.: Robert Siodmak) oder *The Killing of a Chinese Bookie* (Mord an einem chinesischen Buchmacher, USA 1976, R.: John Cassavetes). Die Aufklärung eines Verbrechens im Stile eines englischen Whodunit, die minutiöse Planung und Ausführung eines Einbruchs (Big Caper Movie), die Karriere eines kleinen Gangsters, die Verwicklung Unschuldiger in kriminelle Machenschaften, all das kann ein Element sein, womit der Film sich als K. klassifizieren läßt.

- ❑ Meinolf Zurhorst: Lexikon des Kriminalfilms, München 1985
- ❑ Hans Gerhold: Kino der Blicke. Der französische Kriminalfilm, Frankfurt am Main 1989

Kuleschow-Effekt Lew Kuleschow hat das vielleicht berühmteste Montageexperiment durchgeführt, das in den unter-

Es geschah am hellichten Tag, CH/D/E 1958, R.: Ladislao Vajda

schiedlichsten Varianten überliefert und wiederholt worden ist: Er nahm eine Großaufnahme des Schauspielers Iwan Mosjukin, eine Aufnahme mit bewußt ausdruckslosem Blick, und schnitt sie mit der Aufnahme eines Tellers Suppe, der Aufnahme eines toten Mannes und der Aufnahme einer lasziven Frau zusammen. Die Zuschauer, denen Kuleschow diese kleine Sequenz vorführte, glaubten angeblich, auf dem Gesicht des Schauspielers im einen Fall Hunger, im anderen Trauer, im dritten Begierde feststellen zu können. Ähnlich kann sehr heterogenes, an verschiedenen Orten aufgenommenes Material dennoch den Eindruck einer einheitlichen Raumvorstellung erzeugen. Diese Experimente stellen die Macht der →Montage unter Beweis. Das Interesse, das Kuleschow und seine Kollegen an Montageexperimenten hatten, ist primär praktischer, nicht psychologischer Natur – Montageexperimente erkunden ein Wissen über die Induktion von Bedeutungen, das unmittelbar in Montagepraxis zurückgeführt werden kann. (B. H. / H. W.)

Kulisse →Dekoration

Kulturfilm Unter K. (der Begriff des →Dokumentarfilms war in Deutschland nicht geläufig) wurden in den 20er Jahren gefaßt: wissenschaftlicher Film und Forschungsfilm, Lehr-, Unterrichts- und Erziehungsfilm, populärwissenschaftlicher Groß- und Beiprogramm-Film, Expeditionsfilm. Seine Definition ergab sich stets aus der Opposition zum Schundfilm, zum Kintopp, zur Unterhaltung: «Kulturfilm ist eine Wertung nach der Güte und nicht nach dem Zweck des Films» (Traub, 1933, S. 15). Produktionsgeschichtlich erschien er spät im Ersten Weltkrieg und behielt eine führende Stellung bis 1945. Einen Einschnitt markierte die Gründung der →Ufa-Kulturabteilung am 1. 7. 1918. Die vor 1918 bereits in Deutschland aufgeführten K., überwiegend französischer Herkunft aus der Produktion des Herstellers →Pathé, waren ebenso Programmteile der Filmtheater wie von Schulen: «Die Lehrerschaft protestierte zum Schutze der Schuljugend gegen die Vorführung minderwertiger Filme und verlangte Material wissenschaftlichen und belehrenden Inhalts» (Kalbus, 1924, S. 2). Es gab zu dieser Zeit nur wenige deutsche K.-Produzenten. Hans Cürlis gründete 1919 ein Institut für Kulturforschung, zu dessen Mitarbeitern u. a. Karl Koch, Lotte Reiniger und Walter Günther gehörten. Cürlis drehte überwiegend Filme zu kulturgeschichtlichen Themen, darunter eine Serie zu Arbeitsmethoden zeitgenössischer Maler.

1919 / 20 dreht Arnold Fanck den Skifilm *Das Wunder des Schneeschuhs*, 1924 / 25 entstehen die beiden Ufa-Produktionen *Wege zu Kraft und Schönheit. Ein Film über moderne Körperkultur* (R.: Wilhelm Prager) und der Unterwasser-Tierfilm *Die Wunderwelt des blauen Golfes* (R.: Ulrich K. T. Schulz). Martin Rikli, seit 1927 bei der Ufa, beginnt 1930 mit seinen Expeditionsfilmen, so etwa die teils im Atelier entstandene Tonfilmproduktion *Am Rande der Sahara* (1930, R.: Rikli, Rudolf Biebrach). Kaufmanns Vorschlag von 1931, K. zu ersetzen durch Begriffe wie populärwissenschaftlicher oder Forschungsfilm, blieb wirkungslos. So wurde dem Film *Mechanika golow nogo mosga* (Die Mechanik des Gehirns, UdSSR 1926, R.: Wsewolod Pudowkin) in Deutschland attestiert, er versuche «die vollkommene Vereinigung von Kultur- und Spielfilm, die Durchdringung optisch-unterhaltender Anschauung mit lehrbaren und aufklärenden Inhalten» (Berliner Börsen-Courier, 30. 1. 1931). Ein nicht datierter Katalog des Reichsfilmarchivs gliedert (vermutlich 1944) den K. in Berichtsfilme, Lehr- und wissenschaftliche Filme, sonstige kunst-, filmkundliche oder Avantgarde-Filme. Der K. war in den Kinos Teil des Beiprogramms, in Schulen und Bildungseinrichtungen hingegen wurde mit ihm Unterricht in einem umfassenderen Sinne bestritten. Im nationalsozialistischen Staat war der nichtfiktionale Film ein Mittel der Propaganda und der Erziehung. Die Gründung der Deutschen K.-Zentrale am 1. 6. 1940 führte dazu, daß alle entsprechenden Projekte zur Genehmigung vorgelegt werden mußten. «Die Zahl der Produktionsfirmen wurde auf 25 bis 30 eingeschränkt, ihre Produktion auf 150 bis 160 Filme pro Jahr» (Bitomsky, 1988, S. 444). In den 50er Jahren befand sich der westdeutsche K. bereits in einer tiefgreifenden Krise, aus der er sich nicht mehr befreien konnte. Zu einem der ersten abendfüllenden Nachkriegs-K., *Das Lied der Wildbahn* (BRD 1949, R.: Heinz Sielmann), hieß es, in einigen Szenen sei «der große Friede der Natur eingefangen», sie hätten «etwas ausgemacht Tröstliches» (Eggebrecht 1950, S. 298). Weder die zahllosen bundesdeutschen Städtefilme noch solche zu Kunstthemen hatten internationales Niveau. Hoffmann 1960 zur Nachkriegsentwicklung: «Da sich der deutsche Kurzfilm hartnäckig Kulturfilm nennt, haben offenbar nur wenige Produzenten die Neigung verspürt, sich dem eigentlichen Dokumentarfilm zuzuwenden und die Wirklichkeit von der Straße ins Bild zu holen. Dabei waren die Ansätze nach dem Kriege, zunächst noch unter der Hoheit der britischen Besatzungsmacht, durchaus vorhanden. Günther Schnabel brachte mit 3/4 7 (1948) und mit *Des Kaisers Hafen* (1949) harte Reportagen aufs Zelluloid. Auch der leider zu lange Dokumentarbericht *Asylrecht* (1949, R.: Rudolf W. Kipp) vermittelte beklemmende Einblicke in die soziale Wirklichkeit.» (Heft 5, 1960, S. 3) Hebecker 1958: «Der deutsche Kulturfilm hat einen fatalen Hang zu den ‹ewigen Werten›; er sollte sich beeilen, sein Augenmerk auf das Aktuelle zu richten, bevor ihm das Fernsehen auch hier die Themen entwendet.» In der DDR wurde der Begriff des K. nicht übernommen, sondern ersetzt durch den des populärwissenschaftlichen Films, welcher neue (gesellschaftliche) Positionen besetzen und progressiv weiterentwickeln sollte. Cürlis und Schulz brachten allerdings nach 1945 auch Traditionen und Erfahrungen des Kulturfilms in das dortige Filmwesen ein. Frühe dort entstandene populärwissenschaftliche Filme waren *Fleckfieber droht* (1946, R.: Cürlis / Fritz Dick) über Gefahr und Bekämpfung von Volksseuchen und *Formende Hände* (1948 / 49, R.: Hans Cürlis) über die Arbeit der während der NS-Zeit totgeschwiegenen Bildhauerin Renée Sintenis. (R. A.)

- Hartmut Bitomsky: Der Kotflügel eines Mercedes-Benz. Nazikulturfilme, Teil I: Filme von 1933 bis 1938. In: Filmkritik, Nr. 322, 27. Jg., Heft 10, 1983; Teil II: Filme von 1939 bis 1945. In: Filmkritik. Nr. 324, 27. Jg., Heft 12, 1983
- Jürgen Eggebrecht: Das Lied der Wildbahn. In: Unsere Schule, Nr. 5, Mai 1950, S. 297–298
- Klaus Hebecker: Das Mottenpulver der Langeweile. In: Film-Forum, H. 7, 1958
- Hilmar Hoffmann: Eine Chronik des Kultur- und Dokumentarfilms. In: filmforum, Heft 10, 1959, bis Heft 9, 1960 (Serie)
- Werner Hortzschansky: Unterrichtsfilm, Lehrfilm, Industriefilm, Forschungsfilm, Populärwissenschaftlicher Film, Dokumentarfilm. Versuch einer Begriffsbestimmung. In: Deutsche Filmkunst, Heft 1, 1955, S. 3–15 (Beilage)
- Oskar Kalbus: Abriß einer Geschichte der deutschen Lehrfilmbewegung. In: Edgar Beyfuß / A. Kossowsky (Hrsg.): Das Kulturfilmbuch, Berlin 1924, S. 1–13
- William Uricchio: The Past as Prologue? The ‹Kulturfilm› before 1945. In: Blicke in die Welt. Hg. von Heinz-B. Heller und Peter Zimmermann, Konstanz 1995, S. 263–287

Künstlerfilm Bezeichnet keine Gattung oder Stilrichtung, sondern die Tatsache, daß der Autor oder die Autorin nicht in der Hauptsache Filmemacher bzw. Filmemacherin, sondern Künstler bzw. Künstlerin ist, aus deren künstlerischem Schaffen heraus sich die Hinwendung zum Medium Film ergibt. Am bekanntesten sind hierfür Andy Warhol und Joseph Beuys (als bildende Künstler) oder auch Peter Weiss (als Autor). Häufig sind es Künstler aus den Bereichen Fotografie, Malerei, Bildhauerei, aber auch Theater, die sich im verwandten Medium mit Themen (wie etwa zu Beginn der 70er Jahre Wahrnehmung und die Beziehung zwischen Objekt und Abbild) oder Gestaltungsmerkmalen (Farbe, Licht, Raum, Zeit) ihres Œuvres auseinandersetzen, oder Performance- und

Mixed-Media-Artisten, die den Film im Zusammenwirken mit anderen Medien einsetzen. Einige Happening- und Fluxus-Aktionen oder Land-Art-Projekte existieren nur noch als Film, so *Walking a straight Line 10 Miles long out and back* (USA 1969, R.: Richard Long) oder auch Christos *Running Fence* (USA 1974) (→ Expanded Cinema). Viele bildende Künstler gehen seit Mitte der 70er Jahre vom Film zu Video über. Die Bezeichnung K. wird oft fälschlich für Filme verwendet, in und mit denen Künstler und Künstlerinnen porträtiert werden oder auch als Abgrenzung zum sogenannten Kunstfilm, der sich vermeintlich durch bessere handwerkliche Qualität vom K. abhebt. (C. V.)

❑ Birgit Hein, Wulf Herzogenrath: Film als Film – 1910 bis heute, Stuttgart 1977

Kuratorium Junger Deutscher Film Durch Erlaß des Bundesministers des Innern wurde am 1. 2. 1965 das K. als Konsequenz aus dem Oberhausener Manifest (→ Neuer Deutscher Film) gegründet. Damit stellte es die erste bundesdeutsche Institution zur Förderung des Fillmnachwuchses dar. Nachdem 1968 die ersten fünf Mio. DM aus einer einmaligen Zuwendung des Innenministeriums aufgebraucht waren, bedurfte es zäher Länderverhandlungen, um Kontinuität zu gewähren. Seit 1969 / 1970 trugen die zehn westdeutschen Bundesländer und Berlin gemeinsam die Institution. Aufgrund einer Forderung der Finanzminister der Länder nach mehr Einsicht und Mitspracherecht bei der Finanzgestaltung wurde der Verein 1982 in eine Stiftung des öffentlichen Rechts umgewandelt. Mit der Strukturveränderung einher ging die Erhöhung des öffentlichen Zuwendungsvolumens – zunächst auf 1,1 Mio., dann auf 2,2 Mio. DM. Eine bereits 1977 von der Kultusministerkonferenz der Länder verfaßte Denkschrift stellte eine jährliche Fördersumme von 5,2 Mio. DM in Aussicht, die allerdings nie erreicht wurde. Damit blieb das Kuratorium eine finanziell schwach ausgestattete Förderinstitution. Die Mittel werden als zinslose, zweckgebundene Darlehen vergeben und müssen ausschließlich aus erzielten Erlösen des Produzenten (also bedingt) zurückgezahlt werden. Die Arbeit der Institution hat sich als wesentliches und oftmals unverzichtbares Fundament für den Erfolg und internationalen Ruf des jeweils jungen deutschen Films erwiesen. Zentrale Aufgabe des Kuratoriums stellt die Produktionsförderung dar. In der Frühzeit der Institution wurden bis zu 300 000 DM je drehfertiges Vorhaben vergeben, heute zwischen 100 000 und maximal 150 000 DM – Beträge, die oft nicht einmal als Anschubfinanzierung ausreichen. Die Möglichkeit einer Vertriebsförderung als zinsloses Darlehen besteht seit 1971, wie es auch für die Finanzierung von Untertiteln für Festivals seit 1980 zuerkannt werden kann. Mit Beginn der Länder-Filmförderungen (→ Filmförderung) Ende der 70er Jahre und verstärkt in den Jahren nach dem Beitritt der fünf neuen Bundesländer zur BRD geriet das Kuratorium in eine Art Legitimationskrise. Darüber hinaus bleibt die Zukunft des K. noch 1996 / 97 im Zuge der Einsparungsmaßnahmen bei den staatlichen Haushalten ungeklärt. (R. A.)

❑ Volker Baer: Das Kuratorium junger deutscher Film – ein Vierteljahrhundert bundesdeutscher Filmgeschichte. In: Rosemarie Schatter (Red.): 25 Jahre Kuratorium junger deutscher Film, Wiesbaden 1990
❑ Petra Eggensperger (Dokumentation): 30 Jahre Kuratorium junger deutscher Film. Die geförderten Projekte 1965–1995, Wiesbaden 1995
❑ Wilhelm Roth: Kuratorium am Scheidewege. In: epd Film, H. 9, 1995

Kurzfilm Die Definition richtet sich ausschließlich nach seiner Länge, unabhängig von der → Gattung oder dem → Genre, zu dem er gehört. Seine Dauer beträgt deutlich weniger als eine abendfüllende Vorstellung, wobei die Grenzen je nach Umständen verschieden gesetzt werden können. Als Bezeichnung wird K. erst sinnvoll, seit es den Spielfilm in abendfüllender Länge als Hauptbestandteil einer Kinovorstellung gibt, also erst ab ca. 1915. Früher entstandene kurze Filme wurden nach der Anzahl ihrer → Akte oder nach ihrem Sujet (→ Aktualitäten) bezeichnet.

Die Veränderung der Kinovorstellungen selbst hat die Bedingungen für den K. entscheidend geändert. Mittlerweile ist die typische Abfolge für einen Kinoabend so charakterisierbar: dem Werbeblock (zusammengesetzt aus überregionaler Werbung mit immer als Film oder Video-Blow-ups realisierten → Spots und regionaler Werbung, als Dia, Film oder Video präsentiert) folgen ein oder mehrere → Trailer, dann der Hauptfilm. In früheren Jahren, noch bis in die 60er und sogar 70er Jahre hinein, gehörte zum Kinoabend auch ein Vorfilm, der ein K. war. Die Veränderung der steuerlichen Bewertung von Kinovorführungen hat, zusammen mit einer veränderten Sehgewohnheit des Publikums, dazu geführt, daß K. nur noch ausnahmsweise in Kinos zu sehen sind (→ Kulturfilm).

❑ Günter Knorr: 20 Minuten Vergangenheit. Eine Skizze über den deutschen Kurzspielfilm 1929–1940. In: Retrospektive 9. Dokumentation zu den filmhistorischen Vorführungen der Internationalen Filmfestspiele 1975. Redaktion: Peter Spiegel, Berlin 1975
❑ Günter Knorr: 20 Minuten Vergangenheit – 2. Abteilung. In: Retrospektive 10. Dokumentation zu den filmhistorischen Vorführungen der Internationalen Filmfestspiele 1976. Redaktion: Hans Borgelt, Berlin 1976
❑ Constantin Wulf: Wildwuchs im Niemandsland. Bausteine zu einer Kartographie des Kurzfilms. In: Blimp, Nr. 26, Winter 1993

Ladenkino Bezeichnung für die ersten ortsfesten Kinos in Deutschland. Die Anfänge des Kinos blieben lange unbeachtet. Seit Anfang der 80er Jahre sind jedoch zahlreiche lokale Kinostudien erschienen, die Tendenzen der Einführung des neuen Mediums Film deutlich machen. Die ersten Filmvorführungen fanden in Wirtshäusern, bürgerlichen Gesellschaftshäusern und Vergnügungsstätten wie Varietés statt. Der nächste Schritt waren kleine Wanderkinos auf Jahrmärkten, Schützenfesten usw., die sich zu riesigen Zeltkinematographen mit mehreren tausend Plätzen entwickelten. Ab 1905 wurden zunächst in Berlin und Hamburg, bald aber im gesamten Deutschen Reich ortsfeste Kinos eröffnet, die den → Nickelodeons in den USA entsprachen. Oft wurden in aller Eile ehemalige Läden oder leerstehende Wohnungen zum länglichen Kinoraum umfunktioniert und mit Klappstühlen oder Bänken bestückt. Die Technik war oft miserabel. Es durfte geraucht werden, oft gab es einen Getränkeausschank, und die wenigsten Kinos waren beheizt oder belüftet. Gespielt wurde ununterbrochen vom frühen Nachmittag bis in die Nacht. Das Programm bestand aus einer kuriosen Mischung verschiedener Filme von wenigen Minuten Länge (z. B. Aktualität, Humoreske, Drama usw.), deren Zusammenstellung häufig an Programme der Varietés erinnerte. Die Filme mußte der Kinobesitzer kaufen. Da für den Betrieb eines Kinos zunächst keine Auflagen gemacht wurden, witterten hier viele das schnelle und leichtverdiente Geld. Gerade in der Hauptstadt Berlin war das Kino eine boomende Branche. Nach der ersten Eröffnung im März 1905 stieg die Zahl zwischen 1907 und 1912 auf bis zu 400 Spielstätten. Zur Hochzeit des L. soll es 1912 / 1913 im Deutschen Reich 3000 bis 4000 Spielstätten gegeben haben. Doch langfristig konnte sich diese improvisierte Form nicht halten. Mit dem Union-Theater am Alexanderplatz wurde 1909 der erste → Kinopalast in Berlin eröffnet. (K. H.)

❑ Corinna Müller: Frühe Deutsche Kinematographie. Formale, wirtschaftliche und kulturelle Entwicklungen, Stuttgart / Weimar 1994

❑ Joachim Steffen, Jens Thiele, Bernd Poch (Hg.): Spurensuche. Film und Kino in der Region, Oldenburg 1993

Last Minute Rescue Eine Form der → Parallelmontage, die in den Filmen von David Wark Griffith entwickelt wurde. Die typische Situation dieser Rettung in letzter Minute konfrontiert alternierend Bilder der Bedrohung einer hilflosen Person (auch einer hilflosen Gruppe), die von Gangstern umringt, doch noch in einem abgeschlossenen Raum vor ihnen geborgen sind, mit den in immer kürzer werdenden Abständen montierten Bildern der herannahenden Retter. Beispiele aus dem Werk von Griffith sind etwa *The Fatal Hour* (USA 1908) und *The Lonedale Operator* (USA 1911). Die erzählerische Konfrontation von einer bedrohten Figur, ihren Angreifern und den Rettern hat entscheidend zur Herausbildung einer narrativ funktionierenden Montage beigetragen. In den Jahren um 1910 war es keineswegs nur Griffith, der dieses Modell erprobt hat, wenn er es auch am konsequentesten, bis hin zu den Schlußsequenzen in *The Birth of a Nation* (Die Geburt einer Nation, USA 1915) und *Intolerance* (Intoleranz, USA 1916) entwickelte. Andere Beispiele finden sich in Filmen von → Pathé und bei Alice Guy (*Suspense*, USA 1913). Weder Popularität noch Wirksamkeit des eingeführten Topos haben nach seiner Entdeckung und Vervollkommnung nachgelassen. In der Stummfilmkomödie bedient sich vor allem Buster Keaton des spannungsteigernden Mittels (so z. B. in *Our Hospitality*, Verflixte Gastfreundschaft, USA 1923, und *Steamboat Bill jr.*, USA 1927), das in populären Genres (→ Western, → Thriller) seinen festen Platz hat. Der → Action-Film (z. B. die *Die-Hard*-Serie), aber auch moderne → Abenteuerfilme (wie Spielbergs *Indiana-Jones*-Serie) häufen die L.-M.-R.-Sequenzen und stellen sie nicht länger ausschließlich an das Ende des Filmes, sondern benutzen sie im Verlauf als eine immer wieder aktualisierbare Struktur.

Einen böse parodistischen Effekt hat Stanley Kubrick in *Dr. Strangelove: or How I Learned to Stop Worrying and Love the Bomb* (Dr. Seltsam oder Wie ich lernte, die Bombe zu lieben, USA 1963) aus dem längst konventionalisierten Verfahren gezogen, indem er die Anstrengungen einer B-52-Crew, eine Atombombe über der UdSSR abzuwerfen (bedauerlicherweise hat sie die Entwarnung wegen eines defekten Funkgerätes nicht erreicht), mit lauter Schwierigkeiten überhäuft, bis der weltzerstörerische Abwurf als Last Minute Destruction erscheint.

Laterna Magica Frühes Gerät zur Projektion von zunächst handgemalten Glasbildern. Obwohl es schon zuvor Ideen einer Projektion gab, werden die Grundlagen einer L. M. oder Zauberlaterne mit künstlicher Lichtquelle und Sammellinse allgemein dem Jesuitenpater Athanasius Kircher (1602–1680) zugeschrieben. Er verwendete diese in erster Linie zu Zwecken der religiösen Belehrung und als propagandistisches Mittel zur Gegenreformation. Neben einer Spiegeltechnik malte er die Bilder zum Teil auf eine als Linse dienende – mit Wasser gefüllte – Kugelflasche. Prototypen einer L. M. im eigentlichen Sinn mit der Projektion von auf Glas gemalten Bildfolgen entwickelten der holländische Physiker Christian Huygens (1629–1695) und der Däne Thomas Walgenstein (1622–1701), der sein Gerät 1665 auf einer Ausstellung in Lyon als Weltneuheit vorstellte. Seit Anfang des 18. Jahrhunderts zogen Schausteller damit über das Land, erzählten Geschichten, Sagen, Märchen, berichteten von Neuigkeiten und Sensationen; ebenso diente die L. M. zur religiösen und politischen Propaganda oder populären Wissensvermittlung. Es gab erste Versuche, Bewegung in einzelne Phasen aufzuteilen und so bewegte Bilder zu projizieren. Mit mehreren Projektoren oder mehrstrahligen Geräten sind perfekte Überblendungen und bewegte Bilder möglich, indem verschiedene Bildelemente übereinandergeblendet und separat bewegt werden. Z. B. arbeitete der Belgier Etienne Gaspard Robert (auch als Robertson bekannt, 1763–1837) bei seinen Phantasmagorien mit Rückprojektion und auf Rauch projizierten Bildern, die dem Ganzen etwas Geisterhaftes gaben. Sein Projektionsapparat ließ sich bewegen, und so gelangen ihm Größenveränderungen des Bildes. Im 19. Jahrhundert wird die L. M. verstärkt für Bildung und Unterhaltung eingesetzt. Jetzt sind auch komplexere Animationen und die Schaffung von Tag-Nacht-Stimmungen möglich. Ab etwa 1885 werden L. M. als Kinderspielzeug angeboten und bleiben bis ins 20. Jahrhundert beliebt. In den letzten Jahren gibt es in Deutschland verschiedene Laternisten, die sich dieser alten Projektionskunst verschrieben haben und mit ihren Vorführungen zeigen, daß es bewegte Bilder schon vor dem Film gab. (K. H.)

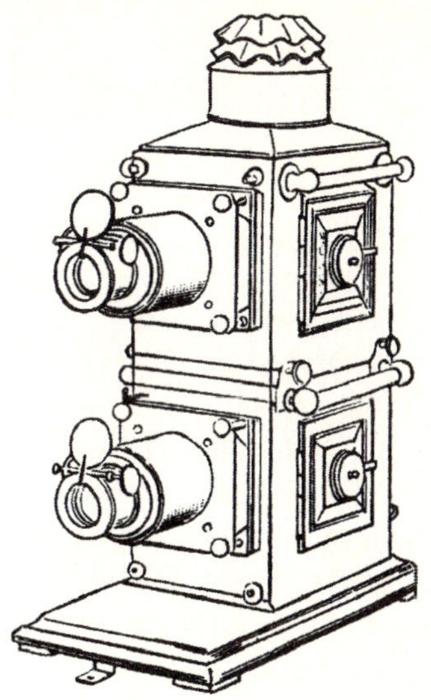

- Detlev Hoffmann, Almut Junker: Laterna Magica. Lichtbilder aus Menschenwelt und Götterwelt, Berlin 1982
- Ernst Hrabalek: Laterna Magica. Zauberwelt und Faszination des optischen Spielzeugs, München 1985

❑ Paul Liesegang: Zahlen und Quellen zur Geschichte der Projektionskunst und Kinematographie, Berlin 1926
❑ David Robinson: The Lantern Image. Iconography of the Magic Lantern 1420–1880, London 1993

Latham-Schlaufe Die Lösung für den Übergang von der kontinuierlichen Bewegung des Films durch den Transportmechanismus zur diskontinuierlichen bei der Belichtung (in der Kamera) oder der Projektion (im Projektor) wurde von den Brüdern Gray und Otway Latham gefunden. Den bei längeren Filmrollen unvermeidlichen Filmriß vermieden sie, indem sie vor und nach dem Bildfenster, vor dem bei Aufnahme und Projektion das Einzelbild für einen Sekundenbruchteil fixiert bleibt, in den Transport des Filmbandes eine Schlaufe einfügten. Diese wirkt als ein Puffer, durch den sich der Zug nicht auf das starre Einzelbild übertragen kann. Jede moderne Kamera und jeder Projektor nutzt die Zugentlastung durch eine Schlaufe.

Lavendel Umgangssprachliche Bezeichnung für ein schwarzweißes Duplikatpositiv vom Originalnegativ, die darauf zurückgeht, daß der Schichtträger von Dup-Positiv-Material in früherer Zeit zur Kontrastabschwächung und besseren Unterscheidung von normalen Projektionskopien blauviolett eingefärbt war. Heutiges schwarzweißes Dup-Positiv-Material ist auf klarem Schichtträger, weist aber eine flachere →Gradation als normales Positivmaterial auf. Das Dup-Positiv ist ein notwendiges Zwischenprodukt zur Herstellung eines →Dup-Negativs. (M. K.)

Lehrfilm Eine didaktische Form des Films, die vor allem für die schulische, universitäre und Weiterbildung verwendet wird. L. können bloß illustrativ sein und Arbeitsvorgänge verdeutlichen, als instruktives Mittel (z. B. in Filmen über Arbeitsschutzvorrichtungen) eingesetzt werden oder auch wissenschaftliche Erkenntnisse übermitteln. In der DDR war der Ausdruck populärwissenschaftlicher Film gebräuchlich. Der Gebrauch von L. ist stark von dem gesellschaftlichen Kontext abhängig, wie sich an Filmen zur Sexualaufklärung verdeutlichen läßt. Der Einsatz von L. geschieht heute meist über →Video (→Kulturfilm).

❑ Oskar Kalbus: Der deutsche Lehrfilm in der Wissenschaft und im Unterricht, Berlin 1922
❑ Pierre Kandorfer (Hg.): Praxis des wissenschaftlichen Films, Köln 1978
❑ Der Lehrfilm. Hg. von der Kulturabteilung der Ufa, Berlin 1920

Lichtbestimmung Die verschiedenen Einzelaufnahmen des zu kopierenden Films entstanden unter z. T. deutlich voneinander abweichenden Belichtungsverhältnissen, was bei Farbfilmen Unterschiede auch in den Farbvaleurs bedingt, bei →Schwarzweißfilmen im wesentlichen als Unterschied der Helligkeit erscheint. Bei der L. wird festgelegt, unter welchen Bedingungen die Herstellung des Positivs erfolgen muß, um eine optimale Angleichung der Einstellungen zu erhalten. Da jede einzelne von den vorangehenden und folgenden in den Licht- und Farbwerten differieren kann, muß die Anpassung für jede gesondert erfolgen. Das Resultat der L. im →Kopierwerk ist zunächst die →Nullkopie, an der in Abstimmung mit dem Kameramann und Regisseur die letzten

Korrekturen vorgenommen werden, bevor die Kopierung für den → Verleih veranlaßt wird. Die Kopierung erfolgt heute nach einem Programm, in dem die erforderlichen Veränderungen der Helligkeit und der Farbe gesteuert werden.

Lichtempfindlichkeit Das Maß für die Sensibilität eines Films gegenüber dem einfallenden Licht. → Schwarzweißfilme sind aus chemischen Gründen zunächst nur für einen bestimmten Bereich des Spektrums empfindlich, nämlich für blaues Licht (monochromatischer Film). Erst die chemische Einfärbung der lichtempfindlichen Silberhalogene macht sie auch für andere Bereiche des Spektrums empfindlich (→ Orthochromatischer Film, → Panchromatischer Film). Die seither immer empfindlicher gewordenen Materialien auch des Farbfilms werden nach zwei verschiedenen Systemen bewertet. Die Angabe von DIN (nach der Deutschen Industrie-Norm 4512) unterscheidet die Empfindlichkeit nach einer logarithmischen Berechnung. Eine um den Wert 3 höhere DIN-Angabe entspricht danach einer doppelt so hohen Empfindlichkeit (z. B. 21–24). Die ASA-Angabe gibt demgegenüber eine verdoppelte Empfindlichkeit auch mit einem doppelt so hohen Zahlenwert wieder (entsprechend dem Beispiel also 100–200).

Lichtton Im frühen → Tonfilm wurde das Tonsignal mit einer L.-Kamera aufgezeichnet, die die elektrischen Signale der Mikrophone in Lichtsignale umsetzte und dabei in einer Abfolge von Schwärzungen unterschiedlicher Dichte (Sprossenschrift, heute nicht mehr üblich) oder als Schwärzung variabler Breite (Zackenschrift) repräsentierte. Die Aufzeichnung des Tones als L. ist jedoch mittlerweile von der elektromagnetischen (Tonband-)Aufzeichnung aus Qualitätsgründen ersetzt worden. Für die Wiedergabe des Tonsignals hat der L. jedoch noch heute große Bedeutung. Nach einer kurzen Pause, in der die optimale Tonwiedergabe über → Magnetton erfolgte (insbesondere bei → Breitwandfilmen und in höchster Qualität bei 70-mm-Kopien, als 6-Kanal-Ton, eingesetzt), haben deutliche Verbesserungen in der Wiedergabe (→ Dolby System) dazu geführt, daß im Abspiel in der Regel L. benutzt wird. Neue L.-Verfahren speichern eine digitalisierte Toninformation optisch zwischen den Perforationslöchern, enthalten aus Kompatibilitätsgründen aber auch den analogen Lichtton.

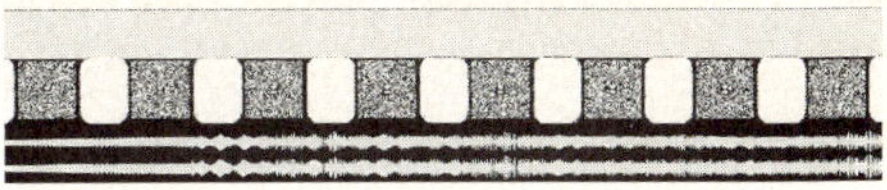

Stereoton als Zackenschrift. Zwischen den Perforationslöchern ist der digitale Ton gespeichert

Literaturverfilmung → Adaption

Location → Drehort

Low-Budget-Produktion In Abgrenzung zu den Produktionen der großen → Studios verwendete Bezeichnung für die finanzielle Ausstattung einer Filmproduktion. Die Grenze dessen, was noch ein niedriges Budget heißen kann, ist abhängig von der nationalen Filmindustrie. Demnach können in den USA bereits Produktionen, die in der Bundesrepublik Deutschland zweifelsohne als gut finanziert gelten dürften, auf das Etikett Anspruch erheben. Diese Produktionen verzichten aufgrund ihrer jeweiligen finanziellen Einschränkungen auf das Engagement bekannter Darsteller, manchmal ist auch die Bezahlung aller Beteiligten nicht möglich. Beschränkungen in Ausstattung und Ausführung (Begrenzung der möglichen → Drehorte, der Anzahl der → Takes etc.) sind für L.-B.-P. unvermeidlich.

Low-Key-Ausleuchtung Eine → Beleuchtung, in der kein generelles Führungslicht dominiert, die daher insgesamt gegenüber der → High-Key-Ausleuchtung dunkler und stärker von Schatten bestimmt erscheint. Die Grauabstufungen können innerhalb einer L.-K.-A. durchaus vollständig sein, mit ihr ist nicht notwendigerweise ein hoher → Kontrast verbunden. Die Filmform, in der diese Ausleuchtung besonders häufig eingesetzt wurde, hat einem ganzen Stil den Namen gegeben: → Film Noir.

Lumière Frères Am 28. 12. 1896 führten die Brüder Lumière erstmals die mit ihrer Filmkamera (→ Cinématographe) aufgenommenen Szenen öffentlich vor. Die Firma L. F. beschäftigte sich mit der Produktion optischer Apparate und konzentrierte sich auf die Herstellung von Filmen (→ Aktualitäten) nur wenige Jahre, produzierte in diesem Zeitraum jedoch etwa 1000 kurze Filme (die in der Regel nur eine → Einstellung umfaßten).

- Dai Vaughan: Let there be Lumière. In: Thomas Elsaesser (Hg.): Early Cinema, London 1990
- Richard de Cordova: From Lumière to Pathé: The Break-up of Perspectival Space. In: Thomas Elsaesser (Hg.): Early Cinema, London 1990
- Livio Belloï: Lumière und der Augen-Blick. In: Kintop, Nr. 4, 1995
- Laurent Mannoni: Le grand art de la Lumière et de L'ombre. Archéologie du Cinema, Paris 1995

MacGuffin Die Filme von Alfred Hitchcock greifen oft zu Spannungselementen, die sich als bloße Vorwände der Geschichte erweisen: geheime Unterlagen, Formeln o. ä. Für den → Plot dieser (und anderer) Filme stellen sie nur einen Aufhänger dar, der auch in der → Story nicht oder scheinbar nur ungenügend erläutert wird. Für eine Auffassung, die an der Glaubwürdigkeit oder Wahrscheinlichkeit der erzählten Geschichte interessiert ist, stellt der M. eine Provokation dar, da er das Künstliche und Konventionelle des Erzählens durch diese Leerstelle offenlegt. Die schönste Definition des M. stammt von Hitchcock selbst, der sie in Form einer Geschichte gab: «Und woher der Begriff des MacGuffin kommt? Der Name erinnert an Schottland, und da kann man sich folgende Unterhaltung zwischen zwei Männern in der Eisenbahn vorstellen: ‹Was ist das da für ein Paket, das Sie da in das Gepäcknetz gelegt haben?› Der andere: ‹Ach, das ist ein MacGuffin.› Darauf der erste: ‹Und was ist das, ein MacGuffin?› Der andere: ‹Oh, das ist ein Gerät, um in den Bergen von Adirondak Löwen zu fangen.› Der erste: ‹Aber es gibt doch überhaupt keine Löwen in den Adirondaks.› Darauf der andere: ‹Ach, na dann ist das auch kein MacGuffin.› Diese Geschichte zeigt Ihnen die Leere, die Nichtigkeit des MacGuffin.» Die Funk-

Mm

tion des M. ist es zunächst, das Interesse des Zuschauers auf einer stofflichen oder inhaltlichen Ebene zu wecken: er gibt vor, daß sich die Story um etwas Wichtiges dreht. Der M. benutzt dies aber nur als ein Mittel, die Aufmerksamkeit zu fesseln: seine Aufklärung ist kein entscheidendes Moment des Films.

❑ Francois Truffaut: Mr. Hitchcock, wie haben Sie das gemacht?, München 1977

Magnetton Ein Abspielverfahren für den Ton des Films, das seit den 50er Jahren, vor allem bei aufwendigen Produktionen, in Gebrauch war und bei 35-mm-Film den Ton auf vier, bei 70-mm-Film auf sechs separaten, magnetisierten Spuren auf der Kopie enthielt. Der Ton besaß Stereo- und Surroundqualität und war, neben dem zugleich eingesetzten →Breitwandformat, eine neue Attraktion, die das Publikum an das Kino binden und vom neuen Medium Fernsehen abhalten sollte. M. wird seit der Verbesserung der Wiedergabe durch →Lichtton für den normalen Kinobetrieb fast nicht mehr genutzt.

Majors Bezeichnung für die ursprünglich fünf amerikanischen Studios (→MGM, →Paramount, →RKO, →Twentieth Century Fox, →Warner Bros.), die eine vertikale Unternehmensstruktur mit eigenen Produktionsstätten, Kinos und Verleihen aufbauten und die Studioära von 1930 bis 1949 bestimmten. In dieser Zeit kontrollierten sie Produktion, Verleih und Abspiel. Als Mini-Majors ohne eigene Theater wurden in dieser Periode →Universal, →United Artists und →Columbia bezeichnet.

Die M. kontrollierten jeweils bestimmte Segmente des US-Marktes. Fox kontrollierte die Westküste, Paramount den Mittelwesten und Süden, RKO und MGM (Loews) teilten sich die Ostküste, Warner war um Washington D. C. aktiv und baute später Häuser in verschiedenen Zentren. Diese Periode gilt als goldene Ära in Hollywood. Der Supreme Court zwang die M. 1948, sich von ihren Kinoketten mit insgesamt 3137 Häusern zu trennen. Diese Erstaufführungshäuser, die einen kleinen Teil des gesamten Kinobestandes von rund 23000 Theatern darstellten, erzielten 70 Prozent des Einspiels. In der Folge der höchstrichterlichen Entscheidung wurden immer mehr Filme von unabhängigen Produzenten hergestellt, wobei die M. die Kontrolle über den Verleih behielten. Das klassische →Studiosystem zerfiel Anfang der 60er Jahre, und die Künstleragenturen übernahmen die Macht in Hollywood, da sie für die Besetzung wichtiger wurden. Die Studios wurden zunächst von branchenfremden Mischkonzernen aufgekauft, dann verstärkt von Medienkonzernen, da die Filmarchive heute das eigentliche Kapital der Studios sind (multimediale Verwertung in Kino, Video, Fernsehen, Kabel usw.).

Als M.-Verleihe, d. h. als Vertriebe großer amerikanischer Studios, gelten 1996 in Deutschland Buena Vista International, die Disney-Produktionen vermarkten, Columbia TriStar, Twentieth Century Fox, →UIP und Warner Bros. Sie erzielten in Deutschland nach einer Erhebung des Branchenblattes «Filmecho / Filmwoche» 1995 einen Verleihanteil von 67,95% (1994: 78,13%), wobei der Marktanteil amerikanischer Filme insgesamt bei 83,85% lag. (K. H.)

- ❑ David Bordwel, Janet Staiger, Kristin Thompson: The Classical Hollywood Cinema. Film Style and Mode of Production to 1960, New York 1985
- ❑ David A. Cook: A History of Narrative Film, New York 1990
- ❑ Douglas Gomery: The Hollywood Studio System, New York 1986

Malteserkreuz Mechanismus, der im Projektor den intermittierenden Bildtransport vor das Projektionsfenster regelt. Das M. ist ein vierflügeliges Kreuz, in das ein Stift auf der Antriebswelle greift. Der Stift dreht das M. um eine Vierteldrehung und gibt es dann wieder frei. Während sich das M. dreht, deckt die → Umlaufblende das Objektiv ab, um es freizugeben, wenn es unbeweglich und das Einzelbild fixiert ist. Die nächste vollständige Drehung der Welle läßt den Stift wieder in das M. greifen, und das nächste Einzelbild wird vor das Projektionsfenster transportiert.

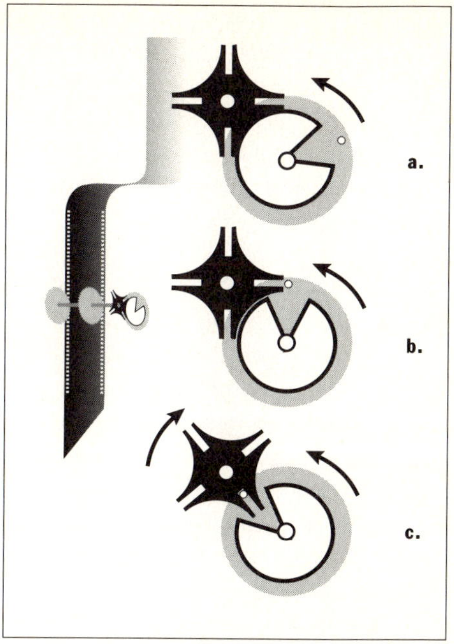

a. Der exentrische Stift greift noch nicht in das Malteserkreuz (Projektionsphase)
b. Der Stift greift in das Malteserkreuz (Beginn der Transportphase)
c. Filmtransport durch Bewegung des Malteserkreuzes

Maske Abdeckung, die Partien des Filmmaterials vor der Belichtung schützt und bei der Aufnahme oder beim Kopieren eingesetzt wird. M. können einen Teilbereich des Bildes schwarz belassen wie in der Suggestion eines Blickes durch ein Fernrohr (parodistisch gesteigert erscheinen solche M. in Ernst Lubitschs *Die Bergkatze*, D 1921). Mit einer M. können jedoch auch Trickaufnahmen realisiert werden, wenn die unbelichteten Partien mit dem komplementären Teilbild kombiniert werden. Bei Projektoren werden die in den Seiten- und Höhenabmessungen verschiedener Formate fein ausgefeilten, vor dem Objektiv zur Vermeidung von Streulicht eingesetzten Metallscheiben ebenfalls M. genannt.

Master Shot Eine Einstellung, die den gesamten szenischen Raum abbildet und oft am Beginn einer Szene steht. Sie erlaubt die Orientierung des Zuschauers in den folgenden, näheren Einstellungen, weil sie die Beziehungen der Figuren zueinander definiert. Der M. S. kann auch als durchgehende Aufnahme einer gesamten Szene verwendet werden, in die beim Schnitt Nah- und Großaufnahmen eingefügt werden.

Match Cut Schnittfolge zwischen → Einstellungen, die räumlich und zeitlich getrennten Handlungsetappen entsprechen, jedoch durch gleichbleibende Elemente, vor allem Bewegungen verbunden werden. Als Beispiel dient der berühmteste M. C. der Filmgeschichte: In *2001 – A Space Odyssey* (2001 – Odyssee im Weltraum, GB 1968, R.: Stanley Kubrick) wird von einem in den blauen Himmel geschleuderten Knochen auf eine Raumfähre im tiefschwarzen All geschnitten. Die ähnlich gerichtete Bewegung beider Gegenstände ermöglicht die als kontinuierlich wahrgenommene Verbindung zweier Einstellungen, die erzählerisch getrennte → Sequenzen markieren. Nach der Logik des → Continuity-Systems aufeinander bezogene Bewegungen stiften innerhalb einer Sequenz die Kontinuität von Handlungen, die als räumlich und zeitlich verbunden erscheinen; die entsprechenden Verknüpfungen zwischen Sequenzen, die M. C., ergeben eine konsequente Bindung unabhängig von zeitlicher und räumlicher Fortsetzung.

Materialfilm Stilrichtung des abstrakten Films, der seine Struktur aus dem Trägersystem und -material des Films bezieht: seine Gestaltungsmittel werden aus Zelluloid als Bildträger, Kader als Bildeinheit, → Einstellung, → Schnitt, Laufgeschwindigkeit der Kamera, → Blende, Farbe, Ton usw. entwickelt. Um jede Verbindung mit dem narrativen → Spielfilm zu vermeiden, lehnt Mitte der 20er Jahre Henri Chomette (Vertreter des Cinéma pur in Frankreich) eine inhaltliche oder dokumentarische Funktion seiner Filme ab. Die Reduktion auf die Grundelemente bringt künstlerische Werke hervor, die den Film selbst durch seine Gestaltungsmittel reflektieren. In den 50er Jahren arbeiten Marc Adrian und Peter Kubelka in Wien, in den 60er die Filmemacher des → New American Cinema (Robert Breer, Stan Brakhage, Paul Sharits) sowie in Europa vor allem Birgit und Wilhelm Hein, Ernst Schmidt Jr., Hans Scheugl, Werner Nekes sowie in den 80er Jahren die Gruppe Schmelzdahin an dieser speziellen Richtung des → Experimentalfilms. Aktionen des → Expanded Cinema sind teilweise mit dem M. verbunden, wie auch → Found-Footage oft Ausgangsmaterial für solche Arbeiten ist, deren Bearbeitung beispielsweise beim fotografischen Aufnahmeprozeß beginnt, wo etwa die Einzelbildkonstruktion (Peter Kubelka, Kurt Kren, Tony Conrad, Heinz Emigholz) ein neues Montageprinzip hervorbringt, in der die → Montage nicht die Erzählfolge, sondern den visuellen Rhythmus bestimmt. Im weiteren Verlauf der Herstellung, beim chemischen Entwicklungsprozeß, lassen sich Farbigkeit, Kontrast und Körnigkeit beeinflussen. Und schließlich gibt es vielfältige Formen von direkter Bearbeitung des Filmstreifens: Len Lye bemalt als einer der ersten in den 30er Jahren den Blankfilm und stanzt Löcher in den Filmstreifen, was später von Stan Brakhage, Dieter Rot, Takahika Iimura und W. und B. Hein durch das Zerstören der Filmschicht, durch Zerkratzen und Bekleben ebenfalls angewendet wird. (C. V.)

❑ Birgit Hein: Film im Underground, Frankfurt a. M. 1971

Matte Painting Die Ergänzung eines Filmbildes durch ein auf eine Glasscheibe oder anderes Trägermaterial gemaltes Motiv gehört zu den eingeführten → Special Effects. Der Amerikaner Norman A. Dawn soll diese Tricktechnik erstmals 1907 angewendet haben. In der ersten Hälfte des Jahrhunderts wurde das auf eine Glasplatte gemalte Motiv direkt vor die Kamera gestellt und zusammen mit dem realen Bild aufgenommen. M. P. wurden in den unterschiedlichsten Filmen und Situationen eingesetzt; heute werden sie meist in der → Postproduction ergänzt. Ein M. P. kann ein störendes Element verdecken, eine neue Illusion schaffen oder eine Situation gefährlicher erscheinen lassen. In → Historienfilmen wurden ganze Städte nicht als Set aufgebaut, sondern gemalt und dann geschickt einkopiert.

Dabei wird bei der Realaufnahme ein Teil des Bildes mit einer → Maske abgedeckt, diese fehlende Bildpartie wird auf eine Glasplatte gemalt und separat aufgenommen. Zusammengeführt werden die beiden Bilder am Tricktisch, der → optischen Bank. Um den Übergang zwischen realem und gemaltem Bild zu vertuschen, sind jedoch mehrere Arbeitsgänge notwendig (Retusche, Filterung usw.), um exakt dieselbe Atmosphäre zu schaffen. Damit das Originalnegativ durch die Bearbeitung keinen Schaden nimmt, das Endresultat aber doch höchsten Ansprüchen genügt, sind komplizierte und langwierige Kopierprozesse (→ Bipack) nötig. Es werden häufig über ein Dutzend Bildelemente ergänzt (Lampen, Licht, Rauch, Spiegelung usw.), um das endgültige Bild täuschend echt erscheinen zu lassen. Bei der Traveling M. ändert sich das ergänzte Bild synchron zu der Bewegung in der Liveaufnahme; es kann sich dabei auch um eine → Blue-Screen-Aufnahme handeln, bei der der Schauspieler freigestellt wird. In den letzten Jahren wird M. P. mehr und mehr durch → Digital Compositing und → Computeranimation ersetzt, die eine sofortige Kontrollierbarkeit des Ergebnisses ermöglichen. (K. H.)

❑ Elmar Biebl: Hinter den Kulissen, Hamburg 1987

❑ John Culhane: Special Effects in the Movies. How they do it, New York 1981

❑ Rolf Giesen: Special Effects. Die Tricks im Film. Vom Spiegeleffekt bis zur Computeranimation, Ebersberg 1985

Melodram Seit Beginn der Filmgeschichte beliebtes, hauptsächlich über inhaltliche Merkmale und narrative Konventionen bestimmbares → Genre, dessen zentrales Motiv ein emotionaler Konflikt ist. M. werden häufig aus weiblicher Perspektive erzählt; sie enden in der Regel tragisch: mit dem Tod der Heldin oder ihrem Verzicht auf eine vorher sehr attraktiv erscheinende Handlungsalternative. Der Begriff stammt aus dem europäischen Theater des späten 18. Jahrhunderts und bezeichnet eine Darstellungsform, bei der das Geschehen – Schicksalsschläge, die adlige Figuren trafen – auf der Bühne durch Musik akzentuiert wurde. Im 19. Jahrhundert verschwand die Musik weitgehend, und die Figuren und Schauplätze wurden der Realität des Publikums angenähert. M. bezog sich nun auf das Grundmuster – extreme Emotionalisierung, eindimensionale Protagonisten, Bestrafung der Bösen und Belohnung der Guten nach durchlittenem Unglück – und wird seitdem auf literarische, theatralische und kinematographische Produktionen dieser Art angewendet.

Bereits um 1910, in der Zeit des frühen → Stummfilms, wurden melodramatische

Themen – verfolgte Unschuld, schwere Schicksalsschläge, tödliche Intrigen, Existenzkämpfe, Rache, Schuld und Sühne – inszeniert; sie lieferten jedoch häufig einfach Vorwände für die → Action-Szenen: Die Großaufnahme war noch nicht etabliert, psychologische Entwicklungen und emotionale Veränderungen bei den Helden las das Publikum nicht in deren Gesichtern, sondern in den → Zwischentiteln. Eins der ersten elaborierten M. war *Broken Blossoms* (Gebrochene Blüten, USA 1920, R.: D. W. Griffith), dessen zweiter Titel *A Tale of Love and Tears*, nicht nur den Inhalt, sondern auch die Publikumsreaktion vorwegnahm. Nun dominierten nicht mehr die Handlungselemente, sondern Gefühlsmomente. Der Dekor des finsteren Londoner Halbweltstadtviertels und der außer-realen Wohnung des Chinesen, die Großaufnahmen der vom bösen Vater verfolgten Lillian Gish betonten die Unausweichlichkeit des Schicksals und die Machtlosigkeit der von ihm verfolgten Menschen. In den 30er Jahren entwickelte sich in den USA das Melodram zum reinen Woman's Film – der Begriff gibt sowohl einen Hinweis auf den Inhalt – Frauenschicksal – als auch auf das Zielpublikum: «Einer alten angelsächsischen Einstellung zufolge ist Liebe Frauenkram. Das hat seine Wurzeln in der amerikanischen Tough-Guy-Tradition und in der englischen Public-School-Etikette: Es gilt als schlechter Stil, als Zeichen der Verweichlichung, seine Emotionen zu zeigen; und ein zärtlicher Liebender zu sein ist ebenso verpönt wie Geschirr spülen oder Strümpfe stopfen.» (Haskell 1987, S. 157) Der mangelnde Respekt der Industrie vor einem Zielpublikum, das lediglich durch sein Geschlecht definiert war, welches mit Emotionalität gleichgesetzt wurde, fand sich auch in der Haltung der Kritik gegenüber dem Woman's Film. Gleichwohl haben große amerikanische Regisseure – George Cukor, Otto Preminger, William Wyler – M. inszeniert und visuelle Codes für unterdrückte Gefühle, ungestillte Sehnsüchte und verbotenen Sex gefunden. Bis in die 70er Jahre hinein fand eine ästhetische Auseinandersetzung über M. wegen ihres schlechten Rufs weder in den USA noch in Europa statt. Erst mit der Wiederentdeckung von Douglas Sirk bei einem Festival in Edinburgh 1971 setzten Genrediskussionen und retrospektive Würdigungen der M.-Regisseure ein. Melodramatische Momente kommen auch in anderen Genres vor, so ist etwa *Johnny Guitar* (Wenn Frauen hassen, USA 1954, R.: Nicholas Ray) ebensosehr → Western wie M.: Der einzelgängerische sanfte Held und die selbständige «männliche» Heldin verstoßen zunächst gegen die Regeln, um dann erfolgreich in die Gemeinschaft eingegliedert zu werden. Die Liebe ist das Handlungsmotiv für beide. Außenaufnahmen und Action-Szenen wechseln mit → Interieurs, in denen die Zeit stillzustehen, nur der Moment des ausgelebten Gefühls zu zählen scheint. Das M. war fester Bestandteil des → nationalsozialistischen Films. Die Regisseure Viktor Tourjansky, Gustav Ucicky und Veit Harlan inszenierten – neben den bekannten Propagandafilmen – auf den ersten Blick unpolitische Frauengeschichten. Und als Detlef Sierck 1937 *Zu neuen Ufern* und *La Habanera* drehte, wurde nicht nur er, sondern auch seine Hauptdarstellerin Zarah Leander zum Star. Anders als seine Kollegen inszenierte

Written on the Wind (In den Wind geschrieben), USA 1956, R.: Douglas Sirk
Lola, BRD 1981, R.: Rainer Werner Fassbinder

Sierck jedoch keine Propagandafilme, sondern emigrierte noch 1937. Als Douglas Sirk begann er eine zweite Karriere in den USA, wo er in den 50er Jahren, stets mit Rock Hudson in der Hauptrolle, einige der kunstvollsten M. aller Zeiten drehte: *Magnificent Obsession* (Wunderbare Nacht, 1953), *All That Heaven Allows* (Was der Himmel erlaubt, 1955) und *Written on the Wind* (In den Wind geschrieben, 1956). Douglas Sirk war das erklärte Vorbild von Rainer Werner Fassbinder, der neben Werner Schroeter in den späten 70er Jahren in der Bundesrepublik dem Genre zu neuem Ansehen verhalf, das nicht nur durch seine Popularität im Nationalsozialismus, sondern auch durch die schlechte Qualität der in den 50er Jahren produzierten Filme in Verruf geraten war. Während Schroeters stilisierte, der realen Welt entrückte Filme nur einem kleinen Publikum zugänglich waren, erlangte Fassbinder mit der Inszenierung seiner Geschichtstrilogie, die drei deutsche Frauenschicksale vorstellte, Weltruhm: *Die Ehe der Maria Braun* (1978), *Lili Marleen* (1980), *Lola* (1981). Da reines Genrekino selten geworden ist, gab es in den letzten beiden Jahrzehnten auch nur wenige reine Melodramen. *Thelma & Louise* (USA 1991, R.: Ridley Scott) entspricht vielleicht am ehesten den Konventionen. (D. S.)

❑ Christian Cargnelli, Michael Palm (Hg.): Und immer wieder geht die Sonne auf. Texte zum Melodramatischen im Film, Wien 1994
❑ Christine Gledhill (Hg.): Home is Where the Heart Is. Studies in Melodrama and the Woman's Film, London 1990
❑ Molly Haskell: From Reverence to Rape. The Treatment of Women in the Movies, Chicago 1987
❑ Georg Seeßlen: Kino der Gefühle. Geschichte und Mythologie des Film-Melodrams, Reinbek 1980

Mehrfachbelichtung Die Exposition desselben Filmbildes oder -streifens durch verschiedene Szenen. Die einzelnen Bilder überlagern sich zu einem kombinierten Eindruck (was im →Spielfilm bevorzugt für Träume oder Visionen eingesetzt wird). Die Verwendung von mehr als zwei einzelnen Bildern ist im Spielfilm selten, als Technik des Experimentalfilms aber eingeführt.

Merchandising Auswertung der Nebenerwerbsquellen bei Einsatz eines Films. Darunter fallen der Verkauf von Waren mit einem auf den Film bezogenen Motiv oder die Vermarktung von Objekten, die sich auf ihn beziehen. T-Shirts ebenso wie Spielzeug, Postkarten etc. können in diesem Sinne ausgewertet werden.

Vor allem große amerikanische Produktionen versuchen, Gewinne über diese Zusatzauswertung zu realisieren, wofür neben den Filmen der →Walt Disney Productions neuere bekannte Beispiele *Batman* (USA 1989, R.: Tim Burton) und *Jurassic Park* (USA 1993, R.: Steven Spielberg) abgeben.

Metapher Das Filmbild ist der repräsentierten vorfilmischen Situation ähnlich; diese wird entsprechend der Einrichtung der Apparatur treu reproduziert. Die Beziehung der Abbildung zum Abgebildeten ist weder konventionell noch symbolisch, sondern mimetisch. Dennoch sind Filmbilder nicht ausschließlich mimetisch aufzufassen; jede Abbildung ist unvollständig (durch den Rahmen oder die →Kadrage) und definiert (die Bedingungen der Abbildung folgen aus der Apparatur, nicht aus der Beschaffenheit der abgebildeten Objekte). Sowohl die Entwicklung des Mediums selbst als auch eine spezifische Wahl der Abbildung in einem bestimmten Film können der Abbildung eine metaphorische Bedeutung verleihen; zudem verleiht der Kontext, den sowohl die → Montage wie die → Story schaffen, den Bildern eine implizite Bedeutung. Dies kann als ein expliziter Vergleich ausgeführt werden, wie die Gegenüberstellung einer demonstrierenden Menge mit einer Herde von Schafen in Chaplins *Modern Times* (Moderne Zeiten, USA 1936), durch eine Ersetzung, eine Gegenüberstellung, die Repräsentation eines Ganzen durch ein Teil oder seine Wiedergabe durch ein assoziiertes Detail hergestellt werden.

In diesem Sinne ist die filmische M. eine rhetorische Möglichkeit des poetischen Ausdrucks.

❑ Trevor Whittock: Metaphor and Film, Cambridge 1970

Metro-Goldwyn-Mayer → MGM

MGM Der brüllende Löwe war das Symbol von Metro-Goldwyn-Mayer, einem der → Majors des → Studiosystems. Unter der Führung des Kinobesitzers Marcus Loew wurde MGM 1924 gegründet und Louis B. Mayer mit der Studioleitung betraut; Produktionschef wurde Irving Thalberg. Loew besaß Mitte der 20er Jahre über hundert Erstaufführungshäuser an der Ostküste. Damit kontrollierte er zwar relativ wenige Theater, arbeitete aber am profitabelsten; nach dem Tod von Marcus Loew scheiterte ein Übernahmeversuch von William Fox (→ Twentieth Century Fox) am Einspruch des Justizministeriums. Das Studiogelände lag in Culver City und wurde über die Jahrzehnte ausgebaut. Mit → Stars wie Greta Garbo, Joan Crawford, Spencer Tracy oder Clarke Gable galt MGM in den 30er Jahren als das eleganteste und hochklassigste unter den Studios; 1932 arbeitete David O. Selznick für das Studio. MGM war bekannt für einen einheitlichen Stil; dies machte Individualisten wie Buster Keaton, Robert Flaherty, Erich von Stroheim oder den Marx-Brothers das Arbeiten mit MGM nicht gerade leicht. Der Niedergang von MGM begann nach dem Zweiten Weltkrieg. Louis B. Mayer regierte bis 1951 allein; Irving Thalberg war 1936 gestorben. 37% der Anteile von MGM wurden 1969 vom Millionär Kirk Kerkorian für 82 Mio. Dollar aufgekauft, der Studiogelände, Kulissen und sogar Kostüme verkaufen ließ, um aus den roten Zahlen zu kommen. Seine eigentlichen Interessen galten den MGM-Hotels. Zwischen 1973 und 1979 stellte MGM aus Rentabilitätsgründen die Produktion und den Vertrieb ganz ein. 1981 erwarb Kerkorian von Transamerica ebenfalls → United Artists und fusionierte das Studio mit MGM. Nach einigen finanziellen Transaktionen und Spekulationen, die typisch für die 80er und 90er Jahre wurden – zum Beispiel verkaufte Kerkorian MGM / UA 1986 für 1,45 Milliarden Dollar an Turner Broadcasting, kaufte jedoch gleichzeitig den Verleih und die TV-Produktion für 300 Millionen Dollar zurück – wurde MGM / UA 1990 für 1,3 Milliarden Dollar an Pathé Communications und seinen Besitzer Giancarlo Paretti verkauft. Dieser war jedoch nicht in der Lage, das bei Crédit Lyonnais aufgenommene Darlehen zurückzuzahlen.

So wechselt MGM / UA im Sommer 1996 für 1,3 Milliarden Dollar an eine Gruppe, an der wiederum Kirk Kerkorian maßgeblich beteiligt ist; um die Filmproduktion fortsetzen zu können, werden weitere hohe Investitionen notwendig sein. (K. H.)

- ❑ Gary Carey: All The Stars in Heaven: Louis B. Mayer's MGM, New York 1981
- ❑ Bosley Crowther: The Lions's Share. The Story of an Entertainment Empire, New York 1957
- ❑ John Douglas Eames: The MGM Story. The Complete History of Over Fifty Roaring Years, New York 1976
- ❑ Douglas Gomery: The Hollywood Studio System, New York 1986
- ❑ Samuel Marx: Mayer and Thalberg – the Make-Believe Saints, London 1975
- ❑ James Robert Parish / Ronald L. Bowers: The MGM Stock Company, New Rochelle 1973

Mischung → Tonmischung

Mise-en-scène Die → Inszenierung des Films, also die Führung der Akteure, das Bestimmen der Kamerawinkel, der Beleuchtung etc. im Gegensatz zur → Montage, die erst nach den Dreharbeiten einsetzt, auf die hin jedoch die Entscheidungen der Inszenierungen bereits getroffen werden.

Montage Im handwerklichen Sinne verstanden die Zusammenstellung und das Aneinanderfügen von Bild- und Tonsegmenten (→ Schnitt). Die mechanische Seite des Prozesses ist aber zu unterscheiden vom kreativen Akt der Anordnung der Teile des Films, der Entwicklung der äußeren und inneren Gestalt des Kunstwerks aus seinen Bausteinen unter Berücksichtigung der damit hervorgerufenen unterschiedlichen Wirkungen in der Rezeption des Films. M. wird manchmal auch im Hinblick auf die → Montagesequenz eingeschränkt: Darunter versteht man einen schnell geschnittenen Sequenztypus, den Hollywood in den 30er und 40er Jahren entwickelt hat, um Zeit und Raum zu kondensieren und in kürzester Zeit viele Informationen zu vermitteln. Erzählerisch sind Montagesequenzen entweder motiviert als Träume, Halluzinationen, Erinnerungen oder als überleitende Szenen, in denen Zeit vergeht; die Einzelbilder sind verbunden mit Überblendungen, Doppelbelichtungen und → Jump Cuts. Fliegende Kalenderblätter, Aufnahmen von Uhren, Zeitungsschlagzeilen, sich drehende Räder und dergleichen Bilder mehr bilden ein Standardrepertoire für Montagesequenzen, die auch amerikanische M. genannt werden. Pudowkin schrieb einmal: «Die Grundlage der Filmkunst ist die Montage.» (1961, S. 7) Er markiert damit eine Position, die der realistischen Tendenz der → Filmtheorie kracauerscher und bazinscher Prägung unmittelbar entgegensteht: Nicht die fotografische Reproduktion der äußeren Wirklichkeit gilt als Basis, auf der alle Bedeutungsmöglichkeiten des Films ruhen. Für Pudowkin und andere Anhänger der Montageauffassung des Films bildet das Fotografische nur eine Voraussetzung, das Rohmaterial der filmischen Bearbeitung von Realität zum Zwecke der Konstruktion weiterreichender Bedeutungen. Film ist diesen Theorien nicht so sehr ein abbildendes als vielmehr ein gestaltendes und pädagogisches Medium: Die wichtigsten und bis heute maßgeblichen Theoretiker

Eine Montagefolge aus *Bronenosez Potjomkin* (Panzerkreuzer Potemkin, UdSSR 1925, R.: Sergei Eisenstein): das Massaker auf der Hafentreppe in Odessa

der M. waren Filmemacher, die im Nachfeld der sowjetischen Revolution Film als Teil der revolutionären Bildungs- und Propagandaarbeit einsetzten (Eisenstein, Pudowkin, Schub, Wertow u. a.).

M. in einem theoretischen Sinne bezeichnet die Leistungen des Aneinanderfügens von Bildern und Tönen im Aufbau des Films als Werk, als Kommunikationsmittel, in der Rezeption etc. Die Koordination mit der Erzählung bildet in der Regel den sinnhaften Rahmen – die M. ist dann dem Vorgang des Erzählens untergeordnet (man erzählt einen Film, indem man ihn montiert). Wie groß das Feld der montierenden Tätigkeit beim Film ist, ist seit Wertows Programmatik umstritten:

Für ihn ist M. die «Organisation der sichtbaren Welt» (Wertow 1973, S. 4) und spielt damit in allen Phasen der Filmproduktion eine Rolle – von der «Montage während der Beobachtung» (ebd.) bis zur eigentlichen M. der Filmstücke im Schneideraum. Dagegen setzt für viele andere Theoretiker die M. erst mit der Bearbeitung des Materials ein. Es bietet sich an, ein weites und ein enges Verständnis von M. zu unterscheiden: Durch Fragmentierung (Decoupage) der vorfilmischen Realität in eine Anzahl von einzelnen Aufnahmen erhält man das Ausgangsmaterial von Bildern, die bei der M. im engeren Sinne, also bei der Zusammenfügung von Aufnahmen, zu Ganzheiten der Aussage kombiniert werden.

In zahlreichen M.-Experimenten erkundeten die russischen Filmemacher die Macht der M. – die Kräfte, die zur Bildung neuer Gedanken freigesetzt werden, die nicht dem Einzelbild zukommen, sondern erst dann auftreten, wenn Einzelbilder in Beziehung zueinander gesetzt werden (→ Kuleschow-Effekt).

Eine andere Frage ist, ob das Material in einen kontinuierlichen Zusammenhang gebracht wird oder ob es die Brüche und Kontraste sind, die Bedeutungen hervorrufen: Pudowkins Auffassung war eher an Kontinuität orientiert, die einzelnen Einstellungen greifen ineinander wie die Glieder einer Kette. Die M. ordnet sich dabei der Erzählung unter. Die Bilder der Folge sind wie Frage-Antwort-Ketten zu denken – das erste Bild wirft eine Frage auf, die vom zweiten beantwortet und in eine zweite Frage übergeleitet wird. Dagegen steht das Konzept der Kollision der einzelnen Einstellungen bei Eisenstein, die er als Zellen ansieht, die in der M. zu höheren organischen Ganzheiten zusammengefügt werden: Hier hat man es mit einem dynamischen Neben- und Gegeneinander verschiedener Einstellungen zu tun, das die Aufmerksamkeit des Zuschauers auf sich selbst lenkt und ihn dazu anregt, bewußte Schlußfolgerungen zu ziehen. Der Aufbau von Konflikten und Kontrasten wird in ein dialektisches Verhältnis der einzelnen Einstellungen umgesetzt. Die Verknüpfung von Einstellungen weist unmittelbar auf Fragen der Kontinuität (→ Continuity-System). Auf allen Ebenen können Kontinuitätseffekte auftreten, die sich nicht allein auf die Handlung reduzieren lassen: graphische Verbindungen zwischen Einstellungen, rhythmische Beziehungen, räumliche und temporale Verhältnisse, Darstellung von Handlungen und Teilhandlungen, Kontiguitätsbeziehungen wie vor allem der Kausalität; deskriptive Folgen von Bildern; Bilder in Argumentationsfolgen usw. M. ist mehrfach mit der

→Erzählung verwoben: Sie folgt oft den Blicken von Filmfiguren und kann so zur Subjektivierung (und Psychologisierung) des Geschehens (und der Erzählung) beitragen.

Sie dient dazu, das Geschehen zu dramatisieren und Spannung zu erzeugen. Sie hilft dabei, Details hervorzuheben und anderes zu unterdrücken. In allen diesen Formen manifestiert sich in der montierten Sequenz ein impliziter Erzähler, der den Bilder- und Informationsfluß steuert und so mit dem Zuschauer interagiert.
(B. H. / H. W.)

- ❑ Beller, Hans (Hg.): Handbuch der Filmmontage. Praxis und Prinzipien des Filmschnitts, München 1993
- ❑ Dmytryk, Edward: On Film Editing. An Introduction to the Art of Film Construction, Boston / London 1984
- ❑ Fritz, Horst (Hg.): Montage in Theater und Film, Tübingen / Basel 1993
- ❑ Pudowkin, Wsewolod: Filmtechnik. Filmregie und Filmmanuskript, Zürich 1961
- ❑ Reisz, Karel, Millar, Gavin: Geschichte und Technik der Filmmontage, München 1988
- ❑ Schumm, Gerhard: Der Film verliert sein Handwerk. Montagetechnik und Filmsprache auf dem Weg zur elektronischen Postproduction, Münster 1989
- ❑ Wertow, Dsiga: Schriften zum Film, München 1973

Montagesequenz In den 30er Jahren in den USA entwickelter →Sequenz-Typ, in dem in rascher Folge →Einstellungen, die weder zeitlich noch räumlich kohärent sein müssen, aufeinanderfolgen. Die M. dient der gerafften Darstellung eines zeitlichen Intervalls (in ihnen wird das Vergehen der Zeit visualisiert). Sie können zudem auch räumliche Veränderungen gerafft zusammenfassen, z. B. eine Reise. (→Montage)

Motion Picture Patents Company (MPPC) 1908 gegründeter Zusammenschluß von neun Produktions- und einer Verleihfirma (darunter →Biograph, →Edison, →Essanay, →Vitagraph), die über die Kontrolle von Patentrechten und durch Absprachen ein Monopol in der Filmindustrie anstrebten. Sowohl die Konkurrenz der unabhängigen Produzenten wie eine Anti-Trust-Entscheidung ließen dieses Vorhaben scheitern.

Movietone Frühes Tonverfahren, von Th. W. Case und E. I. Sponable für Western Electric entwickelt und von der Fox (→Twentieth Century Fox) eingesetzt. Das →Lichtton-Verfahren setzte sich in den USA gegen konkurrierende Lösungen durch. Zugleich die Bezeichnung für eine Ton- →Wochenschau.

MPPC →Motion Picture Patents Company

Multiplex Neuer Kinotyp der 90er Jahre, gekennzeichnet durch ein großes Gebäude mit mindestens acht Kinos, über 1500 Sitzplätzen und modernster Kinotechnik. Darüber hinaus werden weitere Freizeitangebote, Parkplätze, zahlreiche Restaurants und Kneipen geboten. Das erste M. in Deutschland wurde im Oktober 1990 in der Nähe von Köln eröffnet. 1995 waren rund 70 Multiplexe bereits eröffnet oder in Planung, wobei die hohen Investitionen meist von bundesweit agierenden Kinounternehmen (z. B. UCI, Flebbe, Kieft, UFA-Theater, →Warner Bros.) aufgebracht werden. Eine Gefährdung der bestehenden Kinostruktur ist wahrscheinlich, wenngleich durch die M. auch neue Zielgruppen erreicht und für das Kino zurückgewonnen werden. Eine Studie der Filmstiftung NRW (Pätzold / Röper, 1995) kam zu dem Ergebnis, daß in Kinos mit moderner Technik, hohem Komfort und gutem Service ein großer Teil des Publikums zurückgewonnen werden konnte, das zunächst zu den M. abgewandert war. (K. H.)

❑ Ulrich Pätzold, Horst Röper: Multiplexe. Formen und Folgen eines neuen Kinotyps, Düsseldorf 1995

Musical Mit dem Siegeszug des →Tonfilms und unter dem Eindruck der wirtschaftlichen Depression entstanden in den USA Ende der 20er Jahre zwei neue →Genres: der →Gangsterfilm und das M. Beide erzählten großstädtische Erfolgsgeschichten und integrierten den Ton als realistisches Moment. Erste M. spielten im Showmilieu, das eine plausible Begründung für die Gesangs- und Tanznummern bot. *Broadway Melody* (1929, R.: Harry Beaumont), der erste Film mit einer durchkomponierten Orchestermusik, zeigte das Geschehen auf und hinter der Bühne während der Produktion einer Revue. Sein Erfolg (→Academy Award für den besten Film) führte in →Hollywood zu einer wahren Flut von M. Die →Studios engagierten Tänzer und Sänger aus den Varietés und Theatern von New York, die ihre Bühnennummern vor der Kamera wiederholten. Diese frühen M. – Broadway-Adaptionen, Nachtclub- und Revuefilme wie *The Desert Song* (1929, R.: Roy del Ruth), *Honky Tonk* (1929, R.: Lloyd Bacon) oder *Hollywood Revue of 1929* (R.: Charles F. Reisner) – waren visuell noch sehr statisch, ihnen fehlten Tempo und Rhythmus. Hingegen inszenierten Ernst Lubitsch und Rouben Mamoulian in den frühen 30er Jahren bei →Paramount mit mobiler Kamera und frivolem Witz schwungvolle Liebes- und Ehegeschichten. Doch standen Filme wie *One Hour With You* (Eine Stunde mit dir, 1932, R.: Ernst Lubitsch) oder *Love Me Tonight* (Schönste, liebe mich!, 1932, R.: Rouben Mamoulian) mehr in der europäischen Operetten- als in der amerikanischen Vaudeville-Tradition und verzichteten ganz auf Tanz.

Neue Anstöße erhielt das Genre 1933 durch drei →Warner-Bros.-Produktionen: *42nd Street* (Die 42. Straße, R.: Lloyd Bacon), *Golddiggers of 1933* (Goldgräber von 1933, R.: Mervyn LeRoy) und *Footlight Parade* (Parade im Rampenlicht, R.: Lloyd Bacon). Auch sie spielten im Bühnenmilieu, waren aber ganz im Warner-Stil gehalten – unsentimental, modern, temporeich, voll schnoddriger Dialoge und umgangssprachlicher Ausdrücke. Für Choreographie und Regie der aufwendigen musikalischen Nummern, die die Handlung lose miteinander verknüpfte, war Busby Berkeley verantwortlich, ein ehemaliger Exerziermeister der Armee. Bei Berkeley tanzten nicht die Körper, sondern die Kamera. Ihn interessierte Tanz nicht als physischer Ausdruck, sondern als visuelles, abstrakt-ornamentales Experiment. Er arrangierte eine große Anzahl schöner Mädchen zu geometrischen und kaleidoskopischen Mustern. Die Kamera blickt steil von oben auf ornamental formierte Körper: Die radikale Aufsicht vertikalisiert die Bühne und überschreitet die Grenzen des Theaterraums. Mit Trick-Effekten, mobiler Kamera und rasanten Schnittfolgen gelingt

Singin' in the Rain **(Du sollst mein Glücksstern sein), USA 1952, R.: Gene Kelly, Stanley Donen**

Berkeley die Transformation der Bühne in eine Welt der filmischen Phantasie.

Zur gleichen Zeit entstanden bei → RKO M., die wie ein Gegenentwurf zu dem verschwenderischen visuellen Reichtum der Warner-M. wirken. Die Filme mit Fred Astaire und Ginger Rogers stehen ästhetisch und dramaturgisch ganz im Dienst der individuellen Fähigkeiten und Qualitäten seiner Stars. Die Kamera betont die Intimität des Tanzes, den Fluß der Bewegungen. Im Zentrum von Filmen wie *Top Hat* (Ich tanze mich in dein Herz hinein, 1935, R.: Mark Sandrich), *Swing Time* (1936, R.: George Stevens) und *Shall We Dance* (Tanz mit mir, 1937, R.: Mark Sandrich) steht die Romanze. Diese M. erzählen von der Geburt einer Liebe, den Widerständen, die sich ihr in den Weg stellen, und deren Überwindung. Singend gesteht Astaire Ginger Rogers seine Gefühle, und der nachfolgende Tanz löst diesen Moment der Verlangsamung, das Innehalten der Bewegung, auf und das gesungene Liebesversprechen ein. Die Filme integrieren Gesang und Tanz – als Ritual des Liebeswerbens oder als Äußerung einer Gefühlslage – in die Handlung.

Die vollständige Verschmelzung von Songs, Tanz und Handlung gelingt den MGM-M. (→MGM) der 40er und 50er Jahre. Diese M. moderner Prägung bestimmten das Verhältnis der Genreelemente zueinander neu und machten sie zu gleichberechtigten, integralen Bestandteilen der Handlung. In Filmen wie *The Harvey Girls* (1946, R.: George Sidney), *The Pirate* (Der Pirat, 1947, R.: Vincente Minnelli), *On the Town*, (Heute geh'n wir bummeln, 1949, R.: G. Kelly, Stanley Donen), *An American in Paris* (Ein Amerikaner in Paris, 1951, R.: Vincente Minnelli) oder *Gigi* (1958, R.: Vincente Minnelli) bedürfen Gesang und Tanz der Figuren keiner Erklärung mehr. Diese M. schaffen ihre eigene Realität, verflechten Traum und Wirklichkeit und setzen die Regeln und Konventionen des Alltags außer Kraft.

Mit dem Niedergang des →Studiosystems endete auch die Blütezeit des Genres, das wie kein zweites Ergebnis des kollektiven Schaffensprozesses in Hollywood war. In den 60er Jahren ändern sich die Produktionsbedingungen und die Themen: *West Side Story* (1960, R.: Robert Wise) wurde →on location in den Straßen New Yorks gedreht und erzählt die Geschichte von Romeo und Julia im Milieu rivalisierender Jugendbanden. *The Sound of Music* (Meine Lieder – meine Träume, 1965, R.: Robert Wise), die Geschichte der singenden österreichischen Familie Trapp, war lange Zeit der kommerziell erfolgreichste Film aller Zeiten. Mit *Hair* (1979, R.: Milos Forman) nahm sich das M. auch des Vietnamkrieges an. Die M.-Regisseure der 80er Jahre kehrten zu den Anfängen des Genres zurück: Alan Parker mit *Fame* (Fame – Der Weg zum Ruhm, 1980) und Richard Attenborough mit *A Chorus Line* (1985) präsentierten das klassische Backstage-M. im modernen Gewand. (R. M.)

❑ Rick Altman: The American Film Musical, Bloomington 1987

❑ Jerome Delamater: Dance in the Hollywood Musical, Ann Arbor 1978

❑ Jane Feuer: The Hollywood Musical, London 1982

❑ Ethan Mordden: The Hollywood Musical, Newton Abbot / London 1982

Muster Belichtete und kopierte Aufnahmen, die für die Beurteilung der Arbeit noch während der Dreharbeiten herangezogen werden. Anhand der M. kann entschieden werden, ob evtl. eine erneute Aufnahme einer Szene notwendig ist. Die M. dienen aber auch der ersten Orientierung darüber, welche →Takes für den endgültigen Schnitt in Betracht kommen.

Nachbildeffekt Lichtreize wirken auf das menschliche Auge eine minimale Zeitspanne nach, so daß eine Lichtempfindung länger als der entsprechende Reiz dauern kann. Dieser N. führt dazu, daß eine Folge unterbrochener Lichtreize, eine bestimmte Mindestfrequenz vorausgesetzt, als nicht unterbrochen wahrgenommen wird.

Nationalsozialistischer Film Im engeren Sinne: Filme, die eine nationalsozialistische Ideologie transportieren; im weiteren Sinne: sämtliche unter dem nationalsozialistischen Regime gedrehten Filme. Die Unterscheidung des N. F. von anderen Perioden legitimiert sich durch die Eingriffsmöglichkeiten, die Staat und Partei hatten.

Nach 1933 wurde die Filmbranche durch verschiedene Maßnahmen gleichgeschaltet. Das bereits bestehende Zensur- und Prädikatssystem (→ Filmzensur) wurde konsolidiert, erweitert und angepaßt. Die neue Reichsfilmkammer ermöglichte den Machthabern, Juden und politische Gegner aus der Branche auszuschließen, sofern sie nicht emigrierten. Das Propagandaministerium konnte direkt und über die Stelle des Reichsfilmdramaturgen (später Reichsfilmintendanten) in alle Aspekte der Filmproduktion vom → Drehbuch an eingreifen. Darüber hinaus war Goebbels

N n

persönlich nicht nur an der Gesamtplanung, sondern auch an Detailfragen der Filmproduktion (Dramaturgie, Besetzung, Zensur usw.) beteiligt und überwachte den Endschnitt der Kriegswochenschau. Diese vielfältigen institutionellen Eingriffsmöglichkeiten mußten jedoch relativ selten angewendet werden; das Eigeninteresse der Filmbranche führte in der Regel dazu, daß die Art Filme produziert wurden, die die Machthaber wollten. Die Einrichtung einer Filmkreditbank ermöglichte eine wirtschaftliche Einflußnahme, da die Filmindustrie auf deren Kredite angewiesen war. Erst 1938 wurden die großen Filmfirmen (→ Ufa, → Tobis, Terra, Bavaria) über eine Holding-Company indirekt verstaatlicht. 1942 war die gesamte Industrie (Produktion, Kopierwerke, Verleih, Kinos) im neu geschaffenen staatlichen Ufi-Konzern (Ufa-Film GmbH) konsolidiert. Dennoch arbeitete die Branche nach marktwirtschaftlichen Prinzipien und sogar weit profitabler als vorher. Insgesamt vertrugen sich die politischen Interessen des NS-Staates und die Gewinnorientierung der Firmen konfliktlos. Goebbels' Strategie zielte darauf, die Bevölkerung mit Unterhaltungsfilmen zufriedenzustellen und sie eher beiläufig in seinem Sinne zu erziehen. Die relativ wenigen offensichtlich politischen Staatsauftragsfilme waren aber oft auch an den Kinokassen durchaus erfolgreich.

Als direkte Propagandainstrumente dienten vor allem die → Wochenschau und der → Dokumentarfilm. In der Kriegszeit wurde der Einsatz der Wochenschau dabei erheblich intensiviert; sie wurden wesentlich länger und in hoher Kopienzahl, die Aktualität und eine breite Wirkung garantierte, herausgebracht. Der bekannteste Dokumentarfilm der NS-Zeit ist sicherlich *Triumph des Willens* (1935; R.: Leni Riefenstahl). Dieser in den Bildern und im Schnittrhythmus sehr geschickt gestaltete Film gilt als die zentrale Selbstdarstellung der Nazi-Bewegung im Film. Hitler und die anderen Nazi-Führer werden in Nah- und Großeinstellungen gezeigt, und eine dynamische Montage verknüpft sie mit Bildern der mobilisierten Gefolgschaft, um Einheit und Zusammengehörigkeit zu suggerieren und die Zuschauer emotional mitzureißen.

Im Spielfilm gab es nur wenige Versuche, die NS-Organisationen zu porträtieren: *Hitlerjunge Quex* (R.: Hans Steinhoff), *SA-Mann Brandt* (R.: Franz Seitz) und *Hans Westmar* (R.: Franz Wenzler), alle 1933. In der weiteren Spielfilmproduktion blieben nicht nur die NS-Gruppen, sondern auch Uniformen, der Hitler-Gruß und die allgemeine Politisierung des Alltags weitestgehend ausgespart. Propaganda im Film zielte eher auf die Verbreitung von Feindbildern oder eine indirekte Bestätigung der NS-Ideologie durch historische Vorbilder. In *Jud Süß* (1940, R.: Veit Harlan) wurden antisemitische Stereotype in ein emotional mitreißendes → Melodram eingeflochten, das gezielt zur Vorbereitung der Shoah eingesetzt wurde. In vielen Filmen wurden Juden, Engländer, Franzosen, Linke, Demokraten, Polen und – je nach der politischen Situation – auch Russen karikiert und diffamiert. Auf der anderen Seite boten Spielfilme immer wieder deutsche Helden zur Identifikation an. Die Heroisierung von Friedrich dem Großen, die bereits in der Weimarer Zeit begonnen hatte, wurde mit Filmen wie *Der Choral von Leuthen* (1933, R.: Carl Froelich) und *Der*

***Triumph des Willens*, D 1935, R.: Leni Riefenstahl**

große König (1942, R.: Veit Harlan) fortgeführt. Auch die Helden von Filmen wie *Robert Koch, der Bekämpfer des Todes* (1939, R.: Hans Steinhoff), *Bismarck* (1940, R.: Wolfgang Liebeneiner), *... reitet für Deutschland* (1941, R.: Arthur Maria Rabenalt) und *Andreas Schlüter* (1942, R.: Herbert Maisch) sollten als Vorbilder dienen. Das Gros der deutschen Filme von 1933 bis 1945 bestand aus Unterhaltungsfilmen, die – wie in anderen Ländern auch – eher nebenbei unterschwellige ideologische Einstellungen vermittelten und zeitweilige Flucht aus der Realität ermöglichten. So findet man verschiedene Formen des Genrekinos im nationalsozialistischen Film gut vertreten. Heitere Filme, vor allem → Komödien und → Revuefilme, waren die weitestverbreiteten Genres, aber die aufwendig produzierten dramatischen Filme, meist Melodramen, erreichten besonders gute Kassenergebnisse. So unterschiedliche Stars wie Lilian Harvey, Brigitte Horney, Marika Rökk, Kristina Söderbaum, Zarah Leander, Ilse Werner, Hans Albers, Willy Birgel, Willi Forst, Heinrich George, Paul Hörbiger, Carl Raddatz und Heinz Rühmann waren die Publikumsmagneten dieser Zeit. Dabei verkörperten sie bestimmte, vorbildhafte Verhaltensweisen und Charaktereigenschaften. Auch wenn sie keine offene politische Botschaft transportierten, bestätigten die meisten Filme Werte wie Patriotismus, Familie, Disziplin sowie tradierte Geschlechterrollen und Autoritätshierarchien.

Trotz der politischen Kontrolle blieben gewissen Freiräume erhalten. Zwar konnte sich keine politische, wohl aber eine ästhetische Opposition (Witte) im Film artikulieren, wenn die Beispiele hierfür auch rar sind. Mit Filmen wie *Romanze in Moll* (1943) und *Unter den Brücken* (1945) schaffte es z. B. Helmut Käutner durch die filmische Form, eine gewisse Ambivalenz, einen melancholischen Individualismus und Momente eines nuancierten, realistischeren Stils zu entwickeln. (S. L.)

- ❑ Albrecht, Gerd: Nationalsozialistische Filmpolitik, Stuttgart 1969
- ❑ Becker, Wolfgang: Film und Herrschaft, Organisationsprinzipien und Organisationsstrukturen der nationalsozialistischen Filmpropaganda, Berlin 1973
- ❑ Belach, Helga (Hg.): Wir tanzen um die Welt. Deutsche Revuefilme 1933–1945, München / Wien 1979
- ❑ Hollstein, Dorothea: Jud Süß und die Deutschen, Frankfurt am Main / Berlin / Wien 1983
- ❑ Wolfgang Jacobsen, Anton Kaes, Hans Helmut Prinzler (Hg.): Geschichte des deutschen Films, Stuttgart / Weimar 1993
- ❑ Leiser, Erwin: «Deutschland erwache!» Propaganda im Film des Dritten Reiches, Reinbek 1989
- ❑ Loiperdinger, Martin: Rituale der Mobilmachung. Der Parteitagsfilm ‹Triumph des Willens› von Leni Riefenstahl, Opladen 1987
- ❑ montage / av 3 / 2 / 1994 (Schwerpunkt NS-Film: Modernisierung und Reaktion)
- ❑ Spiker, Jürgen: Film und Kapital. Der Weg der deutschen Filmwirtschaft zum nationalsozialistischen Einheitskonzern, Berlin 1975
- ❑ Witte, Karsten: Ästhetische Opposition. Käutners Filme im Nationalsozialismus, in: Sammlung. Jahrbuch für antifaschistische Literatur und Kunst 2, 1979
- ❑ Witte, Karsten: Lachende Erben, Toller Tag. Filmkomödie im Dritten Reich, Berlin 1995

Nebendarsteller Darsteller, die in mehreren Szenen auftreten und meist auch Sprechrollen ausfüllen. N. verkörpern außer den mit Stars besetzten Hauptrollen alle Rollen, die vom Drehbuch erfordert sind und die ganz unterschiedliches Gewicht haben können, jedoch immer über eine bloße Auffüllung bei Massenszenen

(→ Komparse) hinausgehen. Bestimmte Schauspieler erreichten in Hollywood als N. Berühmtheit. So erhielt Walter Brennan dreimal den → Academy Award für den besten Supporting Actor. Regisseure wie John Ford haben über Jahrzehnte immer wieder mit den gleichen Darstellern zusammengearbeitet.

N. sind im amerikanischen → Studiosystem, aber auch in anderen funktionierenden Filmindustrien häufig auf Typen festgelegt worden; sie spielten mit nur geringer Variation vergleichbare Charaktere in Filmen verschiedener Regisseure (→ Charge).

Negativ Der belichtete Film, in dem Helligkeits- und Farbwerte gegenüber der abgebildeten Situation umgekehrt proportional wiedergegeben sind. Als N. eines Films wird der belichtete und geschnittene Film bezeichnet, der als Grundlage für die Herstellung von → Positiv-Kopien dient.

Neorealismus Eine soziale, moralische, politische und kulturelle Bewegung der 40er Jahre in Italien, die sich in weltberühmten Filmen niederschlug, deren thematische und ästhetische Gemeinsamkeiten einen Stil definieren. Einige Historiographen setzen den Beginn der neorealistischen Periode im italienischen Kino auf 1942 (*Ossessione*, R.: Luchino Visconti) an, ihr Ende auf 1952 (*Umberto D.*, R.: Vittorio de Sica); andere rechnen ihm nur die Produktion der ersten Nachkriegsjahre 1945–1948 zu. Motive sind die sozialen Mißstände Italiens in der unmittelbaren Gegenwart und jüngsten Vergangenheit: der Zweite Weltkrieg (*Roma, città aperta*, Rom, offene Stadt, 1944/45, R.: Roberto Rossellini), das Kriegsende und der Einmarsch der Alliierten in Italien (*Giorni di gloria*, Glorreiche Tage, 1945, R.: Giuseppe de Santis u. a.; *Paisà*, 1946, R.: Rossellini), soziales Elend (*Sciuscià*, Schuhputzer, 1946, und *Ladri di biciclette*, Fahrraddiebe, 1948, R.: V. de Sica), Arbeitsverhältnisse (*La terra trema*, Die Erde bebt, 1948, R.: L. Visconti; *Riso amaro*, Bitterer Reis, 1949, R.: de Santis). Der neue Realismus entsteht durch die Aktualität der Themen, das Drehen an Originalschauplätzen, zum Teil mit Laiendarstellern, durch → Plansequenzen, schließlich verankert die → Inszenierung die Protagonisten durch Totalen oder Halbtotalen in einem räumlich-sozialen Umfeld anstatt sie durch Nah- und Großaufnahmen zu individualisieren und zu psychologisieren. Die Filmemacher interessieren sich für die einfachen Leute und ihren Alltag, für die armen italienischen Regionen und deren Probleme. Sie brechen mit der geradlinigen Erzählstruktur zugunsten von Querschnittsstudien und → Episodenfilmen: «Wichtigste Errungenschaft gegenüber dem konventionellen Erzählkino war die Zerlegung der story in Episoden, die Gleichwertigkeit der Menschen und Dinge und das Eigenleben der Schauplätze, an denen sich das Erfundene mit dem Vorgefundenen durchkreuzte» (Witte 1991, S. 19). Über die Ursprünge des Begriffs und die zeitliche Eingrenzung der neorealistischen Phase herrscht Uneinigkeit. Häufig wird ein Kritiker der Zeitschrift «Cinema» zitiert, der im Zusammenhang mit *Ossessione* zum erstenmal von einem neorealistischen Film gesprochen habe. Viscontis Debütfilm nach Motiven des Romans «The Postman Always Rings Twice» des US-amerikanischen Autors

***Ladri di biciclette* (Fahrraddiebe), I 1948, R.: Vittorio de Sica**

James M. Cain zeigte die ärmlich-ländliche Region des Po-Deltas, unbekannte Schauspieler und ausschließlich Figuren, die nicht aus hehren, sondern aus niederen Motiven handeln. Damit stand der Film im krassen Gegensatz zum zeitgenössischen italienischen Kino der telefoni bianci, das großbürgerliche Milieus, künstliche Dekors, einen theatralischen Darstellungs- und Inszenierungsstil und detailgetreue Literaturverfilmungen favorisierte. Ebenfalls bereits 1942 entstand *Quattro passi fra le nuvole* (Lüge einer Sommernacht, R.: Alessandro Blasetti), eine im Alltag der kleinen Leute angesiedelte melancholische Komödie, die nicht nur durch realistische Milieuschilderung, sondern auch durch eine dem staatlich verordneten Optimismus der faschistischen Ära zuwiderlaufende Moral revolutionär wirkte.

Als Wegbereiter des N. gelten einerseits moderne amerikanische Literaten, deren realistische Werke von den italienischen Intellektuellen als Gegenentwürfe zu staatlich sanktionierten Kunstformen im eigenen Land geschätzt wurden, andererseits die am 1935 in Rom gegründeten Centro Sperimentale di Cinematografia (CSC) betriebene Theoriebildung. Diese Filmakademie war zunächst unabhängig, wurde ab 1942 jedoch zur Behörde des faschistischen Staates erklärt. Zwei ihrer Lehrer, Umberto Barbaro und Luigi Chiarini, gleichzeitig Herausgeber der Zeitschrift

«Bianco e Nero», des offiziellen Organs des CSC, beschäftigten sich mit Werken des sowjetrussischen und des französischen Kinos, die sie als Vertreter eines kinematographischen Realismus mit ihren Schülern diskutierten. «Bianco e Nero» und «Cinema», die einer jungen Generation von Kritikern und CSC-Studenten als Diskussionsforen dienten, veröffentlichten programmatische Stellungnahmen, die immer deutlicher eine Abkehr vom sterilen zeitgenössischen Kino forderten. Diese Forderungen waren bis zu einem gewissen Grad durchaus vereinbar mit den faschistischen Vorstellungen einer nationalen Kultur: «Es wird keine bürgerliche Kinematographie der Diven geben..., sondern eine realistische im Sinne einer spirituellen Wahrheit... Kinematographie des Volkes und für das Volk, human und nicht demagogisch, in der Tradition unserer Volkskunst», schrieb Chiarini 1935 (zit. nach Meder 1993, S. 30).

Nach dem Ende der Diktatur erlebte der N. seine Blütezeit. Seine Protagonisten sind neben Roberto Rossellini, Vittorio de Sica und dem Drehbuchautor Cesare Zavattini die Regisseure Luchino Visconti, Giuseppe de Santis, Alessandro Blasetti, Alberto Lattuada (*Il mulino del Po*, Die Mühle am Po, 1948) und Luigi Zampa (*Anni difficili*, Kritische Jahre, 1947). Die Aufbruchstimmung nach dem Kriegsende fand – auch produktionstechnisch – ihren unmittelbaren Ausdruck im Kollektivfilm *Giorni di Gloria*, der aus dokumentarischem und inszeniertem Material als Chronik der aktuellen Ereignisse kompiliert wurde. Sie erlahmte bereits mit den ersten demokratischen Wahlen von 1948, bei denen die Democrazia Cristiana fast die absolute Mehrheit errang. Der einzige international auch kommerziell erfolgreiche Film des N. war *Ladri di biciclette*, der heute zum Kanon der Filmklassiker gehört. Fellinis *La Strada* (La Strada – Das Lied der Straße, 1954) ist vom N. beeinflußt, und in den 70er Jahren erlebte er in einigen Filmen jüngerer Regisseure eine kurze Renaissance: in den Werken der Brüder Taviani (*Padre padrone*, Padre Padrone – Mein Vater, mein Herr, 1977), Ermanno Olmis (*L'albergo degli zoccoli*, Der Holzschuhbaum, 1978) und Francesco Rosis (*Cristo si è fermato a Eboli*, Christus kam nur bis Eboli, 1979), die sich ausdrücklich auf seine Tradition bezogen. (D. S.)

- Bert Cardullo: What is Neorealism? A Critical English-Language Bibliography of Italian Cinematic Neorealism, New York / London 1991
- Frieda Grafe: Realismus ist immer Neo-, Sur-, Super-, Hyper- (1979). In: Die Republik Nr. 72–75, 1985
- Thomas Meder: Vom Sichtbarmachen der Geschichte. Der italienische «Neorealismus», Rossellinis PAISÀ und Klaus Mann, München 1993
- Karsten Witte: Neo-Realismus. Ein Angriff der Chronik auf die Story. In: epd Film 3 / 1991

Nero Film GmbH Deutsche Produktionsfirma, 1926 von Heinrich Nebenzahl und Richard Oswald gegründet, 1927 in eine AG umgewandelt. Besonders die seit Ende der 20er Jahre produzierten Filme von G. W. Pabst (*Die Büchse der Pandora*, D 1928; *Westfront 1918*, D 1930; *Die Dreigroschenoper*, D 1931; *Kameradschaft*, D 1931) und Fritz Lang (*M*, D 1931; *Das Testament des Dr. Mabuse*, D 1933) zeigten die Firma als eine der kreativsten in der Endphase der Weimarer Republik. Nebenzahl und Oswald mußten nach der Machtübernahme der Nationalsozialisten emigrieren. Nebenzahls Sohn Seymour produzierte im französischen Exil Filme von Robert Siodmak.

Neuer Deutscher Film Sammelbegriff für bundesdeutsche Filme einer Generation von Regisseuren, deren Karrieren nicht mehr im Nationalsozialismus begonnen hatten und die ab 1966 dem deutschen Film wieder zu internationalem Ansehen verhalfen. Die Gemeinsamkeit ihrer Protagonisten bestand zunächst in der Ablehnung der Altbranche, deren Produktionen sie aus ökonomischen, inhaltlichen und ästhetischen Gründen kritisierten.

Die nach dem Zweiten Weltkrieg unter der Kontrolle der Alliierten auf rein privatwirtschaftlicher Basis wiederaufgebaute deutsche Filmindustrie bot jungen Regisseuren kaum Chancen; es gab keine Filmschulen, keine Filmbibliotheken und kaum Repertoire-Kinos. Lediglich auf dem Gebiet des →Werbe- und Industrie- oder des kulturellen →Kurzfilms konnte der Nachwuchs experimentieren. Ein in Nordrhein-Westfalen 1951 gegründeter Fonds zur Förderung kultureller Kurzfilme bewilligte nicht nur für die konventionellen, belehrenden Porträts, sondern auch für ästhetisch anspruchsvollere Arbeiten finanzielle Unterstützung. Ein Forum für diese Filme boten die Westdeutschen Kurzfilmtage, die ab 1955 jährlich in Oberhausen veranstaltet wurden. Solange das 50er-Jahre-Kino erfolgreich war – bis 1957 stiegen die Besucherzahlen konstant an –, erregten diese Aktivitäten trotz der massiven Polemik der anspruchsvolleren, zeitgenössischen Filmkritiker gegen die Filme der Altbranche wenig Aufmerksamkeit. Erst nachdem im Jahr 1961 kein →Bundesfilmpreis verliehen wurde und eine Reihe von Produktionsfirmen, kleineren Verleihern und Kinobesitzern in Konkurs gegangen waren, nahm die Öffentlichkeit von den Jungfilmern Notiz: In einer auf den VIII. Westdeutschen Kurzfilmtagen 1962 publizierten Erklärung, dem Oberhausener Manifest, formulierten die 26 Unterzeichner ihre Ablehnung von Papas Kino und forderten die Einrichtung von Filmakademien, die staatliche Förderung von Debütfilmen und die Erweiterung der Kurzfilmförderung nach dem nordrhein-westfälischen Modell. Sie boten sich selbst an, «den neuen deutschen Spielfilm zu schaffen». Vor allem der Initiative Alexander Kluges – eines der Mitunterzeichner des Manifests – ist es zu verdanken, daß 1965 das →Kuratorium Junger Deutscher Film gegründet wurde.

Als erster junger deutscher Film galt *Das Brot der frühen Jahre* (BRD 1962, R.: Herbert Vesely). Da außer Vesely auch der Schauspieler Christian Doermer, der Kameramann Wolf Wirth und der Produzent Hans Jürgen Pohland zu den Unterzeichnern des Oberhausener Manifests zählten, wurde der Film an den darin formulierten Ansprüchen gemessen und stieß nur auf mäßige Zustimmung bei Kritik und Publikum. Zwar hatte er eine der Hauptforderungen der Publizisten – endlich Themen aus der deutschen Vergangenheit und Gegenwart zu verfilmen – inhaltlich eingelöst, wie es Bölls Vorlage verlangte, nicht jedoch die nach realistischen Schauplätzen und quasidokumentarischer Fotografie.

1966 errangen bei den Festivals in Cannes (*Der junge Törless*, R.: Volker Schlöndorff; *Es*, R.: Ulrich Schamoni, und

Mahlzeiten, BRD 1967, R.: Edgar Reitz
Der junge Törless, BRD 1966, R.: Volker Schlöndorff

Nicht versöhnt, R.: Jean-Marie Straub / Danièle Huillet), Venedig (*Abschied von gestern*, R.: Alexander Kluge) und Berlin (*Schonzeit für Füchse*, R.: Peter Schamoni) Vertreter des Jungen Deutschen Films Hauptpreise und wurden von der internationalen Kritik mit enthusiastischem Lob überhäuft. Der N. D. F. war geboren: «Um sich das Altern zu ersparen, nennt sich der Junge Deutsche Film seit der Zeit seiner Reife der ‹Neue Deutsche Film›», kommentierten ironisch seine publizistischen Begleiter Fischer und Hembus (1981, S. 10). Ähnliche Erfolge konnten 1967 *Mahlzeiten* (R.: Edgar Reitz), *Mord und Totschlag* (R.: Volker Schlöndorff), *Tätowierung* (R.: Johannes Schaaf) und *Wilder Reiter GmbH* (R.: Franz Josef Spieker) feiern. Die jungen Regisseure nannten sich Autoren und beanspruchten die ökonomische und ästhetische Kontrolle über ihre Filme. Die → Autorenfilme, meist mit geringem Budget und außerhalb der weiterhin produzierenden Altbranche gedreht, thematisierten Probleme der eigenen Generation, deutsche Geschichte, Leben in der Provinz, soziale Gegensätze; es gab Kriminalgeschichten, → Road Movies, Literaturadaptionen und Verfilmungen historischer Stoffe. Die berühmtesten Repräsentanten des N. D. F. hatten, außer Alexander Kluge und Edgar Reitz, nicht zu den Unterzeichnern des Oberhausener Manifests gehört: Volker Schlöndorff, Werner Herzog, Wim Wenders, Rainer Werner Fassbinder, Werner Schroeter, Ula Stöckl, Margarete von Trotta, Niklaus Schilling, Reinhard Hauff, Bernhard Sinkel und Alf Brustellin. Sie waren häufig ihre eigenen Drehbuchautoren, arbeiteten mit Kameraleuten und Schauspielern der eigenen Generation: Angela Winkler, Hanna Schygulla, Alexandra Kluge, Rüdiger Vogler, Hanns Zischler und Bruno Ganz wurden zu Stars. Lediglich Peter Schamoni und Rainer Werner Fassbinder unternahmen Versuche, Schauspieler der Altbranche zu integrieren, und verhalfen ihnen damit zu teilweise glänzenden Darstellungen: Willy Birgel in *Schonzeit für Füchse*, Adrian Hoven in *Martha* (1973) und *Despair – Eine Reise ins Licht* (1978), Karlheinz Böhm ebenfalls in *Martha, Fontane Effi Briest* (1974) und *Mutter Küsters Fahrt zum Himmel* (1975).

«Das Ende des Neuen Deutschen Films wird gewöhnlich in Zusammenhang mit dem Tod von Rainer Werner Fassbinder [...] in Verbindung gebracht. [1982], zwei Jahrzehnte nach dem Oberhausener Manifest, verlor das Autorenkino für die meisten Kinobesucher seinen Reiz.» (Rentschler 1993, S. 286) (D. S.)

- Thomas Elsaesser: Der Neue Deutsche Film von den Anfängen bis zu den neunziger Jahren, München 1994
- Robert Fischer, Joe Hembus: Der Neue Deutsche Film 1960–1980, München 1981
- Günther Hörmann (Hg.): Anschauung und Begriff, Basel / Frankfurt 1995
- Hilmar Hoffmann und Walter Schobert (Hg.): Abschied vom Gestern. Bundesdeutscher Film der sechziger und siebziger Jahre, Frankfurt am Main 1991
- Claudia Lenssen: Film der siebziger Jahre. Die Macht der Gefühle. In: Wolfgang Jacobsen, Anton Kaes, Hans Helmut Prinzler (Hg.): Geschichte des deutschen Films, Stuttgart / Weimar 1993
- Eric Rentschler: Film der achtziger Jahre. Endzeitspiele und Zeitgeistszenerien. In: Wolfgang Jacobsen, Anton Kaes, Hans Helmut Prinzler (Hg.): Geschichte des deutschen Films, Stuttgart / Weimar 1993

Neue Sachlichkeit In Anlehnung an den literar- und kunsthistorischen Begriff geprägte Bezeichnung für eine Gruppe deutscher Filme, die ab Mitte der 20er Jahre entstanden und in denen die expressiven und symbolischen Qualitäten zurücktreten zugunsten einer stärker an der Oberfläche der Erscheinungen orientierten Filmsprache. Der Realismus dieser Filme folgt zunächst aus ihren Geschichten, die weder auf exotische Umgebung noch auf phantastische Entwicklungen aus sind, sondern deutlich die eigene Gegenwart und die in ihr virulenten sozialen und psychischen Konfliktstrukturen zum Gegenstand wählen. In Siegfried Kracauers Perspektive erschienen die Filme der N. S. gekennzeichnet von einem «Zustand der Lähmung. Zynismus, Resignation, Desillusion, alle diese Tendenzen weisen auf eine Mentalität, die sich jedem Engagement verweigert.» (Kracauer 1979, S. 174) Diese retrospektive, unter dem Eindruck des Sieges des Nationalsozialismus getroffene Einschätzung rechnet die N. S. zur hilflosen, apolitischen Tradition des deutschen Films, wenn nicht gar (wie vor allem mit Bezug auf Walter Ruttmanns Querschnittsfilme und Arnold Francks → Bergfilme) zu den Vorläufern des → nationalsozialistischen Films. Diese skeptische Sicht unterschätzt jedoch sowohl die formalen Leistungen wie die kritischen Impulse, die vor allem die Filme von G. W. Pabst auszeichnen (u. a. *Die freudlose Gasse*, D 1925; *Die Liebe der Jeanne Ney*, D 1927; *Tagebuch einer Verlorenen*, D 1931). Die politische Kritik an Filmen, die der N. S. zugerechnet wurden, monierte ihre fehlende Parteilichkeit. Das gab ihnen zwar eine resignative Perspektive, bewahrte sie aber auch vor plakativen Botschaften. Die Spielfilme konnten melodramatische Tendenzen aufweisen, wie in E. A. Duponts *Varieté* (D 1925) oder Leontine Sagans *Mädchen in Uniform* (D 1931). Doch sind die sozialkritischen Tendenzen prägender, und in der Weimarer Republik waren in dieser Hinsicht nur die in Zusammenarbeit mit oder der Nähe zur SPD oder KPD realisierten Filme der N. S. vergleichbar. Als eine Momentaufnahme, die sich auf die Wünsche und Vergnügungen der kleinen Angestellten konzentriert, bleibt *Menschen am Sonntag* (D 1929, R.: Robert Siodmak) neben dem dokumentarischen Querschnittsfilm *Berlin. Die Sinfonie der Großstadt* (D 1927, R.: Walter Ruttmann) der klassische Film der N. S.

- ❑ Siegfried Kracauer: Von Caligari zu Hitler, Frankfurt am Main 1979
- ❑ Anton Kaes: Film in der Weimarer Republik. In: Wolfgang Jacobsen, Anton Kaes, Hans Helmut Prinzler (Hg.): Geschichte des deutschen Films, Stuttgart / Weimar 1993

New American Cinema Bezeichnung für von → Hollywood unabhängige Filme, die in den 60er und 70er Jahren in den USA entstanden (→ Underground-Film). Die Wurzeln des N. A. C. lagen in den wesentlich von der europäischen Avantgarde (→ Nouvelle Vague) beeinflußten Dokumentar- und Experimentalfilmbewegungen der Nachkriegszeit; einen historischen Einschnitt markierte der Film *Shadows* (Schatten, USA 1959, R.: John Cassavetes), der zeigte, daß man auch mit einem niedrigen Budget publikumswirksame Filme machen kann. Als Geburtsstunde des N. A. C. gilt der 28. 6. 1960: In New York wurde durch Initiative des Produzenten Lewis Allen die New American Cinema Group gegründet, die in ihrem ersten Manifest Position bezog gegen den als «moralisch korrupt, ästhetisch überholt, thematisch oberflächlich, temperamentlos» empfundenen offiziellen Film und die Abhängigkeit von Hollywood (Zensur, Finanzierungs- und Verleihpolitik). Das N. A. C. verstand sich nicht als ästhetische, sondern ethische Bewegung. Zu den 23 Unterzeichnern des Manifests gehörten so unterschiedliche Persönlichkeiten wie der Dokumentarfilmer Lionel Rogosin, der Experimentalfilmer Gregory Markopoulos und der damalige Kritiker Peter Bogdanovich. Kopf und Sprachrohr der Bewegung war Jonas Mekas, der seit 1955 die Zeitschrift «Film Culture» herausgab und 1962 die unabhängige Film Maker's Cooperative als Vertriebssystem für die Filme des N. A. C. gründete. Wichtige Vertreter des N. A. C. sind Kenneth Anger (*Scorpio Rising*, USA 1963), Stan Brakhage (*The Art of Vision*, USA 1965), Shirley Clarke (*The Connection*, USA 1961), Richard Leacock (*Cuba Si, Yankee No*, USA 1960), Markopoulos (*Twice a Man*, USA 1963) und Rogosin (*Come back, Africa*, USA 1959). (A. P.)

❑ Georg Alexander: Gedanken zum New American Cinema, in: Film Nr. 4–6, 1969

❑ The First Statement of the New American Cinema Group. In: Theodor Kotulla (Hg.): Der Film. Manifeste, Gespräche, Dokumente, Band 2: 1945 bis heute, München 1964

❑ Joachim Kreck: The New American Cinema. In: Film Nr. 1, 1966, S. 49–54

Nickelodeon Vorläufer heutiger → Kinos. Auf 1905 wird in amerikanischen Filmgeschichten die Eröffnung des ersten N. datiert, eines speziell für Kinovorführungen geschaffenen Raums, häufig eingerichtet in ehemaligen Tanzhallen, Restaurants, Pfandleihen oder Zigarettengeschäften. Der eingängige Name bezog sich auf den Eintrittspreis von einem Nickel (5 Cent), und er verknüpfte dies mit dem griechischen Begriff für Theater: Odeon. Das N. war direkter Vorläufer der → Kinopaläste und wurde von ihnen verdrängt. In den USA existierten um 1910 bereits 10 000 N. mit einer wöchentlichen Besucherzahl von 26 Millionen, d. h. knapp 20% der damaligen Gesamtbevölkerung. (K. H.)

❑ Gerald Mast (Hg.): The Movies in our Midst, Chicago 1982

❑ Russell Merritt: Nickelodeon Theaters 1905–1914. In: Tino Balio: The American Film Industry, Madison 1976

❑ Charles Musser: The Emergence of Cinema. The American Screen to 1907 (History of the American Cinema, Vol. 1), Berkeley / Los Angeles / London 1990

Nitrofilm Filmmaterial, bei dem Nitrozellulose als Schichtträger dient, gebräuchlich von ca. 1889 bis in die 50er Jahre des 20. Jahrhunderts wegen der hervorragenden Durchsichtigkeit und Geschmeidigkeit dieses Materials. Nitrozellulose ist sehr leicht entflammbar und birgt daher besonders bei der Projektion Gefahren, wenn der Film mit heißen Lichtquellen in Berührung kommt. Die Filmgeschichte kennt viele Beispiele katastrophaler Filmbrände. Eine weitere negative Eigenschaft von N. ist sein unweigerlicher Zerfall, der durch richtige Lagerung zwar aufgehalten, jedoch nie ganz zum Stillstand gebracht werden kann. N. in Zersetzung wird zunächst klebrig und unspielbar und zerfällt später zu Pulver. Unter ungünstigen Lagerbedingungen bei hohen Temperaturen kann sich das Material, das bei der Zersetzung giftige und brennbare Gase freisetzt, spontan entzünden. Löschen ist nicht möglich, da der zum Brennen benötigte Sauerstoff im Material selbst gebunden ist. Aufgrund der Gefahren ist die Lagerung und Bearbeitung von N. heute in den meisten Ländern verboten oder mit strengen Auflagen (z. B. für → Filmarchive) belegt. Seit ca. 1954 wird ausschließlich → Sicherheitsfilm als Schichtträger verwendet. (M. K.)

Nordisk Films Kompagni Von Ole Olsen 1906 gegründete Produktionsgesellschaft, die zu einer der bedeutendsten Filmfirmen aufstieg, nicht zuletzt begünstigt durch den Ersten Weltkrieg, der die übermächtige Konkurrenz vor allem aus Frankreich vom mitteleuropäischen Markt vertrieb. Als Regisseure waren Viggo Larsen, Holger-Madsen und Carl Theodor Dreyer, der seine beiden ersten Filme hier realisierte (*Præsidenten*, Der Präsident, DK 1918, *Blade af Satans Bog*, Blätter aus Satans Buch, DK 1919 / 29), bei der N. beschäftigt. Sowohl die mit dem Ende des Krieges wieder fühlbare internationale Konkurrenz, wie auch die mittlerweile eingetretenen Änderungen des filmischen Erzählens, denen sich die Gesellschaft nicht innovativ stellte, verringerten in den 20er Jahren den Einfluß der N. Während des Krieges wurde bereits das deutsche Tochterunternehmen des Konzerns der neugegründeten → Ufa eingegliedert.

Normalformat → Academy Format

Nouvelle Vague Sammelbegriff für eine Gruppe jüngerer französischer Regisseure, die meisten ehemalige Kritiker der «Cahiers du Cinéma», die 1959 bei den Filmfestspielen in Cannes mit zwei Filmen auf sich aufmerksam machte: *Les quatres cents coups* (Sie küßten und sie schlugen ihn, R.: François Truffaut) und *Hiroshima, mon amour* (R.: Alain Resnais). Claude Chabrols *Le beau Serge* (Die Enttäuschten, 1958) gilt als erster N.-V.-Film überhaupt, Jean-Luc Godards Erstling *À bout de souffle* (Außer Atem, 1960) als der kommerziell erfolgreichste; um die gleiche Zeit drehten auch Eric Rohmer (*Le signe du lion*, Im Zeichen des Löwen, 1959) und Jacques Rivette (*Paris nous appartient*, Paris gehört uns, 1960) ihre weniger bekannt gewordenen Debütfilme.

Die Regisseure der N. V. hatten sich als Kritiker besonders mit dem US-amerikanischen Kino auseinandergesetzt und Vorlieben für bestimmte Regisseure – Alfred Hitchcock, Howard Hawks, John Ford, Vincente Minnelli, Nicholas Ray – entwickelt, deren Fähigkeiten sie durch das → Studiosystem unzureichend gewürdigt sahen. Sie entdeckten wiederkehrende thematische und ästhetische Motive bei ihren Lieblingsregisseuren, die sie auteurs nannten, um deren Unabhängigkeit und künstlerische Individualität zu betonen. Auch einigen europäischen Regisseuren – Roberto Rossellini, Robert Bresson, Jean Renoir – erkannten sie Autorenstatus zu; in späteren Jahren wurde der Kreis der auteurs nicht nur von den französischen Kritikern bis zur Beliebigkeit erweitert; und bis heute ist im Grunde jede an einen Regisseur gebundene Retrospektive eine Bestätigung seiner individuellen Künstlerschaft. Die 1955 zuerst publizierte Devise von der Politique des Auteurs, hierzulande irrtümlich als Autorenpolitik übersetzt und mißverstanden, wurde zum Kampfbegriff der N. V.: Die jungen Regisseure

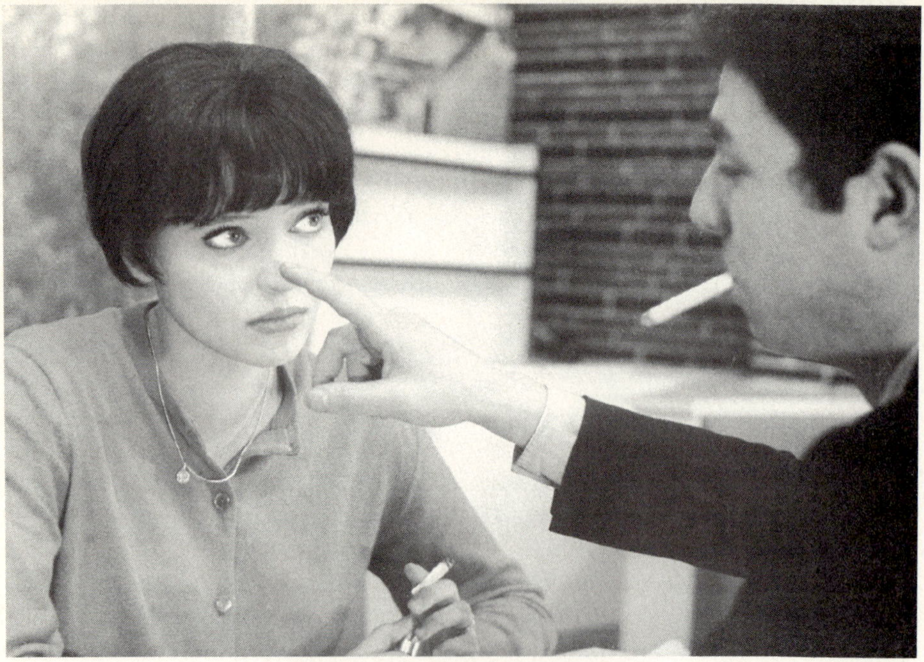

Vivre sa vie **(Die Geschichte der Nana S.), F 1962, R.: Jean-Luc Godard**

wandten sich damit gegen das als Cinéma de Qualité geschmähte Kino der Vätergeneration und forderten für sich selbst Produktionsmöglichkeiten, um nach dem Vorbild der verehrten Amerikaner ihren persönlichen Stil entwickeln zu können. Bis auf Resnais, der nicht von den «Cahiers», sondern vom →Dokumentarfilm kam, dem er auch zunächst verpflichtet blieb, erzählten die N.-V.-Regisseure in ihren Debütfilmen Geschichten aus Paris. Die häufig mit der Handkamera an Originalschauplätzen gedrehten Szenen vermitteln Porträts des hektischen, zeitgenössischen Metropolenlebens, der uninszenierte Alltag bricht in die Filmgeschichten ein. In dem →Episodenfilm *Paris vu par...* von 1964, an dem sich mehrere N.-V.-Regisseure beteiligten, wird dieses ästhetisch-inhaltliche Prinzip bereits im Titel programmatisch angekündigt. Außerdem zitierten ihre ersten Filme US-amerikanische Vorbilder, steckten voller Anspielungen auf das Kino, das die Regisseure liebten. Anders als die Protagonisten des →Neuen Deutschen Films fanden die Franzosen innerhalb der Filmindustrie, besonders durch den experimentierfreudigen Produzenten Pierre Braunberger, Möglichkeiten, ihre Erstlingsfilme zu realisieren und sich in die bestehenden Strukturen zu integrieren. Für die deutschen Filmemacher dagegen hieß Autorenpolitik, die kulturpolitischen Voraussetzungen für

Produktionsmöglichkeiten außerhalb der etablierten Industrie erst einmal zu schaffen; der Begriff war politisch-ökonomisch gemeint, während sein französischer Vorläufer Politique des Auteurs eher theoretisch-strategische und ästhetische Implikationen hatte. Trotz des allen N.-V-Regisseuren gemeinsamen bewußten Umgangs mit der Technik und der Reflexion über die ästhetischen Möglichkeiten wurde Truffaut und Chabrol bald vorgeworfen, dem einst verachteten Cinéma de Qualité nachzueifern; und die linke Filmkritik bemängelte fehlendes politisches Interesse bei allen Regisseuren außer Godard. Eine Gruppe im eigentlichen Sinn waren die Regisseure der N. V. vielleicht nur, solange sie schrieben, durch Diskussionen eine gemeinsame Haltung entwickelten und publizierten und die – internationale – → Filmgeschichtsschreibung erheblich veränderten. Denn durch die Ernennung einiger Regisseure zu Auteurs setzten sie neue Akzente in dem seit den Anfängen des Kinos bestehenden Diskurs darüber, ob das Kino eine Kunstform sei. Weil sie in der Pariser Cinémathèque Retrospektiven bestimmter Regisseure als Gesamteindruck wahrnehmen konnten, waren sie eher in der Lage, stilistische Charakteristika mit einzelnen Personen zu verbinden als die aktuelle Kritik, die sich jeweils nur mit einem Film beschäftigt. Den französischen Cineasten der 50er Jahre ist es zu verdanken, daß auch in den USA und England die Autorendiskussion geführt wurde und längst vergessene Filme neu gesichtet und bewertet wurden. Das Ende der N. V. datiert Grafe auf 1968, als die einzelnen Mitglieder der Gruppe, längst untereinander zerstritten, sich zum letztenmal gemeinsam für etwas einsetzten: dafür, daß Henri Langlois, der Leiter der Cinémathèque, im Amt blieb. (D. S.)

❑ Frieda Grafe: Zwanzig Jahre später. Was die Nouvelle Vague war. (1981). In: Die Republik. Nr. 72–75, 25. Jan. 1985

❑ Jean-Luc Douin (Hg.): La nouvelle vague 25 ans après, Paris 1983

❑ Frieda Grafe (Hg.): Nouvelle Vague, Wien 1996

Nullkopie Erste vom fertig montierten Negativ gezogene Kopie. Sie dient der letzten Beurteilung von Licht- und Farbwerten für die Herstellung von Kopien für die Kinoauswertung.

O

Objektiv Das Linsensystem, das die Lichtstrahlen gebündelt auf das Filmmaterial einfallen läßt. Das O. hat immer bestimmte Abbildungsfehler, die durch die Kombination verschiedener Linsen nur minimiert, nicht grundsätzlich ausgeschaltet werden können. O. werden nach ihrem Bildwinkel unterschieden, der sich aus dem Verhältnis der Bilddiagonalen zur Brennweite ergibt. Bezogen auf das Normalformat des 35-mm-Films gelten O. mit einem Bildwinkel um 50° als Standardobjektive. Weitwinkelobjektive weisen einen größeren, Teleobjektive einen geringeren Bildwinkel auf. Daneben werden O. auch nach ihrer Brennweite (Abstand zwischen der Linse und dem Filmstreifen) unterschieden, wobei diese Charakterisierung aufschlußreich nur innerhalb eines Formates ist, während die Unterscheidung der Bildwinkel auch O. für verschiedene Formate vergleichbar macht. So ist ein Bildwinkel von etwa 48° für den 35-mm-Film bei einer Brennweite von 25 mm gegeben, beim 16-mm-Film dagegen bei einer Brennweite von 11,5 mm.

O. werden zudem nach ihrer Lichtstärke klassifiziert, die das Verhältnis des (maximalen) Objektivdurchmessers zur Brennweite bezeichnet.

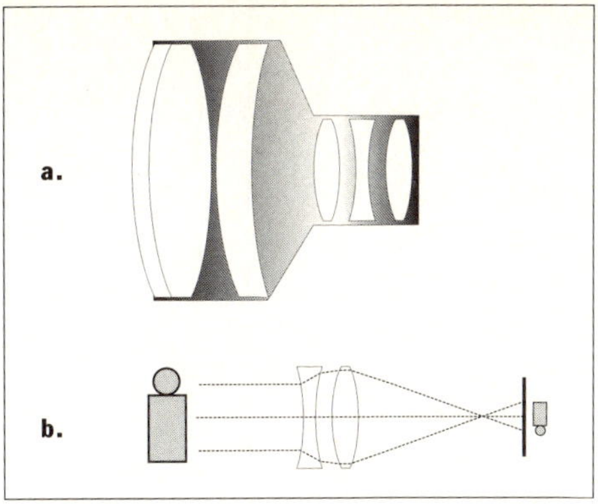

a. Objektive bestehen aus einer Kombination verschiedener Linsen (Schema).
b. Schematische Darstellung des Strahlengangs in einem Objektiv; die Zerstreuungslinse (links) bricht die Lichtstrahlen von der optischen Achse weg, die Sammellinse beugt sie zur optischen Achse hin.

Off Für den Ton die Bezeichnung einer hörbaren Geräuschquelle (Stimme, Verkehrslärm o. ä.), die nicht im Bild zu sehen ist, deren Lokalisierung in der Szene aber durch den Kontext gesichert ist. Außerdem ein Ton, der nicht aus der räumlichen Umgebung des von der Einstellung gezeigten Bildraumes stammt, sondern von ihm unabhängig ist (wie →Kommentar oder Musik, →Filmmusik). Als O. wird auch der Raum bezeichnet, der durch Blicke und Bewegungen von Figuren aus dem Bildraum hinaus oder Bewegungen in ihn hinein aktiviert wird.

❑ Noël Burch: Theory of Film Practice, New Jersey 1981

On Für den Ton das Geräusch, das aus der abgebildeten Szene selbst stammt. Zudem ist jedes in einer Einstellung abgebildete Geschehen und der in ihr repräsentierte Raum on screen (→Off).

On Location Außerhalb des Studios befindliche Räumlichkeiten (Innen- und Außenräume), an denen Dreharbeiten stattfinden (→Außenaufnahme).

Optische Bank Apparatur zur Ausführung komplexer Kopiervorgänge und vielfältiger optischer Tricks. Auf einer Schiene sind zum einen mindestens ein Projektor, zum anderen eine Filmkamera montiert, die synchron per Einzelbild arbeiten können. So lassen sich →Matte Paintings und Travelling Mattes mit Realaufnahmen zusammenführen, Überblendungen ausführen, Standbilder durch Vervielfältigung einfrieren oder beschleunigen, Bilder ver- oder entzerren, korrigieren (z. B. Farbausgleich, Kontrastkorrektur), Titel einblenden oder ein Formatwechsel (35 mm auf 16 mm und umgekehrt) durchführen. Um bei einer Aufnahme möglichst viele Teilaufnahmen kombinieren zu können, gibt es optische Printer, die die Bilder mehrerer Projektoren vor der Aufnahme über Prismen bündeln. Die Ergebnisse des unter Umständen langwierigen Kopierprozesses können erst nach der Entwicklung kontrolliert werden. Deshalb wird inzwischen das optische Kopieren immer häufiger durch →Digital Compositing und →Computeranimation ersetzt, bei der das Ergebnis sofort überprüfbar ist. (K. H.)

Orthochromatischer Film Schwarzweißfilmmaterial, dessen lichtempfindliche Substanzen auf die blauen und grünen Anteile des sichtbaren Lichts reagieren, nicht aber auf rotes Licht. Dieser O. F. löste den nur auf Blau reagierenden monochromatischen Film der Anfangsjahre seit 1918 ab. Um die Rottöne z. B. der Haut und der

Lippen, die ungenügend abgebildet wurden, auf dem Filmbild zu realisieren, war eine entsprechende Schminkung nötig. Der vergleichsweise lichtempfindliche Film wurde später vom →panchromatischen Film ersetzt.

ORWO Seit 1964 (→AGFA) Markenname für Filme, die im VEB Filmfabrik Wolfen hergestellt wurden (Original Wolfen). Die dort produzierten Farbfilme basierten auf dem →Agfacolor-Verfahren. Nach dem Untergang der DDR umgewandelt in die Filmfabrik Wolfen AG (am 13. 6. 1990), die sich – obwohl noch 1991 neue und qualitativ verbesserte Filmmaterialien herausgebracht wurden – auf dem Markt nicht halten konnte. Am 20. 5. 1994 wurde von der Treuhandanstalt die Liquidierung der noch bestehenden Teile des ehemaligen VEB beschlossen.

❑ Die Filmfabrik Wolfen, Hg. GÖS-Gesellschaft für Sanierungsmaßnahmen Wolfen und Thalheim mbH, Wolfen 1994

Oscar →Academy Award

O-Ton Der Ton, der bei den jeweiligen →Takes direkt am Drehort aufgenommen wird, im Unterschied zum nachträglich aufgenommenen und zum Bild synchronisierten Ton (→Synchronisation) und Musik (→Filmmusik) oder →Kommentar. Der O. oder Originalton ist ein Stilmittel des →Realismus, wenn auch Theoretiker wie Kracauer oder Bazin, die der realistischen Darstellungsweise Priorität einräumen, ihn kaum gewürdigt haben. Regisseure, die grundsätzlich O. bevorzugen, sind z. B. Jean Renoir oder Jean-Marie Straub und Danièle Huillet.

Over-the-Shoulder-Shot Einstellungstyp des →Schuß-Gegenschuß-Verfahrens, in dem von zwei Darstellern der eine über die Schulter des anderen aufgenommen wird, wobei dessen Schulter, Profil o. ä. im Bild zu sehen ist. Der O. ist typisch für die Wiedergabe von Dialogsituationen und ermöglichte den Wechsel zwischen Darstellungen des sprechenden und des zuhörenden Akteurs, so daß auch die Reaktion auf die Sätze im Mittelpunkt des Interesses stehen kann, nicht allein der jeweilige Sprecher.

Pan and Scan Verfahren zur Wiedergabe von →Breitwandfilmen im Normalformat. Angewandt bei Fernsehausstrahlungen und für die Videoauswertung, um die schwarzen Balken des vollständig im kleineren Format repräsentierten Breitwandbildes zu vermeiden. Um auffallende Anschnitte (in der z. B. der Gesprächspartner eliminiert erscheint) bei dem unvermeidlichen Verlust von Bildfläche an den Seiten zu vermeiden, wird jeweils die vermeintlich wichtigste Partie des Bildes durch Einsatz von Schwenkbewegungen innerhalb des ursprünglichen Rahmens abgetastet. Das für den Zuschauer unauffällige Verfahren zerstört daher die ursprüngliche Bildkomposition.

Panchromatischer Film Seit Mitte der 20er Jahre verfügbarer Schwarzweißfilm, der auf alle Primärfarben gleichmäßig sensibel reagiert und deswegen eine gegenüber den Farben getreue Wiedergabe in Grautönen gewährleistet.

Parallelmontage Der Einstellungswechsel zwischen zwei oder mehr (simultanen, aber räumlich getrennten) Handlungen.

Gebräuchliche Typen sind die von D. W. Griffith vervollkommnete →Last Minute Rescue oder allgemein das Gegeneinanderstellen zweier Handlungen, die an

P p

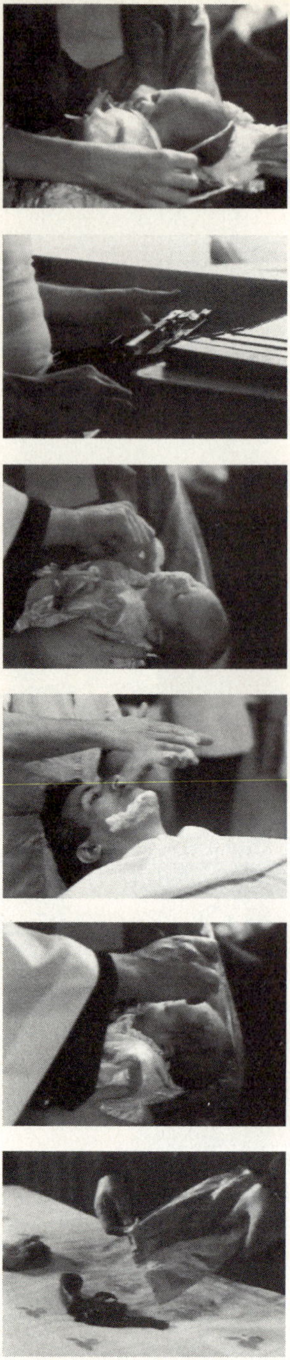

Parallelmontage in *The Godfather, Part II* (Der Pate, Teil 2), USA 1974, R.: Francis Ford Coppola; die Gleichzeitigkeit von Taufe und Vorbereitungen der Killer

einem bestimmten Punkt des Films zusammentreffen (→ Cross Cutting). Ebenfalls von einer Beziehung verschiedener Handlungen dominierte P. liegen vor, wenn weder räumlich noch zeitlich kontinuierliche, in sich abgeschlossene Segmente alterniert werden. Bsp. sind die vier in unterschiedlichen Epochen spielenden Handlungen in *Intolerance* (Intoleranz, USA 1916, R.: D. W. Griffith), aber auch die Verknüpfung einer Vergangenheits- und Gegenwartshandlung aus der Geschichte des Mafiaclans der Corleones in *The Godfather, Part II* (Der Pate – Teil II, USA 1975, R.: Francis Ford Coppola).

Paramount Die Geschichte dieses → Major-Studios beginnt in der Frühphase des amerikanischen Films. Paramount wurde 1914 als Zusammenschluß verschiedener kleiner Firmen von William H. Hodkinson gegründet. Zum Studio wurde es durch den Zusammenschluß mit Adolph Zukors Famous Player Company 1916, der auch Präsident der Firma wurde. Zukor hatte zunächst 1904 ein Theater in New York eröffnet. Um dem → MPPC-Monopol (→ Edison) etwas entgegenzusetzen, begann er 1912 mit dem Verleih des importierten Films *Queen Elizabeth*. Dies bewies ihm, daß durchaus ein Markt für längere Filme existierte als die vom Trust vorgeschriebenen Two-reelers. Zukor gründete mit dem Broadway-Produzenten Daniel Frohmann die Famous Player Company und verpflichtete Broadwaygrößen wie Mary Pickford, einen der ersten Filmstars. Nach dem Zusammenschluß zur P. wurden über die Jahre z. B. Douglas Fairbanks, Gary Cooper, Gloria Swanson, Bing Crosby, Bob Hope, John Wayne, Fatty Arbuckle, Mack Sennett und Thomas Ince verpflichtet. Sie entwickelten ähnlich wie die aus Europa stammenden Regisseure Erich von Stroheim, Mauritz Stiller, Ernst Lubitsch oder Josef von Sternberg einen schillernden Stil. Die Filme befaßten sich oft mit pikanten Themen, die manchmal hart an der Grenze dessen lagen, was die amerikanische Zensur durchgehen ließ. Zudem gab es Großfilme (Cecil B. DeMille) und leichte Familienunterhaltung.

Geschäftlich ebenso wichtig war die Kinokette des Studios, die zu ihrem Höhepunkt 1200 Publix-Kinos in den USA und Kanada kontrollierte. Sam Katz setzte in diesem Bereich eine zentrale Verwaltung und Kontrolle der Kinos durch. Von New York aus wurden Filme gebucht und Anzeigenkampagnen geschaltet. Vor dem Bau eines neuen →Kinopalastes wurden die ökonomischen Rahmenbedingungen sehr genau analysiert. Die Umstellung auf den →Tonfilm erfolgte 1928 sehr prompt, und P. erzielte hohe Gewinne. In Ausweitung seiner Aktivitäten übernahm das Studio die Hälfte der Anteile des neugeschaffenen Columbia Broadcasting System (CBS). Über das Radio konnte für Filme und Stars geworben werden. Der 1929 geplante Zusammenschluß mit →Warner Bros. wurde wegen öffentlichen Drucks nie realisiert, und die große Wirtschaftskrise zu Beginn der 30er Jahre stürzte P. trotz ihres Theaterparks in eine wirtschaftliche Krise. Zwischen 1936 und 1964 übernahm Barney Balaban die Leitung des Studios. Er versuchte, die Kosten wieder stärker zu kontrollieren und investierte schon 1938 in die Entwicklung des Fernsehens. Zwei Jahre später gründeten Balaban und Katz in Chicago mit W9XBK einen frühen Fernsehsender. 1949 gab es unter dem Titel Theater Television sogar erste Versuche mit einer Fernsehvorführung in Kinos. Dafür wurde ein Theaterstück mit elektronischen Kameras aufgezeichnet und in den Kinos vorgeführt.

Eine einschneidende Veränderung brachte der Antitrust-Prozeß, in dem der oberste Gerichtshof P. 1948 nach zehnjähriger Verhandlung verbot, weiterhin Kinos zu betreiben, und eine Entflechtung der Aktivitäten einforderte. P. stand dabei nur stellvertretend für alle →Majors im Mittelpunkt des Verfahrens – die marktbeherrschende Stellung der großen Studios sollte zumindest eingeschränkt werden. Damit wurde das Ende der Studioära eingeläutet. P. wurde 1966 von Gulf & Western aufgekauft. Zu den jüngsten Erfolgen von P. gehört *Forrest Gump* (USA 1993, R.: Robert Zemeckis). (K. H.)

❑ E. G. Edmonds, Reiko Mimura: Paramount Pictures and the People Who Made Them, San Diego 1980

❑ Leslie Halliwell: Mountain of Dreams. The Golden Years of Paramount Pictures, News York 1976

❑ Museum of Modern Art (Hg.): Paramount 60 Years, New York 1972

❑ Adolph Zukor: The Public is never wrong, New York 1953

Parodie Komische Variation einzelner Szenen aus bekannten Filmen, in →Genres standardisiert benutzter Handlungsmuster oder auch ganzer Filme, deren Effekt meist die Kenntnis des Parodierten voraussetzt. Die P. muß übertreiben, um ihre Pointen zu plazieren, den Ernst der Vorlage verzeichnen. Sie erscheint daher als eine parasitäre Form, doch ist ihr Eigenwert nicht durchweg geringer als der des Parodierten. Buster Keatons *Three Ages* (Drei Zeitalter, USA 1923) griff die Montageform und den zum Ende beschleunigten Schnittrhythmus von David W. Griffith' *Intolerance* (Intoleranz, USA 1916) auf, um seine parodistische Version einer in mehreren Epochen durchgespielten Thematik zu realisieren, und ihm gelang dabei eine → Komödie, die eigenständig bestehen kann. Die bis in die Imitation formaler Innovationen reichende P. ist vergleichsweise selten. Häufiger sind Filme, in denen die Grundlagen von → Genres in komischer Verzerrung erscheinen. *Paleface* (Sein Engel mit den zwei Kanonen, USA 1948, R.: Norman Z. McLeod), *Son of Paleface* (Bleichgesicht Junior, USA 1952, R.: Frank Tashlin) parodieren den → Western, die James-Band-→ Serie verulkt *Casino Royal* (GB 1966, R.: John Huston u. a.), die Figur des Detektivs wird in Blake Edwards' *Pink-Panther*-Serie (insgesamt sechs Filme, USA 1963–1983, R.: Blake Edwards) zur komischen Nummer, die Klassiker des → Film Noir zitiert und persifliert *Dead Man Don't Wear Plaid* (Tote tragen keine Karos, USA 1981, R.: Carl Reiner). Oft ist die P., wie in Reiners Film, zugleich eine Hommage an das Genre: Roman Polanskis *Dance of Vampires* (Tanz der Vampire, USA 1967) zeichnet die Düsternis des billigen Horrorfilms und seine Schauereffekte liebevoll nach. Krasser ist der Humor von Mel Brooks, dessen Filme fast immer parodistische Tönung besitzen. Die in den letzten Jahren entstandenen → Actionfilme mit ihrer Fülle von → Special Effects haben ebenfalls eine Reihe von P. nach sich gezogen.

Pathé Frères Die 1896 von Charles (1863–1957) und Emile (1860–1937) Pathé in Paris gegründete Gesellschaft ist anfangs noch hauptsächlich mit der Herstellung und Vermarktung von Phonographen beschäftigt, expandiert jedoch in wenigen Jahren zum bedeutendsten Filmunternehmen der Welt. Diese Spitzenposition behauptet die Firma mit Tochtergesellschaften in allen Erdteilen bis zum Ende des Ersten Weltkrieges. Eine eigene Rohfilmfabrikation setzt 1907 ein und sichert P. F. ab 1912 die Unabhängigkeit von → Eastman, der bis dahin den Weltmarkt für → Kinefilm fast allein beherrschte. Die Produktion von Filmen beginnt bei P. F. mit kurzen aktuellen Sujets (→ Aktualitäten) und kinematographischen Scherzen, die sich kaum von denen anderer Hersteller unterscheiden. Ab der Jahrhundertwende erweitert sich jedoch das Angebot erheblich: Neben kurze Féerien und phantastische Zaubereien, die den Filmen von Georges Méliès ähneln, treten rasch längere und aufwendigere Produktionen nach klassischen und literarischen Sujets. Hieraus entwickelt sich als eigenes Genre der → Film d'Art, dessen Produktion ab 1908 einer eigenen Gesellschaft übertragen wird, an der P. F. maßgeblich beteiligt ist. Die bei P. F. hergestellten Serien burlesker Komödien machen ihre Helden, allen voran Max Linder, zu den ersten weltbekannten Stars des Mediums Film. Kameraleute der Firma sammeln rund um den Erdball dokumentarische Aufnahmen von exotischen Ländern und Naturwundern, darüber hinaus werden wichtige aktuelle Ereignisse im Studio nachinszeniert, so die russische Revolution von 1905. Auch als Gerätehersteller ist P. F. zeitweise marktführend: der 1905 erschienene Projektor Pathé-Renforcé wird bis 1930 in 50000 Exemplaren hergestellt. Er gilt während der Stummfilmepoche ebenso als Standardapparatur wie die Kamera Pathé Professionel, die ab 1910 frei verkauft wird und in allen Studios in Europa und Amerika zum Einsatz kommt. Die Firma entwickelt ein System zur maschinellen →Kolorierung ihrer Filme, das die aufwendige und teure Handkolorierung ablöst und gegenüber der ansonsten üblichen →Virage deutlich prachtvoller und zugleich realistischer wirkt: Statt das ganze Bild in einem Farbton einzufärben, kann die mit Schablonen arbeitende Koloriermaschine einzelne Bildteile mit verschiedenen Farben versehen. Den wachsenden Amateurfilmmarkt bedient P. F. mit eigens entwickelten Schmalfilmsystemen – Pathé-Kok (28 mm, 1912–1922), und Pathé-Baby (9,5 mm, 1922 bis ca. 1960), die auch eine Zweitauswertung der Kinoproduktionen erlauben. Für reisende Vorführer und kleinere Landkinos werden Filme und Geräte im Format Pathé-Rural (17,5 mm, 1927–1940) angeboten.

Nach dem Ersten Weltkrieg tritt angesichts des weltweiten Vordringens amerikanischer Filme die Filmproduktion bei P. F. hinter die Herstellung von Rohfilm und Apparaten zurück. Die Firma beteiligt sich jedoch weiterhin an unabhängigen Produktionen von prestigeträchtigen Regisseuren und bleibt im französischen Verleih- und Kinogeschäft sehr einflußreich. Durch geschickte Diversifizierung und Verlagerung der Aktivitäten in die jeweils gewinnträchtigsten Bereiche der Filmbranche gelingt es P. F., auch bei sinkendem Einfluß auf dem Weltmarkt höchst profitabel zu agieren. Die ausländischen Niederlassungen werden nach und nach geschlossen, die bedeutende amerikanische Tochtergesellschaft Pathé-Exchange wird 1922 an eine New Yorker Finanzgruppe verkauft. 1927 geht die Pariser Rohfilmfabrik an den Konkurrenten Eastman, der die Produktion unter der Marke Pathé-Kodak weiterführt. 1929 übernehmen der Filmproduzent Bernard Natan und sein Bruder Emile die Direktion. Sie strukturieren den Konzern neu und nehmen die Filmproduktion wieder auf, die nach der Umstellung auf den Tonfilm einen großen Aufschwung nimmt. Charles Pathé, der seit den Anfängen die Firmenpolitik bestimmte, scheidet 1930 im Streit mit Natan aus. Während in den Studios zahlreiche Filme entstehen, die zu den wichtigsten französischen Produktionen der 30er Jahre zählen, werden hinter den Kulissen finanzielle Transaktionen vorgenommen, an deren Ende 1936 der Bankrott des P.-F.-Konzerns steht. Wohin die erheblichen Reserven der Firma wirklich abgeflossen sind, wird nie aufgeklärt. Von einer antisemitischen Pressekampagne begleitet (Frankreich ist seit 1940 von den Deutschen besetzt), wird Bernard Natan 1941 als Verantwortlicher für den Zusammenbruch von P. F. verurteilt, obwohl Vermutungen nie ganz verstummen, daß er nur als Strohmann für skrupellose Geldleute fungierte. Natan verliert seine französische Staatsbürgerschaft, wird im September 1942 nach Auschwitz deportiert und dort getötet. Währenddessen gelingt die Wiederbelebung der Firma, die über genügend Immobilien, eine Kinokette, moderne Ateliers, ein Kopierwerk und einen wertvollen Filmstock verfügt, um neue Investoren anzuziehen. Mit der Gründung der Societé nouvelle Pathé Cinéma, deren Ehrenpräsident Charles Pathé wird, ist Ende 1943 der Prozeß des Wiederaufbaus abgeschlossen. Nach dem Ende des Zweiten Weltkrieges tritt die Gesellschaft nur noch selten als alleiniger Produzent von Filmen in Erscheinung, bleibt jedoch als Koproduzent von internationalen Großfilmen ein wichtiger Faktor. 1947 schließt sich P. F. mit Gaumont und Franstudio zusammen, um die Ateliers und Kopierwerke gemeinsam effektiver zu verwalten. Weitergeführt wird (bis 1992) die schon vor der Jahrhundertwende begonnene Produktion von Schallplatten und Plattenspielern, hinzu kommen ab 1953 Fernsehgeräte. Anfang der 60er Jahre beginnt P. F. sich auch in der Produktion von Fernsehprogrammen zu engagieren. Bedeutend bleiben auch die Pathé-Kinos, die von 1970 bis 1983 und seit 1992 wieder gemeinsam mit den Kinos von Gaumont betrieben werden. Nach mehrmaligem Besitzerwechsel in den 80er Jahren gehört P. F. heute einer Finanzgruppe unter Führung der Textilfirma Chargeur, die weitverzweigte Beteiligungen im Medienbereich hält. Neben dem Kinogeschäft ist die Fernsehproduktion und die Auswertung der großen Archivbestände an Dokumentarmaterial des Pathé-Journal (1895 - 1975) Schwerpunkt der Aktivität. Im Aufbau befindet sich die Produktion von interaktiven Medien. (M. K.)

❑ Jacques Kermabon (Hg.): Pathé. Premier Empire du Cinéma, Paris 1994

Perforation Die gleichmäßige Lochung des Filmstreifens (bei 35-mm-Film auf beiden Seiten, bei kleineren Formaten in der Regel nur einseitig), die den Transport in Kamera und Projektor ermöglicht.

Perspektive Die Stellung der Kamera zur aufgenommenen Szene. Sie kann über verschiedene Parameter definiert werden: absolute Entfernung vom Aufnahmeobjekt, relative Größe des Objektes auf dem Bild gemäß dem verwendeten Objektiv, Abweichung der Kameraachse von der Vertikale und Horizontale. Kamerabewegungen verändern die P., da hier die Apparatur den Standpunkt im Raum wechselt, während ein → Zoom-Objektiv die P. beibehält, aber durch fließenden Übergang der Brennweite die relative Größe des abgebildeten Objektes variiert.

Phantom Rides Fahrtaufnahmen aus der Frühzeit der Kinematographie, für die die Apparatur auf Zügen, Straßenbahnen, manchmal auch Autos montiert wurde. Die gewonnenen Bilder dokumentieren eine bestimmte Wegstrecke, die aus einer fixen Position, gelegentlich auch unter Verwendung von → Schwenks, aufgenommen wurde. P. R. waren Bestandteil der Programme in den ersten zehn Jahren der Kinematographie und wurden unter anderem von den Firmen → Lumière Frères und → Biograph hergestellt.

Phasenbild Einzelnes Bild aus einer fortlaufenden Aufnahmesequenz. Die Filmkamera nimmt beim Tonfilm 24 P. pro Sekunde auf, die entsprechend in dieser Frequenz (→ Bildfrequenz) projiziert werden. Das P. ist auch die Grundlage der nicht zur Projektion (und damit nicht zur Bewegungsreproduktion) bestimmten Momentfotografie, wie sie von Edward Muybridge, Ottomar Anschütz u. a. zu Ende des 19. Jahrhunderts entwickelt wurde.

❑ Marlene Schnelle-Schneyder: Photographie und Wahrnehmung, Marburg 1990

Phi-Effekt Aufeinanderfolgende Bilder eines Objektes in verschiedenen Positionen werden von der menschlichen Wahrnehmung als Bewegung interpretiert. Dieses P. genannte Phänomen tritt bei genügender Bildfrequenz auf (mindestens 16 Bilder pro Sekunde).

Pilotton Verfahren, trotz wechselnder Laufgeschwindigkeit der Geräte die Synchronität von Bild- und Tonaufnahme zu erreichen. Dabei erzeugt die Kamera analog zur Bildwechselfrequenz einen elektrischen Zeitimpuls (50 Hz), der über Kabel an das normale Tonbandgerät mit nichtperforiertem Tonband gegeben wird. Der P. wird dort auf einer speziellen Spur aufgezeichnet. Dies ermöglicht bei der Überspielung des aufgenommenen Tons auf perforierten Magnetfilm einen Gleichlauf von Bild und Ton – die Synchronität. Nachdem zunächst individuelle Lösungen gebastelt wurden, wurde ab Anfang der 60er Jahre die entsprechende Technik von der Industrie angeboten. Dies war die Voraussetzung für neue dokumentarische Formen, wie das amerikanische →Direct Cinema oder das französische →Cinéma Vérité, die beide auch in Deutschland Anhänger fanden. Ein nächster Schritt ist der per Funk übertragene P. Bei modernen quarzgesteuerten Kameras und Tonbandgeräten kann auf den P. ganz verzichtet werden, da die Geräte mit der exakt gleichen Frequenz arbeiten. (K. H.)

❑ Werner von Appeldorn: Handbuch der Film- und Fernsehproduktion. Psychologie – Gestaltung – Technik, München 1992

Plansequenz Eine in einer →Einstellung realisierte →Sequenz. Der Begriff ist vom Französischen (plan-séquence, Einstellungs-Sequenz) abgeleitet und bezeichnet die Gestaltung eines vollständigen Handlungssegmentes unter Verzicht auf den →Schnitt, wobei Bedeutungsverschiebungen, der Wechsel der zentralen Figuren u. ä. durch die →Inszenierung realisiert werden. Häufig, aber nicht notwendig, werden Kamerabewegungen eingesetzt, um das Geschehen zu dramatisieren oder Akzentverlagerungen wiederzugeben. William Wyler verzichtete in entscheidenden Dialogszenen oft auf Schnitte, ebenso Orson Welles. Mit einer beweglichen Kamera arbeitete in seinen P. Jean Renoir (*Le crime de Monsieur Lange*, Das Verbrechen des Herrn Lange, F 1935; *La règle du jeu*, Die Spielregel, F 1939), auch Carl Theodor Dreyer setzte (so in *Ordet*, Das Wort, DK 1954 / 55) sie ein. Unter den modernen Regisseuren haben lange P. vor allem Michelangelo Antonioni, Jean-Luc Godard, Andrei Tarkowski und Theo Angelopoulos verwendet, doch ist diese stilistische Option nicht auf den europäischen →Autorenfilm beschränkt. Martin Scorsese hat in *Good Fellas* (Good Fellas – Drei Jahrzehnte in der Mafia, USA 1990) eine besonders lange Kamerabewegung benutzt, um den Weg der Hauptfigur in einen Nachtclub als seinen Auftritt zu inszenieren – ein spektakuläres Beispiel einer P., die durch die Kameraführung von Michael Ballhaus bestticht, erzählerisch aber gegenüber der Präsentation der Schauwerte abfällt. Als zweiter Typ der P. kann eine Einstellung angesprochen werden, die einen repräsentativen Ausschnitt aus einem Handlungszusammenhang wiedergibt und die nicht in die vorangehende und die folgende Sequenz integrierbar ist.

Plot Die Ereignisse der erzählten Geschichte, wie sie im Film auftauchen. Alle sicht- und hörbaren Ereignisse formen den P. des Films, der mit Auslassungen, Vertauschungen und Wiederholungen arbeitet. Mittels der im P. enthaltenen Informationen – und abhängig von ihnen – versteht der Zuschauer den Film, worin auch das gezielt hergestellte Mißverständnis über bestimmte Entwicklungen enthalten ist. So kann die Folge der Ereignisse im P. eine Interpretation nahelegen, die erst spät, durch nun präsentierte Elemente, korrigierbar wird. Gegenüber der → Story ist der P. unvollständig; er enthält keine Ereignisse, die der Zuschauer erschließt (Annahmen über die Vergangenheit der Personen, die sich durch Hinweise, die im P. repräsentiert sind, ergeben; die implizierte, aber nicht ausgeführte Kontinuität lang dauernder Handlungen, z. B. einer Reise etc.). Die Entscheidung, welche Elemente der P. enthält und welche er ausläßt, bestimmt die erzählerische Wirkung des Films.

Poetischer Realismus Bezeichnung für eine Gruppe von französischen Filmen, deren erste um 1930 entstanden und die, mit wenigen Ausnahmen, vor der deutschen Besetzung Frankreichs (1940) realisiert wurden. Der P. R. ist kein Stil, sondern eher durch Gemeinsamkeiten in der Auswahl der → Storys und deren Situierung im Alltag gewöhnlicher Menschen gekennzeichnet. Die poetische, oft märchenhafte Auffassung der Handlung geht dabei mit einer genauen Beobachtung sozialer Realität einher. In ihren Temperamenten ganz unterschiedliche Regisseure wie Marcel Carné (in der Zusammenarbeit mit dem Drehbuchautor Jacques Prévert), Julien Duvivier, Marcel Pagnol, Jean Renoir und Jean Vigo haben in den 30er Jahren Filme gedreht, denen wesentliche Merkmale gemeinsam sind. Die Vergeblichkeit der Liebe, die an äußeren Umständen oder der Uneinsichtigkeit der Liebenden scheitert, die zentrale Gestalt als gesellschaftlicher Außenseiter, die Verachtung der Konventionen sind wiederkehrende Motive des P. R. Die Realistik in diesen Filmen differiert beträchtlich; tatsächlich ist sie nicht vorrangig durch die Bevorzugung von → Außenaufnahmen, → Originalton, Laienschauspielern o. ä. ausgezeichnet, wenn sich auch im Werk Renoirs vor 1940 solche Elemente besonders stark finden. Doch die Bezeichnung trifft auch Werke, die gänzlich im Studio entstanden oder → Adaptionen literarischer Texte darstellen. Das entscheidende Moment des P. R. läßt sich im Vergleich mit der gleichzeitigen Filmproduktion in anderen Ländern eher ausmachen: diese Filme stellen eine Alternative zum (standardisierten) Unterhaltungskino sowohl Hollywoods wie des nationalsozialistischen Deutschland dar. Die Auffassung des Stoffes ist sehr viel freier, als die Rücksichten auf gesellschaftliche Akzeptanz oder gar die Zensur es erlaubten. Der P. R. benötigt daher das Happy-End nicht unabdingbar, läßt seine Helden scheitern

Jean Renoir bei Dreharbeiten zu *Toni*, F 1934

(*Toni*, F 1934, R.: Jean Renoir) oder gar sterben (*Quai des brumes*, Hafen im Nebel, F 1938, R.: Marcel Carné). Der Pessimismus des P. R. wird jedoch in einigen Werken in ein (instabiles und gefährdetes) utopisches Ende überführt (*Zéro de conduite*, Betragen ungenügend, F 1933, R.: Jean Vigo; *Le crime de Monsieur Lange*, Das Verbrechen des Herrn Lange, F 1936, R.: Jean Renoir).

❑ Adward Baron Turk: Child of Paradise. Marcel Carné and the Golden Age of French Cinema, Cambridge / London 1989
❑ André Bazin: Jean Renoir, München 1977

Point-of-View-Shot Aufnahmen, die aus der angenommenen optischen Perspektive einer Figur gesehen werden und daher deren subjektive Wahrnehmung wiedergeben. Nur sehr selten dominieren solche Aufnahmen den Film – ein nicht besonders erfolgreiches Exempel stellt *Lady in the Lake* (Die Tote im See, USA 1946, R.: Robert Montgomery) dar, wo die ganze, auf einem Detektivroman Raymond Chandlers basierende Geschichte aus der Perspektive des Privatdetektivs Philip Marlowe wiedergegeben wird. In weniger ausgedehnten P.-Passagen wird die subjektiver Wahrnehmung entsprechende Aufnahme in den Kontext anderer, quasi objektiver Einstellungen gebettet. Der P. ist dann durch seinen Zusammenhang definiert, und sein Auftauchen signalisiert eine besondere Situation. Hitchcock und andere Regisseure von → Thrillern haben solche subjektiven Einstellungen genutzt, um sowohl die Sicht einer bedrohten Person wie die eines Täters wirksam zu präsentieren. Typische Beispiele für effektive P. sind in der Anfangssequenz von John Carpenters *Halloween* (Halloween – Nacht des Grauens, USA 1978) und in Stanley Kubricks *The Shining* (Shining, USA 1980) zu finden. Carpenter zeigt einen Mord aus der Perspektive des Täters, eines Kindes, das zudem eine Halloween-Maske trägt, so daß die subjektive Einstellung wie aus den Sehschlitzen eines für das Fest ausgeschnittenen Kürbisses aufgenommen ausschaut (der Ton verstärkt die subjektive Perspektive, da er das Atemgeräusch hervorhebt). Bei Kubricks Film, der ebenfalls dem → Horrorgenre zurechnet, werden entscheidende Szenen aus der Perspektive der in dieser Geschichte besonders bedrohten Personen, des Kindes und der Mutter, gezeigt. P. sind eine der möglichen Perspektiven, die von der Kamera eingenommen werden können. Alle ihr sonst zugänglichen Sichtweisen sind allerdings objektiv und den Personen nicht oder nur in Annäherung (bei fortbestehender Differenz, wie in den → Schuß-Gegenschuß-Aufnahmen von Gesprächen etc.) zuzuordnen (→ Over-the-Shoulder-Shot). Eine so große Verschiedenartigkeit von Erzählpositionen, wie sie in der Literatur möglich sind (auktoriales, personales Erzählen, Ich-Erzählung etc.), kann der Film schon aus formalen Gründen nicht erreichen.

❑ Edward Branigan: Point of View in the Cinema, Berlin / New York / Amsterdam 1984

Polyvision Von Abel Gance in seinem Film *Napoléon* (F 1926) benutztes Verfahren, mittels dreier Projektoren drei verschiedene Bilder nebeneinander auf die Leinwand zu projizieren. Gance erzielte dabei eine Breitwandwirkung, indem er drei aneinander angrenzende Bilder der gleichen Szene zu einem Eindruck einer Panoramaaufnahme verschmolz, oder setzte die drei Bildfelder mit verschiedenen Abbildungen, als kommentierende Kombinationen, ein.

Pornographischer Film Filmgenre, in dem inhaltliche und formale Gestaltung in erster Linie auf die visuelle und auch akustische Darstellung nackter menschlicher Körper und expliziter sexueller Handlungen hin angelegt sind. Der Pornofilm zielt auf sexuelle Erregung durch Aktivierung der Schaulust; Identifikation mit den psychologisch schwach definierten Akteuren spielt eine untergeordnete Rolle. Schon in den wenigen erhaltenen Beispielen aus der Frühzeit des Kinos wird der heimliche Blick des Voyeurs mitinszeniert und das obszöne Potential des neuen Mediums erkundet, dessen Abbildungsrealismus den zumeist männlichen Zuschauer zu einem direkten Beobachter macht. Im P. F. regiert das Prinzip der maximalen Sichtbarkeit. Eine klinisch-dokumentarische Darstellungsform wird favorisiert zuungunsten anderer, indirekt erotisierender inszenatorischer Techniken. Der forschende männliche Blick auf den weiblichen Körper findet keine narrative Umsetzung, sondern kehrt in obsessiver Fixierung immer wieder zurück zum vermuteten Zentrum der sexuellen Differenz, dem weiblichen Geschlecht. Darin liegt die ambivalente Attraktivität des Genres: der Zuschauer sieht soviel wie möglich, doch er sieht niemals alles. Der weibliche Orgasmus, auf den sich das Hauptinteresse richtet, entzieht sich der Sichtbarkeit, er findet anatomisch an einem verborgenen Ort statt und steht trotz aller im Porno massiv eingesetzten gestischen und akustischen Bekundungen immer unter dem Verdacht der Täuschung.

Die Genrekonventionen des P. F. sind geplagt von dieser vergeblichen Suche nach dem Geheimnis weiblicher Sexualität, der letztlich nur die Bestätigung des Bekannten und Zeigbaren, der phallischen Normen, bleibt. Ein bezeichnendes Beispiel ist der Vorrang des Money Shot (Ejakulation außerhalb des Körpers der Frau) vor dem Meat Shot (Visualisierung des sexuellen Höhepunkts im Koitus). Ein beschränktes Repertoire von Motiven wird immer wieder variiert, wobei generell unterschieden werden muß zwischen Softcore-Produktionen, die einer linearen Handlung mehr Raum einräumen und den sexuellen Akt nicht detailliert zeigen, sondern den weiblichen Körper in seiner Gesamtheit zur Schau stellen; und Hardcore, dem Porno im engeren Sinne, mit seiner Körperfragmentierung und der Konzentration auf die Genitalien als Signifikanten sexueller Differenz. Dabei werden alle denkbaren Spezialbedürfnisse befriedigt, vom heterosexuellen Mainstream über schwule und lesbische Pornographie, der als provokante Diskursform sexueller Minderheiten ein Sonderstatus zukommt, bis zur illegalen Gewalt- oder Kinderpornographie.

Die Standardcharaktere des Porno sind in irgendeiner Form unterwegs, auf der Suche: der Klempner, die Tramperin, der zufällige Passant. Sie motivieren die typische episodische Struktur, vergleichbar mit den Nummern eines Musicals, wobei in dem Bestreben, in eine gegebene Situation möglichst viele Gelegenheiten zu sexueller Aktivität einzubauen, auf narrative Logik kaum Rücksicht genommen wird. Auch im Mainstream können einige dieser Episoden eine lesbische oder sadomasochistische Färbung haben, ohne die heterosexuelle Norm in Frage zu stellen.

Der P. F. ist mit dem Kino entstanden, doch spielte sich seine Geschichte weitgehend im Dunkel der Illegalität ab: keine oder falsche Autorennamen, ungesicherte Titelangaben und unermüdliches Materialrecycling erschweren jeden Versuch einer Rekonstruktion. Stag Films, die zumeist in Herrenclubs und Bordellen gezeigt wurden, blieben bis in die 60er Jahre hinein in technischer wie stilistischer Hinsicht die Norm: schwarzweiß, in Super 8 oder 16 mm, entweder stumm oder mit einer kaum abgestimmten Tonspur unterlegt. Einer der frühsten erhaltenen Stag Films ist *A Free Ride* (USA 1915), der das klassische Anhaltermotiv zu einer munteren Szene zu dritt entwickelt. Spätestens mit dem → Production Code waren Filme mit pikantem Inhalt aus der regulären Spielfilmproduktion verbannt; erst die Nudies der 50er und frühen 60er Jahre brachten in Filmen Russ Meyers und Alex de Renzys den nackten Körper auf die Leinwand zurück und bereiteten eine Neubewertung des verpönten Genres vor. 1968 legalisierte Dänemark als erstes Land der Welt Pornographie; Anfang der 70er Jahre kamen die ersten Hardcore-Produktionen in die Kinos und zogen eine neue, progressive Klientel an. Filme wie *Deep*

Throat (USA 1972, R.: Gerard Damiano) oder der surrealistisch anmutende *Behind the Green Door* (USA 1972, R.: Art & Jim Mitchell) wurden zu Kultfilmen, Darsteller wie Marylin Chambers, Linda Lovelace und Harry Reems zu ihren Stars. Doch Mitte der Dekade verschärften sich die gesetzlichen Bestimmungen, das ästhetische Niveau sank und das Genre verschwand wieder in der Schmuddelecke. In den 80er Jahren entwickelte sich neben dem Trend zum Amateurhaft-Dokumentarischen wie der Happy-Video-Privat-Reihe eine sog. Qualitätspornographie, die mit gepflegten Darstellern und aufwendiger Ausstattung sauberen, ungefährlichen Sex propagierte (in Deutschland vor allem durch Beate Uhse und Teresa Orlowski). (D. K.-H.)

- ❑ Pamela Church-Gibson, Roma Gibson (Hg.): Dirty Looks. Women, Pornography, Power, London 1993
- ❑ Gary Day, Clive Bloom (Hg.): Perspectives on Pornography: Sexuality in Film and Literature, New York 1988
- ❑ Georg Seeßlen: Der pornographische Film, Frankfurt am Main / Berlin 1990
- ❑ Linda Williams: Hard Core. Über pornographischen Film, Basel / Frankfurt am Main 1992

Positiv Die entwickelte, vom Negativ gezogene Kopie eines Films für die Vorführung.

Postproduction Nachdem der Film abgedreht ist, beginnt die P. oder auch Nachbearbeitung. Mit dem Schnitt und der Mischung der verschiedenen Elemente (Bild, Ton, Musik, Geräusche, Effekte usw.) wird die endgültige Fassung des Films hergestellt. Eingreifende Veränderungen der P. sind durch digitalisierte Arbeitsweisen festzustellen, und weitere Veränderungen sind zu erwarten. (K. H.)

- ❑ Werner von Appeldorn: Handbuch der Film- und Fernsehproduktion. Psychologie – Gestaltung – Technik, München 1992
- ❑ David Bordwell, Kristin Thompson: Film Art. An Introduction, New York u. a. 1993
- ❑ Eric Taub: Gaffers, Grips and Best Boys, New York 1987

Preproduction Die Phase vor den Dreharbeiten wird als P. oder Planungsphase bezeichnet. Dazu gehört die Entwicklung des →Drehbuchs, die Finanzierung des Filmprojektes ebenso wie das Entwerfen von →Storyboards, das Recherchieren von Drehorten oder die Besetzung von Rollen, auch →Casting genannt. (K. H.)

Preview Heute wird dieser Begriff häufig für eine Kinovorführung kurz vor dem eigentlichen Starttermin benutzt. Traditionell waren und sind dies in den USA Testvorführungen (Sneak Preview), bei denen die Reaktion des Publikums umfangreich getestet und erfragt wird. Danach kann es noch zu Veränderungen der endgültigen Fassung kommen (andere Mischung, anderer Schluß usw.), um das Erfolgspotential des Films zu erhöhen. (K. H.)

- ❑ Leo A. Handel: Hollywood looks at its audience. A report of film audience research, Urbana 1950
- ❑ Lillian Ross: Film. Eine Geschichte aus Hollywood, Nördlingen 1987

Probeaufnahme Testaufnahmen, mit denen die generelle Eignung noch nicht filmerfahrener Schauspieler oder Laien für den Film festgestellt werden soll, sowie solche, in denen Schauspieler für bestimmte Rollen getestet werden.

Production Code Eigentlich: Motion Picture Production Code. Selbstverpflichtung der amerikanischen Filmindustrie zur dezenten Darstellung moralisch möglicherweise anstößiger Themen und zur Unterlassung jeder direkten Darstellung von Gewalt, Sex etc. Der Code wurde von den Katholiken Daniel Lord und Martin Quigley entwickelt und enthielt Regeln u. a. für die Behandlung von Sexualität, Kriminalität, Prostitution, Drogensucht, Ehebruch usw. Die von der Vereinigung Motion Pictures Producers and Distributors of America (MPPDA) überwachte →Zensur basierte zunächst, ab 1930, auf freiwilliger Beachtung durch die Produktionsfirmen, wurde aber seit 1934 zu einer Pflicht. Die Durchsetzung gelang über die Vorschrift, daß kein der MPPDA angehörendes Kino einen nicht freigegebenen Film zeigen durfte; die Vertragsstrafe betrug hierbei 25 000 Dollar. Seit 1934 leitete Joseph Breen die P. C. Administration. Von ihr wurden sowohl Drehbücher als auch die fertiggestellten Filme begutachtet, und bei Beanstandungen mußten Streichungen oder Veränderungen vorgenommen werden. Der restriktive und bigotte Code, der u. a. Flüche verbot und auch für Eheleute Schlafzimmer mit getrennten Betten verlangte, wurde bis 1952 generell beachtet. In diesem Jahr entschied jedoch der Supreme Court anläßlich Roberto Rossellinis Film *L'Amore* (Amore, I 1948), daß der Erste Verfassungszusatz auch für Filme zu gelten habe. Damit begann der Verfall dieser Zensurinstanz, zumal seit dem Urteil über →Paramount die Trennung von Kinos einerseits und Produzenten und Verleihern andererseits das System der Abhängigkeit aufgelöst hatte. Die neue Situation erlaubte es Kinos, auch Filme ohne die Freigabe der P. C. Administration zu zeigen. Der P. C. wurde 1956 und 1966 verändert, bevor er 1968 außer Kraft gesetzt wurde.

❑ Gregory D. Black: Hollywood Censored. Morality Codes, Catholics, and the Movies, Cambridge 1994

Production Design →Art Direction

Produzent Im →Studiosystem amerikanischer Prägung die Person, die ein Filmprojekt von der ursprünglichen Idee bis zu Realisierung und schließlichem Verleih entwickelt. Die Finanzierung des Films, die Auswahl der Beteiligten, die Entwicklung des Drehbuches werden von ihr maßgeblich mitbestimmt. Innerhalb der →Studios sind P. für bestimmte Filme zuständig. Unabhängige, nicht bei Studios festangestellte P., deren Filme von den großen Firmen verliehen wurden, haben in Hollywood Tradition (Samuel Goldwyn, David O. Selznick). Während sie in den 30er und 40er Jahren eigene Studios besaßen und auf die großen Firmen wesentlich beim Verleih oder dem Einsatz dort vertraglich gebundener Stars angewiesen waren, sind sie heute eher diejenigen, die ein Projekt so weit vorbereiten, auch finanziell absichern, daß eine große Firma die Produktion in den eigenen Plan aufnimmt.

Programmkinos arbeiten nicht nach dem Prinzip der Prolongation (Verlängerung), also der möglichst profitablen Kinoauswertung von Filmen, sondern mit einem bewußt geplanten Kinoprogramm für einen bestimmten Zeitraum. Während häufig allein die erfolgreichsten Filme des Verleihangebots prolongiert werden, ist es für Titel, die aus struktuellen und ökonomischen Gründen mit anderen Kategorien von Erfolg und Mißerfolg zu rechnen haben, entscheidend, überhaupt ins Kino zu gelangen. Als Rückgrat beispielsweise der in verhältnismäßig geringer Kopienzahl herausgebrachten Filme von Eric Rohmer, Werner Schroeter oder Jim Jarmusch erwiesen sich ab den frühen 70er Jahren die kommerziell geführten P. Westdeutschlands. Angesiedelt zwischen den traditionellen Erstaufführungshäusern und den → kommunalen Kinos, übernahmen sie zunächst die Aufgabe der Pflege eines bestimmten Repertoires moderner Klassiker und später die der Erstaufführung von sonst schwer zu lancierenden Filmen. In gewisser Weise führten sie damit in größerer Konsequenz das Engagement der seit den fünfziger Jahren existierenden Filmkunsttheater fort, deren Entwicklung Mitte der 60er Jahre stagnierte. Das erste P. wurde am 31. 10. 1970 mit dem Abaton in Hamburg eröffnet. Seine ideellen Ursprünge gehen auf die Aktivitäten für Das Andere Kino seit 1967 zurück. Werner Grassmann, Besitzer des Abaton, initiierte die Gründung der Arbeitsgemeinschaft Kino e. V. (Januar 1972) (→ AG Kino), eine Vereinigung von heute etwa 200 gewerblichen P., die später den eigenen Verleih FiFiGe organisierte (ihr Organ «AG Kino Press» erscheint derzeit vierteljährlich). Gründungen von P. lagen oft parallel zu denen kommunaler Kinos, doch unterschieden sich die Voraussetzungen bisweilen: Im Unterschied zu diesen basierten die auch in der Provinz entstandenen P. vor allem auf dem ausgeprägten persönlichen Interesse einzelner Kinoliebhaber, die etwa heruntergekommene Filmtheater übernahmen und so retteten. Einen kulturpädagogischen Auftrag nahmen P. für sich nicht in Anspruch. Filme, die dort zu großen Erfolgen werden konnten, sind beispielsweise *The Rocky Horror Picture Show* (GB 1975, R.: Jim Sharman) und *Diva* (F 1981, R.: Jean-Jacques Beineix). Heute ist P. ein dehnbarer Begriff: Er kann sich auf ein modernes, mit maximalem Komfort in allen Sälen ausgestattetes Kinocenter (das seinen Spielplan mit Erstaufführungen bestenfalls für einige Wochen im voraus plant und publiziert) ebenso beziehen wie auf das kleine, mit missionarischem Eifer betriebene Kino, das mangelnde Bequemlichkeit mit einem exzellenten Programm wettmacht. Andererseits fällt die inhaltliche Unterscheidung einiger P. von Erstaufführungshäusern und kommunal subventionierten Kinos inzwischen nicht immer leicht. (R. A.)

- ❑ Raimund Gerz: Das «andere» Kino. Filmclubs, Initiativen und Programmkinos in Frankfurt. In: Hilmar Hoffmann, Walter Schobert (Hg.): Lebende Bilder einer Stadt. Kino und Film in Frankfurt am Main, Frankfurt a. M. 1995
- ❑ Dietrich Kuhlbrodt: Das Andere Kino in Hamburg. In: Hamburger Filmgespräche IV. Hrsg. von der Hamburger Gesellschaft für Filmkunde e. V., Hamburg 1972
- ❑ Michael Töteberg: Es tut sich was im Underground. Das Andere Kino, Abaton und die Film-Coop. In: ders. (Hg.): Filmstadt Hamburg. Von Emil Jannings bis Wim Wenders: Kino-Geschichte(n) einer Großstadt. Hamburg 1990
- ❑ Werkstattkino. Mit Textbeiträgen von Thomas Gaschler u. a., München 1993

Progreß-Film-Vertrieb Am 11. Juli 1950 gegründeter staatlicher Filmverleih der DDR. Zum Filmstock gehören neben den → DEFA-Produktionen auch alle anderen in den Kinos gezeigten Spielfilme und Dokumentar- sowie Kurzfilme. Nach dem

a. Filmspule
b. Vorwickelrolle
c. Filmschlaufe
d. Flügelblende
e. Objektiv
f. Greifmechanismus
g. Tonlampe und Lautsprecher
h. Aufwickeltrommel

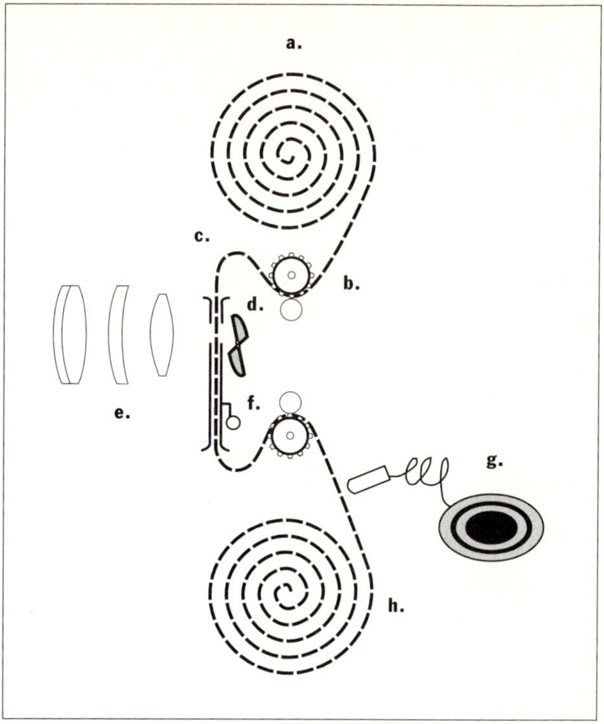

Beitritt der DDR zur BRD wird der P.-F.-V. zunächst von der Treuhand verwaltet und soll privatisiert werden.

Projektor Vorführgerät für Kinofilme. Festeingebaute P. kommen in Kinos zum Einsatz, transportable Geräte ermöglichen die Vorführung auch in anderen Räumlichkeiten. Im P. wird der Film aus der Vorratsrolle über eine Vorwickelrolle geführt. Dort wird eine Schlaufe gebildet (→ Latham-Schlaufe), die den Übergang von der kontinuierlichen zur diskontinuierlichen Bewegung ermöglicht. Der Transport jedes Einzelbildes vor das Bildfenster geschieht meist über einen vom → Malteserkreuz getriebenen Mechanismus. Das für kurze Zeit vor dem Bildfenster stehende, durch eine Andruckplatte plan gehaltene Einzelbild wird vom Licht einer Xenon-Lampe (früher: Kohlebogenlampe, → Bogenlampe) beleuchtet und der Lichtstrahl über die vergrößernde Optik auf die Leinwand geworfen. Die weitere Führung über die Nachwickelrolle und entsprechende Schlaufe läßt den Film dann kontinuierlich sich auf die Aufwickeltrommel spulen. Die übliche Ausstattung eines Kinos sah bis in die 70er Jahre zwei P. für 35-mm-Film vor, die jeweils Filmspulen von 300 Meter Länge aufzunehmen vermochten. Die Laufzeit einer solchen Rolle betrug 11 Minuten, so daß die Projektion abwechselnd von beiden Geräten bestritten wurde. Zu diesem Zweck überblendete der Vorführer beim Ende der Rolle auf den anderen P. Als Überblendzeichen wurden standardisierte Einstanzungen in den Film benutzt, die kurz als helle Punkte bzw. Vierecke im rechten oberen Feld der Leinwand sichtbar wurden. Diese Technik der Überblendung ist mit der Einführung von Kinos mit mehreren Sälen (Schachtelkinos), für die nicht jeweils ein Vorführer zuständig war, durch das Abspielen vom Teller ersetzt worden. Auf diesen ist der gesamte Film, der nach wie vor in einzelnen Spulen oder Akten geliefert wird (ein Akt hat einen Durchmesser von ca. 24 cm), in einer einzigen, wegen des Umfangs und Gewichts horizontal gelagerten Rolle zusammengefügt. Die Akte werden gekoppelt und für den Versand wieder getrennt, was die Gefahr mit sich bringt, daß an den Klebestellen beim Entkoppeln Einzelbilder beschädigt und herausgeschnitten werden.

❑ Karl Röwer: Die Technik für Filmvorführer, Halle 1953

❑ Herbert Tümmel: Laufbildprojektion, Wien/New York 1973

Proletarischer Film Filme, die v. a. in den letzten Jahren der Weimarer Republik, manchmal mit Unterstützung von Parteien (SPD, KPD) oder Gewerkschaften, hergestellt wurden und deren Storys die soziale Situation der Arbeiter, politische oder gewerkschaftliche Konfliktsituationen behandelten. Ein Schwerpunkt des P. F. waren dokumentarische und agitatorische Filme. Slatan Dudow zeigte in *Wie der Berliner Arbeiter wohnt* (D 1930) die elenden Wohnbedingungen in den Hinterhöfen der Mietskasernen Berlins und kontrastierte sie effektvoll mit dem Leben in den Villen der Reichen. Piel Jutzi montierte aus Dokumentarmaterial und Aufnahmen, die von Amateuren stammten, den Film *Blutmai* (D 1929), der die gewaltsame Auflösung der vom sozialdemokratischen Polizeipräsidenten verbotenen Demonstration am 1. Mai 1929 zeigte. Unter den Spielfilmen sind *Brüder* (D 1929, R.: Werner Hochbaum), *Mutter Krausens Fahrt ins Glück* (D 1929, R.: Piel Jutzi), *Lohnbuchhalter Kremke* (D 1930, R.: Marie Harder) zu nennen, vor allem aber *Kuhle Wampe* (D 1932, R.: Slatan Dudow), der in seinen formalen Mitteln wie in der konsequenten, auf melodramatische Elemente vollständig verzichtenden Handlungsführung sicher der bedeutendste Beitrag zum P. F. gewesen ist.

❑ Helmut Korte (Hg.): Film und Realität in der Weimarer Republik, Frankfurt am Main 1980

❑ Film und revolutionäre Arbeiterbewegung in Deutschland 1918–1932. Dokumente und Materialien. 2 Bände, Berlin 1978

Prometheus-Film-Verleih und Vertriebs-GmbH 1925 von Willi Münzenberg, dem Leiter der Propagandaabteilung der KPD, mit einem Kapital von damals nur 10 000 RM gegründete Firma, die zunächst russische →Revolutionsfilme in Deutschland verlieh, darunter Eisensteins *Bronenosez Potemkin* (Panzerkreuzer Potemkin, UdSSR 1925), und seit 1926 auch in der Produktion tätig wurde (*Überflüssige Menschen*, R.: Alexander Rasumny). Die P. war besonders in der Produktion →proletarischer Filme engagiert (Wahlfilme der KPD, als Spielfilm: *Mutter Krausens Fahrt ins Glück*, D 1929, R.: Piel Jutzi), realisierte aber auch Filme, die nicht im entsprechenden Milieu spielten und agitatorische Zwecke eher über eine geschickte Präsentation der nicht unmittelbar auf die eigene Gesellschaft bezogenen Geschichte verfolgten (*Der lebende Leichnam*, D 1928, R.: Fedor Ozep, der als Koproduktion mit Meshrabpom Rus, dem Studio der Internationalen Arbeiterhilfe in Moskau, entstand). Aufgrund finanzieller Schwierigkeiten wurde die P. 1932 aufgelöst.

❑ Gerd Meier: Materialien zur Geschichte der Prometheus Film-Verleih und Vertriebs GmbH. In: Deutsche Filmkunst, Nr. 1–8, 1962

❑ Bruce A. Murray: Dramaturgische Experimente in den Filmen der Prometheus GmbH. In: Uli Jung, Walter Schatzberg (Hg.): Filmkultur zur Zeit der Weimarer Republik, München / London / New York / Paris 1992

Propagandafilm Ein Film, der in seiner Form wie Story darauf ausgerichtet ist, eine bestimmte politische Aussage (mit unmittelbarem Bezug auf die Gegenwart) zu propagieren. P. werden auf eine bestimmte Wirkung hin inszeniert und geschnitten und stehen in deutlich definierten politischen Zusammenhängen. In diesem Sinne sind Filme der Unterhaltungsindustrie in der Regel keine P., da sie zwar mit dem Verzicht auf Kritik an den gesellschaftlichen Zuständen und der Übernahme der Wertvorstellungen zur Stabilisierung und Bestätigung des Status quo beitragen, nicht aber für diese offensiv werbend oder gegenüber alternativen Entwürfen direkt feindlich argumentierend auftreten. Filme der Unterhaltungsindustrie sind P. ohne eine auf Veränderung zielende Absicht.

P. gab es vereinzelt bereits seit der Frühzeit des Films, doch werden sie erst seit dem Ersten Weltkrieg planmäßig (und in zuvor ungekanntem Ausmaß) hergestellt. Die beiden wesentlichen Funktionen des P., nämlich die Bestärkung des Vertrauens in die eigene Führung und die Produktion eines Feindbildes werden hier erstmals entwickelt. Die Unterstützung der Kriegsanstrengungen sollte durch patriotische Filme gesichert werden. In ihnen werden die Taten der Soldaten wie allgemeine Leistungen, die zur Kriegsführung beitragen, als positives Vorbild propagiert. Die Unterlegenheit der gegnerischen Armee, der Kultur des Gegners überhaupt und die Darstellung von Greueltaten kreieren ein entsprechendes Feindbild. Die kriegsbeteiligten Länder nutzten anfangs die Möglichkeiten des Films zur Propaganda noch kaum aus; im Verlauf des Krieges aber wurden die zunächst sehr eingeschränkten Arbeitsmöglichkeiten für Filmteams verbessert und zugleich Institutionen geschaffen, die der Effektivierung der P. dienten (im Deutschen Reich das im Januar 1917 gegründete Bild- und Filmamt).

P. bedienen sich sowohl fiktiver wie dokumentarischer Formen. Auch hier ist der Erste Weltkrieg die entscheidende Zäsur. Die Verwendung dokumentarischen Materials in Verbindung mit inszenierten, aber als ebenfalls dokumentarisch ausgegebenen Szenen wurde hier mit großem Erfolg erprobt, besonders publikumswirksam im englischen Film über die Somme-Schlacht (*The Battle of the Somme*, GB 1916). Die fiktiven Filme benutzten u. a. Spionagethemen, aber auch angebliche Kriegsepisoden zur Übermittlung ihrer Botschaft. Extrem kolportagehafte und in der Zeichnung des Feindbildes ausgesprochen aggressive Filme entstanden in den USA bald nach deren Kriegseintritt. Mit den Porträts der

Deutschen als Hunnen war ein ebenso grobes wie effektives Feindbild gefunden, das auch in einigen Nachkriegsproduktionen eingesetzt wurde.

In der Sowjetunion war mit dem → Revolutionsfilm eine formal innovative Filmpropaganda entstanden, die auch im Ausland rezipiert und in der Erkundung der Möglichkeiten der → Montage vorbildlich wurde. Eine neue Qualität erreichten die P. des Nationalsozialismus, vor allem seit dem Beginn des Krieges. Sie standen im Kontext einer sehr viel umfangreicheren Produktion von Unterhaltungsfilmen und wurden zielgerichtet eingesetzt. So gab es antienglische, antiamerikanische, antisowjetische Filme, die aufgrund der politischen Situation kurzfristig in Auftrag gegeben wurden (und auch kurzfristig wieder aus den Kinos verschwanden, wie die antisowjetischen Filme während der Gültigkeit des deutsch-sowjetischen Nichtangriffspaktes).

Antisemitische Filme wie der → Kompilationsfilm *Der ewige Jude* (D 1940, R.: Fritz Hippler) und die Spielfilme *Robert und Bertram* (D 1939, R.: Hans H. Zerlett), *Die Rothschilds* (D 1940, R.: Erich Waschneck) und *Jud Süß* (D 1940, R.: Veit Harlan) waren die filmischen Agenten des Völkermordes an den Juden. Die alliierten Staaten bezogen in ihren P. gegenüber dem Ersten Weltkrieg veränderte Positionen. Die Betonung der Eigenheiten, das Augenmerk auf alltägliche Situationen prägten die Mehrzahl der englischen P., die sozusagen das Äquivalent zur Blood-sweat-and-tears-Losung Churchills abgaben, während in den USA die Aufgabe der P. zunächst darin bestand, die durch eine isolationistische Politik eingeengte Perspektive auf die Notwendigkeit des Krieges zu öffnen. Die Spielfilme hatten hier oft die Aufgabe, die Untaten der Nazis zu schildern, wobei deren Drastik manchmal an die Hunnenfilme erinnerte, meist jedoch ein klarer Unterschied zwischen Nazis und den Deutschen generell gezogen wurde. Die Kriegsursachen und die Gründe für den Eintritt der USA wurden in der Serie *Why We Fight* (R.: Frank Capra, 1942–45) betont.

Nach Ende des Zweiten Weltkrieges kam es, in der Konsequenz des Kalten Krieges, zu einer neuen, filmisch ausgetragenen Propagandaschlacht. Die meisten der entsprechenden Filme wurden in den USA und der Sowjetunion realisiert, doch auch aus dem geteilten Deutschland gab es, wenn auch selten, Versuche, mittels Film die politische Botschaft zu verbreiten. In anderen Ländern war die Zahl solcher P. deutlich geringer. Insgesamt begann die Produktion dieser Filme mit dem Beginn der 60er Jahre, als es zu ersten direkten Gesprächen zwischen den Vertretern beider Großmächte kam, abzuflauen, ohne daß bis 1989 ein völliges Verschwinden von Filmen, deren Storys sich auf den Kalten Krieg bezogen und die zugleich die Frontstellung in ihnen reproduzierten, gekommen wäre.

Ein Krieg, der wiederum weltweit zur Produktion von P. führte, war der Vietnamkrieg; nicht nur in den USA, auch in mehreren europäischen Staaten einschließlich der Sowjetunion, in Kuba und natürlich in Vietnam entstanden Filme, die sich mit dem Engagement der USA meist kritisch auseinandersetzten.

Als besondere, der Öffentlichkeit weitgehend unbekannte Form des P. sind Produktionen in staatlichem Auftrag zu nennen, die zur politischen Bildung von Soldaten, aber auch in der Jugend- und schulischen Arbeit eingesetzt werden.

❑ Hans Barkhausen: Filmpropaganda in Deutschland im Ersten und Zweiten Weltkrieg, Hildesheim 1982
❑ Leif Furhammer, Folke Isaksson: Politik und Film, Ravensburg 1979
❑ Dorothea Hollstein: Antisemitische Filmpropaganda, München / Berlin 1971
❑ Nicholas Pronay, D. W. Spring: Propaganda, Politics and Film 1918–45, London 1982
❑ Stiftung Deutsche Kinemathek (Hg.): Das Jahr 1945, Berlin 1990
❑ Stiftung Deutsche Kinemathek (Hg.): Kalter Krieg, Berlin 1991

R r

Radio-Keith-Orpheum → RKO

Realismus Während der literarhistorische Begriff R. eine bestimmte Epoche meint, in der die von innovativen Schriftstellern entwickelte ästhetische Konvention R. dominierte, ist eine solche Epocheneingrenzung beim Film nicht gemeint. Als realistische Regisseure gelten z. B. Erich von Stroheim (besonders sein Film *Greed*, Gier, der 1923 nach dem naturalistischen Roman «McTeague» von Frank Norris entstand), Jean Renoir (allerdings meist nur sein Vorkriegswerk, kulminierend in *La règle du jeu*, Die Spielregel, Frankreich 1939), Roberto Rossellini (dessen *Paisà*, Italien 1947, vielleicht der typische Film des → Neorealismus ist und dessen spätere Filme weder diesem entsprechen noch überhaupt dem R. zugerechnet werden).

Die problematische Bestimmung des filmischen R. ist durch zwei Faktoren erklärlich: es gibt in der Filmgeschichte keine durch ihn gekennzeichnete Epoche, auch keine merkliche Dominanz von realistischen Filmen gegenüber anderen Produktionen – der R. ist daher immer ein Stilbegriff geblieben. Zweitens ist die filmhistorische und auch theoretische Diskussion mehrfach bemüht gewesen, das eigentlich Filmische mit dem R. zu identifizieren. Grundlage dafür ist bei Siegfried Kracauer in seiner «Theorie des Films» (engl. Erstausgabe 1960, deutsche Übersetzung 1964) die Überlegung, der Film als ein fotografisches Medium sei von seinen technischen Bedingungen her besonders geeignet, die physische Realität zu seinem Gegenstand zu machen. Für Kracauer folgt hieraus die Konsequenz, Filme für unfilmisch zu erklären, die diesem dem Medium eigenen Weg nicht beschritten. Die Definition des R. als einer dem Film durch seine Grundeigenschaften angemessenen Form der Darstellung findet sich auch in der Konzeption von André Bazin und seiner Bevorzugung der → Schärfentiefe anstrebenden → Inszenierung wieder. Mit der technisch nun möglich gewordenen Inszenierung in Räumen, die in der Gänze auf der Bildebene scharf abgebildet werden könnten, sei die → Montage, deren schneller Bildwechsel dem Zuschauer die Betrachtung aufzwinge, überwunden. Er spricht von «einer realistischen Wiedergeburt der Erzählung, die die wirkliche Zeit der Dinge, die Dauer des Geschehens wieder integrieren kann, an deren Stelle der klassische Schnitt hinterlistig nur eine intellektuelle und abstrakte Zeit setzte» (Bazin 1975, S. 43), die mit der Schärfentiefe ermöglicht worden sei. Weder Bazin noch Kracauer haben die Eigenschaften, die den Film zum R. prädestinierten, auch auf den Ton bezogen. Die Authentizität, die sie forderten, bezog sich allein auf fotografische Qualitäten. Die Behandlung des Tones wird aber für Regisseure, die sich selbst dem R. verpflichtet sehen, zum unverzichtbaren Bestandteil ihrer Konzeption (→ O-Ton).

R. meint zunächst eine Entgegensetzung zur Traumfabrik, in der lauter eskapistische, mit den gesellschaftlichen Bedingungen ihrer Zeit inkompatible Filme entstanden seien. Die überwiegende Mehrzahl der in den großen → Studios auf der ganzen Welt entstandenen Filme hat nun zweifelsfrei nicht im Sinn, ihr Publikum über dessen Existenzgrundlagen aufzuklären, im Gegenteil. Die Unterhaltungsindustrie funktioniert als Bewußtseinsindustrie. Die Propagierung eines realistischen Films meint daher zunächst die Kennzeichnung von Filmen, die direkt auf ihre Gesellschaft bezogen sind.

In der Regel werden bestimmte Momente der Produktion als typisch für einen realistischen Film benannt: die Arbeit mit Laiendarstellern, das Drehen an Originalschauplätzen, der Verzicht auf Nachsynchronisation. Neben der Betonung alltäglicher Konflikte in der → Story, einer sozialkritischen Sichtweise oder auch einer deutlich agitatorischen Haltung sind es daher die Momente, in denen die Authentizität der Abbildung betont wird, die zur Charakterisierung des R. herangezogen werden. Doch ist R. ein meist auf → Spielfilme bezogenes Kriterium (→ Dokumentarfilme gelten bei Kracauer ohnehin als realistische, sofern sie sich nicht in Formexperimenten verlieren). Die Brauchbarkeit des Begriffes bleibt eingeschränkt, solange R. nicht als eine spezifische, auch historisch wandelbare Form begriffen wird; der R. von Stroheims folgt anderen technischen und ästhetischen Prinzipien als der von Straub / Huillet.

❑ Guido Aristarco: Marx, das Kino und die Kritik des Films, München 1981

❑ André Bazin: Was ist Kino?, Köln 1975

❑ Colin McCabe: Theory and Film: Principles of Realism and Cinema. In: Screen, Vol.17, No.1, 1976
❑ Siegfried Kracauer: Theorie des Films, Frankfurt am Main 1975

Realitätseindruck Die Wahrnehmung von Filmen beruht nie auf der Verwechslung des projizierten Bildes mit der Realität. Auch die bekannten Anekdoten von Zuschauern der ersten Filme, die vor dem Bild eines in den Bahnhof einfahrenden Zuges die Flucht ergriffen haben sollen (weil sie den Zug auf sich zukommen sahen), geben keine Beschreibung einer Zuschauerreaktion, sondern einen metaphorischen Ausdruck für sie wieder. Der Effekt filmischer Bilder ist zunächst ihre große Ähnlichkeit mit dem Abgebildeten, ihre wegen der mechanisch-treuen Reproduktion große Glaubwürdigkeit auch im Vergleich zur Alltagswahrnehmung. Im Vergleich zur Fotografie ist sie, dank der Reproduktion von Bewegung, nochmals höher. Nach Christian Metz ist der starke R. des Films ihr geschuldet, da sie «ein zusätzliches Indiz für Realität und Körperlichkeit der Objekte» (1972, S. 26) erzeuge, sie als Bewegung zugleich als wirklich angesehen werde. «Da die Bewegung niemals materiell, sondern auf jeden Fall visuell ist, reproduziert man die Realität, indem man die Vision reproduziert; eigentlich kann man nicht einmal eine Bewegung ‹reproduzieren›, sondern man kann sie nur re-produzieren durch eine zweite Bewegung, die für den, der ihr zuschaut, den gleichen Realitätsgrad hat wie die erste» (S. 28). Metz versucht, die bemerkenswerte Popularität des Kinos durch seine besondere Stellung bezüglich des R. zu erklären, der hier (im Vergleich v. a. zu Theater und Fotografie) ein Optimum erreiche. Die Steigerung des R. – in diesem Sinne weniger ein ästhetisches Kriterium als eines der Intensität des Erlebnisses – ist die eigentliche Leistung neuer Aufnahme- und Projektionsverfahren (→ IMAX, → Showscan), soll aber auch durch die Architektur neuer Kinos unterstützt werden, in denen die Leinwand im Verhältnis zum Zuschauerraum deutlich größer angelegt ist als in üblichen Sälen.

❑ Christian Metz: Zum Realitätseindruck im Kino. In: ders.: Semiologie des Films, München 1972

Regalfilme In den letzten Monaten der DDR geprägter Ausdruck für verbotene, aber bereits ganz oder sehr weitgehend fertiggestellte Filme, deren Negative, u. U. auch Positive in staatlichen Archiven aufbewahrt wurden und die nach Jahren oder Jahrzehnten eine Erst- oder Wiederaufführung erlebten. R. gab es in den sozialistischen Ländern; aus der UdSSR kam u. a. *Komissar* (Die Kommissarin, R.: Aleksander Askoldow) zwanzig Jahre nach seiner Fertigstellung zur erstmaligen Aufführung. Der 1967 gedrehte Film wurde auch bei den Internationalen Filmfestspielen Berlin 1988 gezeigt und dort mit einem Silbernen Bären ausgezeichnet. Die größte Gruppe von R. waren die nach dem 11. Plenum des ZK der SED (Dezember 1965) verbotenen → DEFA-Produktionen. Zunächst traf das Verbot die bereits vollständig produzierten Filme *Der Frühling braucht Zeit* (DDR 1965, R.: Günter Stahnke), *Denk bloß nicht ich heule* (DDR 1965, R.: Frank Vogel) und *Das Kaninchen bin ich* (DDR 1965, R.: Kurt Maetzig). Im Jahr 1966 wurden weitere Filme verboten; von ihnen war *Spur der*

***Die Spur der Steine*, DDR 1966/1990, R.: Frank Beyer**

Steine (DDR 1966, R.: Frank Beyer) zunächst bei den Arbeiterfestspielen in Potsdam mit Erfolg gelaufen. Sein Einsatz in den Kinos wurde reduziert, die Vorstellungen zum Teil zu organisierten Mißfallenskundgebungen umfunktioniert. Nach einer Woche verschwand der Film für über zwanzig Jahre aus den Kinos, in die er, als populärster aller R., 1989 / 90 zurückkehren sollte. Insgesamt elf Filme, die in verschiedenen Fertigungsstufen vorlagen, wurden verboten; neun von ihnen erlebten Wiederaufführungen in rekonstruierten, z. T. fragmentarischen Fassungen. Für zwei Filme unterblieb auf den Wunsch der Regisseure eine solche Rekonstruktion. Neben den Filmen der Produktionsjahre 1965 / 66 wurden auch andere, z. T. schon in früheren Jahren verbotene DEFA-Filme seit 1990 wiederaufgeführt.

❑ Christiane Mückenberger (Hg.): Prädikat: Besonders schädlich, Berlin 1990

❑ Ralf Schenk (Red.): Das zweite Leben der Filmstadt Babelsberg. DEFA-Spielfilme 1946–1992, Berlin 1994

Regie Die zentrale Position in der Realisierung eines Films, wobei sich die Bedeutung der R. historisch und national unterschiedlich ausprägte. In den Anfangsjahren des seiner Mittel sicher gewordenen Films etablierten sich einige Regisseure als die kreativen Personen, in deren Verantwortung die Gestaltung des Films lag. Sowohl die Propagierung von → Stars wie ein arbeitsteilig ausdifferenziertes → Studiosystem mit Departments für → Dramaturgie, festangestellten Schauspielern, Kameraleuten, Designern etc. trugen seit den 20er Jahren dazu bei, daß die Rolle der R. in den USA mindestens in der öffentlichen Aufmerksamkeit, oft aber auch für die Gestaltung des Films selbst zurückging. Verglichen mit dem Einfluß, den D. W. Griffith, Erich von Stroheim, Charles Chaplin u. a. auf ihre Filme nehmen konnten, reduzierten sich die Einflußmöglichkeiten der R. gegenüber dem nun dominierenden Produzenten deutlich. Mittlerweile ist, vor allem unter dem Einfluß der von französischen Kritikern propagierten Politique des Auteurs (→ Nouvelle Vague) und dem in etlichen Ländern herausgebildeten → Autorenfilm, aber auch durch Veränderungen im Studiosystem, die zentrale Bedeutung der R. für die künstlerische Gestalt des Films unbestritten. Die Propagierung von Autoren bezog sich dabei auf Regisseure, die innerhalb des Studiosystems gearbeitet hatten und die ihre persönliche Vision gegen – so wurde suggeriert – die Beharrungskräfte des Systems durchzusetzen vermochten. Doch variiert das Maß, in dem ein einzelner Film als Werk einer Person gelten kann. Die grundsätzlich arbeitsteilige Organisation schließt bei größeren Produktionen einen alleinigen Urheber aus. Individuell unterschiedliche Formen der R. lassen das Feld, in dem sie eine direkte und entscheidende Kontrolle ausübt, veränderlich erscheinen. So typische Autoren wie Jean Renoir, Alfred Hitchcock, John Ford, Howard Hawks besetzten mit ihren Arbeitsstilen ein verschieden großes Feld der unmittelbaren Kontrolle; nicht immer konnten sie, abhängig von den Bedingungen, unter denen sie arbeiteten, diese Kontrolle gleichermaßen durchsetzen.

War im amerikanischen Studiosystem die R. im Extremfall bloß Aufgabe eines Angestellten, der von den Entscheidungen des Produzenten abhing und möglicherweise auf die Schauspielerführung beschränkt blieb, so besaß die R. in Europa deutlich stärkeres Gewicht. Dies galt sowohl für den sowjetischen → Revolutionsfilm (Eisenstein, Pudowkin, Wertow) wie für andere nationale Kinematographien. In Deutschland etablierten sich in den 20er Jahren auch bei großen Studios wie der → Ufa verschiedene Regisseure als die künstlerisch verantwortlichen und dominierenden Gestalten (so Fritz Lang, F. W. Murnau, G. W. Pabst). Wo sich starke Produzenten, wie Alexander Korda in England, etablierten, konnten sich die Verhältnisse wie im amerikanischen Studiosystem entwickeln, doch blieb das außerhalb der USA die Ausnahme. Nicht der Produzent, sondern die staatliche Kontrolle beschränkte die Möglichkeiten der R. im nationalsozialistischen Deutschland (wo sich allerdings regimekonforme Regisseure einer besonderen Wertschätzung erfreuten, → Nationalsozialistischer Film), im faschistischen Italien und in den sozialistischen Ländern – besonders in der UdSSR in den letzten Jahren der Stalin-Ära.

Seit den 60er Jahren ist die ästhetisch relevante Filmproduktion mehr oder weniger deutlich von der R. dominiert; das Ende des klassischen → Genrefilms, der mit der Auflösung des Studiosystems beginnt, ist dafür mitverantwortlich. Die bevorzugte Nennung des Regisseurs ist nun in der

Werbung üblich, in besonderen Fällen wie bei Steven Spielberg ist sogar der höchst kommerzielle Film als Autorenfilm gekennzeichnet (wenn sich auch diese Autorenschaft von der ehemals propagierten unterscheiden mag).

- ❑ Sergei Jutkewitsch: Kontrapunkt der Regie, Berlin 1965
- ❑ Wsewolod Pudowkin: Filmtechnik. Filmmanuskript und Filmregie, Zürich 1961
- ❑ Ron Richards: A Director's Methods for Film and Television, Boston / London 1992
- ❑ Eric Shermann: Directing the Film. Film Directors and their Art, Boston / Toronto 1975

Remake ist die neue Version eines bereits existierenden Films, die sich mehr oder weniger detailgetreu auf den Vorgänger bezieht. Wiederverfilmungen klassischer Literatur gelten im allgemeinen nicht als R., wenn sie sich stärker an der literarischen Vorlage als an dem filmischen Vorgänger orientieren. Die Gründe für ein R. sind manchmal künstlerischer Natur – um einen neuen zeithistorischen Bezug herzustellen oder neue Aspekte des Stoffes zu erschließen –, öfter noch ökonomisch motiviert: denn das Risiko, neue Darsteller oder neue Formen auszuprobieren, scheint geringer, wenn das Publikum den Stoff bereits kennt. Andererseits wird ein R. immer an seinem Vorgänger gemessen, und der Vergleich fällt oft zu seinen Ungunsten aus. Wenn auch nicht immer: die dritte Verfilmung von *The Maltese Falcon* (Die Spur des Falken, USA 1941, R.: John Huston) gilt heute als Klassiker der Schwarzen Serie, während seine Vorgänger in Vergessenheit gerieten. Regelrechte R.-Wellen gab und gibt es bei der Einführung wichtiger aufnahmetechnischer Neuerungen – am deutlichsten beim Wechsel vom Stumm- zum Tonfilm und vom Schwarzweiß- zum Farbfilm, aber auch bei der Einführung von →Breitwandformaten oder →Dolby. Ein weiterer Grund für ein R. ist die Übertragung des Stoffes in einen anderen Kulturkreis. Am häufigsten entstehen R. in den USA, weil es dort nicht üblich ist, anderssprachige Filme zu synchronisieren und das Publikum gegenüber untertitelten Originalversionen nicht sehr aufgeschlossen ist. Meistens werden westeuropäische Stoffe neu verfilmt, so *Breathless* (Atemlos, USA 1988, R.: James McBride) als R. von Jean-Luc Godards *À bout de souffle* (Außer Atem, F 1959). Seltener betrifft das japanische Filme – das R. von *Rashomon* (J 1951, R.: Akira Kurosawa) als Western *The Outrage* (Carrasco, der Schänder, USA 1964, R.: Martin Ritt) ist ein Beispiel für einen Film, der nicht nur in einen anderen Kulturkreis, sondern auch in ein anderes Genre übertragen wurde. Auch gesellschaftspolitische Entwicklungen werden anhand von R. deutlich. William Wyler verfilmte zweimal das Bühnenstück «The Children's Hour» von Lillian Hellman: Während er in der ersten Fassung *These Three* (Infame Lügen, USA 1936) die in der Originalvorlage vorhandene lesbische Beziehung zweier Lehrerinnen auslassen mußte, konnte Wyler sie in *The Children's Hour* (Infam, USA 1961) thematisieren. (A. P.)

- ❑ 8. Mannheimer Filmsymposium: Hommage – Zitat – Remake, Mannheim 1988
- ❑ Michael B. Druxman: Make It Again, Sam. A Survey of Movie Remakes, South Brunswick / New York / London 1975
- ❑ James L. Limbacher: Haven't I Seen You Somewhere Before? Remakes, Sequels and Series in Motion Pictures and Television. 1896–1978, Ann Arbor 1979

❑ Jochen Manderbach: Das Remake – Studien zu seiner Theorie und Praxis, Siegen 1988
❑ Doris Milberg: Repeat Performances. A Guide to Hollywood Remakes, Shelter Island 1990
❑ Robert A. Nolan / Gwendolyn Wright Nolan: Cinema Sequels and Remakes. 1908–1987, Jefferson / London 1989
❑ Michael Schaudig: Recycling für den Publikumsgeschmack? Das Remake: Bemerkungen zu einem filmhistorischen Phänomen. In: Diskurs Film. Münchner Beiträge zur Filmphilologie. Band 8. Michael Schaudig (Hg.): Positionen deutscher Filmgeschichte – 100 Jahre Kinematographie: Strukturen, Diskurse, Kontexte, München 1996

Reprise Früher üblich für die Wiederaufführung eines älteren Films.

Retrospektive Eine dem Gesamtwerk (oder mindestens einem großen Teil davon) eines Filmkünstlers, meist eines Regisseurs, gewidmete Filmreihe. R. werden heute nur noch selten von → Programmkinos veranstaltet. Sie gehören zu den ursprünglichen Zielen der → kommunalen Kinos. Auch → Kinematheken und → Filmfestspiele bieten neben dem Wettbewerbsprogramm oft eine oder mehrere R. an; bei den Internationalen Filmfestspielen Berlin ist die → Stiftung Deutsche Kinemathek Veranstalter der R.

Revolutionsfilm Im Jahr 1917 erlebten Rußland und der russische Film mit der sogenannten Oktoberrevolution die bis zum Ende des Sowjetreichs 1991 einschneidendste Veränderung. Der Umsturz hatte die Verstaatlichung der Filmwirtschaft, die totalitäre inhaltliche Kontrolle und die Formulierung neuer filmkünstlerischer Prinzipien zur Folge. Der für die Bolschewiki siegreiche Verlauf der Revolutionswirren und des Bürgerkriegs wurde mit seinen Helden von der neuen Führung zum Mythos erhoben, Lenin als Initiator glorifiziert. Eine junge Generation experimentierfreudiger, von der sozialistischen Idee begeisterter Filmemacher versuchte schon bald nach Lenins Tod 1924 den sowjetischen Film thematisch wie technisch zu begründen. Typisch war die Gleichsetzung von Leben, Kunst und Revolution in der 20er-Jahre-Avantgarde. Die ersten Experimente dieser Zeit wie Sergej Eisensteins *Bronenosez Potjomkin* (Panzerkreuzer Potemkin, UdSSR 1925) und *Oktjabr* (Oktober, UdSSR 1927 / 28) oder Wsewolod Pudowkins *Mat* (Die Mutter, UdSSR 1926) und *Konez Sankt Petersburga* (Das Ende von Sankt Petersburg, UdSSR 1927) fanden vor allem wegen bislang unbekannter → Montagetechniken und erstmaliger paralleler Theoriebildung auch weltweit Beachtung. Sie begründeten den R. als eigenes Genre, indem sie dem Mythos eines absoluten Neuanfangs huldigten und mit kinematographischen Mitteln das ganze Land flächendeckend mit neuen politischen und gesellschaftlichen Werten und Dogmen alphabetisierten. Damit gaben sie das Thema (und die Perspektive) vor. Jahrzehntelang blieben die Prämissen gültig, nicht allerdings die avantgardistische Montageform, die seit der Propagierung des sogenannten Sozialistischen Realismus (um 1930) zugunsten konventioneller narrativer Strukturen vernachlässigt wurde. Jeder Film in dieser Epoche hatte entweder direkt die Revolutionsereignisse selbst, die Person Lenins, den Sieg der Roten Armee im Bürgerkrieg oder die dadurch ausgelöste Gesellschaftsveränderung zu behandeln. Regisseur und Autor waren gemäß dem Leninschen Dogma vom Film als der

Bronenosez Potjomkin **(Panzerkreuzer Potemkin), UdSSR 1925, R.: Sergej Eisenstein**

wichtigsten aller Künste vom Staat zu dieser filmischen Interpretation beauftragt worden, um bewußtseinsbildend und zugleich unterhaltsam die Linie der Partei zu propagieren.

Besonders Eisensteins *Panzerkreuzer Potemkin* galt als revolutionärer Musterfilm mit einer gelungenen Verbindung von Rationalität der Idee und Pathos der Darstellung. Die Masseninszenierungen in *Oktober* traten gar an die Stelle fehlender authentischer Bilder der Revolutionsereignisse. Auch andere Filme mit exemplarischen Einzelschicksalen wie Pudowkins *Mutter*, *Tschapajew* (UdSSR 1934, R.: Sergej und Georgij Wassiljew) und Dsiga Wertows propagandistische und zugleich lyrische Dokumentarfilme wie *Tri pesni o Lenine* (Drei Lieder über Lenin, UdSSR 1934) oder *Kolybel naja* (Wiegenlied, UdSSR 1937) wurden als stilistische und ideologische Vorbilder ausgezeichnet und international berühmt. Exemplarisch stand in den R. immer wieder Lenins persönlicher und politischer Werdegang im Zentrum, z. B. in *Lenin w Oktjabre* (Lenin im Oktober, UdSSR 1937) von Michail Romm. Weitere Hauptsujets waren: die Läuterung der Oppositionellen oder Dummen (bis hin zur Vernichtung der Gegner), die Gewinnung neuer sozialer Klassen für die revolutionäre Idee. Besonders häufig behandelte man das Thema der kollektiven Kampfkraft, etwa in den Moskauer Revolutionsgefechten *Pos-*

lednaja notsch (Die letzte Nacht, UdSSR 1937, R.: Juri Raisman). Die hymnische Feier der Verankerung der revolutionären Bewegung im Proletariat, wie sie u. a. von Aleksandr Dowschenko in *Arsenal* (UdSSR 1929) am Beispiel des Kiewer Arbeiteraufstands von 1918 festgemacht wurde, fand viele Epigonen. Man steigerte sich bis zur völligen Durchdringung aller Lebensbereiche durch das revolutionäre Fühlen, Denken und Handeln, in dessen (angeblichem) Hauptinteresse das kollektive Gemeinwohl und die Verbreitung der sozialistischen Idee in der Welt stand – sogar bis zum Mars, in Jakow Protasanows *Aélita* (UdSSR 1924). Erst viel später, etwa in Aleksander Askoldows *Komissar* (Die Kommissarin, UdSSR 1967, veröff. 1988), konnte die große Tragödie, die seelische und körperliche Gewalt, die dies für viele bedeutete, thematisiert werden.

Obwohl der Begriff R. schwerpunktmäßig für die Filme der 20er und 30er Jahre verwendet wird, müssen aus heutiger Sicht seine Variationen bis zur Postperestroika einbezogen werden. Der Begriff tauchte erstmals in der Filmpublizistik der späten 20er Jahre auf (durch Alfred Kerr auch in Deutschland). An seiner Verbreitung war dem Sowjetstaat sehr gelegen, um den Film überhaupt als Kunstform, seine moderne sowjetische Ausprägung als europäisches Kulturgut zu etablieren und aus der politisch-ökonomischen Isolation zu treten. In der Sowjetunion nannte man das Genre historisch-revolutionärer Film. Insgesamt können ca. 40 Filme von der Gründung der sowjetischen Filmwirtschaft um 1921 bis zum Ende der 30er Jahre im engeren Sinne als R. bezeichnet werden. Die 40er Jahre waren vollkommen vom Weltkrieg geprägt, die Leiden und der Sieg gaben ein anderes Hauptthema vor. Auch nach Stalins Tod trat – durch die Neuorientierung nach den Verirrungen des totalitären Regimes und durch den forcierten Ausbau der sozialistischen Volkswirtschaft – das unmittelbare Revolutionsthema weiter in den Hintergrund. Erst Mitte der 60er Jahre thematisierten → Remakes der R.-Klassiker und einige Neuinterpretationen die Geschehnisse wieder. Eine Welle mittelmäßiger Darstellungen altbekannter Helden und Taten bestimmte danach in den 70er Jahren das Genre. Die 80er Jahre erlaubten schließlich durch abweichende Interpretationen und kritische Neuverfilmungen eine echte Auseinandersetzung mit dem R. und seinen Konventionen, z. B. *Agonija* (Agonie, UdSSR 1975 / 1981, R.: Elem Klimow). Kurz vor und nach dem Ende des Sowjetsystems versuchten einige Filmemacher – jedoch ohne großes Publikumsinteresse – in den frühen 90er Jahren eine Neuinterpretation der Ereignisse als Staatsstreich und Lenins als Diktator zu etablieren. Ohne Tabus stellten sie die brutale Auslöschung jeglicher Opposition und die Mechanismen des Stalinismus dar, etwa in *Bumaschnye glasa Prischvina* (Prischvins Papieraugen, SU 1989, R.: Valerij Ogorodnikow) oder *Ono* (Es, SU 1989, R.: Sergej Ovtscharow). (A. S.)

❑ Wolfgang Beilenhoff: Der sowjetische Revolutionsfilm als kultureller Text, Diss. Bochum 1978

❑ Sergej Eisenstein: Schriften 1–4, hrsg. v. Hans-Joachim Schlegel, München 1974 ff.

❑ Jay Leyda: Kino. A History of the Russian and Soviet Film, Princeton (3. Aufl.) 1983

❑ Jean-Loup Passek (Hg.): Le Cinéma russe et sovietique, Paris 1981.

❑ Russische Filmkunst. Vorwort von Alfred Kerr, Berlin 1927
❑ Der russische Revolutionsfilm. 67 Bilder. Eingeleitet von A. W. Lunatscharsky, Zürich / Leipzig 1929
❑ Hans-Joachim Schlegel: Die Verfilmung der Revolution und die Revolutionierung des Films: Panzerkreuzer Potemkin, 1925. In: Werner Faulstich / Helmut Korte (Hg.): Fischer Filmgeschichte Bd. 2 (1925–1944), Frankfurt am Main 1991
❑ Richard Taylor, Ian Christie (Hg.): The Film Factory. Russian and Soviet Cinema in Documents 1896–1936, Cambridge / London 1988
❑ Richard Taylor, Derek Spring (Hg.): Stalinism and Soviet Cinema, London / New York 1993
❑ Robert Vas: Sunflowers and Commissars. In: Sight & Sound 31, 3, Summer 1962
❑ Denise Youngblood: Soviet Cinema in the Silent Era, 1918-1935, Ann Arbor 1985

Revuefilm →Genre des deutschen Films, mit Schwerpunkt auf der Zeit des Nationalsozialismus, mit nur wenigen später gedrehten Beispielen und ohne Vorläufer vor 1933. Prägender → Star der R. war Marika Rökk, neben ihr vermochte nur La Jana eine vergleichbare Stellung zu gewinnen. Tanz und Gesang sind wesentliche, allerdings als Nummern behandelte Elemente des Genres; sie gehen nicht aus der Handlung hervor, sondern sind aus ihr isolierte Momente, meist als Bühnenauftritte deutlich gekennzeichnet. Im Vergleich zum →Musical ist die Kamera in ihrer Gestaltung der tänzerischen Einlagen beschränkt. Die Tänze beziehen nicht zwei Figuren der Handlung aufeinander, sondern ermöglichen die Auftritte der Stars. Die Präsentation setzt nicht auf die Bewegungen der Kamera und Choreographien der Masse, sie stellt den Star aus.

❑ Helga Belach (Hg.): Wir tanzen um die Welt. Deutsche Revuefilme 1933–1945, München 1979
❑ Robert Müller: Traumware, ideologisch verzollt? In: Rainer Rother (Hg.): Ufa-Magazin Nr. 16 (Hallo Janine), Berlin 1992

Rhythmus Da Film eine in der Zeit sich entwickelnde Form ist, steht ihm grundsätzlich die Rhythmisierung seiner Elemente durch Wiederholung etc. offen. Doch treten die rhythmischen Strukturen selten offen oder vorrangig auf; überlagert werden sie von der Handlung oder der Dokumentation. R. als ein primäres Ausdrucksmittel des Films wird in Beispielen des →Avantgarde- oder →Experimentalfilms erkundet.

RKO Abkürzung für Radio-Keith-Orpheum, heute der unbekannteste der fünf →Majors. Das Logo war ein Sendeturm auf einem Globus, denn RKO wurde 1928 als eine Zweckverbindung zwischen der Radio Corporation of America (RCA), die ihr Tonsystem vermarkten wollte, dem Film Booking Office (FBO), einem kleinen Hollywoodstudio und der Theaterkette Keith-Albee-Orpheum gegründet. Damit wurde eine vertikale Konzentration erreicht. Die Gründung hängt eng mit der Einführung des Tonfilms in den USA zusammen. Noch im Februar 1927 vereinbarten →MGM, →Universal Pictures, First National, →Paramount und Producers Distribution, nicht individuell Tonsysteme einzuführen, sondern sich gemeinsam für eins zu entscheiden. In die engere Wahl kamen dabei nur →Movietone von Western Electric und Photophone von RCA. Eigentlich wurde das RCA-System favorisiert, doch weil David Sarnoff von RCA mit den Studios eine gemeinsame Firma schaffen wollte, fiel die Entscheidung für

Movietone. So blieb Sarnoff, der bereits die National Broadcasting Company (NBC) aufgebaut hatte, nur die Alternative, selbst aktiv zu werden, Er arbeitete mit Joseph P. Kennedy zusammen, und sie gründeten die R. Die knapp 200 Kinos, die meisten im Großraum New York, wurden alle mit dem RCA-System ausgestattet. Der überwiegende Teil der RKO-Filme waren billig produzierte Genre- und Serienfilme. 1931 engagierte Sarnoff den erfahrenen David O. Selznick als Produktionschef, der das Unternehmen straffte und versuchte, unabhängige Produzenten an das Studio zu binden. Am einträglichsten für das Studio erwiesen sich die zehn Musikfilme mit Fred Astaire und Ginger Rogers. RKO produzierte aber auch *King Kong* (King Kong und die weiße Frau, USA 1933, R.: Ernest B. Schoedsack), *Citizen Kane* (Citizen Kane, USA 1941, R.: Orson Welles), *The Informer* (Der Verräter, USA 1935, R.: John Ford), *Suspicion* (Verdacht, USA 1942, R.: Alfred Hitchcock), *Notorious* (Weißes Gift / Berüchtigt, USA 1946, R.: Alfred Hitchcock), *This Land is Mine* (Das ist mein Land, USA 1943, R.: Jean Renoir) und *They Live by Night* (Sie leben nachts, USA 1947, R.: Nicholas Ray). Zwischen 1937 und 1954 verlieh RKO Kurzfilme von →Walt Disney und die Wochenschauen von →Pathé. Doch durch den häufigen Personalwechsel entwickelte sich kaum ein spezifischer RKO-Stil. 1948 wurde RKO von dem Milliardär Howard Hughes für 9 Mio. Dollar aufgekauft, der umgehend die Kinos und 1954 die gesamte Firma verkaufte. RKO beendete seine Aktivitäten im Filmgeschäft 1957. (K. H.)

❑ Kenneth Bilby: The General. David Sarnoff and the Rise of the Communications Industry, New York 1986

❑ Douglas Gomery: The Hollywood Studio System, New York 1986

❑ Ronald Haver: David O. Selznick's Hollywood, München 1983 (2. Aufl.)

❑ Richard Jewell / Vernon Harbin: The RKO Story, New York 1982

Road Movie Im weiteren Sinne alle Filme, in denen ein Kraftfahrzeug grundlegende Bedeutung für die Handlung hat. Das →Genre entstand in den 40er Jahren mit Filmen, in denen der Wagen nicht mehr nur ein Accessoire war: In *Grapes of Wrath* (Früchte des Zorns, USA 1940, R.: John Ford) ziehen Farmer aus Oklahoma in der Hoffnung auf ein besseres Leben nach Westen, in *Detour* (Umleitung, USA 1945, R.: Edward G. Ulmer) trampt ein Nachtclubpianist nach Los Angeles und nimmt, als sein Fahrer stirbt, dessen Identität an. R. M. sind Reisefilme, deren Protagonisten über Land fahren, meist durch Amerika; das Fahrzeug transportiert nicht nur die Menschen, sondern auch ihre Träume von Freiheit und Unabhängigkeit. In gewisser Weise hat das Genre den →Western abgelöst, auch wenn es im Gegensatz zu diesem wie kein anderes zeitgenössisches Lebensgefühl ausdrückt. Auto und Truck haben Pferd und Kutsche ersetzt, doch Themen (Liebe, Freundschaft, Rache), Motive (Flucht und Verfolgung, einer gegen alle, Feindseligkeit gegenüber Außenseitern, Odyssee, Gralssuche) und Struktur (das Fahrzeug als Transportmittel von einer Szene zur nächsten) von R. M. und Western sind sich ähnlich. Und wie beim Western gibt es klar definierte Subgenres: Motorradfilme (*Easy Rider*, USA 1969, R.: Dennis Hopper), Rennsportfilme (*Two Lane Blacktop*, Asphaltrennen, USA 1971, R.: Monte Hellman), Truckerfilme (*Convoy*, USA 1978, R.: Sam Peckinpah), Gangster- (*The Getaway*, Getaway – Ihre Chance war gleich Null / Ein Mann explodiert, USA 1972, R.: Sam Peckinpah) oder Endzeit-R.-M. (*Mad Max*, AUS 1979, *Mad Max 2*, AUS 1981, R.: George Miller). Viele R. entstanden in der Folge von *Easy Rider*, einem der wichtigsten Beat-Generation-Filme der 70er Jahre, und auch zu Beginn der 90er Jahre gab es – u. a. im Zuge der allgemeinen Rückbesinnung auf die 60er und 70er Jahre in der Popkultur – eine weitere R.-M.-Welle mit Filmen wie *Wild at Heart* (USA 1990, R.: David Lynch), *Highway 61* (USA 1991, R.: Bruce McDonald), *Thelma & Louise* (USA 1991, R.: Ridley Scott), *Kalifornia* (USA 1993, R.: Dominic Sena) und *Natural Born Killers* (USA 1994, R.: Oliver Stone). Nur wenige R. M. kommen aus Europa, eine Ausnahmeerscheinung ist der deutsche Regisseur Wim Wenders mit seiner R.-M.-Trilogie *Alice in den Städten* (BRD 1973), *Falsche Bewegung* (1975) und *Im Lauf der Zeit* (1977), die ihre Fortsetzung fand in *Paris, Texas* (BRD 1984) und in seinem «ultimate road movie» (Wenders) *Bis ans Ende der Welt* (1991) gipfelte. (A. P.)

❑ Mark Williams: Road Movie – The Complete Guide to Cinema on Wheels, London 1982

Rohfilm Der unbelichtete Film, der aus verschiedenen Schichten besteht. Neben dem transparenten Trägermaterial und der lichtempfindlichen, bei Farbfilmen dreischichtigen →Emulsion werden noch Gleit- und Antistatikschichten aufgetragen. Der R. wird als große Fläche gegossen und erst nach Fertigstellung in handelsübliche Breiten und Längen geschnitten sowie mit einer Perforation versehen. Schließlich erhält er eine erst nach der Entwicklung sichtbare Signierung, die verschiedene Angaben des Herstellers enthält (→Filmmaterial).

Rolltitel Eine sich von unten nach oben über die Leinwand bewegende Schrift mit den Angaben der Beteiligten an der Produktion (→Abspann, →Vorspann); auch zur Präsentation längerer Texte benutzt.

Rückblende Einfügen eines gegenüber der aktuellen Handlung vergangenen Ereignisses in den Ablauf der Erzählung. Die Unterbrechung der Linearität gehorchte lange Zeit konventionalisierten Verfahren (Einleitung durch den Dialog, Überblendung als hinweisendes Signal). Die Motivation der R. besteht in der Klärung einer unbekannten, aber in die Erzählgegenwart mit ihren Folgen hineinreichenden Vergangenheit und zielt meist auf die Erinnerung einer Figur. Als solche erscheint sie jedoch meist nicht subjektiv getönt, daher auch nicht perspektivisch verzerrt: sie gibt die notwendige Information unzweideutig. Nach Beendigung der R. kann die Gegenwartshandlung, nun um die fehlenden Informationen ergänzt, weitergeführt werden. Typische R. dieser Art lassen sich als nachgetragene Auflösungen verstehen: die →Story nimmt ihren Ausgang an einem Konfliktpunkt, den der →Plot erst spät einführt. In Hitchcocks Filmen *Spellbound* (Ich kämpfe um dich, USA 1945) und *Marnie* (USA 1964) sind die Hauptfiguren durch Kindheitstraumata belastet, die in einer Art psychoanalytischem Schnellverfahren erarbeitet und überwunden werden.

Die parodistische Komponente dieser Popular-Psychoanalyse trifft den konventionellen Gebrauch der R. jedoch insgesamt, da mit ihr fast immer die Vorstellung eines prägenden Initialerlebnisses verbunden ist. Doch kann dies, statt als verdrängt zu gelten, auch vergessen oder mißinterpretiert sein. R. beziehen sich nicht immer auf eine Vergangenheit, die vor dem Beginn der Filmhandlung liegt; auch bereits in der Erzählung präsentierte Ereignisse können an einem späteren Punkt wieder als R. aktualisiert werden.

R. können den Hauptteil des Films ausmachen, umfaßt nur durch eine Rahmenhandlung, die in der Erzählgegenwart spielt. So wird in *Varieté* (D 1925, R.: E. A. Dupont) die Vor-Geschichte eines aus der Haft entlassenen Strafgefangenen erzählt. Die zentrale R. in *The Life and Death of Colonel Blimp* (Leben und Sterben des Colonel Blimp, GB 1943, R.: Michael Powell / Emeric Pressburger) beinhaltet das soldatische und private Leben der Hauptfigur vom soeben beendeten Burenkrieg bis zum Zweiten Weltkrieg. In einer derart dominierenden Binnenhandlung wird durch ihre Dauer die Vergangenheit der Ereignisse zunehmend schwach markiert, zumal dann, wenn in ihr die Linearität gewahrt bleibt. Als ein Extrem kann die Behandlung der R. in *How Green Was My Valley* (So grün war mein Tal, USA 1941, R.: John Ford) gelten, wo die erwachsene Figur, die sich an ihre Kindheit erinnert, den Film mit einer → Off-Erzählung einleitet und beendet, jedoch im Bild nie vollständig zu sehen ist. Die R. behauptet sich hier als der gegenüber der bloß in wenigen Einstellungen angedeuteten Erzählgegenwart relevantere Teil, ganz in der Konsequenz der einleitenden Worte, die an den Tod der Freunde und Verwandten nicht glauben wollen, da sie ja in der Erinnerung (und in der Binnenhandlung) noch lebendig sind. Eine erzählerische Extravaganz hat sich Billy Wilder mit der R. erlaubt: die Geschichte von *Sunset Boulevard* (Boulevard der Dämmerung, USA 1950) wird von einem Toten präsentiert. Zu der im Swimmingpool treibenden Leiche berichtet die Erzählstimme, wie es passierte, daß sie erschossen wurde – und die Geschichte beginnt als umfassende R.

Eine Vielzahl von Rückblenden, die zudem Erinnerungen verschiedener Figuren wiedergeben und damit mindestens in ihrem Vergleich eine Perspektivierung bewirken, zeichnet so unterschiedliche Filme wie *Citizen Kane* (USA 1941, R.: Orson Welles), *Rashomon* (J 1950, R.: Akira Kurosawa) oder *Lola Montez* (F / BRD 1956, R.: Max Ophüls) aus. Auch in diesen Filmen sind die R. deutlich motiviert und eingeleitet, so daß sich zwar verschiedene Lesarten der Vergangenheit ergeben können, der Vergangenheitsstatus aber nicht fraglich bzw. selbst problematisch wird. Die unmarkierten Einfügungen von vergangenen Episoden in eine Gegenwartshandlung führen in *L'année dernière à Marienbad* (Letztes Jahr in Marienbad, F 1961, R.: Alain Resnais) jedoch zum Verwischen der Unterschiede zur Gegenwart. Letztlich können daher R. in diesem Film nicht mehr identifiziert werden. Ähnlich ist in *Nicht versöhnt oder es hilft nur Gewalt wo Gewalt herrscht* (BRD 1965, R.: J.-M. Straub / D. Huillet) die Markierung der Vergangenheitshandlung aufgegeben, wodurch indirekt eine Identität der Zeiten unter dem Gesichtspunkt der Herrschaftskontinuität bezeichnet wird. Im

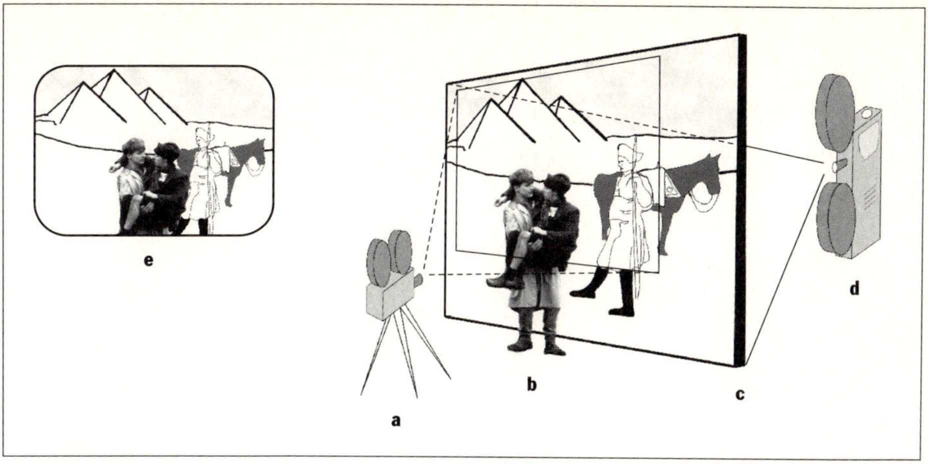

a. Aufnahmekamera
b. Im Studio gespielte Szene
c. Leinwand
d. Projektor für die Rückprojektion
e. Kombiniertes Bild, wie es auf der Leinwand erscheint

populären Kino hat sich die übermotivierte Einführung der R. ebenfalls verbraucht, wofür die komplizierten Erzählstrukturen in *Pulp Fiction* (USA 1994, R.: Quentin Tarantino) und *Nixon* (USA 1996, R.: Oliver Stone) ein Indiz sind.

❑ Maureen Turim: Flashbacks in Film, London 1989

Rückprojektion Kombinationsaufnahme, in der ein Hintergrund im Atelier mittels eines Projektors von hinten auf eine transparente Leinwand projiziert wird. Vor dieser agieren die Darsteller, so daß in der Kombination der Eindruck entsteht, sie bewegten sich in der mit der R. hergestellten Szene. Die Ausleuchtung der Darsteller und des Vordergrundes (eine Teildekoration, deren Charakteristik an die Landschaft, Stadtszene o. ä. der R. angepaßt ist, manchmal auch nur ein Auto oder ein Boot) muß die Lichtverhältnisse der projizierten Aufnahme berücksichtigen. Bei den besonders häufig durch R. wiedergegebenen bewegten Szenen (Autofahrten, Reiten etc.) müssen die im Ausschnitt wiedergegebenen Teile (z. B. des Autos der Fahrtszene) dem Hintergrund korrespondierende Bewegungen zeigen. Die seit den 30er Jahren übliche R. hat bei einer nicht ganz präzisen Ausführung deutliche Schwächen: Die Personen erscheinen gegenüber dem Hintergrund wie ausgestanzt, die Fahrten wirken unglaubwürdig usw. Vor allem ökonomische Gründe haben die weite Verbreitung der R. begründet; Stars konnten mittels ihrer in exotischen →Exterieurs agieren, verwegene Fahrten ohne Gefahr für die Darsteller gezeigt werden (→Aufprojektion).

Rushes →Muster

S

Schärfentiefe Abbildung von verschieden weit von der Kamera entfernten Objekten in der gleichen Schärfe; im Extremfall vom sehr nahen Vordergrund bis zu unendlich entfernten Gegenständen reichend. Die erzielbare S. hängt von verschiedenen Faktoren (Empfindlichkeit des Materials, Beschaffenheit der Objektive, Beleuchtung) ab. Als ein wesentlicher Parameter der filmischen Gestaltung ist die S. vor allem in den Filmen des Kameramannes Gregg Toland erkundet worden, der diese Möglichkeiten zusammen mit den Regisseuren William Wyler und Orson Welles schon 1940 auslotete. Seither ist die Gestaltung einer Handlung in einem in ganzer Tiefe scharf gezeichneten Raum eine Option der Kamera; Vorläufer hat es im Stummfilm schon aufgrund der damaligen Eigenarten des Filmmaterials, aber auch aufgrund bewußter ästhetischer Entwicklung gegeben. In der filmtheoretischen Diskussion ist vor allem mit dem Film *Citizen Kane* (USA 1941, R.: Orson Welles) die Bewertung der scharfen Abbildung und des mit ihr ermöglichten teilweisen Verzichtes auf die → Montage zugunsten der ausgespielten, kontinuierlich aufgenommenen und durch S. für den Zuschauer gleicherweise präsenten Handlung in zwei oder mehr Bildebenen verbunden. Die innovative Leistung von Toland fand im gleichzeitigen

Schaffen seiner Kollegen zunächst Zustimmung, wurde aber dann als manieristisch bezeichnet, die Verwendung der S. als dominierendes Mittel der filmischen Artikulation ist auch international die Ausnahme geblieben.

❑ André Bazin: Die Entwicklung der kinematographischen Sprache. In: ders.: Was ist Kino?, Köln 1975

❑ David Bordwell, Janet Staiger, Kristin Thompson: The Classical Hollywood Cinema. Film Style and Mode of Production, London 1988

Schauspiel Die Tätigkeit des Schauspielers vor der Kamera hat seit den Anfängen der Filmgeschichte verschiedene Entwicklungsstadien durchlaufen. In seinen ersten zehn Jahren war Film Bestandteil des Varietés, und aus diesem Kreis rekrutierten sich diejenigen, die vor der Kamera agierten. So treten in den ersten Filmen des französischen Pioniers Georges Méliès immer wieder Zauberkünstler auf; und in dem ersten deutschen Filmprogramm der Brüder Skladanowsky (*Wintergartenprogramm*, 1895) ist eine Serpentinentänzerin zu sehen. Da Film wie Schaustellerei vom Bürgertum verachtet wurde, waren es Artisten, Amateure und gescheiterte Theaterschauspieler, die ihr Glück vor der Kamera versuchten; entsprechend herrschen im frühen → Action-Kino atemberaubende, ungeschnittene → Stunt-Szenen und im frühen → Melodram endloses Händeringen vor. Etwa seit 1908 gab es in Europa Bemühungen, das Ansehen des Films zu steigern: Der französische → Film d'Art *L'assassinat du Duc de Guise* (R.: André Calmette, 1908) war ein verfilmtes Theater mit Schauspielern der Académie Française. Auch in Dänemark, ehemals eines der führenden europäischen Filmländer, unternahm man ähnliche Experimente zur Aufwertung des neuen Mediums. Die aus einer Perspektive gefilmten Theateraufführungen mit Schauspielern, die, der Sprache beraubt, auf überstilisierte Gesten angewiesen waren, machten noch keinen Gebrauch von den spezifischen Möglichkeiten des Films: kurze Einstellungen, Aufnahmen außerhalb der narrativen Kontinuität, Variabilität der Perspektive, Wiederholung der Einstellungen, unterschiedliche Einstellgrößen, Kamera in unmittelbarer Nähe. Erst als diese erkannt und genutzt wurden, konnte sich ein dem neuen Medium angemessener Schauspielstil entwickeln. Die Dänin Asta Nielsen, die ab 1910 vor allem unter der Regie ihres Mannes Urban Gad eine große Anzahl von Hauptrollen auch in deutschen Produktionen spielte, gilt als erste moderne Filmschauspielerin. Ihre sparsame und dennoch ausdrucksvolle Gestik und ihre sprechende Mimik wirken auch heute nicht veraltet. In Deutschland brachte 1913 der Auftritt des renommierten Theaterschauspielers Albert Bassermann in *Der Andere* (R.: Max Mack) erstmals auch gebildetes, bürgerliches Publikum ins Kino und viele Kollegen dazu, sich ebenfalls für den Film zu interessieren. Spätestens in den frühen 20er Jahren hatte sich der Beruf des Filmschauspielers in allen wichtigen Filmländern etabliert. Filmschauspieler wurden nun schnell zu → Stars, die Mode machten und in eigens zu diesem Zweck gegründeten Zeitungen Ratschläge für Lebensführung, Kosmetik und Ernährung gaben. So begründeten Louise Brooks und Clara Bow die Flapper-Welle der jungen, selbstbewußten, urbanen Frauen in den 20er

Jahren: sie stellten dar, was sie waren, und spiegelten dabei Tendenzen ihrer Zeit. Im sowjetrussischen Film gab es einige Versuche mit Laiendarstellern, auch das deutsche Paradebeispiel für die →Neue Sachlichkeit, *Menschen am Sonntag* von 1929 (R.: Robert Siodmak), ist ein solches Experiment. Die Einführung des Tonfilms hatte zur Folge, daß die Karrieren einiger großer Stars jäh endeten, weil ihre Stimmen sich nicht für den Film eigneten. Andererseits begannen nun Schauspieler, die natürliches, beiläufiges, ungeschultes Sprechen beherrschten, ihre Karriere direkt beim Film – wie etwa James Cagney in den →Gangsterfilmen der frühen 30er Jahre oder Heinz Rühmann in den deutschen →Komödien aus der gleichen Zeit.

Der Unterschied zwischen S. und Darstellung ist am besten am Beispiel des US-amerikanischen →Actors Studio zu erklären: An der nach dem Zweiten Weltkrieg von Lee Strasberg gegründeten Schauspielschule wurde nach der «Method» gelehrt: Schauspieler sollten sich so sehr mit ihren Figuren identifizieren, daß sie ihnen psychische, emotionale und intellektuelle Eigenschaften, Erinnerungen, Abneigungen und Vorlieben verliehen – bis hin zu Tics – um mit der Figur zu verschmelzen. Marlon Brando, Paul Newman, Montgomery Clift, James Dean, Elizabeth Taylor sind die bekanntesten Method-Schüler der 50er Jahre. Dem gegenüber stehen die von Rolle zu Rolle wenig veränderten, eher technischen als psychologischen, aber sublimen Darstellungen etwa von Cary Grant, John Wayne oder Humphrey Bogart in den 30er und 40er Jahren, die, ähnlich wie Clara Bow und Louise Brooks in den Zwanzigern, sich selbst als Spiegel zeitgenössischer Moden, Normen und Sehnsüchte verkörperten. Heute sind im US-amerikanischen Kino beide Stile repräsentiert: Dustin Hoffman, Robert de Niro und Al Pacino gehören zur nachfolgenden Generation der Method-Anhänger, während etwa Michael Douglas – nach dem Vorbild seines Vaters Kirk – zu den typisierenden Darstellern zählt. (O. S.)

❑ Tony Barr: Acting for the Camera, New York 1986

❑ David Garfield: A Player's Place: The Story of the Actor's Studio, New York 1980

❑ Konstantin S. Stanislawski: Die Arbeit des Schauspielers an sich selbst, Berlin 1981 (2 Bände)

Schmalfilm Traditionell alle →Filmformate, die eine geringere Breite als 35-mm-Film besitzen. Gebräuchlich sind 16-mm-Film, ursprünglich als Format für Filmamateure entwickelt, durch Verbesserung der Bildqualität aber seit langem zu professionellen Zwecken einsetzbar, und 8-mm-Film.

Schneidetisch Arbeitsgerät, an welchem die →Montage eines Films nach Beendigung der Aufnahmen stattfindet. Am Schneidetisch können die →Arbeitskopie und mehrere Tonspuren synchron verkoppelt, angesehen und bearbeitet werden. Man unterscheidet Flatbed-Schneidetische, auf denen das Material auf Tellern liegend gefahren wird (z. B. von der Firma Steenbeck), und Geräte, auf denen der Film wie in einem Projektor vertikal von Spulen abrollt (z. B. Movieola). Letztere waren jahrzehntelang vor allem in Amerika vorherrschend. Seit Ende der 80er Jahre wird der Schneidetisch in der professionellen Filmbearbeitung zunehmend von

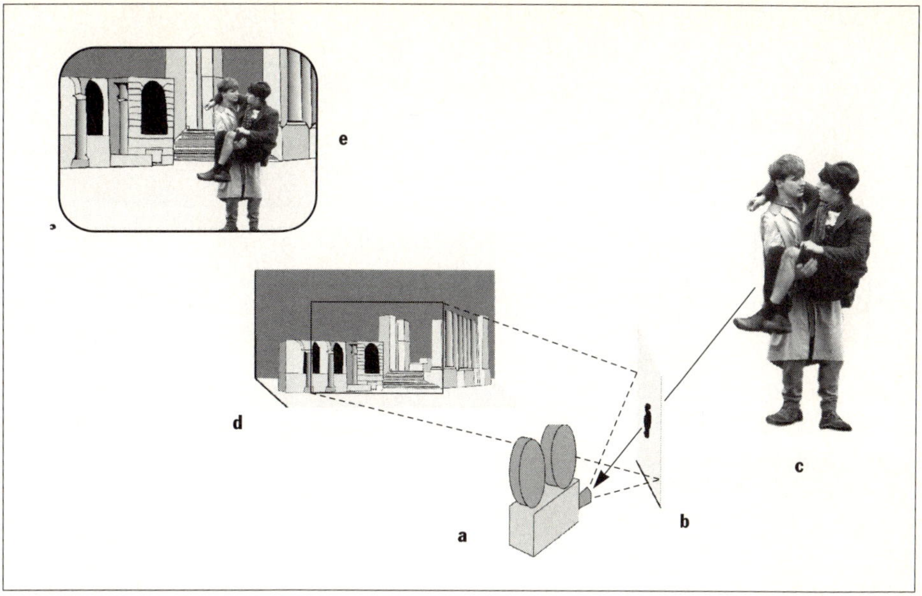

Schüfftan-Verfahren:
a. Aufnahmekamera
b. Spiegel mit teilweise ausgeschabter, lichtdurchlässiger Fläche
c. Studioszene
d. Modell, das über den Spiegel aufgenommen wird
e. Kombiniertes Bild, wie es auf der Leinwand erscheint

elektronischen Schnittsystemen verdrängt. Bei diesen wird das Bild- und Tonmaterial in Massenspeichern (z. B. Festplatten) eingelesen und am Computer gleichsam virtuell bearbeitet. Am Ende der Bearbeitung steht eine Schnittliste, die am eigentlichen Filmmaterial (bei fortgeschrittenen Systemen halbautomatisch) nachvollzogen wird. (M. K.)

Schnitt Im allgemeinen Sprachgebrauch synonym mit →Montage verwendet, bezeichnet man als S. im engeren Sinne den mechanisch-handwerklichen Vorgang der Aneinanderreihung bzw. Trennung einzelner Szenen des Filmbandes. (M. K.)

Schüfftan-Verfahren Von dem Kameramann Eugen Schüfftan (1893–1977) entwickeltes und nach ihm benanntes Spiegeltrickverfahren zur Kombination von realen Objekten und Personen mit Modellen. Das S. erlaubt die gleichzeitige Aufnahme von Realszenen und Dekorationen, die zur Kostenersparnis nur en miniature ausgeführt werden. Die Miniatur wird so in die Kamera eingespiegelt, daß ihre Größe mit der Realszene übereinzustimmen scheint. Die in der vorgespiegelten Szenerie agierenden Darsteller werden von der Kamera durch ein an geeigneter Stelle freigeschabtes Feld im Spiegelbelag erfaßt. Im Filmbild verschmelzen diese beiden

Das Spiel der Blicke zwischen Jean-Louis Barrault und Maria Casares in *Les enfants du paradis* (Kinder des Olymp), F 1943/1945, R.: Marcel Carné

Elemente zu einem Bildeindruck. Berühmt wurde das S. durch seine Anwendung in *Metropolis* (Deutschland 1925/26, R.: Fritz Lang). (MK.)

❑ Guido Seeber: Der Trickfilm in seinen grundsätzlichen Möglichkeiten, Berlin 1927 (Reprint Frankfurt am Main 1979)

Schuß-Gegenschuß-Verfahren Ein bereits um 1920 übliches Verfahren der →Szenenauflösung. Dabei werden zwei Personen, seltener auch mehr, in einer Handlung so gezeigt, daß sie alternierend im Bild erscheinen. Dialogszenen können auf diese Art dargestellt werden, wobei der Bildwechsel auch unabhängig vom Dialogwechsel vorgenommen werden kann, um z. B. die Reaktionen einer Figur auf das Gesagte hervorzuheben (→Over-the Shoulder-Shot). Auch Konfrontationen, wie der →Showdown, präsentieren die Akteure alternierend. Die dem →Continuity-System zurechnende Auflösung durch S.-G. befolgt dabei eine Grundsatzregel: die beliebig variablen Kamerapositionen, von denen aus die verschiedenen Akteure aufgenommen werden, dürfen die gedachte Handlungslinie zwischen ihnen nicht überspringen (→Achsensprung). Im Effekt wird jede der Einstellungen, die eine von der Kamera aus gesehen links in der Szene postierte Person zeigt, ihre Aktion (Blick, Schuß o. ä.) als nach rechts gerichtet wiedergeben (Blick- oder Handlungsrichtung auf dem Einzelbild oder der Leinwand). Entsprechend wird jede Aktion der rechts im Raum befindlichen Figur, wie in einer Antwort, als nach links gerichtet erscheinen. Diese in der Filmästhetik völlig konventionalisierte und in schnell produzierten Serien die Mehrzahl aller überhaupt verwendeten Einstellungen abdeckende Verknüpfung war das zentrale Mittel in der Durchsetzung eines weltweit verständlichen, konventionalisierten erzählenden Films. Diese Kombination der Einstellungen setzt den Betrachter als den unsichtbaren, aber alles sehenden Beobachter (es ist seine Leistung, die sich nicht überdeckenden Einstellungen als Gespräch oder Schußwechsel aufeinander zu beziehen). Zugleich ist es das am stärksten konventionalisierte Element der Schnittfolge im narrativen Film.

❑ Harun Farocki: Schuß – Gegenschuß: Der wichtigste Ausdruck im Wertgesetz Film. In: Filmkritik N. 299/300, 25 Jg. 1981

❑ Karel Reisz, Gavin Millar: Geschichte und Technik der Filmmontage, München 1988

Schwarzweißfilm Filmmaterial, dessen lichtempfindliche Partikel aus Silberhalogenen bestehen. Diese sind nur für den blauen Spektralbereich empfindlich. Um eine den Farbtönen entsprechende Grauwertwiedergabe zu erreichen, mußten die lichtempfindlichen Substanzen erst mit Sensibilatoren für andere Spektralbereiche empfindlich gemacht werden (→ Orthochromatischer, → Panchromatischer Film). Je nach Entwicklungsstufe des Materials ist die Wiedergabe von Farben als Grauwert verschieden, wobei mit Schminke u. ä. Hilfsmitteln eine Kompensation möglich war. Der S. ist über bedeutende Zeiträume der Geschichte nicht ausschließlich in Schwarzweiß wiedergegeben worden; im Stummfilm waren Färbungen üblich (→ Tonung, → Virage, Kolorierung). Bis in die 60er Jahre hinein blieb der S. trotz der eingeführten und relativ einfach zu handhabenden Farbfilme (→ Agfacolor, → Eastman Color) das meistgenutzte Material. Die Durchsetzung des Farbfilmes seither reserviert den S. nur noch für Produktionen, die aus ästhetischen Erwägungen heraus oder weil Schwarzweiß mittlerweile mit der Authentizität dokumentarischer Aufnahmen verbunden wird, bewußt eine Entscheidung gegen die Farbe treffen. Bsp. dafür sind *Im Lauf der Zeit* (BRD 1975, R.: Wim Wenders), *Manhattan* (USA 1979, R.: Woody Allen), *Raging Bull* (Wie ein wilder Stier, USA 1980, R.: Martin Scorsese), *Schindler's List* (Schindlers Liste, USA 1993, R.: Steven Spielberg). In den beiden letztgenannten Bsp. wird aus dramaturgischen Gründen in einigen bzw. einer → Sequenz auch Farbmaterial verwendet. Diese Option der Mischung aus Schwarzweiß und Farbe wird u. a. auch in *Czlowiek z marmuru* (Der Mann aus Marmor, PL 1977, R.: Andrzei Wajda), *Zelig* (USA 1983, R.: Woody Allen), *Rumble Fish* (USA 1983, R.: F. F. Coppola) oder in den beiden für das Fernsehen (aber auf 35-mm-Film) produzierten Staffeln der *Heimat*-Serie (BRD 1984 und 1993, R.: Edgar Reitz) genutzt.

Schwenk Eine Bewegung der Kamera in der Horizontalen oder Vertikalen, manchmal auch als Diagonalbewegung realisiert. Die Position der Apparatur gegenüber der aufzunehmenden → Szene bleibt dabei unverändert (im Gegensatz zur → Fahrt). Der S. kann also gegenüber der ursprünglich abgebildeten Szenerie keine Perspektivenänderung bringen, wohl aber erweitert er sie seitlich, nämlich durch Überführung des → Off an mindestens einer Begrenzung der → Kadrage in das → On (bei entsprechendem Verlust an abgebildeter Szenerie an der gegenüberliegenden Bildgrenze).

Der S. kann, wie die Fahrt, durch Figurenbewegungen motiviert sein und ihnen folgen; er wird aber dabei nicht den gleichen Abstand zur Figur wahren können, sondern aus zunehmender Distanz oder im Gegenteil zunehmender Nähe die Figur verfolgen, da er eine Kreisbewegung um den Standort der Apparatur vollzieht. Verbreitet ist auch der S., der einem Blick aus dem Bild hinaus folgt, bis er beim angesehenen Objekt endet. Eher deskriptive S. sind unabhängig von der Bewegung der Figuren und Objekte, die mittels seiner im Bild gehalten werden, oder den Blicken, denen sie folgen. Sie können, als vollständiger 360°-S., wie in *Weekend* (F 1967, R.: Jean-Luc Godard) oder *Zu früh, zu spät* (BRD 1980/81, R.: Jean-Marie Straub, Danièle Huillet), einen Schauplatz unabhängig von narrativen Zwängen, gewissermaßen als Bestandsaufnahme vorstellen und damit dem S., wie im → Experimentalfilm oder im → Dokumentarfilm, die Aufgabe einer Ortsbeschreibung zuweisen.

Science-Fiction-Film → Genre, dessen Geschichten, auch wenn sie nicht in der Zukunft angesiedelt sind, Möglichkeiten und denkbare Situationen durchspielen. In der Logik der Storys ist die Anleihe beim Übernatürlichen (anders als beim → Horror- und → Fantasyfilm) ausgeschlossen: bezogen auf die Bedingungen der modellhaften Geschichte, muß alles erklärbar bleiben. Eine (oft negative) gesellschaftliche Utopie kann das Interesse an Technik und Wissenschaft dominieren, wie in *1984* (GB 1955, R.: Michael Anderson, und GB 1984, R.: Roger Deakins), *Fahrenheit 451* (GB 1966, R.: François Truffaut) oder *Stalker* (Der Stalker, UdSSR 1979, R.: Andrei Tarkowski). Dagegen steht bei der Darstellung von Weltraumflügen die Präsentation technischer Elemente im Vordergrund. Diese seit der amerikanischen Mondlandung gewissermaßen als realistisch erwiesene Möglichkeit erscheint im S.-F.-F. jedoch eher als Space Opera, deren unübertroffenes Beispiel im Bemühen um Authentizitätssignale noch immer *2001 – A Space Odyssey* (2001 – Odyssee im Weltraum, USA 1968, R.: Stanley Kubrick) ist. Weitere bevorzugte Themen des Genres sind: die Invasion von Außerirdischen (*The War of the Worlds*, Kampf der Welten, USA 1955, R.: Byron Haskin) bzw. die Konfrontation mit ihnen in den Weiten des Weltraumes (*Alien*, GB 1979, R.: Ridley Scott); die Zeitreise (*The Time Machine*, Die Zeitmaschine, USA 1960, R.: Georg Pal; *12 Monkeys*, USA 1996, R.: Terry Gilliam); durch technologische Defekte hervorgerufene Katastrophen (in quasi gegenwärtiger Handlung bei *Fail Safe*, USA 1962, R.: Sidney Lumet); Seuchen (*Die Hamburger Krankheit*, BRD 1978, R.: Peter Fleischmann; *Outbreak*, Outbreak – Lautlose Killer, USA 1995, R.: Wolfgang Petersen) oder bedrohliche Monster (*Tarantula*, USA 1955, R.: Jack Arnold). Wie viele andere Genres hat auch der S.-F.-F. sehr frühe Vorläufer, insbesondere die Filme von Georges Méliès. Im Stummfilm bilden sich jedoch noch keine stabilen Konventionen aus, die retrospektiv dem S.-F.-F. zurechenbaren Werke bleiben Einzelfälle (*Algol,* D 1920, R.:

Hans Werckmeister; *Aelita*, UdSSR 1924, R.: Jakow Protasonow; *Metropolis*, D 1927, R.: Fritz Lang). Im Tonfilm dominieren zunächst Mischformen (*Frankenstein*, USA 1931, R.: James Whale; *King Kong*, USA 1933, R.: Merian C. Cooper, Ernest B. Schoedsack) des utopischen Films. Mit *FP 1 antwortet nicht* (D 1933, R.: Karl Hartl), *Gold* (D 1934, R.: Karl Hartl) und *Things to Come* (GB 1936, R.: William Cameron Menzies) entwickelt sich der an technologischen Phantasien interessierte Strang des Genres. In den USA werden Serienfiguren wie Flash Gordon populär, doch ist es erst das Klima der 50er Jahre, das eine Welle von S.-F.-F. hervorbringt. Unterschwellige Invasions- und Kriegsängste werden auf Außerirdische projiziert, die Drohung der Atombombe gebiert im Film Mutanten und Monster. Diese oft offen xenophoben Filme werden nur von wenigen Ausnahmen konterkariert (*The Day the Earth Stood Still*, USA 1951, R.: Robert Wise; *Invasion of the Body Snatchers*, Die Dämonischen, USA 1956, R.: Don Siegel). Das Genre scheint sich als besonders geeignet für die Austragung von Kalter-Krieg-Phantasien zu erweisen, allerdings eher im Westen. Das in Billigstproduktionen abgleitende Genre, dem in Japan mit Godzilla-Filmen ein neuer Tiefpunkt beschert wurde, erholt sich durch den Rückgriff auf die Vorlagen Jules Vernes (*20 000 Leagues under the Sea*, 20 000 Meilen unter dem Meer, USA 1954, R.: Richard Fleischer; *Journey to the Centre of the Earth*, Reise zum Mittelpunkt der Erde, GB 1959, R.: Henry E. Levin), gewinnt eine böse Sicht auf die Folgen der Atomforschung im eigenen Land (*The Damned*, Sie sind verdammt, GB 1961, R.: Joseph Losey) und erkundet die Möglichkeiten der →Special Effects (neben *2001* vor allem in *Fantastic Voyage*, Die phantastische Reise, USA 1966, R.: Richard Fleischer). Seit Kurt Maetzigs *Der schweigende Stern* (DDR / Polen 1959) gibt es eine lockere Folge von →DEFA-Filmen in diesem Genre, meist handelt es sich um →Koproduktionen mit anderen sozialistischen Ländern. In der Bundesrepublik findet der →Neue Deutsche Film zur Auseinandersetzung mit dem Genre (so die Fernsehproduktion *Welt am Draht*, BRD 1973, R.: Rainer Werner Fassbinder, und die mit *Der große Verhau*, BRD 1969 / 70, beginnende Auseinandersetzung Alexander Kluges mit dem S.-F.-F.). Mit den Filmen von George Lucas (*Star Wars*, Krieg der Sterne, USA 1977) und Steven Spielberg (*Close Encounters of the Third Kind*, Unheimliche Begegnung der Dritten Art, USA 1977; *E. T.*, USA 1982) wird das Genre kindertauglich und extrem erfolgreich. Doch scheint die neuere Entwicklung in die deutliche Verstärkung von Action- und Gewaltmomenten zu zielen (*Aliens*, Alien II, USA 1986, R.: James Cameron).

- ❑ John Baxter: Science Fiction in the Cinema, New York 1970
- ❑ Ronald M. Hahn, Volker Jansen: Lexikon des Science Fiction Films, München 1987
- ❑ Phil Hardy (Hg.): Science Fiction, London 1984
- ❑ Anette Kuhn (Hg.): Alien Zone. Cultural Theory and Contemporary Science Fiction Cinema, London / New York 1990
- ❑ Georg Seeßlen: Kino des Utopischen, Reinbek 1980
- ❑ Vivian Sobchak: The Limits of Infinity. The American Science Fiction Film, South Brunswick / New York 1980

Screen Test →Probeaufnahme

Screwball Comedy Rasanteste Form der Tonfilmkomödie (→Komödie), die im amerikanischen Film der 30er Jahre entstand. Ein Screwball oder Spinner ist obligate Figur der Filme. Nach einer anderen Deutung lehnt sich der Begriff an einen Baseball-Ausdruck an, wo er einen aus dem Spielfeld geschlagenen Ball bezeichnet. Bekannte Regisseure, die S. C. inszenierten, waren Frank Capra (*It happened One Night*, Es geschah eines Nachts, USA 1934), George Cukor (*The Philadelphia Story*, Die Nacht vor der Hochzeit, USA 1940), Howard Hawks (*Bringing up, Baby*, Leoparden küßt man nicht, USA 1938; *His Girl Friday*, Sein Mädchen für besondere Fälle, USA 1940) und Preston Sturges (*Palm Beach Story*, Atemlos nach Florida, USA 1942). Der S. C. ist ein hohes Tempo des Dialogs eigen, die Sentenzen überschneiden sich oft, die Partner fallen sich ins Wort. Es entsteht eine besondere Gehetztheit des Dialogs, wie sie auch schon *Twentieth Century* (Napoleon vom Broadway, USA 1934, R.: Howard Hawks) oder Lubitschs *Design for Living* (Serenade zu dritt, USA 1933) kennzeichnet. Doch verzichten die Filme nicht auf visuelle Komik, die oft beim →Slapstick Anleihen macht. Skurrilität mindestens einer Gestalt verbürgt die Unvermeidbarkeit komischer Situationen, wobei das Exzentrische innerhalb einer in den Grundlagen konfliktfreien Welt gutsituierter Leute angesiedelt ist. Die →Story kreist fast ausschließlich um das Sichfinden zweier ungleicher Partner. Widerspenstige Frauen und weltabgewandte Männer werden vom jeweils richtigen Partner nach vielen Wirren in die Liebesheirat geführt.

- ❑ Duane Byrge, Robert Milton Miller: The Screwball Comedy Films. A History and Filmography. 1934–1942, Jefferson / London 1991
- ❑ Wes D. Gehring: Screwball Comedy. A Genre of Madcap Romance, New York / Westport / London 1986
- ❑ Ed Sikov: Screwball. Hollywood's Madcap Romantic Comedies, New York 1985

SDK →Stiftung Deutsche Kinemathek

Second Unit Aufnahmeteam, das unabhängig vom Regisseur, aber nach seinen Anweisungen arbeitet und sowohl Hintergrundmaterial (Landschaften) aufnimmt wie Massen- und Actionszenen sowie →Stunts. S. U. werden für große Produktionen eingesetzt, um Zeit und Geld zu sparen. Bestimmte Regisseure haben sich als S.-U.-Directors einen Namen gemacht, so Andrew Marton, der in *Ben Hur* (USA 1959, R.: William Wyler) u. a. das Wagenrennen inszenierte.

Semiotik Auch Semiologie. Zeichentheoretischer Ansatz, dessen Interesse im Hinblick auf den Film einem spezifischen Symbolsystem gilt, dessen Fähigkeit, Bedeutungen zu formulieren, er untersucht und von den Mitteln anderer Symbolsysteme zu unterscheiden sucht. (→ Filmtheorie)

- ❑ Jurij M. Lotman: Probleme der Kinoästhetik. Einführung in die Semiotik des Films, Frankfurt am Main 1977
- ❑ Christian Metz: Sprache und Film, Frankfurt am Main 1973
- ❑ Peter Wollen: Signs and Meaning in the Cinema, London 1979

Sequel Ein Film, der einen früher entstandenen, in sich abgeschlossenen Film fortsetzt, aber nicht schon bei der Konzeption des ersten Filmes geplant war (wie dies für die beiden Teile der *Nibelungen*, D 1922 / 24, R.: Fritz Lang, gilt: *Siegfried* und *Krimhilds Rache*, die im Abstand von nur zwei Monaten ihre Premiere erlebten). Im S. treten die Hauptperson und teilweise weitere Figuren auf, die bereits im Vorläufer agierten. Die Kontinuität bleibt dadurch gewahrt, wenn auch der Bezug der Handlungen mitunter nur noch lose ausfällt. Wim Wenders' Filme *Der Himmel über Berlin* und *In weiter Ferne so nah* (BRD 1986 / 87 und 1993) sind durch ein Figurenensemble aufeinander bezogen, ohne daß die Handlung eine strikte Fortsetzung aufweist. Noch stärker sind die, durch Tilo Prückner als Darsteller der Hauptfigur verbundenen Filme *Der Willi-Busch-Report* und *Deutschfieber* (BRD 1979 und 1993, R.: Niklaus Schilling) in Handlungsführung und Stil verschieden. Die Produktion eines S. ist regelmäßig durch den Erfolg des Originals motiviert, der mit ihm wiederholt werden soll. Ist die Handlung des Nachfolgefilmes vor der Handlungszeit des ersten Films angesiedelt, spricht man auch von einem Prequel. So ist *Godfather: Part II* (Der Pate, II. Teil, USA 1974, R.: Francis Ford Coppola) mit den Teilen der Story, die die Vorgeschichte von *The Godfather* (Der Pate, USA 1972, R.: F. F. Coppola) erzählen, ein Prequel, während der sehr viel später gedrehte dritte Teil (*The Godfather: Part III*, Der Pate, III. Teil, USA 1990, R.: F. F. Coppola) durchgängig eine Handlungsfortsetzung des zweiten Teils ist, wenn auch mit einem bemerkenswerten Intervall in der Kontinuität.

Die Produktion eines S. kann von einem anderen Team und anderen Produzenten unternommen werden: auf *The French Connection* (Brennpunkt Brooklyn, USA 1971, R.: William Friedkin) folgte *French Connection II* (USA 1975, R.: John Frankenheimer), beide mit Gene Hackman und Fernando Rey in den Hauptrollen; auf *Chinatown* (USA 1974, R.: Roman Polanski) folgte *The Two Jakes* (Die Spur führt zurück, USA 1991, R.: Jack Nicholson), der fast nur noch über den Darsteller und Regisseur Nicholson mit dem Vorgänger verbunden ist; auf *Die Hard* (Stirb langsam, USA 1988, R.: John McTiernan) zunächst *Die Hard II* (USA 1990, R.: Renny Harlin) und schließlich *Die Hard III* (USA 1995, R.: John McTiernan). Mit den dritten Versionen beginnt die → Serie und hört das S. im engeren Sinn auf.

Sequenz Im Spielfilm eine durch dramaturgische Bezüge bestimmte Einheit des Films. S. repräsentieren eine einheitliche Handlung, bezogen auf ihre zeitliche Dauer, unvollständig (im Gegensatz zur → Szene). Sie können irrelevante Teile des Zusammenhanges auslassen oder sich auf einen Teil der Handlung beschränken, dessen verkürzte Repräsentation für den Zuschauer ausreicht, die vollständige Handlung zu verstehen (Ellipse). In nicht vorrangig von einer fiktiven Handlung geprägten → Gattungen (→ Dokumentarfilm, → Essayfilm) definiert die S. ebenfalls eine Einheit des Films, jedoch nur in dem von Lotman bestimmten allgemeinen Sinn: als ein unterscheidbares Element, «das durch die innere Einheit gekennzeichnet und nach beiden Richtungen durch Strukturpausen abgegrenzt wird. Als charakteristische Merkmale lassen sich nicht nur die innere Geschlossenheit und die Stellung zwischen zwei Pausen angeben, sondern auch die Tatsache, daß die Grenzen aus der Art ihrer inneren Organisation selbst hervorgehen.» (Lotman, 1977, S. 109) Da eine nicht an Zeit und Ort gebundene Einheit des Films prinzipiell zahlreiche verschiedene einheitsstiftende Momente kennen kann (und tatsächlich auch kennt), ist eine Ordnung der S. nicht sinnvoll nach diesen zu bestimmen. Nach ihrer Funktion können S. jedoch unterschieden werden: da sie distinkte, untereinander nicht kontinuierliche Elemente bilden, kann ihre Beziehung zueinander Kriterium werden.

❑ Jurij M. Lotman: Probleme der Kinoästhetik. Einführung in die Semiotik des Films, Frankfurt am Main 1977

❑ Karl-Dietmar Möller-Nast: Filmsprache. Eine kritische Theoriegeschichte, Münster 1986

Serial Eine Folge von in sich nicht abgeschlossenen Filmen, die sich üblicherweise nach ihren Hauptfiguren betitelten. S. waren bereits in der Stummfilmzeit verbreitet (in Frankreich z. B. die Filme von Louis Feuillade, *Fantomas*, 1913; *Les Vampires*, 1915; *Judex*, 1916; in den USA diverse Folgen mit Schauspielern wie Pearl White). S. tendieren zu → Genres (Detektiv- und Spionagegeschichten, → Western, → Science-Fiction). Im deutschen Film gab es vergleichbares in den *Homunculus*-Filmen (D 1916, R.: Otto Rippert), doch auch Beispiele, die das exotische Moment und das Abenteuergenre betonten: *Die Jagd nach dem Tode* (D 1921, R.: Karl Gerhard) ist ein kürzlich restauriertes Beispiel. Im Deutschland nach dem Weltkrieg galt auch nicht die vor allem in Hollywood gültige Regel, nach der S. möglichst billig zu sein hatten: Joe Mays Produktion *Die Herrin der Welt* (acht Folgen, D 1919) war eine der aufwendigsten Stummfilmproduktionen seiner Zeit. Nicht als S. gelten Folgen von nur zwei oder drei Filmen, selbst wenn die einzelnen Teile nur bedingt abgeschlossen sind.

❑ Ray Kinnard: Fifty Years of Serial Thrills, Metuchen / London 1983

❑ Raymond W. Stedman: The Serials. Suspense and Drama by Installment, Norman 1977

❑ Ken Weiss, Ed Goodgold: To Be Continued..., New York 1972

Serie Eine Folge in sich abgeschlossener Filme, die diverse Abenteuer einer Hauptfigur schildern. Im deutschen Stummfilm sind die Detektiv-S. verbreitet (Joe Deebs, Stuart Webbs u. a.); andere übliche → Genreformen sind → Western und → Science-Fiction. In der Frühphase des Films gehören S. zum geplanten Repertoire, und die einzelnen Filme kommen in rascher Folge ins Kino. Doch entwickelten sich später auch S., die den Erfolg des ersten Films für weitere Abenteuer der Hauptfigur ausnutzen. Im Unterschied zum → Sequel, mit dem in der Regel nur ein Fortsetzungsfilm gemeint ist, können sich S. über Jahre oder gar Jahrzehnte als erfolgreich erweisen (so die James-Bond-Filme seit 1962, auch die S. um Don Camillo und Peppone, ab 1952). Eine einzigartige S. schuf François Truffaut in seinen fünf Filmen mit der Hauptfigur Alain Doinel, den jeweils Jean-Pierre Léaud spielte, beginnend mit *Les 400 Coups* (Sie küßten und sie schlugen ihn, F 1958 / 59) und endend mit *L'amour en fuite* (Die Liebe auf der Flucht, F 1978). Diese zwanzig Jahre im Leben der Hauptfigur werden zugleich zu einer virtuellen Beobachtung der veränderten Lebensbedingungen in der französischen Gesellschaft wie sie zur Demonstration der Entwicklung des Regisseurs werden. Als Langzeitbeobachtung hat dies seine Entsprechung im → Dokumentarfilm, so in den in Golzow gedrehten Filmen von Winfried und Barbara Junge (beginnend mit *Wenn ich erst zur Schule geh'*, DDR 1961), vor allem aber in den Filmen Volker Koepps, die um das Obertrikotagenwerk in Wittstock kreisen (beginnend mit *Mädchen in Wittstock*, DDR 1974).

❑ James Robert Parish (Hg.): The Great Movie Series, South Brunswick / New York 1971

❑ Michael Scheingräber: Die James Bond Filme, München 1979

Set Im Studio oder Freigelände gebauter Drehort eines Films.

Set Design Der Entwurf jedes für den Film gebauten Schauplatzes. Das S. D. ist die detaillierte, maßstabsgerechte Umsetzung der → Art Direction.

Shomin-geki Japanisches Filmgenre, dessen Handlung in der Gegenwart spielt. Die Hauptpersonen sind alltägliche Gestalten, die Filme behandeln die beruflichen und familiären Probleme einfacher Menschen. Das → Genre hatte einen ersten Höhepunkt in den 30er Jahren, behielt eine Bedeutung aber bis zum Ende der 50er Jahre. Bedeutende Regisseure wie Yazujiro Ozu haben fast ausschließlich S. realisiert. Neben ihm waren Mikio Naruse und Heinosuke Gosho Vertreter des Genres. Die Konzentration auf scheinbar banale Konflikte, wie sie der alltäglichen Wirklichkeit entnommen scheinen, der Verzicht auf spektakuläre Ereignisse und dramatische Zuspitzungen prägen die Filme.

Showdown Der Moment beim Pokern, in dem die Karten aufgedeckt werden, im Film, vor allem im → Western, das finale Kräftemessen zweier Parteien und meist dessen Höhepunkt. Oft steuert die ganze Handlung von Beginn an auf den S. zu; am Ende von *High Noon* (Zwölf Uhr mittags, USA 1952, R.: Fred Zinnemann) hat Sheriff Will Kane (Gary Cooper) einen Schußwechsel mit dem Killer Frank Miller (Ian MacDonald) – das weiß er genau wie die Zuschauer von dem Moment zu Beginn des Films, als die baldige Ankunft Millers angekündigt wird. Ein S. kann auch ohne Waffen stattfinden, etwa in *The Hustler* (Haie der Großstadt, USA 1961, R.: Robert Rossen), wo er mit Billardqueues ausgetragen wird. (A. P.)

Showscan Neue Vorführtechnik, die vom Effektspezialisten Douglas Trumbull 1976 entwickelt wurde. Sie arbeitet statt der üblichen 24 Bilder pro Sekunde mit 60 Bildern. Die höhere → Bildfrequenz führt dazu, daß der Realitätseindruck für den Zuschauer deutlich gesteigert wird und er sich insbesondere Action-Szenen wie Skiabfahrten, Verfolgungsjagden und Flugsequenzen kaum entziehen kann. Als Vollendung war für S. eine Koppelung der Bildbewegung mit hydraulischen Sitzen geplant.

Die speziell eingerichteten S.-Kinos wurden, ähnlich wie die → IMAX-Theater, in Museen und Vergnügungsparks eingerichtet. S. konnte sich jedoch trotz seiner intensiveren Erlebnismöglichkeiten nicht durchsetzen. Trumbull verkaufte S. und zog sich aus Hollywood zurück. Anfang 1994 trat er in die → IMAX Corporation ein und wurde Mitglied des Vorstandes. (K. H.)

Sicherheitsfilm Unbrennbares bzw. schwer entflammbares Filmmaterial. Erste Versuche der →AGFA, den sehr feuergefährlichen →Nitrofilm als Schichtträger abzulösen, fanden um 1910 statt, führten aber nicht zum Erfolg. S. für Amateure wurde bereits früh von →Pathé (1912 28 mm Pathé-Kok, 1922 9,5 mm Pathé-Baby, 1927 17,5 mm Pathé-Rural) und seit 1923 von →Eastman-Kodak (16 mm) angeboten. Für die professionelle Nutzung im 35-mm-Format stand S. mit guten mechanischen und optischen Eigenschaften erst in den 50er Jahren zur Verfügung. Heutiger S. besteht aus Zellulose-Triazetat, das aus Baumwoll- oder Holzfasern hergestellt wird. Neuerdings setzt sich S. aus Polyester durch, einem thermoplastischen Kunststoff auf petrochemischer Basis, der überragende mechanische Eigenschaften (Reißfestigkeit) besitzt. (M. K.)

Sidekick Nebendarsteller, der dem →Star als treuer Begleiter zugeordnet ist. Er bringt oft ein komisches Element in die Dramaturgie ein.

Im Gegensatz zum →Nebendarsteller oder →Supporting Actor ist der S. strenggenommen als Begleiter eines Serienhelden definiert. Allerdings gibt es auch den Fall, daß Schauspieler in Variationen einer Figurenkonstellation ähnliche Rollen wiederholen und dadurch wie ein S. für (manchmal sogar wechselnde) Partner eingesetzt erscheinen. Walter Brennan spielte ganz ähnlich angelegte Rollen in *Red River* (USA 1948) und *Rio Bravo* (USA 1959 – jeweils mit John Wayne) für Howard Hawks.

Silhouettenfilm Von Lotte Reininger entwickelte Tricktechnik, in der Silhouettenfiguren mittels →Einzelbildaufnahmen von Bewegungsphasen animiert werden. Die strikte Beschränkung auf Schwarzweißkontraste (schwarze Silhouetten vor weißem Hintergrund) geben den S. Reiningers eine besondere graphische Qualität.

Slapstick Bezeichnung für →Komödien meist aus der Stummfilmära, deren Handlungen stark durch die gleichen, immer erneut variierten Elemente bestimmt sind. Prügeleien, Verfolgungsjagden, Tortenschlachten und Explosionen sind sein Kennzeichen, womit schon angedeutet ist, daß der Humor dieser Filme eher rauh als herzlich ist. Aggressivität bestimmt das Verhalten der Figuren, und auch die Guten sind böse genug, jede Gelegenheit auszunutzen, dem anderen ein Bein zu stellen – um sich am Fall zu freuen. Wie im Comic überleben selbst die am ärgsten getriezten Gestalten, regelmäßig unter den Bösen zu suchen, noch die größte Katastrophe – wenn auch derangiert. Die berühmteste S.-Manufaktur wurde von Mack Sennett geleitet (→Keystone). Viele später als Komiker bekannt gewordene Schauspieler haben bei ihm angefangen: Charlie Chaplin, Buster Keaton, Roscoe Arbuckle, Stan Laurel. Die von Sennett produzierten Keystone Comedies machten jedoch nur einen Bruchteil der Gesamtproduktion der S. aus. Die Formel erwies sich als so erfolgreich, daß bis weit in die 20er Jahre, als der abendfüllende →Spielfilm bereits durchgesetztes Format geworden war, die S.-Filme im Vorprogramm (meist als One- oder Two-reelers) zum Einsatz kamen. Ein Studio mit

Charlie Chase und Betty Mack in *Luncheon at Twelve*, USA 1933, R.: Charles Parrot (d. i. Ch. Chase)

besonders starkem Engagement in S.-Comedies war Hal Roachs Studio (mit Zugnummern wie Charlie Chase, Mabel Normand, Zasu Pitts, Stan Laurel und Oliver Hardy). Oft in Form der →Serie, mit bekannten und unbekannteren Darstellern konzipiert, gehörten diese Filme zum Programmablauf des Kinoabends. Auch als der abendfüllende Film etabliert war, beschritten nur wenige Komiker den Weg zum langen Spielfilm, blieb des Gros der Produktion auf die kurzen Filme für das Begleitprogramm beschränkt.

Obwohl S. meistens nur amerikanische Komödien meint, gab es unabhängig von ihnen europäische Filme, die seine wesentlichen Merkmale aufweisen. Zunächst in Frankreich, später auch in Hollywood arbeitete Max Linder, der berühmteste Vertreter, und vielleicht der Erfinder, des S. In Deutschland waren es zunächst Ernst Lubitsch (*Die Puppe*, D 1919; *Die Bergkatze*, D 1921) und dann Karl Valentin (*Mysterien eines Friseursalons*, D 1923, R.: Erich Engel, Bertolt Brecht), die allein in ihren Filmen S.-Qualitäten bewiesen.

Ein anarchistischer Zug eignet diesen Komödien. In ihnen sind Autoritäten jeder Art Zielscheibe des Spottes und tätlicher Angriffe; die Keystone Cops in ihrer Unbeholfenheit sind dafür ein Beispiel. Mehr noch aber als die Attacken auf die Würdenträger ist der S. durch seine Haltung zur → Erzählung anarchisch. Gewissermaßen aus einer beibehaltenen Primitivität heraus gilt die narrative Wahrscheinlichkeit hier nichts. In den weniger eleganten Filmen geht es um die Plazierung bestimmter Gags, für die rudimentärer Handlungsverlauf die Klammer bietet. Serienprodukte, die serielle Verfahren zur komischen Wirkung nutzten, kennen zwar die Zutaten zur Komödie, machen aus ihnen aber wenig Originelles. In ausgefeilteren Beispielen entwickelten sich die Gags nicht bloß aus einer additiven Nummerndramaturgie, sondern in Form einer konsequenten Fortschreibung. Die Gags werden nicht plaziert, entwickelten sich aus einem Grundeinfall: Etwa in den Filmen von Chaplin, Keaton, McCarey bleibt die Story ein Gerüst, wird nicht zum Kern des Films. Doch statt seiner geben die Gagfolgen den Filmen ihren Halt, die besonders in den kurzen Filmen von Chaplin und Keaton nicht in Einzelnummern zerfransen.

Im S. wird ein Kampf gegen die Übermacht ausgefochten. Übergewichtige Männer mit imposanten Schnauzbärten bevölkern drohend diese Filme, die jeweiligen Helden in Schrecken versetzend. Das Gefecht ist physisch zu führen, als Rauferei; Bewegung und Verfolgung sind obligat. Die physische Komik – in Mimik, Gestik, Bewegung – bedarf der Sprache nicht, obwohl die Zwischentitel z. B. der Filme mit Charlie Chase und von Buster Keaton häufig ein neues ironisches Moment in die Komik einbringen. Doch ist Ironie dem S. im Grunde fremd; er demoliert die Erzählung und setzt sich über jede Konvention hinweg, doch tut er es ganz eigentlich und explizit. Daher gehört die Schadenfreude unabdingbar zum Spaß an den Filmen dazu.

Die abendfüllenden Filme von Chaplin, Keaton, Lloyd und anderen überschreiten in den 20er Jahren die Grenze, die der S. zur Erzählung gewahrt hatte. Nun tauchen in den langen Filmen die Elemente der Komik integriert in eine durchgeformte Erzählung auf, die Bögen der Handlung werden nicht allein von der Folge der Gags bestimmt, sondern auch von narrativer Wahrscheinlichkeit. Mit diesen Filmen, unter ihnen Meisterwerke der Komik, endet letztlich das Genre: indem sie die Integration in die Erzählung leisten, wird S. zum Element.

Nur wenige Komiker und Regisseure haben in der Tonfilmära starke S.-Elemente in ihren Filmen bewahrt, die von anderen, stärker an der Sprache orientierten Komödien abgelöst wurden. Zu den Nachfolgern des S. gehören vor allem W. C. Fields, Jacques Tati und Jerry Lewis.

❑ Helga Belach, Wolfgang Jacobsen (Red.): Slapstick & Co. Frühe Filmkomödien – Early Comedies, Berlin 1995

❑ Griffithiana, Nr. 51 / 52, Oktober 1994

❑ Kalton C. Lahne: World of Laughter. The Motion Picture Comedy Short 1910–1930, Norman 1966

❑ John Montgomery: Comedy Films 1894–1954, London 1968

❑ Gerald Mast: The Comic Mind. Comedy and the Movies, Indianapolis / New York 1973

❑ Richard Dyer, MacCann: The Silent Comedians, Metuchen / New Jersey / New York 1993

SMPTE-Code Standard für die Kodierung von elektronisch aufgenommenem Bildmaterial mit einem Timecode, der 1969 von der Society of Motion Picture and Television Engineers (SMPTE) gesetzt wurde und dem sich auch die Europäer anschlossen. Danach wird jedes Einzelbild adressiert und mit binären Informationen

***2001 – A Space Odyssey* (2001 – Odyssee im Weltraum), USA 1968, R.: Stanley Kubrick**

von 80 Bits versehen, wobei für das jeweilige Bild Stunde, Minute, Sekunde und Bildnummer festgehalten werden. Inzwischen kann der S.-C. auch auf Film aufgezeichnet werden und stellt damit eine wichtige Brücke zwischen photographischer Aufnahme und elektronischer →Postproduction dar. (K. H.)

❑ Gary H. Anderson: Video-Editing and Post-Production. A Professional Guide, White Plains 1984

❑ D. M. James Compton, Dimitri S. Dimitri: Implementation of Time Code Using Datacode Magnetic Control Surface Film. In: SMPTE Journal, 7 / 1986

Special Effects: Effekte, die entweder bei der Aufnahme (→Stop Trick, →Doppelbelichtung, →Mehrfachbelichtung), durch Bearbeitung des Bildmaterials (→Optische Bank, →Computeranimation, →Digital Compositing) oder durch Eingriffe in das Geschehen vor der Kamera (→Stunt, →Schüfftan-Verfahren, →Rückprojektion, →Maske, Modelle, mechanische Tricks, Pyrotechnik) erzielt werden. Damit werden Bilder produziert, die sonst wegen zu hoher Kosten oder der Gefährdung der Beteiligten nicht möglich wären. Eine spezielle Variante ist der →Trickfilm. S. E. – oder kurz FX – sind äußerst populär, und kaum ein Film kommt ohne Effekte aus. Jedoch gab es sie bereits seit Beginn der Filmgeschichte (z. B. Georges Méliès, G. A. Smith, J. S. Blackton), und sie wurden ständig weiterentwickelt. Der Spielfilm arbeitete schließlich immer damit, Illusionen zu schaffen, und der Zuschauer soll glauben, was eigentlich nicht existiert. (K. H.)

❑ Elmar Biebl: Hinter den Kulissen, Hamburg 1987

❑ John Culhane: Special Effects in the Movies. How they do it, New York 1981

❑ Rolf Giesen: Special Effects. Die Tricks im Film. Vom Spiegeleffekt bis zur Computeranimation, Ebersberg 1985

❑ R. M. Hayes: Trick Cinematography. The Oscar Special-Effects Movies, Jefferson / London 1986

Spielfilm Narrativer Film, der üblicherweise seine →Story geradlinig präsentiert, d. h. weitgehend ohne selbstreflexive Elemente oder die Erwartung störende Schnitte auskommt. Der S. läßt sich von anderen Filmgattungen, wie dem →Dokumentarfilm, dem →Animationsfilm oder dem →Essayfilm, durch sein spezifisches Verhältnis zur Abbildung und die Organisation der einzelnen Darstellungen unterscheiden. Spielfilme beruhen meist auf einem →Drehbuch, in dem die zu erzählende Geschichte bereits in ihrem Ablauf samt Dialogen festgehalten ist. Dieses Drehbuch wird verfilmt, d. h., die sprachlich vorliegende Geschichte wird in Bildern erzählt. Die Abbildung der Kamera bezieht sich daher auf →Szenen, die als Bausteine der Geschichte arrangiert sind. S. sind jedoch nicht grundsätzlich auf ein vorhandenes Drehbuch angewiesen. Die Regisseure der →Nouvelle Vague haben mit Improvisationen gearbeitet; das im Film Sichtbare ist daher nicht in allen Fällen bereits vorformuliert worden. Jacques Rivettes *Out One* (F 1979) ist ein sehr weit getriebenes Experiment, in dem die gesamte Story des zwölf Stunden langen Filmes während der Dreharbeiten entstand. S. sind diegetisch, d. h., ihre Bilder beziehen sich nicht primär auf das Abgebildete (wie dies der Dokumentarfilm für seine Bilder behauptet), sondern ihre Bilder beziehen sich auf die Story. In der Narration ist sie nicht komplett vorgetragen, sie behält gegenüber dem, wovon erzählt wird, Lücken und Sprünge. Das Erzählte ist die →Diegese, als die vollständige Welt des Erzählten.

❑ David Bordwell: Narration in the Fiction Film, Madison 1985

SPIO Die Spitzenorganisation der Filmwirtschaft e. V. wurde 1950 als Dachverband der Filmwirtschaftsverbände (Produzenten, Verleiher, Kinos) gegründet. Sie vertritt heute die Interessen von neun Verbänden in Filmgremien, gegenüber anderen Wirtschaftszweigen und vor allem der Politik. Sie führt ein Filmtitelregister der in Deutschland im Kino gestarteten Filme und bringt das «Filmstatistische Jahrbuch» heraus. (K. H.)

Spionagefilm Das →Genre definiert sich durch die Kennzeichnung der Hauptfiguren als Agenten oder durch die Verwicklung unbescholtener Bürger in die Machenschaften von Spionen. Insofern die →Story feindliche Staaten mindestens impliziert (wenn auch die gegnerische Seite häufig mit einem Phantasienamen belegt wird oder ihre Herkunft unbezeichnet bleibt), besitzt der S. einen Verweis auf politische Strukturen. Daher ist das Genre, dessen Geschichten auch ganz ähnlich in historischer Gewandung erzählt werden können, mit einem Gegenwartsbezug ausgestattet. Dieser kann propagandistisch betont erscheinen, wie das in Konflikt- oder Kriegszeiten besonders deutlich wird, oder im Gegenteil weitgehend verdeckt bleiben. Einen oft ironischen Bezug zu zeitgenössischen politischen Frontstellungen bewahren die Filme der *James-Bond-* →Serie, die sich auf den Kalten Krieg zwar beziehen, sich aber eher auf die spektakulären →Special Effects und die amourösen Abenteuer des Titelhelden konzentrieren als auf das Feindbild. Die Popularität des Genres verdankt sich, wie im →Detektiv- und →Kriminalfilm, weitgehend dem Spannungsaufbau der Handlung; die bei

James Bond so prominent ausgestellten Geheim- und Spezialwaffen spielen ansonsten eine untergeordnete Rolle. Doch hat auch der S. an der Veränderung der Storyführung teil; wie in anderen Genres ist, vor allem bei den amerikanischen Produktionen, eine stärkere Betonung der Actionelemente zu beobachten. Ihrer Ausbreitung setzt das Genre jedoch Grenzen: die Figuren agieren im Geheimen, sollen nicht nur dem Feind, auch dem Mitbürger unkenntlich bleiben. Eine gewisse Paranoia zeichnet den idealen Agenten aus, die S. verdoppeln diese Atmosphäre des Verfolgungswahns und universellen Mißtrauens entweder in ihrer an die eigenen Landsleute adressierten Botschaft (der Feind ist überall) oder reflektieren die Beschädigungen, die solche Beschäftigung mit sich bringt. Als ein vergleichsweise deutlich auf die politische Situation bezogenes Genre ist der S. Konjunkturen unterworfen, die deutlicher noch als die Geschichten der einzelnen Filme die gegenwärtige Situation reflektieren. So sind Geschichten um feindliche Agenten im Ersten Weltkrieg sehr verbreitet, vor allem in England und den USA. Im Deutschen Reich ist *Unsühnbar* (R.: Georg Jacoby, D 1917) ein Beispiel für einen Film, der mit der erfolgreichen Abwehr feindlicher Agententätigkeit (in diesem Fall: Sabotage) sein Publikum in patriotischer Gesinnung bestärken möchte. Im Zweiten Weltkrieg wiederholt sich dies nicht in vergleichbarem Ausmaß – die propagandistischen Filme in Hollywood waren meist Anti-Nazi-Filme mit Darstellung der Diktatur in Deutschland, während in Großbritannien die Versicherung, den Rüstungsrückstand gegenüber dem Deutschen Reich aufgeholt zu haben (*The Lion has Wings*, GB 1939, R.: Michael Powell u.a., *The First of the Few*, GB 1942, R.: Leslie Howard) im Vordergrund stand. Der → nationalsozialistische Film kennt einige propagandistische Exempel (*Verräter*, D 1936, R.: Karl Ritter; *Achtung Feind hört mit*, D 1940, R.: A.M. Rabenalt; *GPU*, D 1942, R.: Karl Ritter), wobei England und die Sowjetunion die jeweils angeklagten Feindstaaten waren.

Der Kalte Krieg brachte für das populäre Kino eine Welle von S.; war es bis dahin der Rückblick auf einen vergangenen Konflikt, dem die besten Beispiele des Genres zu verdanken waren, so setzte die Selbstreflexion nun schon während der Dauer der Konfrontation (wenn auch begünstigt durch den beginnenden Dialog der Supermächte) ein. Sie blieb allerdings weitgehend auf die westlichen Staaten beschränkt, in denen die eigene Spionageabwehr nun skeptisch dargestellt wurde, da sie die gleichen Methoden wie der Feind benutzte (*The Ipcress-File*, Ipcress – streng geheim, GB 1965, R.: Sidney J. Furie; *The Spy Who Came in from the Cold*, Der Spion, der aus der Kälte kam, GB 1965, R.: Martin Ritt).

❑ Roland Lacourbe: Nazisme et Seconde Guerre Mondiale dans le cinéma d'espionage, Paris 1983

❑ ders.: La Guerre Froide dans le cinéma d'espionage, Paris 1985

Spitzenorganisation der Filmwirtschaft → SPIO

Split Screen Die gespaltene Leinwand setzt sich aus zwei oder mehr Bildern zusammen, deren Getrenntheit nicht kaschiert wird. So kann ein Telefonat so wiedergegeben werden, daß auf der Leinwand gleichzeitig, aber auf verschiedenen Feldern, beide Gesprächspartner zu sehen sind. Im Extrem kann das aus vielen verschiedenen Quellen entstandene Gesamtbild dabei tatsächlich zu zerfallen drohen.

Spot Scharf begrenztes Scheinwerferlicht, das zur Akzentuierung eingesetzt wird (Gesichter, Augen von Stars).

Standbild Einzelbild eines Films, wie es z. B. am Schneidetisch oder Videorecorder betrachtet werden kann.

Standfoto Aufnahme, die der Standfotograf am Drehort gemacht hat. S. geben eine Analogie zum Filmbild, sind ihm aber in der Komposition nicht exakt äquivalent. Die photographische Qualität ist deutlich besser als die des →Standbildes, da der Photograph auf Material mit größerer Fläche (selbst ein Kleinbildfilm hat die doppelte Fläche eines 35-mm-Filmes) des Negativs und eventuell höherer Empfindlichkeit zurückgreifen kann und in den Belichtungszeiten variabel ist. S. versuchen, entscheidende Momente der Szene festzuhalten, und benutzen entsprechend eigene, abweichende Stilisierungen, um diesen Eindruck zu erreichen. Sie kommen in Vorberichten und der Werbung für den Film zum Einsatz und werden auch als Aushangfotos verwendet.

Standvergrößerung Abbildung, die direkt aus dem Filmmaterial kopiert wurde.

Star Mit der Abwerbung der beim Publikum als Biograph Girl bekannten Florence Lawrence durch den unabhängigen Produzenten Carl Laemmle begann eine Entwicklung, die schon vor 1920 zum Starsystem in Hollywood führte: die bis dahin ungenannten Darsteller wurden prominent in der Werbung herausgestellt und wurden zum wesentlichen Faktor in der Werbung – mit der Folge, daß ihr Honorar und ihr Einfluß auf den Film enorm anstiegen. Die Bedeutung der S. für den Film blieb intakt, solange das arbeitsteilige Studiosystem existierte, also bis in die 50er Jahre. Danach änderte sich die Produktionsweise einschneidend, der Regisseur gewann mehr Macht, die Film-S. hatten zudem neue Konkurrenz in Rock- und Fernsehidolen zu gewärtigen.

Ein S. muß nicht notwendigerweise ein guter Schauspieler, eine gute Schauspielerin sein bzw. die Fähigkeit besitzen, verschiedene Charaktere zu verkörpern. Wichtiger für die Starqualität ist die Fähigkeit, in den Rollen Träume zu binden und zu befriedigen, nicht zuletzt erotischen Phantasien zu entsprechen. Folglich entsprechen S. Stereotypen und variieren sie in der Folge ihrer Filme.

S. wurden gemacht, von den Studios (von denen jedes gerne «more stars than in heaven» unter Vertrag gehabt hätte) und mehr noch vom Publikum. Zum S. taugte, wer nicht nur berühmt, sondern auch begehrt war. Die Internationalität in der Bewunderung ist ein weiteres Kennzeichen des S., strenggenommen können sie keine lokalen Größen sein, außer vielleicht in den USA, die mit der Dominanz Hollywoods in der Weltkinematographie eine besondere Stellung gewannen. Die italienischen Diven des frühen Stummfilmes sind insofern kaum S. zu nennen, weil sie

Marlene Dietrich in *Der blaue Engel*, D 1930, R.: Josef von Sternberg

kaum internationale Reputation besaßen. Asta Nielsen, die mit ihren in Deutschland gedrehten Filmen reüssierte, wäre ein Beispiel für Starruhm, der noch ohne die Bestätigung Hollywoods auskam, aber bereits international bestand; Henny Porten, der erste deutsche S., eines für eine wesentlich nationale Starqualität.

Für die Industrie war die Möglichkeit, Filme mit den Darstellern anzupreisen, eine Möglichkeit, die Produkte unterscheidbar zu machen. Daraus entwickelte sich der Film, der vom S. dominiert, mit ihm identifiziert wurde: ein Garbo-Film, ein Valentino-Film. Wenn ein Darsteller so populär wurde, daß er für das Publikum die Filme prägte, war er zum S. geworden. Seine oder ihre Filme waren nun unterscheidbar von anderen Melodramen, von Western, von Krimis.

Die enge Bindung an die Zustimmung des Publikums, in gewisser Hinsicht auch die Abhängigkeit von ihm, macht es verständlich, daß nur wenige S. als solche (und nicht als bemerkenswerte Akteure) eine Karriere über Jahrzehnte hatten. Die öffentliche Person mußte im Äußeren wie im bekannten Lebenswandel dem Image entsprechen, durch das sie ihre Starqualitäten erreichte. Greta Garbo und Marlene Dietrich zogen sich im Alter ganz aus der Öffentlichkeit zurück – um ihr Bild nicht zu gefährden. In unglücklichen Fällen wird die Starqualität durch den frühen Tod zementiert: so bei Rudolf Valentino, James Dean, Jean Harlow, Marilyn Monroe.

Weil S. als öffentliche Personen nur denkbar sind, solange und sofern sie als Inkarnation der Wünsche des Publikums erscheinen können, gibt es Konjunkturen der jeweils bevorzugten Typen. Insbesondere Hollywood hat auf die verschiedenen soziologischen Bedingungen der amerikanischen Gesellschaft mit immer neuen Typen reagiert, von denen sich einige tatsächlich als Entsprechung für unterstellte Wünsche erwiesen. Gleiches kann aber auch vom nationalsozialistischen Film, bezogen auf eine national beschränkte Produktion, behauptet werden (Zarah Leander, Marika Rökk, Hans Albers).

Mit dem Ende des → Studiosystems ist auch das Starwesen einer einschneidenden Veränderung unterzogen worden. Die im öffentlichen Bewußtsein gewachsene Rolle des Regisseurs, die Konkurrenz des Fernsehens, der früher unbekannte Typus des Rockstars verringerten die Bedeutung des Filmstars. Es wäre heute schwer, in den 60er, 70er Jahren vergleichbar prägende Schauspieler zu finden, wie in den Jahrzehnten zuvor – ohne daß die Akteure unbedeutender geworden wären. In den 80er und 90er Jahren hat sich die Situation – allerdings wesentlich im amerikanischen Film – wiederum gewandelt: Schauspieler bekommen einen weit höheren Anteil der Produktionskosten als Gagen garantiert als in den Jahren zuvor. Es gibt wieder Filme, für die mit dem S. geworben wird: namentlich für → Action-Filme (mit Bruce Willis, Arnold Schwarzenegger u. a.). An ihnen aber vollzieht sich die Entwertung des S. auf sowohl drastische wie zunehmend selbstironische Weise: entsprechend der veränderten Publikumsstruktur sind Action-Helden vor allem S. für das Publikum bis zum Alter von zwanzig Jahren. Was einmal ein Phänomen der Sozialgeschichte war, hat sich nun partialisiert. (→ Schauspiel)

❑ Richard Dyer: Heavenly Bodies. Film and Stars and Society, London 1987

❑ R. D. MacCann: The Stars appear, Metuchen / New Jersey / New York 1992

❑ Edgar Morin: Les Stars, Paris 1984

❑ Enno Patalas: Stars. Geschichte der Filmidole, Frankfurt am Main 1967

Starsystem Ein nur in Hollywood (vor allem zwischen 1930 und 1945) erfolgreich praktiziertes, in anderen Ländern (z. B. im nationalsozialistischen Deutschland) kopiertes System, in dem fest an die großen Studios (→ Studiosystem) gebundene → Stars immer wieder in bestimmten Typen besetzt wurden. Die rigide Rollenfestlegung, die Publicity-Kampagnen und die Bindung an die Fans ermöglichten, die Schauspieler als zugkräftige Vehikel für die Filme zunächst aufzubauen und dann auszunutzen. Die Enge des S. beruhte auf der Kontrolle aller dem Image förderlichen Elemente; neben der schlichten Besetzung gemäß dem einmal kreierten und erfolgreichen Typ betraf dies auch das Privatleben: Skandale hatten zu unterbleiben, da diese die Zugkraft des mit seiner Imago identifizierten Stars zu unterminieren drohten. Mit dem Zerfall des Studiosystems hat das S. seine Bedeutung ebenfalls eingebüßt.

Startband Genormtes Filmband, das jede Filmrolle einleitet. Das S. enthält Kennzeichnungen, die das korrekte Einlegen des Films erlauben (Bildstrich), den Filmtitel und die Rollennummer.

Steadicam Mit diesem speziellen Traggerüst kann der Kameramann ohne weitere Hilfsmittel (Schienen, Wagen etc.) Bewegungsaufnahmen machen, ohne daß die für die →Handkamera bezeichnenden wackeligen Bilder entstehen. Ausgleichsgewichte und die Abfederung des Stativarms sorgen selbst bei Actionaufnahmen für eine ruhige Bewegung. Über einen Videomonitor kann der Kameramann die Aufnahme unabhängig vom Sucher kontrollieren. Steadicam wurde Anfang der 70er Jahre vom Kameramann Garrett Brown entwickelt. (K. H.)

Stereo Die Illusion einer räumlich korrekten Tonwiedergabe, fand zunächst als →Magnetton Verbreitung. Heute ist die übliche Wiedergabeform der →Lichtton.

Stiftung Deutsche Kinemathek Die Institution wurde 1963 als ein Verein gegründet, 1971 in die SDK umgewandelt. Die Sammlung von Filmen (auch ihr Verleih), von Fotos, Plakaten, Geräten, Drehbüchern etc. gehört zu ihren Aufgaben. Daneben ist die Organisation von →Retrospektiven und die Publikation von filmhistorischen Büchern ein zentraler Arbeitsbereich. Mit dem Erwerb des Marlene-Dietrich-Nachlasses (1994), des wohl umfänglichsten zusammenhängenden Bestandes aus der Hinterlassenschaft eines → Stars überhaupt, hat die SDK die bedeutendste Neuerwerbung der letzten Jahre bekommen; doch sind die Sammlungen, die ursprünglich auf Gerhard Lamprecht zurückgehen, beständig erweitert worden. Für 1998 ist die Eröffnung eines → Filmmuseums geplant, in dem die Objekte ständig ausgestellt werden können.

❑ Hans Helmut Prinzler: Die Stiftung Deutsche Kinemathek. In: SDK Newsletter, Nr. 1, 1991

Stills →Standfoto

Stock Shot Aufnahme, die für andere Filme gedreht wurde und in neuen Zusammenhang montiert wird. Neben der Verwendung in → Kompilationsfilmen, als Beleg oder historisches Zitat in Dokumentationen und Fernsehfeatures kommen S. S. auch in → Spielfilmen vor. Ihr Einsatz spart die Herstellung eigener Aufnahmen von exotischen Landschaften, Action- oder Massenszenen.

Stop Trick Ältester →Special Effect: hält man beim Drehen die Kamera an, kann man Objekte plötzlich verschwinden oder erscheinen lassen. Bereits Georges Méliès setzte 1896 einen solchen S. T. ein. In *Escamotage d'une Dame chez Robert-Houdin* (Verschwinden einer Dame nach Robert-Houdin) verwandelte er so eine Dame in ein Skelett. Bei der Stop Motion werden Modelle Einzelbild für Einzelbild animiert. Ein Spezialist dafür ist Ray Harryhausen. (K. H.)

❑ Eric Barnow: The Magician and the Cinema, New York / Oxford 1981

❑ Rolf Giesen: Special Effects. Die Tricks im Film. Vom Spiegeleffekt bis zur Computeranimation, Ebersberg 1985

Story In der formalistischen Theorie die erschlossene, nicht die präsentierte Geschichte des Films, in der die Ereignisse kausal und zeitlich verbunden aufeinanderfolgen. Die S. enthält gegenüber dem →Plot (der nur aus den gezeigten Ereignissen besteht) all jene Ergänzungen, die der Zuschauer durch Folgerungen selbst erschließt. Die S. ist daher vollständig;

demgegenüber ist der Plot die Ordnung, in der die Ereignisse in der Narration präsentiert werden, und bezogen auf die S. weist er Auslassungen auf. Demgegenüber ist die Erzählung (oder die Narration) ein Begriff, mit dem sich eine → Gattung von anderen aufgrund ihrer allgemeinen Organisationsprinzipien unterscheiden läßt (→ Spielfilm).

Storyboard Die Einstellungen eines ganzen Films (oder eines Teils von ihm), in skizzenhafter, bei Farbfilmen meist kolorierter Form gezeichnet. Das S. definiert Einstellungsgrößen, Kameraperspektiven, Positionen der Schauspieler. Seine Bedeutung ist unterschiedlich, nur wenige Regisseure behandeln es bereits als definitive Ideenskizze für den fertigen Film. Hitchcock, der selbst für seine Filme die S. zeichnete, blieb nah an diesen Skizzen. Meist dienen sie der Vorbereitung eines Films und enthalten auch Hinweise auf das Aussehen der zu bauenden Schauplätze. Production Designer wie Hein Heckroth haben mit ihren allerdings nur Teile des Films entwerfenden S. die späteren Filmbilder schon weitgehend definiert.

❑ Benoît Peeters, Jacques Faton, Phillipe de Pierpont: Storyboard. Le cinéma dessiné, Paris 1992

Straßenfilm Gruppe von Filmen der Weimarer Republik, die im wesentlichen auf den Straßen einer Großstadt spielen oder deren Dramaturgie von diesem Schauplatz mitbestimmt wird. Zu den wichtigsten S. zählen Karl Grunes *Die Straße* (1923), G. W. Pabsts *Die freudlose Gasse* (1925), Ernö Metzners *Polizeibericht Überfall* (1928) und Joe Mays *Asphalt* (1928/29). Vom → Kammerspielfilm übernimmt der S. die eingeschränkte, meist nicht mehr als drei Personen umfassende Figurenkonstellation und das Interesse für melodramatische, oft sozial gefärbte Konflikte. Er löst die Handlung jedoch aus dem engen Rahmen häuslicher Szenerien und öffnet der Kamera neue Spielräume. Um die – in den Studios nachgebauten – Straßen visuell eng mit den erzählten Geschichten zu verbinden, entwickeln die Kameraleute und Architekten komplexe Bewegungsstrategien: In *Sylvester* (D 1923, R.: Lupu Pick) bringt der Kameramann Guido Seeber zum ersten Mal in der deutschen Filmgeschichte einen frei auf Gummirädern rollenden Kamerawagen zum Einsatz, auf dem zusätzlich ein schwenkbarer Ausleger montiert ist. Für *Asphalt* entwirft der Filmarchitekt Erich Kettelhut Studiodekors, deren vielfältige perspektivische Verkürzungen in Verbindung mit wechselnden Kamerapositionen eine komplexe, weit über den Umfang der tatsächlich errichteten Bauten hinausgehende Großstadtarchitektur suggerieren.

Die Mobilität der Kamera im S. dient – anders als etwa bei den an zeitlichen Abläufen orientierten amerikanischen → Road Movies – vorrangig der Inszenierung des Raumes. Den Figuren wird letztlich ein eng umgrenztes Spielfeld zugewiesen, die Flucht etwa aus der Stadt hinaus ist in den Drehbüchern nicht vorgesehen. Die Geschlossenheit der Studioatmosphäre bleibt in allen diesen Filmen spürbar, sie wird durch extreme, vom → expressionistischen Film entlehnte Licht-und-Schatten-Effekte betont.

Wie in den ihnen verwandten Kammerspielfilmen geht es in den S. um

Storyboard zu *The Birds* (Die Vögel), USA 1963, R.: Alfred Hitchcock

Schicksalhaftes, den Blick auf ferne Horizonte eröffnen sie nicht. (M. E.)

❑ Willy Haas: Nächtliche Großstadtstraßen im Film (1924). In Wolfgang Jacobsen, Karl Prümm, Benno Wenz (Hg.): Willy Haas – Der Kritiker als Mitproduzent. Texte zum Film 1920–1933, Berlin 1991

❑ Michael Esser (Red.): Gleißende Schatten. Kamerapioniere der zwanziger Jahre, Berlin 1994

Stroboskopischer Effekt Das menschliche Auge besitzt eine gewisse Trägheit der Netzhaut; die visuellen Reize dauern in ihrem Effekt auf sie an. Werden dem Auge einzelne Reize diskontinuierlich angeboten (wie dies der Film tut, aber auch andere optische Verfahren vor ihm taten, wie das Lebensrad oder das Stroboskop, auch die Abblätterbücher), so erscheinen sie, eine bestimmte Mindestfrequenz vorausgesetzt, dem Betrachter als eine kontinuierliche Folge. Die große Ähnlichkeit der Phasenbilder des Films untereinander bewirkt nur minimal differente Reizungen der Netzhautregionen, was dazu führt, daß diese Phasenbilder bei einer Projektion ab etwa 16 Bildern pro Sekunde als kontinuierliche Bewegung wahrgenommen werden. Allerdings stellt sich bei dieser Frequenz noch ein irritierender Effekt ein, weil schnelle Bewegungen verwischt erscheinen. Mit der Einführung des Tonfilmes wurden 24 Bilder pro Sekunde projiziert, im Fernsehen 25 Bilder pro Sekunde übertragen. (→Nachbildeffekt)

Studio Gebäude, das für Filmaufnahmen gebaut wurde und über alle Bedingungen verfügt, die für eine Produktion notwendig sind. Ein S. steht am Beginn der Filmgeschichte: in der Black Maria Edisons wurden ab 1893 kurze Streifen für das →Kinetoskop aufgenommen. Die Black Maria war rundum gegen Lichteinfall abgedichtet, nur durch das bewegliche Dach fiel Sonnenlicht auf die Darsteller, die in kurzen Szenen vor schwarzem Hintergrund aufgenommen wurden.

Die ersten regulären Filmstudios, in denen für die öffentliche Projektion gespielte Szenen aufgenommen wurden, waren Glasateliers, in denen bei Bedarf das einfallende Licht mit Deckenvorhängen gedämpft werden konnte. Die geringe Lichtempfindlichkeit des Materials forderte diese Architektur. In Deutschland entstanden solche S. zum Beispiel auf Dächern der Friedrichstraße in Berlin, später (1912) baute Seeber in Babelsberg sein erstes S. vor den Toren der Stadt. Die Entwicklung von hellen Lampen ermöglichte es, Aufnahmen auch ohne Sonnenlicht im S. herzustellen. In den USA beeinflußte das schon früh die Architektur: die Glasateliers wichen rundum abgedunkelten Bauten. In Deutschland war das bedeutendste, ganz auf Kunstlicht eingestellte S. die Große Aufnahmehalle der →Ufa in Babelsberg, die 1926 eingeweiht wurde. 123 Meter lang, 56 Meter breit, 14 Meter hoch, war sie das seinerzeit größte Atelier in Europa.

Die Stummfilmstudios waren gegen Schall unzulänglich abgedichtet, ihre Akustik nicht auf Tonaufnahmen ausgelegt. Die Anforderungen des Tonfilms zwangen daher zu Veränderungen der Architektur. Die Ufa baute 1930 mit dem Tonkreuz in Babelsberg das erste ganz auf die Forderungen des neuen Films eingestellte S.

Aufnahmen im S. sind besser kontrollierbar als Außenaufnahmen, das Team ist weder vom Wetter abhängig, noch kann es von Passanten belästigt werden. Im S. läßt sich jeder Schauplatz aufbauen (wenn man ihm meist auch ansieht, daß er aufgebaut wurde).

S. meint auch: Das gesamte Gelände einer Filmfirma, mit den darauf befindlichen Bauten, den Flächen für Außenaufnahmen und allen anderen Gebäuden. Studio Babelsberg bezeichnet in diesem Sinne das Gesamtgelände, das ab 1912 erschlossen wurde, dann von der Ufa, später der → DEFA, heute der Studio Babelsberg GmbH genutzt wird. Die berühmtesten S. sind die Gelände der großen Hollywood-Firmen.

S. ist auch die Bezeichnung für den Konzern selbst, vor allem angewendet auf die Studios Hollywoods (→ Majors).

- ❑ Wolfgang Jacobsen (Hg): Babelsberg. Ein Filmstudio 1912–1992, Berlin 1992
- ❑ Claudia Dillmann-Kühn: Arthur Brauner und die CCC. Filmgeschäft, Produktionsalltag, Studiogeschichte 1946–1990, Frankfurt am Main 1990
- ❑ Das zweite Leben der Filmstadt Babelsberg – DEFA-Spielfilme 1946–1992, Berlin 1994

Studiosystem Die Organisationsform der amerikanischen Filmindustrie von den 20er bis zu den späten 50er Jahren. In dieser Ära konzentrierten die marktbeherrschenden → Studios Herstellung, Verleih und Vorführung der Filme unter einem Dach und kontrollierten jeden Schritt, den die Ware Film auf dem Weg von der Planung bis zum Zuschauer durchlief. Diese spezifische industrielle Infrastruktur war die Grundlage des wirtschaftlichen Erfolges. Doch nicht die prestigeträchtige Produktionsseite warf den größten Gewinn ab, sondern die weniger im Rampenlicht des öffentlichen Interesses stehende Verleihtätigkeit. Die → Majors hatten umfangreiche nationale und internationale Verleihnetze aufgebaut, über die Verträge mit den Theatern geschlossen wurden und über die auch kleinere Studios und unabhängige Produzenten ihre Produkte in die Kinos bringen mußten. Die fünf größten Studios (→ Paramount, → MGM, → Warner Bros., → Twentieth Century Fox, → RKO) besaßen zudem eine Vielzahl eigener Kinos, zu denen vor allem Häuser mit großer Kapazität in den Großstädten gehörten. Aber auch die kleineren Studios → Universal und → Columbia sowie die Verleihfirma → United Artists waren – wie die übrigen Produzenten – bei der Auswertung ihrer Prestigefilme auf die großen Kinos im Besitz der sogenannten Big Five angewiesen, denn nur diese Erstverwertungshäuser versprachen, die hohen Produktionskosten wieder einzuspielen.

Die großen Studios gingen aus dem Zusammenschluß kleinerer Produktionsfirmen, Verleiher und Besitzer von Kinoketten nach dem Ersten Weltkrieg hervor. Oberstes Gebot war die wirtschaftliche Rentabilität. Film war eine Ware, deren Herstellung nun industrialisiert wurde. Diese Produktionsweise führte zu einer fortschreitenden Arbeitsteilung, die ein hochgradig spezialisiertes Personal hervorbrachte. Es entstanden verschiedene Fachabteilungen, die für das → Drehbuch, die → Inszenierung, die → Fotografie, die Bauten, die Kostüme, die Musik und den → Schnitt verantwortlich waren. Film wurde zum Produkt eines kollektiven Schaffensprozesses. Überwacht wurde dieser Vorgang von den → Produzenten, die die Drehbücher auswählten, das Budget erstellten, die Schauspieler und den technischen Stab besetzten. Die Standardisierung des Produktionsprozesses etablierte →Genres mit feststehenden Konventionen. Die einzelnen Studios bevorzugten bestimmte Stoffe und entwickelten eigene stilistische Vorlieben. So dominierten etwa in den 30er Jahren bei MGM hell ausgeleuchtete Gesellschaftsdramen und Komödien, während Warner Bros. überwiegend realistische, urbane →Gangster- und Zeitungsfilme mit kontrast- und schattenreicher Fotografie produzierte. Columbia und Universal hingegen lieferten in erster Linie Konfektionsware für den Bedarf kleinerer Kinos, deren Programm aus Genrefilmen und →Serials bestand. Als Folge der wirtschaftlichen Depression war es in diesen Kinos seit Mitte der 30er Jahre üblich, zwei Filme in einer Double-Bill-Vorstellung zu kombinieren, für die der Zuschauer jedoch nur den einfachen Preis zahlte. Diese Gepflogenheit sorgte für einen quantitativ großen Bedarf an Filmen. Während der chronologisch erste und zugleich auf den Plakaten zuoberst stehende Film (→A-Picture) des Programms zumeist aus dem Hause eines der großen Studios stammte, wurde der zweite, auf der unteren Plakathälfte plazierte Film (→B-Picture) in der Regel von Columbia oder Universal produziert. Mit kostengünstig produzierten Genrefilmen konnte man einen schmalen, aber nahezu risikolosen Profit erzielen. Diese Aussicht lockte bald einige kleine, neue Studios, auf diesem Markt ihr Glück zu versuchen. Republic, Monogram und einigen anderen gelang es, in der Nische der B-Picture-Produktion Fuß zu fassen und fortan das Poverty Row genannte Unterhaus der Hollywood-Studios zu bilden.

Das integrierte System, dessen monopolistische und planwirtschaftliche Tendenzen den Prinzipien eines freien Wettbewerbes und der Chancengleichheit Hohn sprachen, war der amerikanischen Regierung schon lange ein Dorn im Auge gewesen. Nach dem Zweiten Weltkrieg wurden die Bemühungen um eine Entflechtung der großen Studiokartelle verstärkt. Die juristischen Anstrengungen richteten sich zunächst gegen die Theaterketten im Besitz der Studios. Gängige Geschäftspraktiken wie Block Booking und Blind Bidding, die selbständige Kinobesitzer verpflichteten, unbesehen einen ganzen Stoß von Filmen abzunehmen, sollten Kontrakten der Studios mit einzelnen Theatern über bestimmte Filme weichen. Dies bedeutete für die Studios eine elementare Gefährdung ihrer wirtschaftlichen Basis, die auf dem Prinzip eines stabilen und berechenbaren Absatzmarktes für standardisierte Produkte beruhte. Allein dieser Markt gewährte jene stetigen Einnahmen, die es den Studios erlaubte, einen personalintensiven und kostenaufwendigen Produktionsapparat zu unterhalten. Als Ergebnis der Antitrustklage der Regierung erließ der Oberste Gerichtshof 1948 mit dem Paramounturteil – Paramount führte die Liste der beklagten Studios an – schließlich eine Verfügung, die die Studios zwang, sich sukzessive von ihren Theaterketten zu trennen und auf die bislang gebräuchlichen Geschäftsusancen zu verzichten.

Das Urteil besiegelte das Schicksal des S.: Ende der 50er Jahre waren auch die letzten Studios in mächtigen Medienkonzernen aufgegangen. (R. M.)

***The Gold Rush* (Goldrausch), USA 1925, R.: Charles Chaplin**

- David Bordwell, Janet Staiger, Kristin Thompson: The Classical Hollywood Cinema. Film Style and Mode of Production to 1960, New York 1985
- David Gomery: The Hollywood Studio System, New York 1986
- Ethan Mordden: The Hollywood Studios, New York 1987
- Thomas Schatz: The Genius of the System. Hollywood Filmmaking in the Studio Era, New York 1988

Stummfilm Von den Anfängen des Films (1895) bis zum Ende der 20er Jahre (Einführung des →Tonfilms mit der links neben dem Bild verlaufenden →Lichttonspur) wurden die Bildkader bei der Filmaufnahme als →Vollbild belichtet (→Filmformate). Rückblickend werden die ersten drei Jahrzehnte der Filmgeschichte als S.-Zeit bezeichnet. Die sog. S. wurden indes stets mit Ton gezeigt: Der auf den Kopien fehlende Ton wurde in den Kinos separat dargeboten durch Musik von Musikmaschinen (Phonograph, Grammophon, Elektrola, Harmonium u. a.) oder Live-Musik (Pianist, Kinoorchester) sowie durch Geräuschemacher und Filmerklärer, die die Filme unterhaltsam oder belehrend kommentierten. Sprachliche Hinweise sowie die Dialoge in den Spielfilmen wurden dem Publikum ab 1907 zunehmend durch Einfügung von →Zwischentiteln mitgeteilt. Ästhetisch dominierte im S. eindeutig das bewegte Bild. Bis Mitte der 20er Jahre wurden die in der Regel schwarzweiß gedrehten S. fürs Kino nachträglich durch →Virage und / oder →Tonung eingefärbt bzw. per Hand oder mit Hilfe von Schablonen koloriert (→Kolorierung).

1895 bis 1903 zeigten die kaum mehr als zwei Minuten langen Filme vor allem →Aktualitäten und lustige Sketche; sie wurden zu Programmen von 15 bis 30 Minuten zusammengefaßt und auf Gewerbeausstellungen, auf Jahrmärkten oder in Varietés gezeigt. 1904 bis 1910 war die Periode der Nickelodeons (in Deutschland →Kintopp oder →Ladenkino genannt): Aus Kurzfilmen der verschiedensten Genres und Sparten wurde ein buntes Potpourri von ein- bis zweistündigen Nummernprogrammen komponiert, die bereits sogenannte Schlagerfilme von 10 bis 15 Minuten Länge enthielten; Hauptlieferanten der Nummernprogramme waren die französischen Weltmarktführer →Pathé und Gaumont. Ab 1911 wurde mit dem →Starsystem und dem Bau von Kinopalästen auch der lange →Spielfilm eingeführt. Im Ersten Weltkrieg etablierte sich der abendfüllende Spielfilm mit Vorprogramm (→Werbefilm, →Wochenschau, →Kurzfilm) als der bis heute gültige Standard des Kinoprogramms; zugleich erlangte →Hollywood seine marktbeherrschende Stellung. Ästhetisch innovativ waren in der Nachkriegszeit vor allem der sowjetische →Revolutionsfilm (→Montage) und der sog. →expressionistische Film in Deutschland (→Entfesselte Kamera). In Nordamerika und Europa wurde der S. in dem 20er Jahren endgültig zum wichtigsten Massenmedium. Sein Ende kam überraschend. Es kündigte sich weder ästhetisch noch geschäftlich an: Die Kinos waren gut besucht, das Publikum empfand die fehlenden Sprachdialoge nicht als Mangel. Die neuen Technologien Ton- und Farbfilm standen zwar bereit, stießen jedoch nicht auf kommerzielles Interesse. Da brachten die vom Konkurs bedrohten →Warner Bros. den Tonfilm *The Jazz Singer* (Der Jazzsänger, USA 1927, R.: Alan Crossland) mit dem Music-Hall-Star Al Jolson heraus: Der phänomenale Erfolg bewog die konkurrierenden Major Companies in Hollywood zum raschen Umsteigen auf den Tonfilm – gegen den Widerstand von Regisseuren, Schauspielern, Kameramännern, Kinomusikern und Teilen des Publikums.

Die Überlieferung umfaßt in den privatkapitalistischen Wirtschaften Nordamerikas und Europas weniger als 50%, oft nur 10 bis 20% der produzierten S. Von der staatlich betriebenen Produktion der Sowjetunion sind über 80% erhalten, in den Produktionsländern Südamerikas, Afrikas und Asiens ist oft nicht einmal 1% überliefert. Der Großteil der Filme fiel, spätestens nach Einführung des Tonfilms, kommerziell motivierten Vernichtungsaktionen zum Opfer. Filmkopien, die seinerzeit verschont blieben, fielen später, zumal bei unsachgemäßer Lagerung, meist der chemischen Zersetzung des →Nitrofilms anheim. Das Auffinden, Erhalten und Wiederherstellen der übriggebliebenen Stummfilme ist vordringliche Aufgabe der →Filmarchive (→Filmrestaurierung). (M. L.)

- 1895. Hg.: Association française de recherche sur l'histoire du cinéma, Paris 1990 ff
- Griffithiana. Hg.: Cineteca del Friuli, Gemona 1978 ff.
- Journal of Film Preservation. Hg.: Féderation Internationale des Archives du Film (FIAF), Brüssel 1961 ff.
- KINtop. Jahrbuch zur Erforschung des frühen Films, Basel / Frankfurt am Main 1992 ff.

Stunt Szenen, in denen Darsteller ersetzt werden, da ihnen bestimmte physische Leistungen nicht zugemutet werden können oder sollen. Während etwa Buster Keaton, Harold Lloyd und Harry Piel Aktionen, die für ihre Gesundheit eine Bedrohung darstellten, oft selbst durchführten, ist der Ersatz des handelnden Darstellers in riskanter Situation durch einen für solche Fälle geschulten Spezialisten (Double) heute ein integraler Bestandteil des Filmgeschäfts. Immer mehr Filme, vor allem solche aus dem US-amerikanischen Raum, kommen ohne S. nicht aus. Dazu gehören allein aufgrund ihrer Sujets die meisten → Abenteuer- und → Action-Filme, Kriegsfilme und → Western. Sorgfältige Vorbereitung, möglichst präzise und somit risikolose Durchführung sind Voraussetzungen für das Gelingen der Arbeit (Stunt Arrangement). Besonders aufwendige und aufgrund hoher Kosten kaum wiederholbare S. werden zur Absicherung häufig gleich mit mehreren Kameras, oft auch von einem eigenständig arbeitenden Kamerateam (→ Second Unit) gefilmt. Die Ausführenden der gefährlichen Aktionen gehören zu den sehr gut bezahlten und sehr hoch pflichtversicherten Arbeitern in einem Metier, das noch immer erheblich mehr Männer als Frauen beschäftigt. Der deutsche Begriff für den Stunt Man war Kaskadeur (französisch Cascadeur). (R. A.)

- ❑ John Baxter: Stunt. The Story of the Great Movie Stunt Men, London 1973
- ❑ Odilon Cabat, Jacques Lévy: Les Cascadeurs. 50 ans de cinéma héroique, Paris 1967
- ❑ Audrey Scott: I Was a Hollywood Stunt Girl, Philadelphia 1969
- ❑ Arthur Wise, Derek Ware: Stunting in the Cinema, London 1973

Subjektive Kamera Kameraposition, die suggeriert, vom exakten Standpunkt eines Protagonisten aufgenommen worden zu sein. Einzelne Einstellungen mit S. K. sind nicht ungewöhnlich, behalten aber immer etwas Auffälliges. Strikt subjektive Aufnahmen durchbrechen die meist gewahrte Zuschauerposition des allwissenden, aber unbemerkten Beobachters (→ Schuß-Gegenschuß-Verfahren). Sie bewirken eine partielle Identifikation mit der Figur, deren Perspektive eingenommen wird, und sind geeignet, Ungewißheit und Bedrohung der Figur wiederzugeben. Robert Montgomerys *The Lady in the Lake* (Die Dame im See, USA 1946), der ausschließlich mit subjektiver Kameraperspektive gefilmt erscheint, gewinnt solche Effektivität gerade durch die fortdauernde S. K. nicht. (→ Point-of-View-Shot)

Subtraktive Farbverfahren Filmmaterial, das Farbstoffe enthält (→ Agfacolor, → Eastman Color), die bei der Vorführung bestimmte Anteile des weißen Projektionslichtes absorbieren. Sie subtrahieren Anteile des Spektrums. Alle modernen Farbverfahren beruhen darauf. (→ Additive Farbverfahren)

Supporting Actor → Nebendarsteller

Surrealistischer Film Deutliche Auswirkungen hatte die surrealistische Bewegung auf viele Künste und Künstler; vor allem der avantgardistische Film in Frankreich erhielt in den 20er Jahren von ihr Impulse. Jedoch sind es vor allem die beiden von Luis Buñuel (in Zusammenarbeit mit Salvador Dalí) realisierten Filme *Un chien andalou* (Der andalusische Hund, F 1928) und

L'age d'or (Das goldene Zeitalter, F 1930), die als S. F. par excellence gelten. Die von Buñuel auch später praktizierte Aushöhlung einer narrativen Logik durch Bilderfindungen, die wie vom Unterbewußtsein eingegeben wirken, hat im →Experimentalfilm vereinzelt Nachahmung gefunden, doch kann von einer dem literarischen oder malerischen Surrealismus vergleichbaren Bewegung im Film nicht gesprochen werden.

❑ Yasha David: ¿Buñuel! Auge des Jahrhunderts, Bonn 1994

Suspense Eine Spannung, die sich aus dem Wissen des Zuschauers speist. Gegenüber der Hauptfigur des Films verfügt er über mehr Informationen, er weiß, was sogleich geschehen wird – oder geschehen könnte, wenn die noch unwissende Hauptfigur nicht reagiert. Der Spannungsaufbau bewirkt für den Zuschauer das Gegenteil von Überraschung und bindet ihn entsprechend stärker an die Konflikte der Handlung (→Thriller).

Synchronisation Nachträgliches Herstellen von fremdsprachigen Fassungen eines Tonfilms. War bei einer internationalen Auswertung von →Stummfilmen lediglich ein Tausch der originalen Zwischentitel gegen solche in der Sprache des Importlandes notwendig, so mußten nach der Einführung des →Tonfilms andere Lösungen gefunden werden. In der Zeit des Umbruchs vom Stumm- zum Tonfilm war die S. von Stimmen dabei nur *eine* gebräuchliche (und relativ kostengünstige) Variante unter mehreren im Umgang mit der Neuheit des Tonfilms. Von Beginn an waren die Verfahren von S., Untertitelung und → Versionen gleichermaßen Kritik und Zustimmung ausgesetzt. S., «Nachsprechen», wie es noch 1930 genannt wird, die heute besonders in Deutschland (sowie Österreich, Spanien und Italien) gängige Bearbeitung der Tonebene bei importierten Filmen, verändert diese stets entscheidend – bis hin zur Verfälschung. Die Beispiele dafür sind Legende, eines der bekanntesten ist die (gegenüber der Originalfassung zudem um mehr als 20 Minuten gekürzte) deutsche Synchronfassung von *Casablanca* (USA 1942, R.: Michael Curtiz) aus dem Jahre 1951, in der die Dialoge eine ganz neue Geschichte erzählen: Es fehlen sämtliche Bezüge zum Nationalsozialismus und zum Vichy-Regime. Wo es um politische oder geschmackliche Rücksichtnahmen geht, läßt sich →Zensur durch S. besonders häufig nachweisen. Ein eigenes Problem stellt bei der S. der Umgang mit Originalmusik und -geräuschen dar, die aus technischen Gründen häufig nicht unverändert bleiben können. In der Schweiz, den Beneluxländern, Skandinavien und in Frankreich ist die Zahl der nachsynchronisierten Importfilme geringer als die der in Originalfassung eingeführten (und dann oft untertitelten) Kopien – freilich aus unterschiedlichen, ökonomischen und kulturellen, Gründen. In den USA und in Großbritannien finden sich in den Kinos und im Fernsehen so gut wie keine synchronisierten Filme.

S. betrifft nicht allein fremdsprachige Filme. Es können auch Filme ganz oder teilweise in der Sprache des Herstellerlandes synchronisiert werden. Eine weitere Möglichkeit besteht darin, Filme oder bestimmte Passagen darin stumm zu drehen, um diese anschließend mit Synchronton zu unterlegen; auch kommt es vor, daß bestimmte Figuren der Handlung mit einer anderen Stimme nachsynchronisiert werden – so etwa bei mehrsprachigen Originalfassungen, die einsprachig eingeebnet werden, und in Fällen, wo Sprache oder Sprechweise eines Darstellers von Regie oder Produktion als unpassend angesehen werden. (R. A.)

- ❑ Jorge Luis Borges: Über die Synchronisation. In: Filmkritik, H. 9, September 1980
- ❑ Joseph Garncarz: Filmfassungen. Eine Theorie signifikanter Filmvariation, Frankfurt am Main u. a. 1992
- ❑ W. Grau: Die Nachsynchronisation von Filmen – eine künstlerisch-technische Gemeinschaftsarbeit. In: Kino-Technik, Hefte 10–12, 1966
- ❑ Ginette Vincendeau: Hollywood Babel. The Coming of Sound and the Multiple Language Versions. In: Screen, Nr. 2, 1988
- ❑ Candace Whitman-Linsen: Through the dubbing glass. The Synchronization of American Motion Pictures into German, French and Spanish, Frankfurt am Main 1992
- ❑ Hans Wollenberg (Hg.): Der Tonfilm – Grundlagen und Praxis seiner Aufnahme und Wiedergabe, Berlin 1932

Szene Handlungseinheit eines Spielfilms, (meist) an einem Ort spielend und zeitlich kontinuierlich wiedergegeben. Im Gegensatz zur → Plansequenz wird die Handlungseinheit bei der Filmproduktion in der Regel weder räumlich noch zeitlich kontinuierlich abgebildet; entscheidend ist der Effekt für den Zuschauer, dem die S. als eine zeitlich kontinuierliche und vollständige Wiedergabe des Geschehens aus räumlich differierenden Perspektiven erscheint. Die beliebig zahlreichen → Einstellungen, mit denen jede S. realisiert wird, brechen die räumlich kontinuierliche Abbildung auf; doch ist die Verknüpfung durch den Schnitt auf die Präsentation der Fragmente als eines in sich vollständigen und zeitlich lückenlosen Ganzen gestellt. Die Einheit des Ortes wird in S., die eine Bewegung einer Figur zeitlich vollständig und kontinuierlich abbilden, als Definitionsmerkmal aufgegeben, doch ist ein solcher Fall selten. Zeitliche Diskontinuität unterbricht die Einheit der Szene. Ist bei gleichbleibendem Handlungsort ein Vorher – Nachher gezeigt, so unterbricht ein Schnitt die Kohärenz; eine Ellipse tritt zwischen zwei S. Ein Beispiel ist das Einschlafen eines Protagonisten und sein (späteres) Erwachen. (→ Sequenz)

Szenenauflösung Gliederung einer einheitlichen, an einem Ort kontinuierlich ablaufenden Handlung in verschiedene → Einstellungen, die aus unterschiedlichen Perspektiven und Distanzen das Geschehen fragmentiert repräsentieren.

T t

Take Ungeschnittene Aufnahme der Szenerie vor der Kamera (→Einstellung), die meist in mehreren Versionen aus der identischen Perspektive, durch die →Klappe numeriert, vorliegt. Von den verschiedenen T. einer Einstellung, die aufgenommen wurden, um die beste Darstellung zu erreichen, werden nur einige zur endgültigen Auswahl kopiert.

Technicolor Zwischen 1917 und 1978 gebräuchliche Bezeichnung für fünf Verfahren des 1915 in Boston, Massachusetts, von den Ingenieuren Comstock, Kalmus und Wescott gegründeten Unternehmens Technicolor Motion Picture Corp. (später Technicolor Inc.) zur Aufnahme, Wiedergabe und Kopierung zwei- oder dreifarbiger Filme. *The Gulf Between* (USA 1917 / 18, R.: Wray Physioc) war der erste, noch im zweifarbigen T.-Prozeß gedrehte Film, doch die eigentliche Blütezeit von T. begann Anfang der 30er Jahre mit Einführung des dreifarbigen Druckverfahrens, das den mit einer Spezialkamera gedrehten Filmen eine unübertroffene Farbigkeit verlieh. Mit dieser bis 1952 gebauten Kamera entstanden T.-Erfolgsfilme wie *Gone with the Wind* (Vom Winde verweht, USA 1939, R.: Victor Fleming), *The Thief of Baghdad* (Der Dieb von Bagdad, GB / USA 1940, R.: Michael Powell, Ludwig Berger,

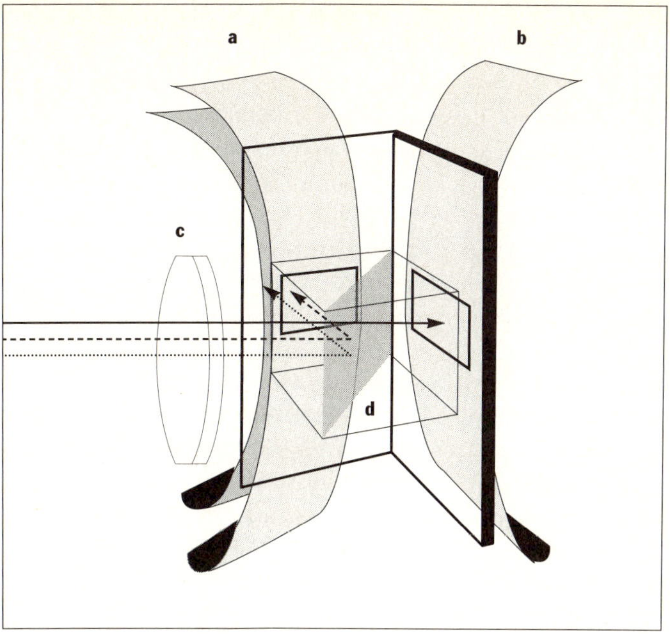

a. Bipack mit für Rot (unten) und Blau empfindlichen Film
b. Für Grün empfindlicher Film
c. Objektiv
d. Prisma mit teildurchlässigem Spiegel

Tim Whelan), *Henry V.* (Heinrich V., GB 1944, R.: Lawrence Olivier), *The Red Shoes* (Die roten Schuhe, GB 1948, R.: Michael Powell, Emeric Pressburger), *Three Godfathers* (Spuren im Sand, USA 1948, R.: John Ford), *An American in Paris* (Ein Amerikaner in Paris, USA 1951, R.: Vincente Minnelli) und *The Greatest Show on Earth* (Die größte Schau der Welt, USA 1952, R.: Cecil B. DeMille). Ab Anfang der 50er Jahre stellte T. seine Laboratorien auf die Entwicklung eigener und die Weiterverarbeitung bereits entwickelter fremder Farbnegativfilme um (die sich durch die Kennzeichnung Print by Technicolor im Vorspann von den echten T.-Filmen mit der Kennzeichnung Color by Technicolor unterscheiden lassen). Der letzte im T.-Druckprozeß hergestellte US-Film war *Jaws II* (Der weiße Hai II, USA 1978, R.: Jeannot Szwarc) – danach wurde das einzige noch vorhandene T.-Labor in Harmondsworth demontiert und nach Peking verkauft, wo es bis heute noch in Betrieb ist. (A. P.)

❑ Fred E. Basten: Glorious Technicolor – The Movies' Magic Rainbow, London 1980
❑ Richard W. Haines: Technicolor Movies – The History of Dye Transfer Printing, North Carolina / London 1993
❑ Herbert T. u. Eleonore King Kalmus: Mr. Technicolor, Abecon N. J. 1993
❑ Gert Koshofer: Color – Die Farben des Films, Berlin 1988

Thriller Mit dem Thrill (etwa Erregung, Nervenkitzel), den diese Filme hervorrufen, wird das entscheidende Merkmal bezeichnet; der T. bildet nicht durch thematische Vorlieben allein ein → Genre, vielmehr nutzt er Genreformen (besonders des → Gangster- und → Spionagefilms) für die Durchführung seiner Story, die den Zuschauer stark emotional fesselt. Die Beteiligung des Zuschauers wird vor allem über zwei Elemente gesichert: Der T. verzichtet auf eine als besonders stark gekennzeichnete Hauptfigur, sondern führt ihn als Normalbürger ein. Für die kommenden Aufgaben ist diese Figur durch keinerlei professionelle Ausbildung vorbereitet – ihren Gegenspielern (Mördern, Spionen etc.) gegenüber erscheint sie im Nachteil: dies ist nicht ihre Welt, und die Spielregeln, an die sie sich bisher halten konnte, gelten nicht länger. Die sympathische, nicht zum Helden prädestinierte Figur erlebt in diesen Filmen permanent Situationen höchster Gefahr (für sich oder andere). Die Inszenierung setzt dabei auf → Suspense und bringt derart die Zuschauer in eine Position, aus der sie mit der Figur fiebern, weil sie über mehr Informationen als diese verfügen. Das Kino der Angst – wobei die Angst sowohl die mitfiebernden Zuschauer wie die Figur, die sie überwinden muß, trifft – bedarf für diese Intensität entwickelter Erzählformen, ein Mindestmaß an Identifikation mit der bedrohten Hauptfigur muß aufgebaut werden können, um das typische Miterleben zu realisieren. Eine der ersten Formen, in denen später vom T. genutzte Anteilnahme erreicht wurde, stellte die → Last Minute Rescue dar. Die starke emotionale Bindung an die Hauptfigur ist zudem erst durch die Großaufnahme möglich geworden, so daß sich die Vorformen des T. mit der Herausbildung dieser beiden filmischen Artikulationsmöglichkeiten etwa seit 1910 entwickeln. Es sind jedoch erst die 20er Jahre, die den ausgearbeiteten T. kennen; er ist das Werk Fritz Langs (*Dr. Mabuse, der Spieler*, D 1921), mehr als jedes anderen aber das von Alfred Hitchcock, der beginnend mit *The Lodger* (Der Mieter, GB 1926) fast ausschließlich Variationen des T. realisierte. Auch andere Regisseure zeigten sich mehrfach vom Genre herausgefordert, so Claude Chabrol (*Le Boucher*, Der Schlachter, F 1969; *Les Fantômes du Chapelier*, Die Phantome des Hutmachers, F 1982), Robert Siodmak (*The Spiral Staircase*, Die Wendeltreppe, USA 1945) und Constantin Costa-Gavras (der den Polit-T. mit *Z*, F / Algerien 1968, quasi erfand). Der T. ist jedoch kein Genre, das vor allem von Spezialisten bedient wird; sein Interesse an psychologischen Konflikten, das Spiel mit dem Zuschauer lassen es vergleichsweise offen gegenüber Konventionalisierungen bleiben, wovon schon die zahlreichen Klassifizierungen wie Psycho-T., Gothic-T. etc. zeugen. Berührungen mit anderen Genres sind unvermeidlich, da der T. weniger über eine Figurentypik (Detektiv, Westerner) noch über thematische Festlegungen (→ Science Fiction, → Horrorfilm) vorrangig definiert ist. *Whatever Happened to Baby Jane* (Was geschah wirklich mit Baby Jane, USA 1962, R.: Robert Aldrich), *The Night of the Hunter* (Die Nacht des Jägers, USA 1955, R.: Charles Laughton) nehmen Elemente des Horrorfilmes auf, ohne in ihn umzuschlagen.

Zentrales Element des T. ist das Verbrechen, das jedoch nicht als eine negative Erfolgsgeschichte (Gangsterfilm) oder als deren Antithese (Detektivfilm) behandelt wird, sondern in den Alltag der Hauptfiguren wie zufällig eintritt. Die Helden erleben den Zusammenbruch einer Normalität, die unter den neuen Bedingungen eine zweite, abgründigere Seite offenbart. Der Schrecken kann dabei aus dem engsten Umkreis kommen (*Gaslight*, Gaslicht, USA 1945, R.: George Cukor) oder in die Familie von außen einbrechen (*The Desperate Hours*, An einem Tag wie jeder andere, USA 1955, R.: William Wyler): er zerstört eine Lebensweise, die sich bisher keiner Gefährdung bewußt war. Der falsche Verdacht, der auf die Hauptfigur fällt (exemplarisch in *The Wrong Man*, Der falsche Mann, USA 1957, R.: Alfred Hitchcock); ihre Verfolgung durch die Polizei (fast mit parodistischem Unterton in *North by Northwest*, Der unsichtbare Dritte, USA 1959, R.: Alfred Hitchcock; deutlich ernster in *The Fugitive*, Auf der Flucht, USA 1993, R.: Andrew Davis); mindestens aber das Mißtrauen der Bürger gegenüber früher Unbescholtenen; schließlich die Notwendigkeit, das Verbrechen selbst aufzuklären, zwingen zur Aufgabe liebgewonnener Konventionen. Normalität, die in diesen Filmen preisgegeben werden muß, wenn die Hauptfigur überleben will, erscheint am Ende nur sehr bedingt erstrebenswert – im T. wird eine durchaus doppeldeutige Befreiung der Figur gegen ihren Willen erzwungen (*Cape Fear*, Kap der Angst, USA 1962, R.: Phil Kalsson). Neuere Beispiele betonen die Brüche in der Fassade, das Normale hat hier schon zu Beginn die Sprünge, die es zur Brutstätte des Schreckens selbst werden lassen (so in Scorseses → Remake von *Cape Fear*, USA 1991). Vor allem die erotischen T. der 80er und 90er Jahre (so *Fatal Attraction*, Eine verhängnisvolle Affäre, USA 1987, R.: Adrian Lyne) betonen diese Komponente.

❑ Charles Derry: The Suspense Thriller, Jefferson 1988

❑ Georg Seeßlen: Thriller. Kino der Angst, Marburg 1995

THX ist ein Qualitätsstandard, den sich Kinos selbst auferlegen, um ein optimales Kinoerlebnis zu sichern und weitestgehend das vom Regisseur beabsichtigte Bild und den von ihm geschaffenen Ton in der Vorführung zu garantieren. 1982 führte Lucasfilm Ltd., ein Unternehmen von George Lucas, das Label THX ein. Das System arbeitet mit einer speziellen Frequenzweiche, die die Töne nach Lautstärke und Höhe trennt. In erster Linie bezeichnet THX jedoch einen Anforderungskatalog an die Präsentation im Kino. Lucasfilm ist zum Teil schon bei der Planung eines Kinobaus beteiligt, um die optimale akustische Dimensionierung und Projektion zu erreichen. (K. H.)

Tiefenschärfe → Schärfentiefe

Titel → Abspann, → Vorspann, → Zwischentitel

Tobis Der zeitweilig wichtigste deutsche Filmkonzern neben der → Ufa; von den Nationalsozialisten ab 1937 als unmittelbares Instrument ihrer Propaganda eingesetzt. Aus der Tri-Ergon-Musik AG, einem Unternehmen, das sich der Entwicklung von Tonfilmverfahren widmet, geht am 30. 8. 1928 die Tonbild-Syndikat AG hervor. Diese schließt sich im Frühjahr 1929 mit der von den Elektrokonzernen Siemens und AEG gegründeten Klangfilm GmbH zusammen. In dem Firmenverbund, an dem auch niederländische Teilhaber beteiligt sind, ist die Klangfilm für die Fabrikation von Tonfilmapparaturen zuständig, während sich die Tonbild-Syndikat AG mit der Vergabe von Lizenzen und der Filmproduktion beschäftigt. Ihren ersten abendfüllenden Tonfilm stellt die Tonbild-Syndikat AG 1929 in einer Gemeinschaftsproduktion mit der Hamburg-Amerika-Schiffahrtslinie Hapag her: *Melodie der Welt* von Walther Ruttmann. Jedoch widmet sich die – am 29. Januar 1931 in T. Tonbild-Syndikat AG umbenannte – Gesellschaft zunächst weniger der Filmproduktion als dem Erwerb von Verleihfirmen und der Gründung von Subunternehmen. 1934 gehören zur T. fünf Tochtergesellschaften, darunter die ein Atelier in Johannisthal betreibende T. Ateliergesellschaft mbH; als Hauptanteilseigner verfügt die T. über die renommierten Filmverleihe NDLS / Syndikat, Rota-Film AG und Europa-Filmverleih-AG; 24 Produktionsfirmen arbeiten im Auftrag der T. Zwischen 1935 und 1937 übernimmt die auf Rechnung des nationalsozialistischen Staates agierende Cautio Treuhand GmbH alle im Besitz der niederländischen T. Matschappij NV befindlichen Aktien der T. Im November wird die T. Industrie GmbH, der Kern des Konzerns, in die T. Filmkunst GmbH umgewandelt, alleiniger Gesellschafter dieses Unternehmens ist die Cautio und damit der nationalsozialistische Staat. Im Sinn der NS-Filmpolitik verstärkt die T. ihre Produktionstätigkeit, die sich, wie aus Verlautbarungen hervorgeht, widerspruchslos an den Vorgaben des Propagandaministeriums orientiert: Ihren Auftraggebern liefert sie antisemitische Hetze (*Robert Koch, der Bekämpfer des Todes*, 1939, R.: Hans Steinhoff), erotischen Eskapismus mit La Jana (*Stern von Rio*, 1939 / 40, R.: Karl Anton), volkstümelnde Schwänke (*Krach im Vorderhaus*, 1941, R.: Paul Heidemann) und staatspolitisch wertvolle Heldengemälde (*Der große König*, 1944, R.: Veit Harlan). Die stille, nachdenkliche *Romanze in Moll*, 1942 / 43 von Helmut Käutner inszeniert, bleibt einsame Ausnahme. Ein charakteristischer, etwa von den Ufa-Produktionen unterscheidbarer Studiostil wird in den T.-Filmen nicht sichtbar. Nach der Niederlage des deutschen Faschismus verfällt das T.-Vermögen der alliierten Beschlagnahme, der Konzern wird liquidiert. (→ Nationalsozialistischer Film) (M. E.)

❑ Wolfgang Becker: Film und Herrschaft. Organisationsprinzipien und Organisationsstrukturen der nationalsozialistischen Filmpropaganda, Berlin 1973

Todd-AO-Verfahren →Breitwandverfahren, das für die Aufnahme 65-mm-Film, zur Vorführung 70-mm-Kopien (mit sechs →Magnettonspuren) benutzt. Die Aufnahmefrequenz lag bei den ersten mit dem Verfahren aufgenommenen Filmen bei 30 Bildern pro Sekunde, wurde jedoch bald wieder auf die üblichen 24 Bilder pro Sekunde reduziert. Das Verfahren, das auf Initiative von Mike Todd entwickelt wurde, arbeitet mit Optiken von der American Optical Co. und einer von Mitchell hergestellten Kamera. Dieses erste 70-mm-Filmformat der 50er Jahre besaß ein Seitenverhältnis von 2,2 : 1 und wurde auf eine stark gebogene Leinwand projiziert (was später wieder aufgegeben wurde). Die Filme zeichneten sich durch optische Brillanz und einen sehr guten Stereoton aus. Als Mike Todd 1958 bei einem Flugzeugabsturz starb, übernahm →Twentieth Century Fox die Rechte an dem Verfahren, mit dem bis 1970 Filme gedreht wurden.

- ❑ Gerd Koshofer: Zur Geschichte der Breitwandfilme, in: Helga Belach, Wolfgang Jacobsen (Hg.): Cinemascope, Berlin 1993
- ❑ Robert E. Carr, R. M. Hayes: Wide Screen Movies – A History and Filmography of Wide Gauge Filmmaking, Jefferson / London 1988

Tonaufzeichnung Schon in der Frühzeit der Kinematographie gab es Bestrebungen, dem projizierten Bild auch einen Ton hinzuzufügen. Messter, Gaumont und andere brachten erfolgreich Systeme zur synchronen Wiedergabe von Bild und Ton mit Hilfe von Grammophonen heraus. Mit dem Aufkommen längerer Filme um 1910 verschwanden die mit diesem Verfahren hergestellten «Tonbilder» wieder. Ende der 20er Jahre hatte dieser sogenannte Nadelton eine weitere kurze Blüte: Allgemein gilt *The Jazz Singer* (Der Jazzsänger, USA 1927, R.: Alan Crosland) als der Film, der weltweit den Durchbruch zum Tonfilm provozierte. Dieser Film wurde von →Warner Bros. im →Vitaphone-Verfahren produziert, das ebenfalls noch mit Schallplatten arbeitete. Durchgesetzt hat sich jedoch das →Lichttonverfahren. Hierbei werden Schallereignisse auf elektrischem Wege in Helligkeitsschwankungen umgewandelt, fotografisch auf Film gespeichert und als zusätzliche Spur neben das Bild kopiert. Im Kinoprojektor wird diese Abbildung des Schalls auf umgekehrtem Wege wieder hörbar gemacht. Der Vorteil gegenüber dem Nadeltonverfahren ist evident: Bild und Ton sind auf einem gemeinsamen Träger aufgezeichnet und dadurch zwangsweise synchronisiert.

Zur Aufnahme und Weiterbearbeitung (Schnitt, Mischung) des Tons wird seit ca. 1950 vorwiegend Magnetband verwendet, so daß das Lichttonverfahren heute nur noch im letzten Schritt der Produktion – der Herstellung der Kinokopien – zum Einsatz kommt. Auch im Kino gab es jedoch in den 50er und 60er Jahren eine →Magnetton-Periode: Auf zahlreiche Kopien im →Cinemascope-Format und auf alle 70-mm-Kopien wurden Magnettonspuren aufgebracht. Die Stereotöne dieser Kopien waren dem damaligen Stand der Lichttontechnik weit überlegen, aber anfällig gegen Störeinflüsse (Magnetfelder etc.). Die Weiterentwicklung der Lichttontechnik (→Dolby-System) hat den Qualitätsunterschied bei der Tonwiedergabe inzwischen wettgemacht, so daß kaum noch Magnettonkopien hergestellt werden (→ Tonfilm). (M. K.)

- ❑ Harald Jossé: Die Entstehung des Tonfilms, Freiburg / München 1984
- ❑ Johannes Webers: Bild und Ton – synchron, München 1976

Tonfilm Verfahren, bei dem aufgezeichnete kinematographische und akustische Informationen synchron reproduziert werden. Versuche, Bild und Ton parallel abzuspielen, werden seit Beginn der Kinematographie unternommen. Zu Beginn des 20. Jahrhunderts können sich zunächst Vorrichtungen durchsetzen, bei denen Grammophone und Projektoren auf mechanischem oder elektromechanischem Wege so miteinander verbunden sind, daß die für die Tonwiedergabe nötige gleichmäßige Wiedergabegeschwindigkeit des Grammophons auf den Filmprojektor übertragen wird. Zwischen 1904 und 1913 haben die auf solche Weise wiedergegebenen Tonbilder außerordentlichen Erfolg. Da die Aufnahmelänge jedoch durch die etwa fünf Minuten betragende Spieldauer der Schallplatte beschränkt ist, die Wiedergabequalität und die Lautstärke der mechanischen Trichtergrammophone eine Vorführung nur in kleinen Kinosälen erlauben, und zudem die Verbindung zwischen Projektor und Tonabspieler anfällig für Defekte ist, verschwinden die Tonbilder mit dem Aufkommen der abendfüllenden Spielfilme und der großen →Kinopaläste vom Markt. Die Entwicklung des T. wird jedoch weitergeführt; um 1920 konkurrieren zwei Verfahren miteinander: der von der französischen Firma Gaumont weiterentwickelte Nadeltonfilm und der Lichttonfilm, bei dem vor allem der in Berlin arbeitenden Erfindergruppe Hans Vogt, Joseph Masolle und Jo Engl (die sich 1922 unter dem Namen Triergon zusammenschließt) der Durchbruch gelingt. Beim Nadeltonfilm wird der Ton mittels einer elektromagnetischen Abtastvorrichtung von einer Schallplatte wiedergegeben; obwohl er sich im Prinzip nicht von den Tonbildern unterscheidet, erlaubt der Nadeltonfilm eine wesentlich verbesserte Tonqualität. Beim →Lichtton wird die Toninformation direkt neben den Bildkadern auf dem Film aufgezeichnet, wobei die vom Mikrophon erzeugten Wechselströme einen auf den vorbeilaufenden Filmstreifen fallenden Lichtstrahl entsprechend den aufgenommenen akustischen Signalen beeinflussen. Diese als Sprossen- oder Zackenschrift registrierten Informationen können nach der Entwicklung des Filmstreifens von einer lichtempfindlichen Zelle abgetastet und als akustische Signale reproduziert werden. Die Tonfilmära beginnt am 6. Oktober 1927, mit der Premiere des von dem amerikanischen Studio Warner Bros. produzierten Films *The Jazz Singer* (R.: Alan Crosland). Die in den weitgehend mit einer Musikspur unterlegten Film eingestreuten Dialogsätze – «Wait a minute! Wait a minute! You ain't heard nothin' yet!» – führen zu einem unerhörten Publikumserfolg und zum Siegeszug des T. Die ausgereiften Aufnahmeapparaturen erlauben nicht nur die Produktion von Tonspielfilmen, sondern auch von Tonwochenschauen; am 12. Juni 1927 präsentiert Fox →Movietone in den Kinos ein Interview mit dem am Vortag von seinem Atlantikflug zurückgekehrten Charles Lindbergh, und seit dem 28. Oktober gibt es eine wöchentliche Ausgabe der Fox Movietone Newsreel. Die ersten T. werden den Kinos zunächst noch, je nach den technischen Gegebenheiten der Abspielstätten, mit Nadelton oder mit Lichtton zur Verfügung gestellt, bald setzt sich jedoch der vorführtechnisch leichter zu handhabende Lichttonfilm durch. Seit den 50er Jahren wird der Filmton auch elektromagnetisch aufgezeichnet; das Magnettonband wird entweder auf den Film aufgetragen (Einbandverfahren) oder getrennt abgespielt (Zweibandverfahren). Der →Magnetton erlaubt einen wesentlich weiteren Frequenzumfang und damit eine bessere Tonqualität als der Lichtton. Der Erfolg des T. führt zu einer tiefgreifenden Veränderung der filmischen Ausdrucksweise. Dabei spielen die technischen Einschränkungen bei der Aufnahme nur eine geringe Rolle: die schallisolierte Kamera wird auf Rollen gesetzt und erhält schon wenige Monate nach der Umstellung der

Studios auf den T. ihre vom → Stummfilm her vertraute Beweglichkeit zurück, die Mikrophone werden an schwenkbaren Galgen befestigt und können den Bewegungen der Darsteller folgen, auch die nachträgliche Synchronisation von Bild und Ton ist bereits 1928 / 29 kein Problem. Entscheidender ist die Tatsache, daß sich mit der Verbindung von Bild und Ton zunächst die naturalistischen Tendenzen der Kinematographie verstärken, eine größere Ähnlichkeit zwischen außerfilmischer und filmischer Realität möglich scheint. Um diesen Anschein zu wahren, werden in vielen frühen Tonfilmen auffällige Kamerabewegungen, die auf das Artifizielle der Filmrealität hinweisen würden, vermieden. Außerdem verändert der Ton die Darstellung und Rezeption räumlicher Situationen: er verleiht dem Filmbild, etwa durch die Staffelung von leisen Hintergrundgeräuschen und akzentuierten Dialogen, eine akustisch wahrnehmbare Tiefe; und erst der T. ermöglicht es – durch die Wiedergabe von im → Off befindlichen Tonquellen –, Handlungselemente, die räumlich außerhalb der Bildbegrenzung situiert sind, in seinen Erzählfluß einzubinden. Mit dem T. gewinnt die räumliche Dimension des Films an Präsenz, daher entwickelt er andere inszenatorische Konzepte als der → Stummfilm. (M. E.)

❑ Harald Jossé: Die Entstehung des Tonfilms, Freiburg / München 1984

Tonfilmoperette Deutsches Filmgenre der frühen 30er Jahre, das eine amouröse Handlung, Musik und choreographierte Bewegung zu einer dramaturgischen Einheit verknüpft. Der Alltag in der Weimarer Republik zu Anfang der 30er Jahre war geprägt von einer wirtschaftlichen Krise, hoher Arbeitslosigkeit und politischer Instabilität. Im Juli 1930 hatte ein Ufa-Film Premiere, der sich der tristen Realität auf freche, übermütige Weise annimmt: *Die Drei von der Tankstelle* (R.: Wilhelm Thiele). Erstmals im deutschen Kino werden die ästhetischen Möglichkeiten des noch jungen → Tonfilms genutzt, um Musik, Gesang und choreographierte Bewegung in die Handlung zu integrieren und zu einer Einheit zu verschmelzen. Mit der T. war ein → Genre geboren, das dem deutschen Film nicht nur finanziellen Erfolg bescherte, sondern dank fremdsprachiger Versionen auch zu internationalem Renommee verhalf.

«Das optische Geschehen muß den Ton oder die Musik unterstreichen, und die Musik muß das Visuelle weitertreiben», so formulierte Wilhelm Thiele (1930, S. 109) das neue Genre. Der Dialog geht fließend in Gesang und tänzerische Schrittfolgen über, die Handlung wird unauflösbar mit der Musik verflochten. Mit dieser Synthese aller Bestandteile, dem Szenenwechsel durch akustische Übergänge und dem Rekurs auf zeitgenössische Ereignisse überwindet *Die Drei von der Tankstelle* die Beschränkungen der Bühnenoperette. In den Schlagern und der Choreographie wird mit der Tristesse der gesellschaftlichen Realität gespielt: Selbst das Stempelngehen wird zum Coupletrefrain, und zu seinem Konkurs tanzt das Trio einen Foxtrott. Die Verankerung der Handlung in den Alltagsnöten der Zeit und die Neigung zu ironischen, persiflierenden Momenten kennzeichnet auch *Ich bei Tag und du bei Nacht* (1932, R.: Ludwig Berger). Die Geschichte einer Maniküre, die tags, und eines Kell-

Ich bei Tag und du bei Nacht, D 1932, R.: Ludwig Berger

ners, der nachts arbeitet, und die sich bei einer Zimmerwirtin ein Bett teilen, ohne einander je zu begegnen, wird immer wieder unterbrochen durch Film-im-Film-Szenen, in der ein sentimental verlogener Operettenfilm parodiert wird.

Erich Pommer, führender Produzent der Ufa, war der Geburtshelfer der T. Er verantwortete alle bedeutenden Produktionen des Genres: *Die Drei von der Tankstelle* (1930), *Bomben auf Monte Carlo* (1931, R.: Hanns Schwarz), *Der Kongreß tanzt* (1931, R.: Erik Charell), *Ich bei Tag und du bei Nacht* (1932), *Ein blonder Traum* (1932, R.: Paul Martin), *Ich und die Kaiserin* (1932/33, R.: Friedrich Hollaender). *Der Kongreß tanzt*, der eine zeitlich ferne, sinnlich berückende Gegenwelt zur Weimarer Realität als Walzermärchen auferstehen läßt, war die aufwendigste aller T. Der Film feiert das leichtlebige Vergnügen und der Tonfilm Triumphe: Sprache geht über in Musik, Musik kommentiert das Handeln und bestimmt den Rhythmus der Dramaturgie. *Der Kongreß tanzt* sei fotografierte Musik, urteilte ein zeitgenössischer Rezensent.

Im Gegensatz zu den Filmen, deren Handlung in der Wirklichkeit verankert war, setzten die historischen T. auf opulente Ausstattung und ein Heer von Statisten. In *Der Kongreß tanzt* fährt Lilian Harvey in einer offenen Kutsche mehrere hundert Meter durch eine im Studio nachgebaute österreichische Landstraße zu einem Lustschlößchen, während die jubelnden Menschen am Wegesrand in ihr Lied «Das gibt's nur einmal, das kommt nie wieder» einfallen. Die Kamera folgt ihrem Weg mit einer mehrminütigen, nicht enden wollenden Fahrt. Mit der T. kehrt die visuelle Eleganz der Stummfilmzeit ins deutsche Kino zurück. Trotz der schwerfälligen, mit einer aufwendigen Schallisolierung ausgerüsteten Tonfilmkamera und der Fesseln, die ihr die technisch korrekte Aufnahme des Tons auferlegte, bewahrte sie ihre Mobilität.

Die Machtübernahme der Nationalsozialisten beendete die kurze Blütezeit der T. Der Exodus der jüdischen Filmschaffenden beraubte das Genre seiner wichtigsten kreativen Kräfte: Der Produzent Erich Pommer, die Komponisten Werner Richard Heymann und Friedrich Hollaender, die Regisseure Ludwig Berger, Erik Charell und Wilhelm Thiele – sie alle emigrieren 1933. Vier Jahre später werden fast alle T. von der nationalsozialistischen Filmprüfstelle verboten. Die frivole Leichtigkeit der Filme war den Machthabern ein Dorn im Auge. Der Kongreß hatte endgültig ausgetanzt. (R. M.)

❑ Hans Michael Bock, Michael Töteberg (Hg.): Das Ufa-Buch, Frankfurt am Main 1992
❑ Wolfgang Jacobsen: Erich Pommer. Ein Produzent macht Filmgeschichte, Berlin 1989
❑ Klaus Kreimeier: Die Ufa-Story. Geschichte eines Filmkonzerns, München/Wien 1992
❑ Rainer Rother (Hg.): Ufa-Magazin Nr. 9: Die Drei von der Tankstelle. Publikation zur Ausstellung «Die Ufa 1917–1945. Das deutsche Bilderimperium», Berlin 1992
❑ Wilhelm Thiele: Operette im Tonfilm, in: Filmkurier 1.2.1930, zitiert nach: Wolfgang Jacobsen: Erich Pommer. Ein Produzent macht Filmgeschichte, Berlin 1989

Tonmischung Die Anpassung des Tones an die geschnittene Bildspur, bei der von mehreren Spuren (Sprach-, Geräusch- und Musikbänder) synchron die Tonspur gemischt wird. Übergänge zwischen verschiedenen Tonatmosphären werden durch

Ein-, Aus- und Überblenden harmonisiert.

Tonung Monochrome Färbung von Schwarzweißfilmen, in denen das Silberbild (also die dunklen Bildpartien) chemisch in einen Farbträger verwandelt wurde. Verwendet wurden u. a. Rotbraun, Braun, Blaugrün, Grasgrün und Sepia. Bildteile, in denen keine Silbersalze gebildet wurden, bleiben von der Umsetzung frei. In Verbindung mit der →Virage konnte ein zweifarbiges Bild entstehen.

Trailer Meist zwei- bis dreiminütige Vorschau im Kinoprogramm, mit der vor dem Aufführungstermin für einen anderen Film geworben wird und die kurze Szenen aus jenem enthält. Früher wurde der T. nach dem Hauptfilm gezeigt (engl. *to trail* = nach sich ziehen). In den USA kennt man neben dem T. noch den Teaser, eine etwa eineinhalbminütige und oft vor Beginn der Dreharbeiten produzierte Vorschau auf einen Film, der zu einem wesentlich späteren Zeitpunkt gezeigt wird, und den Crossplug, einen T. für einen Film, der gerade in einem anderen Kino läuft. – Der Begriff T. bezeichnet manchmal auch ein Stück Film, das am Ende einer Filmrolle zu ihrem Schutz angeklebt ist. (A. P.)

❑ Grimm, Petra: «Filmschnipsel» mit Kalkül. Der Trailer im deutschen Kino: Konstruktionsprinzipien und Rezeption einer intertextuellen Filmsorte. In: Diskurs Film. Münchner Beiträge zur Filmphilologie. Band 8. Michael Schaudig (Hg.): Positionen deutscher Filmgeschichte – 100 Jahre Kinematographie: Strukturen, Diskurse, Kontexte, München 1996

Travelling →Fahrt

Treatment Eine Vorstufe des → Drehbuchs, in der die Geschichte des Films erzählerisch vollständig gestaltet, aber noch nicht mit ausführlichem Dialog versehen ist. Das T. enthält in der Regel keine Angaben zu Kamerapositionen und löst die Handlung noch nicht in einzelne →Einstellungen auf.

Trickfilm Generelle Bezeichnung für alle Filme, die mit verschiedenem unbelebtem und unbeweglichem Ausgangsmaterial (Puppen, Zeichnungen, Scherenschnitte, Knetfiguren) arbeiten und in Einzelbildschaltung die Phasen der animierten Bewegung (→ Animationsfilm) abbilden. Der

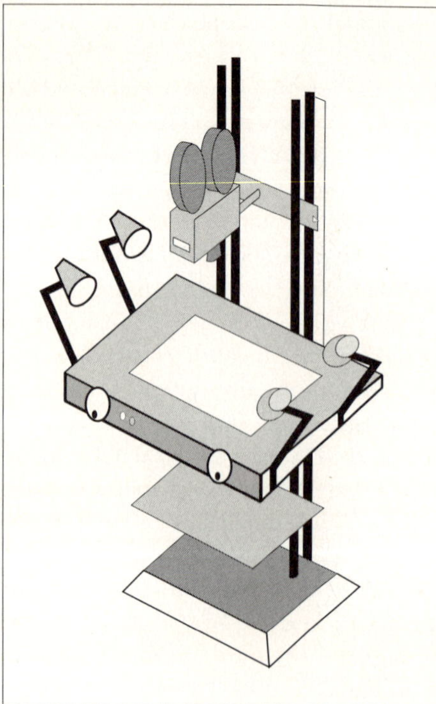

Tricktisch zur Herstellung von Phasenaufnahmen

T. im engeren Sinn beruht ausschließlich auf animierten Aufnahmen. Solche werden in anderen Filmen jedoch auch für → Special Effects eingesetzt, auch kann eine Kombination von Real- und Trickaufnahmen die Gattungsgrenzen überschreiten. Ein Beispiel dafür ist *Who Framed Roger Rabbit* (Falsches Spiel mit Roger Rabbit, USA 1988, R.: Robert Zemeckis).

❑ John Halas, Roger Manvell: The Technique of Film Animation, London 1971

Trümmerfilm Wie der → Heimat-, Kriegs- oder Schlagerfilm meint der Begriff nicht allein ein Setting und Sujet, sondern impliziert ästhetische Standards und die Verankerung der Filme in ihrer Entstehungszeit 1946 bis 1948/49. Sie thematisieren den materiellen, geistigen und seelischen Zusammenbruch in Deutschland. Selbstverständlich schließen heutige Historiker von den T. auf ihre Entstehungszeit, nehmen ihre Formen und Storys als erklärende Belege. Lange Zeit urteilte die Filmgeschichtsschreibung über die T. negativ, auch übersah man deren besondere Qualität: «sie (präsentieren) als gut lesbare authentische Geschichtsquelle das Bewußtsein des Neuanfangs, in zahlreichen widersprüchlichen Facetten, aber doch mit dem unübersehbaren Trend, Normalität und Ordnung so rasch wie möglich wieder zu etablieren.» (Meyer 1989, S. 263) Deutsche Filme nach 1945 entstanden innerhalb der von den Besatzungsmächten vorgegebenen rechtlich-institutionellen Rahmen. Sie standen in Konkurrenz zu den importierten Filmen der Besatzungsmächte und deutschen → Reprisen. Überdies hatten die T. (auch Zeitfilme genannt) kaum Exportchancen.

Ihre Architektur, häufig vorgefundene Trümmer, ist eindrucksvoll, obwohl Dokumentarisch-Spontanes kaum Einlaß findet.

Das vermeintlich Besondere, den in einigen T. evidenten düsteren Neoexpressionismus, relativiert Chris. Marker: «Es ist hundertmal gesagt worden: 1945 war es normal, daß der deutsche Film beim Expressionismus wieder anknüpfte. Das bewies nur die sterilisierende Wirkung der Hitlerzeit, und irgendwo mußte ja wieder angefangen werden.» (1964, S. 133) Einige T., etwa *Film ohne Titel* (D 1947/48, R.: Rudolf Jugert) oder *Und wieder 48* (D 1948, R.: Gustav von Wangenheim), thematisieren diese Form. Personelle – und damit formale – Kontinuitäten vom Film des Dritten Reichs zum T. waren die Regel. Daß dem T. eine neue, natürliche Sprache fehle, war nur einer unter vielen zeitgenössischen Vorwürfen. Erkennbar ist aber auch die Wiederkehr motivischer Traditionen des → nationalsozialistischen Films – so etwa in der negativen Wertung von Jazzmusik und Baratmosphäre (u. a. in *Die Mörder sind unter uns*, D 1946, R.: Wolfgang Staudte). Eine enge Verwandtschaft des T. zum italienischen Neorealismus wird gemeinhin bestritten, Brandlmeier sieht jedoch ästhetische Verbindungen – allerdings nicht nur zum italienischen, auch zum französischen, US-amerikanischen und sogar zum japanischen und sowjetischen Film der 40er Jahre. Es sei zu bedenken, daß bereits der Zweite Weltkrieg die Filme überall habe schwärzer werden lassen und die historisch spätere Markierung 1945 allein dafür nicht genügend Erklärungskraft besitze.

T. entstanden sowohl in den westlichen Besatzungszonen als auch bei der → DEFA: Die überwiegende Mehrzahl spielt in der unmittelbaren Nachkriegszeit, am eindringlichsten jedoch gelangen die Versuche, allmählich zu den Wurzeln des «Zusammenbruchs» vorzudringen: *Die Mörder sind unter uns* zeigt die psychische Hinterlassenschaft des NS-Systems und klagt aus Sicht der linken Opposition die für die Kriegsverbrechen Verantwortlichen an. *Ehe im Schatten* (D 1947, R.: Kurt Maetzig) spürt das System bei seiner Tätigkeit auf, *Affaire Blum* (D 1948, R.: Erich Engel) geht seiner Vorgeschichte nach, während *Rotation* (D 1948/49, R.: Wolfgang Staudte) vor allem die Mitschuld der Unpolitischen in diesem System expliziert. Es sind düstere, quälende, humorlose Filme, sie bieten «Kaleidoskope des Elends» (Greffrath 1995, S. 216). Von den mit amerikanischer Lizenz bis zum Mai 1949 entstandenen Produktionen entspricht allein *Und über uns der Himmel* (D 1947, R.: Josef von Baby) dem typischen T., dies aber nur in seiner Struktur, nicht in der Atelierinszenierung mit dem Star Hans Albers. Die liberale englische Filmpolitik ließ hauptsächlich Publikumsfilme mit «Spiegelungs- und Selbstdefinitionsqualität» (Greffrath 1995, S. 381) zu, darunter zu Beginn den anspruchsvollen *In jenen Tagen* (D 1946/47, R.: Helmut Käutner), eine Reihung von Episoden (→ Episodenfilm) hauptsächlich der inneren Emigration, die mit einem Hang zum Symbolischen eine Position inszeniert, welche Menschlichkeit auch «in jenen Tagen» sieht, aber zu keiner Konsequenz führt. *Liebe 47* (D 1948/49, R.: Wolfgang Liebeneiner), die relativ erfolglose Adaptation von Wolfgang Borcherts Hörspiel und Drama «Draußen vor der Tür», kann als symbolträchtig kondensierter Weltschmerz in einer letztlich optimistischen Heimkehrertragödie gelten. Die vom Publikum wenig geliebten T. waren eher Anweisung zum Leben als realistische Bestandsaufnahmen. (R. A.)

- ❑ Thomas Brandlmeier: Von Hitler zu Adenauer. Deutsche Trümmerfilme. In: Hilmar Hoffmann, Walter Schobert (Hg.): Zwischen Gestern und Morgen, Westdeutscher Nachkriegsfilm 1946–1962, Frankfurt am Main 1989
- ❑ Bettina Greffrath: Gesellschaftsbilder der Nachkriegszeit. Deutsche Spielfilme 1945–1949, Pfaffenweiler 1995
- ❑ Paul Ickes: Der neue deutsche Film und seine internationalen Aussichten. In: filmwärts, Nr. 20, 1991
- ❑ Chris. Marker: Deutscher Film adieu? In: Theodor Kotulla (Hg.): Der Film. Manifeste – Gespräche – Dokumente. Band 2: 1945 bis heute, München 1964
- ❑ Ulfilas Meyer: Trümmerkino. In: Hermann Glaser, Lutz von Pufendorf, Michael Schöneich (Hg.): So viel Anfang war nie. Deutsche Städte 1945-1949, Berlin 1989
- ❑ Peter Pleyer: Deutscher Nachkriegsfilm 1946–1948, Münster 1965

Twentieth Century Fox Dieses → Major-Studio wurde 1935 durch den Zusammenschluß der beiden Firmen Fox und 20th Century geschaffen. Die Geschichte der Fox beginnt, → Paramount vergleichbar, bei den Anfängen des amerikanischen Films. William Fox eröffnete 1904 sein erstes Kino in New York und baute bis 1920 eine Theaterkette mit 25 Kinos auf. Der Ruhm von William Fox gründete weniger auf seinem geschäftlichen Erfolg als seinem energischen Kampf gegen den Motion Pictures Patents Trust (→ Edison). Gerade diese Auseinandersetzungen überzeugten ihn, daß er seine Aktivitäten auf Produktion und Vertrieb ausweiten müsse. 1917 wurde ein erstes Studio in Hollywood eröffnet. 1925 wurde die Fox Theatre Corporation gegründet, die viele Kinos aufkaufte, unter anderem das New Yorker Roxy mit 6214 Plätzen. Zugleich gründete er eine Nachrichtenabteilung, die den Kinos zweimal die Woche das neueste aus der Welt lieferte.

Im Jahr darauf erwarb Fox die Rechte am → Movietone-Tonsystem, hauptsächlich, um die Verkäuflichkeit seiner Nachrichtenfilme zu erhöhen; Premiere der tönenden Wochenschau war der 30. 4. 1927. Bspw. wurde der Start von Charles Lindbergh zu seiner Atlantiküberquerung als Tonfilm aufgenommen. Im Herbst wurde die neue Technik Standard in allen Fox-Theatern, und Anfang 1929 waren 50 Teams für die Fox unterwegs. Movietone wurde bei der Einführung des Tons ab 1928 von den meisten Studios genutzt. 1930 kontrollierte die Fox 532 Kinos in den USA und 450 weitere weltweit; sie war damit die größte Kinokette nach → Paramounts Publix-Theatern. Der Versuch von William Fox, 1929 durch die Übernahme von Loews (→ MGM) zum größten Studio zu werden, scheiterte am Einspruch des Justizministeriums. Wegen all der Investitionen, die über Kredite finanziert wurden, geriet Fox in wirtschaftliche Schwierigkeiten, so daß er gezwungen war, große Anteile seiner Firma zu verkaufen; eine während der großen Depression besonders prekäre Situation. 1935 kam es zum Zusammenschluß mit der Produktionsfirma Twentieth Century Pictures, die Darryl Zanuck und Joseph Schenk 1933 gegründet hatten, um Filme für → United Artists zu produzieren, und dabei äußerst erfolgreich arbeiteten. Zanuck und Schenk gehörten mit Sydney Kent zum Triumvirat, das die Geschäfte von T. C. F. in den nächsten Jahren bestimmen sollte. → Stars dieser Periode waren Shirley Temple, Sonja Henie, Alice Faye und Tyrone Power. Daneben produzierte das Studio auch billigere → B-Pictures, wie die Charlie-Chan-Serie, die Mr.-Moto-Serie mit Peter Lorre oder die Serien um die Familien Evans und Jones.

Bereits 1935 wurden einzelne → Technicolor-Sequenzen in *The Little Colonel* (Der kleinste Rebell, USA 1935) mit Shirley Temple eingefügt. Bis 1949 produzierte T. C. F. mehr als 75 Spielfilme in Technicolor, mehr als jedes andere Studio, darunter viele Musicals mit Betty Grable, die neben Tyrone Power und Gregory Peck zu den wichtigsten Stars dieses Studios gehörte. 1941 starb Sidney Kent; Syros Skouras wurde sein Nachfolger und blieb bis 1962 Präsident der Gesellschaft. Nach dem Krieg wurden einige sozial engagierte Filme produziert, jedoch ohne großen Erfolg an der Kinokasse. 1951 mußte T. C. F. aufgrund des Antitrust-Urteils seine Kinokette verkaufen. Um der wachsenden Konkurrenz durch das Fernsehen Paroli bieten zu können, investierte T. C. F. in → Cinemascope und in einen neuen Star: Marilyn Monroe. Ab 1956 öffnete sich das Studio dem Fernsehen und war ebenso wie die anderen Majors dem Wandel der Post-Studio-Ära unterworfen. Der Film *Cleopatra* (USA 1962, R.: Joseph L. Mankiewicz), einer der teuersten Filme, die bis dahin produziert worden waren, erwies sich als ein spektakulärer Kassenflop. Danach übernahm noch einmal Darryl Zanuck das Ruder, doch nicht mit größerem Erfolg. Er dankte 1971 als einer der letzten Filmmoguln der alten Ära ab. Ende der 70er Jahre führte Alan Ladd Jr. die T. C. F. zu neuen Erfolgen mit *Star Wars* (Krieg der Sterne, USA 1977, R.: George Lucas) – ein Film, der allein knapp 200 Mio. Dollar Einnahmen erzielt haben soll –, *Alien* (Alien – das unheimliche Wesen aus einer fremden Welt, GB 1978, R.: Ridley Scott) und der Fernsehserie *M.A.S.H.* Zugleich begann der Aufbau eines Mischkonzerns, der sich nicht mehr nur auf Film und Fernsehen konzentrierte, sondern sich beispielsweise bei Musikfirmen oder in Freizeit- und Erholungsanlagen im Skigebiet Aspen und in Pebble Beach engagierte. 1981 hatte Marvin Davis T. C. F. für 722 Mio. Dollar aufgekauft. Das Studio sorgte jedoch in den nächsten Jahren für erhebliche Verluste. 1985 übernahm der australische Medienmogul Rupert Murdoch für über 600 Mio. Dollar die Fox, nachdem im Jahr zuvor sein Versuch, bei →Warner Bros. einzusteigen, fehlgeschlagen war. Hintergrund für sein Interesse an Filmfirmen waren deren für die Fernsehwerbung attraktive Filmarchive. (K. H.)

❑ John Gregory Dunne: The Studio, New York 1985 (3. Auflage)

❑ Douglas Gomery: The Hollywood Studio System, New York 1986

❑ Upton Sinclair: Upton Sinclair presents William Fox, Los Angeles 1933

Überblendung Allmähliches Abblenden eines Bildes bei gleichzeitigem Aufblenden eines zweiten, so daß der Übergang zwischen den →Einstellungen eine kurze Zeitspanne zwei Bildinformationen unterschiedlicher und sich verändernder Stärke zeigt. Die Ü. wurde in früheren Jahren meist während des Drehens in der Kamera hergestellt, indem bei der ersten Szene abgeblendet und nach dem Zurückspulen des Films in die zweite Szene aufgeblendet wurde. Heute werden Ü. im →Kopierwerk hergestellt. Das Verfahren ist, wenn die Ü. nicht schnell, d. h. über nur wenige Bildfelder hinweg, ausgeführt wird (z. B. um einen harten Übergang von einer Einstellung zur nächsten abzumildern), als deutlicher Eingriff merklich und wurde konventionalisiert benutzt, um z. B. den Beginn einer Erinnerung oder einen zeitlichen Sprung zu markieren. Ü. stellen Verbindungen zwischen chronologisch oder räumlich getrennten →Szenen her; eine Folge von Ü. kann ebenso eingesetzt werden, um das Vergehen von Zeit darzustellen wie um eine Reise durch die Folge der Orte zu kondensieren. Neben dieser erzählerisch-transitorischen Verwendung können Ü. auch die visuelle Ähnlichkeit von Objekten, die von Menschen und Tieren etc. betonen.

U u

Überläufer Deutsche Filme, die vor der Kapitulation am 8.5.1945 fertiggestellt, zensiert oder in Produktion waren, aber erst nach dem Krieg in Deutschland aufgeführt wurden. Von 72 Filmen, die in der Zeit vom 1.1. bis zum 8.5.1945 begonnen, hergestellt oder zensiert waren, entsprechen 32 dieser Definition. In Ü., der Begriff entstammt der Militärsprache, besitzt hier jedoch keine politischen Konnotationen, drückt sich in besonderem Maße der Geist ihrer Entstehungszeit aus. Zu den bekanntesten gehören *Via Mala* (D 1943/48, R.: Josef von Baky) und *Unter den Brücken* (D 1944/46, R.: Helmut Käutner). Eher eine Mischung aus Rekonstruktion und Neuinszenierung als einen Ü. im engen Sinne stellt *Shiva und die Galgenblume* (D/BRD 1945/1993, R.: Hans Steinhoff/Hans Georg Andres, Michaela Krützen) dar. Der Film beruht auf dem überlieferten, Anfang der 90er Jahre wiederentdeckten Spielfilmfragment, das um eine erstmalige Synchronisation erweitert und mit Interviewpassagen Beteiligter durchsetzt ist. (R. A.)

❑ Alfred Bauer: Deutscher Spielfilm-Almanach 1929-1950. Neuausgabe, München 1976, Vorwort, Seite XIV

❑ Karsten Witte: Die Überläufer ausliefern. Deutsche Filme 1945. In: Ders.: Lachende Erben, Toller Tag. Filmkomödie im Dritten Reich, Berlin 1995

Ufa Abkürzung für die am 18.12.1917 gegründete Universum-Film AG. Der mit einem Stammkapital von 25 Mio. Reichsmark ausgestattete Konzern entstand durch Zusammenschluß der Nordischen Filmgesellschaft (Nordisk), des Messter-Konzerns und der PAGU (Projektions-AG-Union) mit verdeckter Beteiligung des Reiches in Höhe von 7 Mio. RM. Der neue Konzern besaß eine vertikale Struktur: er verfügte über Kinos, einen Verleih und Produktionsstätten. Die mit Blick auf eine zu verbessernde Filmpropaganda initiierte und durch einen geheimen Kontrollvertrag in wesentlichen Entscheidungen auf die Zustimmung der Regierungsvertreter verpflichtete größte deutsche Filmfirma trat jedoch nicht mit entsprechenden Filmen hervor; propagandistische Vehikel blieben die Ausnahme, statt dessen setzte die Ufa auf eingeführte → Stars (Henny Porten, die vorher bei Messter unter Vertrag stand; Mia May) und → Genres (Lubitsch-Komödien mit Ossi Oswalda; → Detektivfilme mit Harry Piel; die ersten Monumentalfilme von Joe May). Unmittelbar nach Kriegsende brachte die Ufa im Dezember 1918 den bereis 1914 produzierten, in Deutschland aber nicht aufgeführten pazifistischen Film *Ned med Vaabnene* (Die Waffen nieder, DK 1914, R.: Holger Madsen) in die Kinos – weniger Zeichen der Zustimmung zur neuen Ordnung als für den klaren Blick auf das Geschäftsinteresse. Die noch bestehende Beteiligung des Reiches wird 1921 an die Deutsche Bank abgetreten, die nun der eigentliche Besitzer des Konzerns ist. Die Expansion der Ufa schreitet in den ersten Jahren der Weimarer Republik fort, neben zahlreichen kleineren Firmen übernimmt sie 1921 den größten verbliebenen Konkurrenten auf dem deutschen Markt, die → Decla-Bioskop (deren Markenzeichen jedoch noch für einige Jahre erhalten bleibt). Damit ist der Konzern endgültig zum größten in Europa avanciert. Zum Synonym für den deutschen Stummfilm werden Werke wie *Madame Dubarry* (D 1919, R.: Ernst Lu-

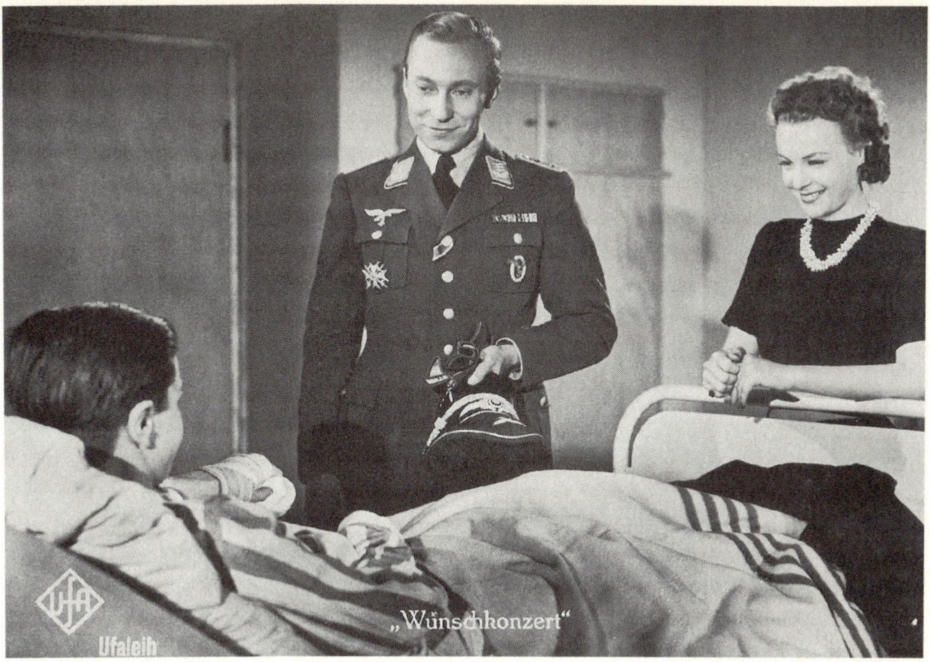

***Wunschkonzert*, D 1940, R.: Eduard von Borsody**

bitsch), *Die Nibelungen* (D 1924, R.: Fritz Lang), *Der letzte Mann* (D 1924, R.: F. W. Murnau), *Metropolis* (D 1926 / 27, R.: Fritz Lang). Auch die Inflation übersteht die Ufa unbeschadet. Dennoch wird 1925 eine tiefgreifende ökonomische Krise sichtbar. Die großen, prestigeträchtigen Produktionen, in der singulären Kooperation verschiedener Talente in der «Bauhütte Ufa» (Kreimeier 1992, S. 132) realisiert, spielen ihre Kosten nicht annähernd ein.

Im Dezember 1925 muß ein Vertrag mit →Paramount und →Metro-Goldwyn-Mayer geschlossen werden, der der Ufa ein Darlehen von 4 Mio. Dollar bringt – aber auch Verpflichtungen. Das «Parufamet»-Abkommen sieht vor, daß ein gemeinsamer Verleih jährlich 60 Filme herausbringen soll, davon je 20 aus der Paramount- und MGM-Produktion. Im Gegenzug sollen Ufa-Filme auf dem amerikanischen Markt lanciert werden – wozu es jedoch nur in Ausnahmefällen tatsächlich kommt. Der überaus ungünstige Vertrag bringt für die Ufa keine Lösung der Probleme; im Geschäftsjahr 1926 / 27 schließt sie mit Verbindlichkeiten von 36 Mio. RM ab. In dieser Situation übernimmt der deutschnationale, extrem konservative Alfred Hugenberg im März 1927 den Konzern, der nun zusammen mit seinem Scherl-Verlag einen neuen Medienkonzern bildet. Die Übernahme zeitigt zunächst weniger ideologische als kaufmännische Veränderungen.

Unter Ludwig Klitzsch, der im Scherl-Verlag und bei der Ufa als Generaldirektor fungiert, wird der Betrieb auf eine rationelle Basis gestellt. Zudem gelingt es ihm, das Parufamet-Abkommen zu modifizieren und nach vier Jahren zu beenden.

Die zunächst skeptisch betrachtete Neuerung des Tonfilms wird von der Ufa spät, dann aber mit ganzer Energie betrieben. 1929 wird in Rekordzeit das Tonkreuz, das erste vollständig auf den Tonfilm hin gebaute Studio eröffnet, die Filmproduktion insgesamt auf die neue Technik umgestellt. Mit dem Genre der → Tonfilmoperette schafft sich die Ufa ein publikumswirksames, an die Tonfilmtechnik perfekt angepaßtes Vehikel, das durch → Versionen auch den ausländischen Markt bedienen kann. Erfolgreiche Beispiele sind *Die Drei von der Tankstelle* (D 1930, R.: Wilhelm Thiele), *Der Kongreß tanzt* (D 1931, R.: Eric Charell), *Ich bei Tag und du bei Nacht* (D 1932, R.: Ludwig Berger). Bis 1933 fällt die Produktion des Konzerns durch die Mischung von nationalen Filmen (u. a. *Das Flötenkonzert von Sanssouci*, D 1930, R.: Gustav Ucicky; *Die letzte Kompagnie*, D 1930, R.: Kurt Bernhard; *Morgenrot*, D 1933, R.: Gustav Ucicky) und leichten Unterhaltungsfilmen auf. Eine Ausnahme bildet *Der blaue Engel* (D 1930, R.: Josef von Sternberg), der nach einem Roman Heinrich Manns entstand.

Der Charakter der Produktion ändert sich vor allem in der Auffassung der unterhaltenden Filme mit ihren bis 1933 noch merklichen ironischen Anspielungen auf zeitgenössische Umstände, als mit der Machtübernahme der Nationalsozialisten die ohnehin in der Ufa verbreiteten antisemitischen Strömungen zur staatlich gewollten Politik werden. Auf einer Vorstandssitzung wird am 29. März 1933 die Trennung von allen jüdischen Mitarbeitern, also deren Entlassung, beschlossen. Mit *Hitlerjunge Quex* (D 1933, R.: Hans Steinhoff) liefert die Ufa sehr schnell – und auch in einer von Goebbels akzeptierten Qualität – den Propagandafilm für die neue Zeit. Dennoch bleibt die Ufa der neuen Regierung, der zunächst auch Hugenberg angehört, verdächtig; insbesondere das Propagandaministerium möchte eine direkte, nicht allein durch Maßnahmen der Filmpolitik (→ Nationalsozialistischer Film) ermöglichte Kontrolle. 1937 wird, nach einer von Goebbels initiierten publizistischen Kampagne gegen den angeblich deutschnationalen Konzern, die Ufa verstaatlicht. Auch diesmal bleibt die Reichsbeteiligung verborgen; die von Max Winkler geleitete Cautio Treuhand GmbH fädelt die Übernahme ein. Nachdem auch die anderen Filmfirmen über ähnlich verdeckte Operationen in Staatseigentum übergegangen sind, wird 1941 ein Superkonzern gegründet, der den Namen Ufa Film GmbH (Ufi) erhält. Der vollständig im Besitz der Cautio befindliche Konzern ist jedoch mit der Ufa nicht zu verwechseln; tatsächlich ist diese ein Teil der Ufi. Ihre Produktion wird unter dem Namen Ufa-Filmkunst bis Kriegsende weitergeführt. Die Alliierten beschlagnahmen nach der Kapitulation alle reichseigenen Firmen, also auch die Ufa. Am 7. 9. 1949 verfügte die britische Militärregierung die Auflösung der Ufi und die Abwicklung ihres Vermögens, womit eine erneute Gründung eines großen Filmkonzerns verhindert werden sollte. Die deutsche Regierung unterlief diese Absicht jedoch mit ihren Folgegesetzen und zielte auf die Neugründung potenter Filmfirmen, darunter auch der Ufa. 1956 erfolgte diese Gründung, die sich aber nicht konsolidierte. Z. T. wegen der einsetzenden allgemeinen Krise der Kinos und des deutschen Films, z. T. auch wegen Fehlentscheidungen erwies sich die «neue Ufa» nicht als profitabel, 1963 erfolgte der Verkauf der Filmateliers, Kinos und der Film- sowie Musikrechte.

❑ Hans Michael Bock, Michael Töteberg: Das Ufa-Buch, Frankfurt a. M. 1992
❑ Klaus Kreimeier: Die Ufa-Story, München 1992

UIP Der seit 1989 international operierende Filmverleih von →Paramount, →Metro-Goldwyn-Mayer und →Universal. United International Pictures ist die Nachfolgeorganisation von CIC, die ab 1970 durch Zusammenlegung der Verleihorganisationen außerhalb der USA und Kanadas entstand. UIP verleiht in über 100 Ländern die Filme ihrer Anteilseigner, jedoch ebenso Werke von unabhängigen, nationalen Produzenten. Zum Beispiel wurden zwischen 1989 und 1994 rund 150 europäische Filme in das Verleihprogramm aufgenommen. Die Zentralisierung der Verleih- und Promotionsaktivitäten verringerte die Kosten, was bei einer Überprüfung durch die Europäische Kommission bestätigt wurde. Dem Vorwurf einer Dominanz von UIP wird mit dem Hinweis entgegengetreten, daß europaweit der Marktanteil im Durchschnitt bei 20% lag. 1995 erreichte die UIP in Deutschland nach einer Erhebung der Zeitschrift «Filmecho» einen Marktanteil von 20,2% (1994: 24,48%); der amerikanische Film insgesamt konnte seinen Anteil danach auf 83,85% steigern (1994: 81,7%). (K. H.)

Umkehrfilm Film, der nach der Entwicklung die Helligkeits- und Farbwerte der abgebildeten Objekte in analoger Wiedergabe aufweist. Im Gegensatz zum Positiv-Negativ-Verfahren ist der U. zunächst ein Unikat; es entsteht kein Negativ, von dem in der Folge Kopien gezogen werden können. Eine Kopierung ist nur über ein Zwischennegativ möglich. U. wurden im Amateurbereich (→Amateurfilm) und in den Anfängen des Fernsehens eingesetzt.

Umlaufblende Halbkreisförmige Scheibe, die in Kameras und Projektoren den Lichteinfall bzw. die Lichtprojektion während der Transportphase des Filmstreifens unterbricht, jedoch in der Stillstandsphase des Films das Licht hindurchläßt.

Unabhängiger Film In den USA zunächst die Bezeichnung für Filme – meist kürzere, aber auch abendfüllende Produktionen –, die außerhalb des →Studiosystems entstanden (Independent Film). 1959 wird erstmals von der Zeitschrift «Film Culture» der Independent Film Award vergeben, der in diesem Jahr an *Shadows* (Schatten, USA 1959, R.: John Cassavetes) geht, in den folgenden Jahren aber meist an Vertreter des →Experimentalfilms. In anderen Ländern reicht die Bedeutung vom Synonym für Spielfilme, die nicht dem Mainstream zuzurechnen sind, bis zur allgemeinsten Bezeichnung für alle Spielarten des experimentellen Kinos.

❑ Blimp, Nr. 20, Sommer 1992
❑ Birgit Hein: Film im Underground, Frankfurt a. M. 1971

Underground-Film In den 60er Jahren in den USA geprägte Bezeichnung für Filme aus der Gegenkultur der antiautoritären Bewegung, die außerhalb der üblichen Vertriebswege in Museen, Colleges und Universitäten sowie auf Festivals gezeigt wurden. Die Bezeichnung deckt keinen einheitlichen Stil und signalisiert mit ihren politischen Konnotationen primär eine Haltung der Ablehnung des Establishment. (→ New American Cinema)

❑ Gottfried Schlemmer: Anmerkungen zum Undergroundfilm; in: G. Schlemmer (Hg.): Avantgardistischer Film 1951–1971: Theorie, München 1973

United Artists Dieses Studio wurde 1919 von Mary Pickford, Charles Chaplin, Douglas Fairbanks, William S. Hart und D. W. Griffith gegründet, um Kontrolle über ihre Filme zu erhalten und sie exklusiv zu verleihen. So trugen sie der Tatsache Rechnung, daß die → Stars immer wichtigere Rollen für die Vermarktung eines Films spielten, ohne daß sie Einfluß auf die Inhalte und Gestaltung erhielten. Außerdem gab es Pläne der wichtigsten Produktionsfirmen, die Höhe der Gagen zu limitieren. Innerhalb weniger Jahre wurde sowohl in den USA als auch international ein Verleihnetz aufgebaut. Ziel war es, Qualitätsfilme unabhängiger Filmemacher zu produzieren und auf dem Markt zu plazieren. Erste Erfolge waren *His Majesty the American* (Seine Majestät der Amerikaner, USA 1919, R.: Douglas Fairbanks), *Broken Blossoms*, (Gebrochene Büten, USA 1919, R.: D. W. Griffith), *Way Down East* (Weit unten im Osten, USA 1920, R.: D. W. Griffith), *Pollyanna* (Pollyanna, USA 1920, R.: Mary Pickford) und *The Gold Rush* (Goldrausch, USA 1925, R.: Charles Chaplin). Allerdings erfüllten die Gründer zunächst nicht ihr vereinbartes Soll an Filmen, waren überwiegend auch noch bei anderen Studios in der Pflicht. Deshalb wurde mit verschiedenen unabhängigen Produzenten verhandelt, ohne daß der Verleih reüssieren konnte. 1924 wurde Joseph Schenk als gleichberechtigter Partner aufgenommen und als Geschäftsführer eingesetzt. Er gründete die neue Produktionsfirma Art Finance Corporation und verpflichtete z. B. Rudolph Valentino, Gloria Swanson, Norma Talmadge, Buster Keaton und die Produzenten Samuel Goldwyn und Howard Hughes. Allerdings besaß das Studio zunächst keine eigenen Kinos, und es erwies sich als immer schwieriger, Filme in den von den → Majors kontrollierten Erstaufführungshäusern zu plazieren. 1926 wurde daher die U. A. Theater Circuit gegründet; allein schon die Ankündigung führte dazu, daß die Majors U.-A.-Filme unter der Bedingung buchten, daß deren Kinoaktivitäten nicht ausgeweitet würden. Schenk verpflichtete sich, zehn Filme im Jahr zu starten, und Ende der 20er Jahre begann U. A. Gewinn zu machen. 1934 und 1935 wurden zu den erfolgreichsten Jahren, hauptsächlich aufgrund der Zusammenarbeit mit der Produktionsfirma Twentieth Century, wobei sich die bisherigen Eigentümer dagegen sperrten, Darryl Zanuck als Partner aufzunehmen. 1935 kam es deshalb zu dessen Zusammenschluß mit der Twentieth Century Fox. Schenk zog sich in der Folge von U. A. zurück. Aber der Konflikt zwischen aktiven Produzenten (Samuel Goldwyn, Alexander Korda) und den nichtaktiven Teilhabern steigerte sich. U. A. war das einzige Studio, das während des Krieges Verluste einspielte. 1951 übernahmen die beiden New Yorker Filmanwälte Arthur B. Krim und Robert S. Benjamin das Studio. *The African Queen* (African Queen, USA 1951, R.: John Huston) und *High Noon* (Zwölf Uhr mittags, USA 1952, R.: Fred Zinnemann) entstanden in dieser Phase. Durch einen Vertrag mit den Mirish Brothers gelang später die Zusammenarbeit mit Billy Wilder, John Sturges, Robert Wise, Stanley Kramer und Fred Zinnemann. Die James-Bond-Serie lieferte kontinuierlich gute Einnahmen. Ohne kostspielige Studioapparate und Stargagen konnte U. A. sogar Gewinne verbuchen. 1967 wurde U. A. an die Transamerica Corporation verkauft. Es entstanden Filme von und mit Woody Allen, Robert de Niro, Jack Nicholson. 1980 erwies sich der opulente Film *Heaven's Gate* (USA 1980, R.: Michael Cimino), dessen Produktionskosten von kalkulierten 11,6 Mio. auf 40 Mio. Dollar hochschnellten, als ernste Gefährdung für das Studio; 1981 kam es zum Zusammenschluß von MGM und U. A. Ihre Filme werden in Deutschland in der Regel von → UIP verliehen. (K. H.)

❑ Tino Balio: United Artists. The Company Built by the Stars, Madison / London 1976

❑ Douglas Gomery: The Hollywood Studio System, New York 1986

United International Pictures → UIP

Universal Pictures Neben → Columbia und → United Artists war U. P. eines der drei Mini-→ Majors, da sie während der Studioära keine Kinos kontrollierten. Die Universal Film Manufacturing Company wurde 1912 durch den aus Schwaben stammenden Carl Laemmle gegründet. Er hatte 1906 ein → Nickelodeon in Chicago eröffnet und baute einen Verleih auf, um für seine Kinos Filme zur Verfügung zu haben. Dadurch geriet er in Konflikt mit der → Motion Picture Patent Company (→ Edison) und gründete 1909 die Independent Motion Picture Company of America, die 1912 mit fünf weiteren Firmen zur U. P. fusionierte und kleine Studios in New York, New Jersey und → Hollywood besaß. 1914 wurde in Nordhollywood ein Gelände mit knapp 650 Hektar erworben und ein Jahr später Universal City gegründet. Um die Investitionen zu amortisieren, wurden viele Filme – vor allem des → Action- und → Westerngenres – gedreht. U. P. bekam bald den Ruf, ein Billiganbieter zu sein. Entsprechend fingen viele Talente bei Universal an, wechselten aber sobald als möglich zu besser bezahlenden Studios, z. B. John Ford 1921 zur Fox oder der Produzent Irving Thalberg 1923 zur Mayer Company, die bald zu → MGM vereinigt wurde. Ähnliches gilt für das Abspiel, wo U. P. eher die kleinen Kinos belieferte, während sie in den Erstaufführungskinos chancenlos blieben. 1928 betrieb U. P. 315 eigene Theater, konnte aber die teure Umrüstung auf den Tonfilm nicht finanzieren und mußte sie 1933 verkaufen. Eine wichtige Einnahmequelle war der Export, insbesondere von Western nach Europa. Laemmle Jr. versuchte als Produktionschef, von dort Talente für U. P. zu gewinnen und startete ein Programm mit anspruchsvollen Filmen wie *All Quiet on the Western Front* (Im Westen nichts Neues, USA 1930, R.: Lewis Milestone) und eine Reihe mit → Horrorfilmen (Bela Lugosi, Boris Karloff). 1936 wurde Laemmle gezwungen, das Studio an die

Standard Capital Corporation, eine New Yorker Finanzgesellschaft, zu verkaufen. Nach personellen Umstrukturierungen erzielte U. P. ab 1939 wieder Gewinne und erreichte teilweise einen Marktanteil von 10%. 1940 begann die Zusammenarbeit mit Bud Abbott und Lou Costello. 1946 kam es zum Zusammenschluß von U. P. und International Pictures. Doch die Krise des Filmgeschäfts Ende der 40er Jahre hatte zur Folge, daß U. P. 1952 von der Plattenfirma Decca übernommen wurde. 1959 kam es zum Zusammenschluß von Decca mit der Music Corporation of America (MCA), einer Künstleragentur und Fernsehproduktionsfirma, die die Kontrolle über U. P. übernahm. Das Studio versuchte nun, nicht mehr billige Filme, sondern ambitionierte Melodramen zu produzieren. Mitte der 60er Jahre konzentrierte der damalige Präsident Lew Wassermann die Aktivitäten auf das Fernsehen und auf den Ausbau der Universal Studio Tour, die bis heute eine wichtige Einnahmequelle von U. P. ist. Seit *Jaws* (Der weiße Hai, USA 1975), drehte Steven Spielberg einige seiner Filme für U. P.; 1991 wurde MCA / Universal für 6,6 Milliarden Dollar von dem japanischen Matsushita-Konzern übernommen. 1995 ging das Studio zurück in amerikanische Hand, als 80% der Anteile für 5,7 Milliarden Dollar von dem Spirituosenhersteller Seagram übernommen wurden. (K. H.)

❑ John Drinkwater: The Life and Adventures of Carl Laemmle, New York 1931

❑ E. G. Edmonds: Big U. Universal in the Silent Days, New York 1977

❑ Michael G. Fitzgerald: Universal Pictures. A Panoramic History in Words, Pictures und Filmographies, New Rochelle 1977

❑ Douglas Gomery: The Hollywood Studio System, New York 1986

❑ Clive Hirschhorn: The Universal Story, New York 1983

Universum Film AG → Ufa

Untersicht Aufnahmen, in denen die Kamera deutlich tiefer als die Blickhöhe der Personen postiert ist und in vertikaler Neigung zu ihnen aufschaut. Konventionell als Mittel genutzt, eine dominierende, herrschende Person zu zeigen, so im russischen → Revolutionsfilm. Doch hat die Untersicht, in der ein Aufschauen imitiert ist, in der Filmgeschichte auch andere Bedeutungsqualität gewonnen. In *Citizen Kane* (USA 1940, R.: Orson Welles) erscheint sie im Laufe des Films immer weniger als eine die übermächtige Person glorifizierende Kameraposition. Ohnehin hat die U. außerhalb des westlichen Kulturkreises eine weniger auf hierarchische Strukturen festgelegte Bedeutung; die fast ausschließlich aus U. aufgenommenen Filme Yazujiro Ozus lassen sich jedenfalls auf diese Interpretation nicht einengen.

Untertitel Informationen zu Handlungszeit und -ort können durch U. eingeblendet werden, auch andere Hinweise; die häufigste Verwendung von U. ist die Übersetzung fremdsprachiger Filme. Dabei bleibt die gesamte Tonspur des Originals im Gegensatz zur → Synchronisation erhalten. Ein vergleichsweise geringerer Nachteil der U. kommt bei besonders vielen und schnellen Dialogen zum Tragen: Es kann mit ihnen dann keine vollständige Übersetzung mehr geboten werden, da die Informationsmenge, die der Zuschauer über die Schrift aufnehmen kann, geringer ist als die im akustisch übermittelten Dialog.

V

Verleih Bereich der Filmwirtschaft, der Filme an die Kinos vermittelt. In den Anfangsjahren des Films wurden Filmkopien von den Produzenten direkt an die Kinobetreiber verkauft und von diesen untereinander ausgetauscht. Das heutige Verleihsystem hat seine Wurzeln im zweiten Jahrzehnt dieses Jahrhunderts, als die Filmproduzenten ihre Filme nur noch über für ein begrenztes Territorium zuständige Monopolverleiher an die Kinos distribuierten. (A. P.)

Versionen Als V. werden im allgemeinen die verschiedenen Sprachfassungen früher Tonfilme bezeichnet. Während im Stummfilm die internationale Verständlichkeit (und Verkäuflichkeit) von Filmen durch den Austausch der → Zwischentitel hergestellt werden konnte, war der Vertrieb von Tonfilmen im wesentlichen auf das jeweilige Sprachgebiet beschränkt. Vor der allgemeinen Einführung der Synchronisation wurden viele Tonfilme daher mehrfach gedreht, meist in Deutsch, Französisch und Englisch. Regisseur, Kameramann und Dekoration blieben gleich, die Darsteller der Hauptrollen wurden jedoch entsprechend ausgetauscht. Mehrsprachige Darsteller (z. B. Lilian Harvey) konnten dabei mitunter in allen V. agieren, während ihre Partner wechselten. Im Vergleich zei-

Odette Florelle und Carola Neher, Darstellerinnen der Polly in der französischen und deutschen Version der *Dreigroschenoper* (D 1931, R.: G.W. Pabst)

gen die V. gelegentlich interessante Abweichungen in Inszenierung und Dialog, die im besseren Falle auf eine kulturelle Differenz sensibel eingehen. Oft jedoch reicht die fremdsprachige V. eines deutschen Films nicht an die einheimische Fassung heran, weil die Verständigung zwischen Regisseur und fremdsprachigen Darstellern nicht gelang, durch die mehrfachen Aufnahmen zuviel Routine entstand oder die spezifische Atmosphäre eines Stoffes sich nicht wirklich übersetzen ließ. Auch wurde die Fertigstellung der fremdsprachigen Fassungen mitunter Hilfskräften überlassen und nicht bis zum Ende mit der angemessenen Sorgfalt begleitet, da die Regisseure dies offenbar als lästige Pflichtübung betrachteten. So ist bspw. die englische Fassung von *Der blaue Engel* (Deutschland 1929/30, R.: Josef von Sternberg) deutlich schlechter als die zu Recht als Klassiker geltende deutsche V. Von einigen frühen deutschen Tonfilmen hat die fremdsprachige V. als einziges Zeugnis überdauert. (M. K.)

Video Bei der Videotechnik werden die optischen Signale in elektronische Impulse zerlegt und auf Magnetband aufgezeichnet – vergleichbar der Schallaufzeichnung mit einem Tonband. Dem Prinzip nach ist V. dem Fernsehen verwandt, denn das Bild wird aus einzelnen, in Zeilen angeordneten Bildpunkten aufgebaut. Eingesetzt werden kann V. sowohl als Speichermedium bei der Produktion als auch zur Aufzeichnung bei der Ausstrahlung des Films im Fernsehen. Die magnetische Speicherung von Bild- und Toninformationen erlaubt sowohl das Löschen des Bandes (und die anschließende Neubespielung) wie die vergleichsweise einfache Kopierung. Jedoch kommt es bei jedem Kopiervorgang unvermeidlich zu einem Qualitätsverlust.

Grundlagen der Videotechnik reichen ins 19. Jahrhundert zurück, Ende der 20er Jahre wurden die ersten Prototypen einer magnetischen Bildspeicherung entwickelt. In den USA arbeitete die Firma AMPEX nach dem Zweiten Weltkrieg an der elektronischen Bildspeicherung auf Magnetband. Ihre 2-Zoll-Maschine wurde 1956 vorgestellt; das Gerät war ein reines Studiogerät. Es arbeitete mit offenen Spulen, und ein Band mit 90 Minuten Spieldauer wog 10 kg. In den USA wurde die AMPEX-Maschine vor allem eingesetzt, um eine zeitversetzte Ausstrahlung des Programms in den unterschiedlichen Zeitzonen zu ermöglichen. An eine ausgefeilte Bildbearbeitung war noch nicht zu denken, da bis 1961 die Bänder mechanisch geschnitten werden mußten, ohne daß die Cutterin das Bild sehen konnte. Erst dann wurde das Prinzip des Schnitts durch Überspielung des jeweiligen Materials gelöst. Im Gegensatz zum Film war durch die Linearität der Montage eine nachträgliche Korrektur nur durch einen neuen Schnitt möglich. Ab 1971 gab es Versuche, dieses Handikap durch Off-line-Systeme zu lösen, bei denen das gedrehte Material nicht direkt geschnitten bzw. kopiert wurde, sondern man zunächst Schnitte ausprobierte und ein Computer eine Schnittliste verwaltete, nach der die endgültige Bearbeitung des Materials erfolgen konnte. Erfolgreich wurden solche Systeme jedoch erst in den 80er Jahren.

In den 60er Jahren wurden die Apparate deutlich verkleinert und Kamera und Recorder waren leichter zu handhaben. V. wurde immer stärker im Fernsehbereich als Speicher- und Bearbeitungsmedium eingesetzt, wobei sich die elektronische Berichterstattung bei ARD und ZDF, d. h. die elektronische Aufnahme von Nachrichtenbildern, erst ab 1980 durchsetzte. Insbesondere ab Anfang der 70er Jahre wurde der semiprofessionelle Bereich erschlossen, wobei es zu einer verwirrenden Vielfalt an Techniken und Systemen kam. Zwischen Mitte der 60er und Mitte der 70er Jahre wurden über 50 verschiedene, meist nicht kompatible Recordertypen auf den Markt gebracht. Sowohl die Geräte als auch die Kassetten kosteten ein vielfaches der heutigen Preise. Hinzu kam eine kurze Spieldauer der Kassetten von höchstens einer Stunde. In der Bundesrepublik bildeten sich Videogruppen – vor allem an Universitäten – in denen die Technik verfügbar war. Sie hofften, das neue Medium als basisdemokratisches, selbstverwaltetes Medium nutzen zu können, das Gegenöffentlichkeit schaffe. Doch diese Ansätze erwiesen sich als Utopie, V. wurde zum rein kommerziellen Unterhaltungsmedium. Ende der 70er Jahre setzte mit der japanischen Beta- und VHS-Technik die Vermarktung als Massenmedium ein; das europäische Video 2000 konnte sich trotz besserer Bildqualität nicht durchsetzen. Inzwischen hat VHS die übrigen Systeme verdrängt, und lediglich 8-mm-Video hat noch einen kleinen Anteil am Markt.

Mit dem Verkauf der Recorder an die Privathaushalte wurde ein neuer Erwerbszweig geschaffen: der Videomarkt. Zunächst wurden die bespielten Kassetten über den Rundfunk- und Fernsehhandel angeboten. 1979 entstanden die ersten Videotheken im Ruhrgebiet, in denen die Kassetten zu einem Tagespreis vermietet wurden. Innerhalb eines Jahres stieg ihre Zahl bundesweit auf 1000; ihre größte Verbreitung erreichten sie 1987 mit rund 8000 Leihstellen, davon 75% Videotheken. Doch der Videomarkt begann relativ planlos, und die Videotheken wurden meist von Branchenfremden ohne viel Kapital und Kenntnis des Filmangebotes eröffnet. Die →Majors interessierten sich ab 1982 für den neuen Markt, das Angebot wurde bis dahin von drittklassigen Filmen und Genres wie harten →Action-, →Horror- und →Pornofilmen dominiert. Dies brachte der Branche ein schlechtes Image und Diskussionen um Jugendschutz, Gewalttätigkeit usw. ein. 1985 wurde die gesetzlichen Bestimmungen zum Schutz der Jugend verschärft und die Trennung in Familien- und Erwachsenenvideotheken vorgenommen; 1995 waren knapp 40% familienfreundlich, wobei nur 5% als reine Familienvideotheken gelten können.

Inzwischen hat sich der Markt gewandelt. Er folgt ähnlichen Gesetzen wie das Kinogeschäft und ist geprägt von einigen sehr erfolgreichen Filmen, die für einen Großteil des Umsatzes verantwortlich sind. V. ist zu einem festen Bestandteil der Vermarktungsstrategien im Filmgeschäft geworden, und Kassetten kommen meist sechs Monate nach dem Kinostart in die Videothek. Jedoch hat das Vermietgeschäft massiv an Bedeutung verloren. Zum einen wegen der Einführung des Privatfernsehens und der seither verstärkten Ausstrahlung von Spielfilmen, zum anderen wegen des boomenden Kaufkassettenmarktes. Mit über 1 Milliarde Mark Umsatz sorgten die Kaufkassetten 1995 für knapp 60% des Umsatzes der Videobranche; Tendenz steigend. 1994 existierten in den alten Bundesländern noch 4900 Videotheken, in den neuen halbierte sich ihre Zahl seit 1990 auf 1500. Lediglich 10% der VCR-Besitzer nutzen Videotheken regelmäßig. (K. H.)

❑ BVV: Zahlen & Fakten. Video 1982–1995, Hamburg 1995

❑ Kay Hoffmann: Am Ende Video – Video am Ende? Aspekte der Elektronisierung der Spielfilmproduktion, Berlin 1990

❑ Siegfried Zielinski: Zur Geschichte des Videorecorders, Berlin 1986

❑ ders.: Audiovisionen. Kino und Fernsehen als Zwischenspiele in der Geschichte, Reinbek 1989

Virage Einheitliche Färbung des Films durch verschiedene, von den Filmherstellern angebotene und für bestimmte Situationen eingebürgerte Farbstoffe (Blau für Nacht, Rot für Feuer, Gelb für Sonnenschein, Sepia für Innenaufnahmen etc.). Die V. war bis in die Mitte der 20er Jahre eine weitverbreitete Praxis; kaum ein Stummfilm der Zeit wurde ohne solche Färbung, als reiner Schwarzweißfilm, verliehen. Die Färbung wurde szenenweise eingesetzt, bis hin zum Wechsel von Blau zu Orange in derselben Szene, wenn in einer nächtlichen Szenerie im Innern des Hauses ein Licht angeschaltet wurde. Die monochrome, vergleichsweise billig herzustellende V. wurde vor allem in den hellen Bildpartien wirksam, war in den Schwärzungen jedoch kaum sichtbar (→ Tonung).

Vistavision Ein →Breitwandformat von →Paramount, das den herkömmlichen 35-mm-Film horizontal durch die Kamera führt. Die Belichtung konnte dadurch eine größere Fläche ausnutzen, die zu einem Breitwandbild führte, das in verschiedenen Seiten-Höhen-Verhältnissen (bis zu 1:1,96) ausgenutzt wurde. Bei der Kopierung wird der Film um 90° gedreht und auf das Normalformat reduziert, wobei durch das größere Negativ eine bessere Kopienqualität erreicht wird. Die Vorführung über einen horizontalen Bildlauf verarbeitenden Projektor, mit dem die Vorteile des Systems ganz ausgenutzt worden wären, konnte dagegen wegen der hohen Einführungskosten nicht dauerhaft durchgesetzt werden. V. war von 1954 bis 1963 in Gebrauch. Filme in diesem Format sind u. a.: *White Christmas*, (USA 1954, R.: Michael Curtiz); *Richard II.* (GB 1955, R.: Laurence Olivier); *The Searchers* (Der schwarze Falke, USA 1956, R.: John Ford); *Vertigo* (Aus dem Reich der Toten, USA 1958, R.: Alfred Hitchcock).

Vitagraph 1899 in New York gegründete Firma, seit 1909 Mitglied der →Motion Picture Patents Company (MPPC), eines Versuchs, Monopolstellung über die Kontrolle von Patenten zu gewinnen. Ungleich den anderen Mitgliedern des MPPC produzierte V. jedoch auch längere Filme und blieb erfolgreich, bis die Firma 1925 von →Warner Bros. übernommen wurde.

Vitaphone Frühes →Tonfilm-Verfahren, bei dem ein synchronisiert zum Projektor laufendes Grammophon Aufzeichnungs- und Abspielmedium war. Der gemeinhin als erster Tonfilm geltende – *The Jazz Singer* (Der Jazz-Sänger, USA 1927, R.: Alan Crosland) – ist mit diesem System produziert worden. Das Verfahren konnte sich gegenüber dem →Lichtton nicht durchsetzen. (→Movietone)

Voice-Over Eine über die Szene gelegte Stimme, deren Quelle weder im Bild zu sehen noch im (virtuell in den sichtbaren Raum überführbaren) →Off liegt. V. prägt sich als Kommentar oder Erzählinstanz aus, kann auch pragmatisch eingesetzt werden, um eine Übersetzung einzusprechen. Als Kommentar erscheint V. in →Dokumentarfilmen, manchmal von Schriftstellern verfaßt und poetisch überhöht (so in Humphrey Jennings' während des Zweiten Weltkrieges entstandenen Filmen). Die oft dominierende Rolle des Kommentars nimmt aber seit den 60er Jahren und unter dem Einfluß neuer Dokumentarfilmstile (→Cinéma Verité, →Direct Cinema) ab. Der →Kompilationsfilm ist durch sein disparates Material oft auf V. angewiesen und nutzt die Möglichkeiten der Manipulation. Als erzählerische Instanz tritt die V. in →Spielfilmen auf, entweder als Ich-Erzählung oder auktorial. Auktoriale Erzählstimmen sind keiner der Figuren zugeordnet; die Handlung wird durch sie bewertet, der Zuschauer auf kommende Entwicklungen vorbereitet, nicht gezeigte Episoden resümiert. Die auktoriale V. kann erhebliche Distanz zu den Figuren bewahren (*Barry Lyndon*, GB 1973/75, R.: Stanley Kubrick) und eine Perspektivierung des Geschehens leisten. Die Ich-Erzählung kann dies meist, wegen ihrer Bindung an die Hauptfigur, nicht; durch sie werden alle Funktionen, die auch die auktoriale Erzählung auszeichnet, abgedeckt, doch zudem kann auch eine Szene kommentiert werden, in der die Figur selbst handelnd auftritt. Wie in der literarischen Ich-Erzählung ist auch im Film die Erinnerungsperspektive maßgeblich; der Rückblick kann der schon lang zurückliegenden Kindheit gelten (*The River*, Der Strom, USA/Indien 1949/51, R.: Jean Renoir; *To Kill a Mockingbird*, Wer die Nachtigall stört, USA 1962, R.: Robert Mulligan) oder auch bis an die Erzählgegenwart heranführen (*A Clockwork Orange*, Uhrwerk Orange, GB 1971, R.: Stanley Kubrick).

Mit der V. verlieren auch nach den Regeln des →Continuity-Systems geschnittene Filme den Schein, ein Geschehen statt eine Erzählung zu sein; das Erzählen, das im unsichtbaren Schnitt zu verschwinden scheint, wird ausgestellt. In nicht strikt narrativen Filmen kann die V. als Klammer funktionieren, die Bestandteile etwa des →Essayfilms verbindet (bspw. bei Alexander Kluge, Hartmut Bitomsky, Harun Farocki).

Vollbild Im Film bezeichnet V. den auf dem Filmstreifen zwischen den Perforationsstreifen für die Abbildung zur Verfügung stehenden Raum. Dieser wurde nur im →Stummfilm ganz ausgenutzt; mit dem →Tonfilm ist Platz für die Tonspur notwendig geworden (→ Academy Format). Verschiedene →Breitwandformate nutzen nur einen Teil der übriggebliebenen Fläche. V. kann bei Filmen, die ausschließlich externe Tonabspielsysteme (z. B. CD, LaserDisc) nutzen oder den Ton zwischen den Perforationslöchern plazieren (→Dolby), verwendet werden.

Aus technischen Gründen der Zeilenabtastung arbeitet das Fernsehen in Europa mit einer →Bildfrequenz von 25 Bildern pro Sekunde – zerlegt in 50 Halbbilder, und damit angeglichen an die Stromfrequenz von 50 Hertz. Beim Fernsehen bezeichnet man die Summe dieser beiden Halbbilder als ein V. In den USA und Japan arbeitet man mit 30 Bildern pro Sekunde, d. h. 60 Halbbildern und entsprechend einer Frequenz von 60 Hertz. (K. H.)

Vorausblende Auch Flash-forward, Flashahead. Einfügen eines gegenüber der aktuellen Handlung noch zukünftigen Ereignisses in den Ablauf der Erzählung. Bezogen auf die Linearität der →Story, präsentiert der →Plot Handlungselemente, deren Sinn sich den Zuschauern erst später vollständig erschließen wird. Die zukünftigen Ereignisse können als Visionen der Figuren motiviert sein (eine Lösung, die in → Horrorfilmen variiert wird, so in *Don't look now*, Wenn die Gondeln Trauer tragen, GB 1973, R.: Nicolas Roeg und *The Shining*, Shining, GB 1980, R.: Stanley Kubrick). Kompliziertere Zeitstrukturen verzichten auf diese Bindung an Protagonisten und setzen die V. quasi übergangslos ein. Dies bedeutet im Vergleich zur → Rückblende für das Publikum eine deutlich stärkere Verunsicherung, da es vergleichsweise weniger Informationen besitzt, mit denen es die V. in die Story integrieren kann.

Vorfilm Im Kinoprogramm bis in die 60er Jahre der kürzere, vor dem Hauptfilm gezeigte Beitrag; in Deutschland oft ein → Kulturfilm, doch kommen auch andere Formen zum Einsatz. (→ Kurzfilm)

Vorspann Liste, die zu Beginn des Films mindestens die Hauptbeteiligten an der Produktion (Regie, Produktion, Kamera, Musik, Schnitt) und den Titel des Films nennt. Früher waren die V.-Angaben vollständig, doch ist mittlerweile die Nennung aller Beteiligten Aufgabe des → Abspannes. Der V. nennt nur mehr die wichtigsten Mitarbeiter. Seine Position ist variabel geworden; herkömmlich ist er die Eröffnung des Films, steht aber auch an späterer Stelle, so beim verzögerten V. in → Italowestern, die den Titel erst nach einer einleitenden Sequenz präsentieren, und bei den *Indiana-Jones*-Filmen. In ihnen ist der Filmanfang als selbständige Actionsequenz gestaltet, der die Titel nachfolgen (*Raiders of the Lost Ark*, Jäger des verlorenen Schatzes, USA 1981; *Indiana Jones and the Temple of Doom*, Indiana Jones und der Tempel des Todes, USA 1984; *Indiana Jones and the Last Crusade*, Indiana Jones und der letzte Kreuzzug, USA 1989, jeweils R.: Steven Spielberg).

Ww

Walt Disney Productions Produktions- und Studioeinheit, deren Name zum einen als Synonym für den familienfreundlichen → Animationsfilm, zum anderen schon seit den 30er Jahren für die perfekte Vermarktung der Filmfiguren, das → Merchandising, steht. Als populärste Comic Figur erwies sich Mickey Mouse, die Walt Disney Ende der 20er Jahre als Comic Strip mit dem Zeichner Ub Iwerks entwickelt hatte. 1923 hatten die beiden mit Roy Disney ein Studio in Hollywood eröffnet. Der erste Film *Alice Comedies* erwies sich, mit seiner Kombination von gezeichneten Tieren und einem kleinen Mädchen, noch nicht als Erfolg. Doch *Oswald the Lucky Rabbit* (Oswald das glückliche Kaninchen, USA 1928, R.: Walt Disney) wurde von einem Verleih übernommen, und am 18. 11. 1928 wurde mit *Steamboat Willy* (Dampfschiff Willie, R.: Walt Disney) der erste Mickey-Mouse-Film mit Ton im New Yorker Colony Theatre gestartet. Zwar gab es schon → Trickfilme vor W. D. P., doch er machte dieses Filmgenre populär, baute fast ein Monopol auf, zeigte neue Vermarktungsmöglichkeiten auf und war offen für technische Innovation. Die W. D. P. sicherte sich z. B. 1932 einen Drei-Jahres-Exklusivvertrag mit → Technicolor für ihr neues Dreifarbenverfahren, während gleichzeitig Mickey Mouse zur Reklamefigur für

Süßigkeiten, Hygieneartikel, Mode und Spielzeug wurde. 1934 arbeiteten 700 Beschäftigte für das autoritär geführte Disney-Studio, das seine Filme über die Jahre durch verschiedene Verleihe ins Kino brachte (z. B. → Columbia, → RKO). *Snow White and the Seven Dwarfs* (Schneewittchen und die sieben Zwerge, USA 1937, R.: David D. Hand) war der erste abendfüllende Animationsfilm. Es folgte eine ganze Reihe bemerkenswert erfolgreicher Filme wie *Fantasia* (USA 1940), *Pinocchio* (USA 1940, R.: Ben Sharpsteen, Hamilton Luske), *Dumbo* (Dumbo der fliegende Elefant, USA 1941, R.: Ben Sharpsteen), *Bambi* (USA 1943, R.: Walt Disney, David D. Hand) oder später *Jungle Book* (Das Dschungelbuch, USA 1967, R.: Wolfgang Reitherman), *Aristocats* (USA 1970, R.: Wolfgang Reitherman, Winston Hibler), *Robin Hood* (USA 1973, R.: Wolfgang Reitherman), *Bernard and Bianca* (Bernard und Bianca – Die Mäusepolizei, USA 1976, R.: Wolfgang Reitherman, John Lounsbery, Art Stevens), *Lion King* (Der König der Löwen, USA 1993, R.: Roger Allers, Rob Minkoff), *Pocahontas* (USA 1995, R.: Mike Gabriel, Eric Goldberg), die von Disney in regelmäßigen Zeitabständen neu im Kino gestartet werden und den Ruf des Studios begründen. Es sind oft dramatische Geschichten – die schwülstige Musik tut ein übriges -, bei denen die Rollenverteilung von Gut und Böse von Anfang an klar ist, die jedoch manchmal mit einer Spur Ironie aufwarten.

Ende der 40er Jahre konnte sich das Disney-Studio – auch aufgrund eines teuren Studioneubaus – nicht ausschließlich durch die Produktion von Trickfilmen halten und begann mit Naturfilmdokumentationen wie *Seal Island* (Kampf um die Seehundinsel, USA 1949, R.: Ronald Spencer), *The Living Desert*, (Die Wüste lebt, USA 1953, R.: James Algar), *The African Lion* (Geheimnisse der Steppe, USA 1955, R.: James Algar, Ted Sears, Jack Moffit). Da sich → RKO weigerte, lange → Dokumentarfilme in Kinos zu bringen, gründete Disney Anfang der 50er Jahre den Buena-Vista-Verleih. In den 60er Jahren kamen zudem Spielfilme für leichte Familienunterhaltung auf den Markt, wie *The Absent-Minded Professor* (Der fliegende Pauker, USA 1960, R.: Robert Stevenson) oder *Mary Poppins* (Mary Poppins, USA 1964, R.: Robert Stevenson). Anfang der 80er Jahre wurde das Label Touchstone gegründet, um auch etwas gewagtere Filme wie z. B. *Splash* (Splash – Jungfrau am Haken, USA 1984, R.: Ron Howard) plazieren zu können und das traditionsreiche Studio für neue Talente zu öffnen. Der Film *Tron* (USA 1981, R.: Steven Lisberger) bot erstmals Passagen von Bildern, die aus dem Rechner kamen (→ Electronic Cinema), selbst wenn der überwiegende Teil des Films klassisch produziert war. Der erste abendfüllende, wirklich nur im Computer entstandene Film war dann Disneys *Toy Story* (Toy Story, USA 1995, R.: John Lasseter).

Neben den Filmaktivitäten wurde 1955 das kalifornische Disneyland eröffnet, 1971 das in Florida und Anfang der 90er das Euro-Disney Paris. Das Disney-Studio ist wie die übrigen Majors zu einem weltweit agierenden Medienkonzern geworden und bietet Comics, Bücher, Musik, Video, Postproduction, Freizeitparks, Fernsehen, Kabel-TV an. 1995 kaufte Disney für 19 Milliarden Dollar die amerikanische

Fernsehgesellschaft ABC auf, und Michael Ovitz, ehemaliger Leiter der mächtigen Creative Artists Agency, einer der drei großen Agenturen Hollywoods, wurde neuer Präsident der Walt Disney Company. In Deutschland werden die Disneyfilme seit einigen Jahren von Buena Vista verliehen. (K. H.)

❑ Donald Crafton: Before Mickey. The Animated Film 1898-1928, Cambridge / London 1982
❑ Leo Maltin: The Disney Films, New York 1973
❑ Klaus Strzyz, Andreas C. Knigge: Disney von Innen. Gespräche über das Imperium der Maus, Frankfurt am Main / Berlin 1988

Warner Bros. Das einzige Studio unter den fünf → Majors, das als Familienunternehmen begann. Harry Warner (1881–1958), der älteste der Brüder, war Präsident der Firma und residierte in New York. Von dort leitete Albert Warner (1884–1967) die internationalen Verleihgeschäfte. Im Licht der Öffentlichkeit stand vor allem Jack Warner (1892–1981), der Studiochef an der Westküste. Der vierte Bruder, Samuel Warner (1888–1927), der Experimente mit der Aufzeichnung des Tons leitete, starb, bevor W. B. zu einem Major wurden. Ins Filmgeschäft stiegen Harry und Albert 1904 mit einem Wanderkino ein; ab 1905 kauften sie Kinos in Pennsylvania und versuchten sich dann auch mit Produktion und Verleih – eher erfolglos. Schließlich konnte ein kleines Studio am Sunset Boulevard eröffnet werden, und die Firmenaktivitäten stabilisierten sich. Die → Serie mit dem Hund Rin-Tin-Tin war erfolgreich, Ernst Lubitsch wurde unter Vertrag genommen, und 1923 wurde W. B. in eine Aktiengesellschaft umgewandelt. 1925 begann die Expansion, der Filmkonzern → Vitagraph wurde aufgekauft, W. B. baute seinen Filmverleih aus und kaufte eine Radiostation in Los Angeles; so kam der Kontakt zu Western Electric und ihren Tonexperimenten zustande. Man vereinbarte eine Zusammenarbeit, und im April 1926 schloß Western Electric mit der Gesellschaft einen Exklusivvertrag über die Herstellung von → Tonfilmen. Die Tochterfirma Vitaphone begann, Musiknummern aufzunehmen, da W. B. die neue Technik zunächst dafür einsetzen wollte, die Livemusik vor dem Film zu ersetzen. Aufgrund erster Erfolge investierte die Firma fünf Mio. Dollar in die Entwicklung und Installierung des neuen Systems, bei dem der Ton extern auf Schallplatten eingespielt und nicht auf den Film aufgetragen wurde.

Ende 1926 waren einhundert Kinos damit ausgestattet, und im Jahr darauf konnte Vitaphone schon in vier Studios produzieren. Der erste Spielfilm, der vier Tonsequenzen enthält und häufig als erster Tonfilm überhaupt bezeichnet wird, war *The Jazz Singer* (Der Jazz-Sänger, USA 1927, R.: Alan Crosland), der am 6. 10. 1927 Premiere hatte.

Bis 1930 hatte W. B. eine Kinokette aufgebaut und gehörte damit zu den fünf Großen von Hollywood. Das Studio war bekannt für zeitbezogene Genrefilme des Produzenten Darryl F. Zanuck zu Anfang der 30er Jahre, z. B. die → Gangsterfilme *Little Caesar* (Der kleine Caesar, USA 1930, R.: Mervyn LeRoy), *Public Enemy* (Der öffentliche Feind, USA 1931, R.: William Wellman), *I Am a Fugitive from a Chain Gang* (Ich bin ein entflohener Kettensträfling, USA 1932, R.: Mervyn LeRoy) oder Geschichten, die auf Nachrichtenmeldungen zu basieren schienen. Diese sorgten zwar für ein gutes Image, doch waren sie an der Kinokasse keineswegs erfolgreich. Ein anderer Schwerpunkt der Produktion waren → Musicals von Busby Berkeley wie *42nd Street* (Die 42. Straße, USA 1933, R.: Lloyd Bacon) oder *Gold Diggers of 1933* (Goldgräber – Jahrgang 1933, USA 1933, R.: Mervyn LeRoy). 1939 produzierte das Studio mit *Confessions of a Nazi Spy* (R.: Anatol Litvat) den ersten Anti-Nazi-Film in Hollywood. Die wenigen Stars hießen zu dieser Zeit James Cagney, Edward G. Robinson, Bette Davis, Errol Flynn, Joan Crawford und Humphrey Bogart. Das Studio lag Ende der 30er Jahre noch auf dem vierten Platz unter den Majors und übernahm die Spitzenposition erst Anfang der 50er Jahre. Doch die Krise der Majors durch die TV-Konkurrenz und den gerichtlich erzwungenen Verkauf der Kinos hatte Konsequenzen auch für W. B.; 1956 wurden die meisten der Firmenanteile an einen Bankier aus Boston verkauft. 1967 wurde das Studio von der kanadischen Firma Seven Arts Ltd. übernommen. Vorbei war die Zeit des Familienunternehmens, es begann die Zeit der Finanzspekulation. Zu dem Zeitpunkt galten der Immobilienbesitz, das Filmarchiv und die Fernsehproduktionen als weit höheres Potential als die Filmherstellung. Schließlich erfolgte 1969 der Verkauf an den Immobilien- und Finanzkonzern Kinney National Service, der die Firma 1972 in Warner Communications umbenannte. Die Rechte an den Filmen vor 1948 wurden an → United Artists verkauft und das Studiogelände in Burbank mit → Columbia geteilt. Der Verleih hieß nun Warner-Columbia. Film war nun nur noch eine der Aktivitäten des Konzerns, neben dem Engagement in den Bereichen Musik, Spielzeug, Videogames, Fernsehen, Kabel, Verlagen, Zeitungen usw. Es folgte der Zusammenschluß mit TiMe und 1995 der von Time / Warner mit Turner Broadcasting (u. a. Besitzer von CNN) zum nun größten Medienkonzern der Welt. (K. H.)

- ❑ Douglas Gomery: The Hollywood Studio System, New York 1986
- ❑ Charles Higham: Warner Brothers, New York 1975
- ❑ Clive Hirschhorn: The Warner Bros. Story, New York 1979
- ❑ Georg Seeßlen: Der Asphalt-Dschungel. Geschichte und Mythologie des Gangster-Films, Reinbek 1980
- ❑ Jack L. Warner, Dean Jennings: My First Hundred Years in Hollywood, New York 1964
- ❑ Arthur Wilson: The Warner Bros. Golden Anniversary Book, New York 1973

Werbefilm Als Teil des Vorprogramms einer Filmvorstellung präsentierte Filme, die Produktwerbung betreiben. Die heutige Kurzform hat Vorläufer schon im Stummfilm.

Western Als → Genre so stabil über die Jahrzehnte wie kaum ein anderes beginnt der W. schon im frühen Stummfilm (*The Great Train Robbery*, USA 1903, R.: Edwin S. Porter; auch D. W. Griffith realisierte um 1910 schon einige Filme mit Themen des W.), wo er sich vor allem durch Serienhelden hoher Popularität erfreute (*Broncho-Billy*-Serie, Filme mit Tom Mix oder William S. Hart). Der W. bleibt, bis auf wenige Ausnahmen, ein vollständig auf die USA beschränktes Genre. In Deutschland wurden W. in der Stummfilmzeit z. B. von Piel Jutzi inszeniert, doch erst die mit *Der Schatz im Silbersee* (D / Jugoslawien

1962, R.: Harald Reinl) beginnende Folge der Karl-May-Verfilmungen bringt in der Bundesrepublik den Publikumserfolg. Dem entsprechen in der DDR die sogenannten Indianerfilme, die 1966 mit *Die Söhne der großen Bärin* (R.: Josef Mack) einsetzen und bis 1979 insgesamt zwölf Produktionen ausmachen. International deutlich einflußreicher waren die → Italowestern.

Die Themen des W. und die zeitliche Situierung unterliegen nur geringem Wandel. Die große Mehrzahl aller je gedrehten W. siedelt die Story in einem Zeitintervall von knapp 50 Jahren (1850–1900) an; selten sind Beispiele, die in die Zeit des Unabhängigkeitskrieges hineinreichen (*Drums along the Mohawk*, Trommeln am Mohawk, USA 1939, R.: John Ford) oder gar davor spielen (*Northwest-Passage*, Nordwest-Passage, USA 1939, R.: King Vidor; *The Big Sky*, Der weite Himmel, USA 1952, R.: Howard Hawks). Ebenso selten sind W., deren Handlung nach 1900 und damit in einer bereits weitgehend konsolidierten Gesellschaft spielt. Damit sind auch die der Legende entspringenden (und eine eigene Konvention bildenden) Themen des W. definiert: er handelt von der Eroberung des Westens, von seiner Zivilisierung, dem Kampf mit den (oder der fast vollständigen Ausrottung der) Indianern, der Formierung der Nation auf modern kapitalistischer Grundlage nach dem Bürgerkrieg, der Durchsetzung der staatlichen Gewalt in den Städten und Dörfern. Als ein an die Legende gebundenes Genre präsentiert der W. die grundlegenden Konflikte der Bildung einer Nation als Erfolgsgeschichte, jedoch keineswegs naiv. Auch der klassische W. kennt die Kosten der Zivilisation, und schon vor den Spätwestern der 60er Jahre weist er auf die Abgründe der Genrekonzeption deutlich hin.

In der Filmgeschichte entwickelt sich der W. nach seinen Anfängen zunächst als ein serielles Genre mit kurzen Filmen, in denen die gleichen Standardsituationen variiert werden. In den 20er Jahren gewinnt das Genre über epische W. an Ausdruckskraft (*The Covered Wagon*, USA 1923, R.: James Cruze; *The Iron Horse*, USA 1924, R.: John Ford), erweist sich v. a. erstmals für ambitionierte Produktionen geeignet. Mit dem Tonfilm zeigt sich der W. zunächst als ein auch ambivalenter Figurenzeichnung offenes Genre (*Billy the Kid*, USA 1930, R.: King Vidor; *Hell's Heroes*, USA 1930, R.: William Wyler), verliert aber in der Publikumsgunst gegenüber dem → Gangsterfilm und findet nur in wenigen Filmen außerhalb der Serienproduktion zu bemerkenswerter Gestaltung. 1939 erweist sich dann überraschend die Lebendigkeit des Genres, das gleich mit mehreren hervorragenden Beispielen besticht (außer den schon genannten Filmen kommen in diesem Jahr heraus: *Stagecoach*, Ringo, R.: John Ford; *Young Mr. Lincoln*, Der junge Mr. Lincoln, R.: John Ford; *Destry Rides Again*, Der große Bluff, R.: George Marshall, *Union Pacific*, R.: Cecil B. DeMille). Mit den wenigen W. der Kriegszeit wird die begonnene Überprüfung der Genregrundlagen fortgesetzt, um gegen Ende der 40er, Anfang der 50er Jahre zu Filmen zu führen, in denen die Konventionen des W. sowohl beachtet wie unterschwellig radikal in Frage gestellt werden. Die Filme von John Ford und die von Anthony Mann und Howard Hawks wer-

***Rio Bravo,* USA 1959, R.: Howard Hawks**

den diesbezüglich eindeutiger, wenn auch noch immer die Rechtfertigung auf seiten des Helden angesiedelt wird. Aber er verrät seine eigenen Überzeugungen zugunsten einer als notwendig erachteten Disziplin (*Fort Apache*, Bis zum letzten Mann, USA 1949, R.: John Ford), verrennt sich selbst gegenüber den geliebten Personen in diktatorische Machtgesten (*Red River*, USA 1948, R.: Howard Hawks), verkennt lange die intakte Gesellschaft als ehrenwerte (*High Noon*, Zwölf Uhr mittags, USA 1952, R.: Fred Zinnemann) oder verstört als fanatischer Kopfgeldjäger (*The Naked Spur*, Nackte Gewalt, USA 1952, R.: Anthony Mann). Die besseren W. der 50er Jahre bereiten den üblicherweise erst ein Jahrzehnt später datierten Spätwestern schon vor. Sie sind voller Zweifel an den Grundlagen der Erfolgsgeschichte, revidieren das Bild des bösen Indianers in unterschiedlicher Manier (*Broken Arrow*, Der gebrochene Pfeil, USA 1950, R.: Delmer Daves; *Run of the Arrow*, Hölle der tausend Martern, USA 1956, R.: Samuel Fuller), lassen die Integrität des Helden fraglich werden (*The Far Country*, Über den Todespaß, USA 1954, R.: Anthony Mann; *The Searchers*, Der schwarze Falke, USA 1956, R.: John Ford; *3 : 10 to Yuma*, Zähl bis drei und bete, USA 1956, R.: Delmer Daves) und beginnen sogar mit der Zerstörung der Erzählstrukturen selbst. In Bud Boettichers Filmen gerät der Held, man möchte sagen: aus eigener Schusseligkeit, weil er dauernd inkonsequent agiert, in (vermeidbare) Gefahr, am deutlichsten in *Buchanan Rides Alone* (Sein Colt war schneller, USA 1958). Die vermeintliche Naivität des Genres wurde in dieser vielleicht produktivsten Dekade gebrochen. Der Spätwestern der vor allem mit Sam Peckinpahs *Ride the High Country* (Sacramento, USA 1962) und John Fords *The Man Who Shot Liberty Valance* (Der Mann, der Liberty Valance erschoß, USA 1962) verbunden wird, hat in dieser Selbstreflexion des Genres seine Wurzel. Die pessimistischen Töne, der Zweifel an der Berechtigung der Mission des Westerners nehmen nun das Zentrum der Filme ein; noch immer wird von der Zerstörung der Grundlagen seines Verhaltenskodex, nicht vom zerstörten Code erzählt. Doch werden die Storys zunehmend pessimistischer, wenn sie in den USA auch nicht die zynische Komponente des → Italowesterns aufweisen. In den 60er Jahren werden vergleichsweise wenige hervorragende Beispiele des Genres realisiert, die typischerweise früher beherzigte Konventionen zurücknehmen: Ford revidiert das Bild des wilden und schuldigen Indianers in *Cheyenne Autumn* (Cheyenne, USA 1964), Hawks das des fair kämpfenden guten Revolvermannes in *El Dorado* (USA 1966), Brooks das der über ihre Arbeitsbedingungen verfügenden Gunmen in *The Professionals* (Die gefürchteten Vier, USA 1966). Mit Monte Hellmans Filmen *Ride in the Whirlwind* (Ritt im Wirbelwind, USA 1966) und *The Shooting* (Das Schießen, USA 1966) sowie Sam Peckinpahs *The Wild Bunch* (USA 1969) verliert der W. auch noch die Sicherheit eines Erzählens, das bisher in den formalen Mitteln so weit als möglich konventionell geblieben war (und in dem die doppelte → Rückblende in Fords *The Man Who Shot Liberty Valance* schon ein deutliches Indiz der Destruktion war): Zoom und Zeitlupe halten in das Genre Einzug und werden das Territorium nicht wieder aufgeben.

Die kurzlebige Konkurrenz des Italowestern verschwand in den 70er Jahren, nicht aber die Veränderungen, die das Genre durchgemacht hatte. Deutlicher als zuvor bezog es sich kritisch auf die Grundlagen einer filmhistorischen Überlieferung (gegenüber politischen Erwägungen war das Genre nie resistent gewesen). Nun bezog es Stellung gegen die Überlieferung und begann, die Legenden zu zerstören. *Soldier Blue* (Das Wiegenlied vom Totschlag, USA 1970, R.: Ralph Nelson) ist sicherlich ohne die von amerikanischen Soldaten in Vietnam verübten Massaker nicht denkbar – er zerstört aber auch die Tradition der Kavalleriefilme (die bei Ford eine vielleicht kompliziertere, aber ästhetisch gelungenere Reflexion erfahren hatten). Außenseiter – sonst eher die Helden im W. – erweisen sich nun als Störenfriede, die am besten der Lynchjustiz anheimfallen sollten, sich aber mit den professionellen Kenntnissen des Westerners wehren (*Tell Them Willi Boy is Here*, Blutige Spur, USA 1969, R.: Abraham Polonsky; *Chato's Land*, USA 1971, R.: Michael Winner; *The Missouri Breaks*, Duell am Missouri, USA 1974, R.: Arthur Penn). Die Zerstörung der Grundlagen des Genres führt zunächst zu einer Anpassung an aktuelle Filmstile (*The Long Riders*, USA 1980, R.: Walter Hill; *Silverado*, USA 1985, R.: Laurence Kasdan), erlebte aber auch mit dem finanziellen Desaster von *Heaven's Gate* (USA 1980, R.: Michael Cimino) einen erheblichen Rückschlag. Mit dem nicht besonders guten, aber sehr erfolgreichen *Dances with Wolves* (Der mit dem Wolf tanzt, USA 1990, R.: Kevin Costner) hat das Genre bei den Produzenten eine Reputation wiedergewonnen, die seit Ciminos Mißerfolg mit seinem viel besseren Film verspielt schien. Seither sind etliche neue Western produziert worden, deren bester sicher *Unforgiven* (Erbarmungslos, USA 1992, R.: Clint Eastwood) ist.

❑ André Bazin: Der Western – oder: Das amerikanische Kino par excellence. In: André Bazin: Was ist Kino?, Köln 1997

❑ Michael Hanisch: Western. Die Entwicklung eines Filmgenres, Berlin 1986

❑ Phil Hardy: The Western, London 1983

❑ Joe Hembus: Das Western-Lexikon, München 1995

❑ Kurz Scheel: Die Wahrheit der Legende. John Ford und der Abschied vom Western. In: Merkur, 45. Jg., H. 9 / 10 1991

Wischblende Eine Trickblende, in der ein Bild von einem anderen in einer durchgehenden (horizontalen, vertikalen, diagonalen) Bewegung ersetzt wird, so daß sich z. B. der Eindruck ergibt, es würde von der linken Bildkante ausgehend durch die folgende Einstellung ersetzt.

Wochenschau Standardisiertes, periodisch erscheinendes Programmformat, das mehrere nichtfiktionale, aktuelle Kurzfilme (W.-Beiträge oder Storys genannt) zu einem eigenständigen Filmprogramm von 10 bis 15 Minuten Länge zusammenfaßt. Hersteller ist eine Privatfirma oder ein Staatsbetrieb. W. wurden auch schon vor dem Ersten Weltkrieg als fester Bestandteil des sog. Vorprogramms vor dem abendfüllenden Spielfilm gezeigt, bisweilen auch in speziellen W.-Kinos oder Aktualitätenkinos (in Deutschland kurz Aki genannt). Die Verbreitung des Fernsehens führt zur Einstellung der Wochenschauproduktion.

Obgleich die Wochenschau gern als gefilmte Zeitung tituliert wird und auf englisch Newsreel heißt, ist ihr Pendant unter den Printmedien am ehesten die Wochenillustrierte: In der Scherbenwelt der Wochenschau überwiegen unterhaltsame und sensationelle Storys aus Sport, Mode, Klatsch sowie Katastrophen aller Art. Der propagandistische Anteil mit Berichten von politischen Ereignissen liegt in der Regel unter 30%. Dieses Verhältnis kehrt sich oft um, wenn sich Staaten im Kriegszustand befinden oder die Wochenschau in staatlicher Regie produziert wird.

→ Aktualitätenprogramme aus mehreren Kurzfilmen werden schon 1896 gezeigt, so von Lumière die Moskauer Krönung von Zar Nikolaus II. Voraussetzung für periodische Aktualitätenprogramme ist die Umstellung vom Verkauf der Filme auf den Filmverleih, den der damalige Weltmarktführer → Pathé für seine Kunden 1907 einführt. Prompt bringt Pathé auch 1907 die erste Wochenschau *Pathé Journal* heraus, bald gefolgt von den Wochenschauen der französischen Konkurrenten Gaumont, Éclair und Éclipse. 1910 startet *Pathé Gazette* als erste britische, 1911 beginnt *Pathé Weekly* als erste amerikanische W. *Fox Movietone News*, die Ende 1927 die erste Tonwochenschau auf dem Kinomarkt einführen, werden zu der am weitesten verbreiteten W. der Tonfilmperiode. Mit Ausnahme von Ansprachen werden die W. weiterhin stumm gedreht und mit Musik und Sprecherstimme nachträglich vertont. Das Medium W. rückt in die Nähe des Radios, insofern die Tonspur als gleichrangiges, mitunter dominierendes Gestaltungselement behandelt wird. Am langlebigsten erweist sich die 1912 gegründete *Universal Animated Weekly*, später *Universal Newsreel* genannt, die erst 1967 endgültig dem US-Fernsehen weicht.

Nach den mit Ausbruch des Krieges im Deutschen Reich verbotenen französischen Wochenschauen dominiert in Deutschland zunächst die Anfang des Ersten Weltkriegs gegründete *Messter-Woche*. In den 20er und 30er Jahren sind hier die Wochenschauen der → Ufa, der Deulig und der amerikanischen Fox führend. 1940 werden die inländischen Wochenschauen als staatliche *Deutsche Wochenschau* zum vorrangigen Organ der nationalsozialistischen Kriegspropaganda zusammengefaßt, das unter der persönlichen Kontrolle von Hitler und Goebbels steht. Nach dem Zweiten Weltkrieg wird in der Bi-Zone und bis 1952 in der BRD die anglo-amerikanische *Welt im Film* gezeigt, in der Sowjetischen Zone und dann in der DDR die → DEFA-Wochenschau *Der Augenzeuge*. 1977 erscheinen in der BRD die letzten Ausgaben von *Ufa-Wochenschau* und *Neue Deutsche Wochenschau*. (M. L.)

❑ Die Entwicklung der Wochenschau in Deutschland (Filmeditionen mit Begleitpublikationen zu einzelnen Wochenschau-Ausgaben), Institut für den Wissenschaftlichen Film, Göttingen 1970ff

❑ Raymond Fielding, American Newsreel 1911–1967, University of Oklahoma Press 1972

❑ Hans Magnus Enzensberger, Scherbenwelt. Die Anatomie einer Wochenschau (1957). In: ders., Einzelheiten I. Bewußtseins-Industrie, Frankfurt am Main 1979

Z z

Zeichentrickfilm → Animationsfilm, in dem die scheinbare Bewegung durch Einzelbildfotografie der Bewegungsphasen gezeichneter Figuren entsteht. Dabei wird nicht jedes Bild vollständig neu gezeichnet, die Hintergründe bleiben erhalten, und nur die bewegten Partien müssen schrittweise realisiert werden. Die Zeichnung erfolgt auf transparenten Folien, von denen mehrere übereinandergelegt werden können (z. B. Hintergrund, unbewegter Teil der Figur, bewegte Partien). Als erster bedeutender Vertreter des Z. gilt Winsor McCay, der mit *Gertie the Dinosaur* (USA 1909) einen populären Kurzfilm und mit *The Sinking of the Lusitania* (USA 1918) einen propagandistischen Z. schuf. Beispiele für propagandistische Nutzung des Z. gab es auch in anderen Ländern, in Deutschland verwendete Julius Pinschewer solche Techniken in einigen Filmen. Der Schwerpunkt der Entwicklung lag jedoch zweifellos in den USA. Bedeutende Vertreter des Z. waren Dave und Max Fleischer, die 1925 eine → Serie um die Figur Koko entwickelten, der weitere Serienfiguren (darunter Betty Boop, ab 1932, Popeye, ab 1933, und Superman, ab 1941) folgten. Ihr erster abendfüllender Z. war *Gulliver's Travels* (Gullivers Reisen, USA 1939). Pat Sullivan erfand die Figur *Felix the Cat* (Serie, ab 1920). Am bekanntesten jedoch von

***Asterix in Amerika*, D 1994, R.: Gerhard Hahn**

allen Z. wurden die vom →Walt-Disney-Studio produzierten, wo auch der erste abendfüllende Z. in Farbe realisiert wurde (*Snow White and the Seven Dwarfs*, Schneewittchen und die Sieben Zwerge, USA 1937). Disney dominierte den Z., hatte aber in den 40er Jahren weitere Konkurrenten, deren Figuren weniger sentimental und deren Geschichten stärker vom Comic Strip inspiriert waren: William Hanna und Joseph Barbera zeichneten für →MGM die *Tom-und-Jerry*-Filme, Chuck Jones die *Bugs-Bunny*-Filme für →Warner Bros., Tex Avery seine anarchischen Bildgeschichten für →Universal, Warner und MGM. Die bemerkenswerte Epoche des Z. ging in den 50er Jahren insofern einem Ende entgegen, als bis auf wenige abendfüllende Filme die Produktion sich zum Fernsehen verlagerte. Doch hat sich der Z. für das Kino, von Robert Crumb bis Ralph Bakshi (*Fritz the Cat*, USA 1972; *The Lord of the Rings*, Der Herr der Ringe, USA 1978) – und selbstverständlich alljährlich von Disney – als populäre Form erhalten. Nach dem Zweiten Weltkrieg entstand in den Zagreber Filmstudios (Dusan Vukovitch) und der →DEFA eine eigenständige Trickfilmproduktion. In der BRD ist das Genre mit wenigen (nicht unbedingt hervorragenden) Beispielen vertreten, darunter (mit einem aus üblichen Filmaufnahmen bestehenden Teil) *Werner – Beinhart* (1990, R.: Gerhard Hahn) und *Asterix in*

Amerika (1994, R.: Gerhard Hahn). Diese erste deutsche Asterix-Produktion setzt die sechs Filme fort, die nach den Büchern von Albert Uderzo und René Goscinny, beginnend mit *Asterix le Gaulois* (Frankreich, Belgien 1967, R.: Goscinny, Uderzo), eine erfolgreiche Serie inspirierten. Wie die Asterix-Filme gehen auch die Lucky-Luke-Filme auf eine populäre Comic-Figur zurück (*Lucky Luke*, Frankreich, Belgien 1976, R.: Morris, Goscinny). Die starke Tradition, die der Comic Strip in Frankreich und besonders Belgien besitzt, brachte auch das Urbild dieser Z. hervor, das auf den von dem Zeichner Hergé entwickelten Tintin-Comics basiert (*Tintin et le Mystère de la toison d'or*, Frankreich 1961, R.: André Barret). Unabhängig von Comic-Vorlagen entstanden *Le roi et l'oiseau* (Der König und der Vogel, Frankreich 1979, R.: Paul Grimault) und *Animal Farm* (Die Farm der Tiere, GB 1955, R.: John Halas, Joy Batchelor). Beide Filme waren nicht vorrangig für ein Kinderpublikum gedacht.

❑ Walt Disney: Die Kunst des Zeichentrickfilms, Hamburg 1958

❑ Leonard Maltin: Der klassische amerikanische Zeichentrickfilm, München 1980

❑ Michael S. Shull, David E. Wilt: Doing their bit. Wartime American Animated Films. 1939–1945, Jefferson / London 1987

❑ Charles Solomon: The History of Animation, New York 1989

❑ Rudolf Zumstein: Der Zeichentrickfilm, Solothurn 1981

Zeit → Filmzeit

Zeitlupe Ein Effekt, der entsteht, wenn eine gegenüber der späteren Projektion höhere Aufnahmefrequenz gewählt wurde (→ Bildfrequenz). Bei den heute üblichen Tonfilmprojektoren mit der Frequenz von 24 Bildern pro Sekunde wird ein mit 30 oder mehr Bildern pro Sekunde aufgenommener Film als deutlich verlangsamt wahrgenommen. Die Differenz variiert von nur geringen Abweichungen, die in der Vorführung einen leicht verlangsamten Bewegungseindruck hervorrufen, bis zu deutlichen Stilisierungen. Im kommerziellen Film wird die Z. relativ selten eingesetzt, hat sich aber seit Sam Peckinpahs Filmen (v. a. *The Wild Bunch*, The Wild Bunch – Sie kannten kein Gesetz, USA 1969) in der Darstellung von Action- und Gewaltszenen etabliert. Der Effekt wird in der High-Speed-Fotografie zur wissenschaftlichen Bewegungsanalyse ausgenutzt. Viele handelsübliche Kameras sind für eine höhere Aufnahmegeschwindigkeit eingerichtet und daher für Z.-Effekte tauglich. Die High-Speed-Aufnahme erfordert jedoch Spezialkameras und -filmmaterial.

Zeitraffer Die gegenüber der Vorführfrequenz reduzierte Aufnahmefrequenz läßt lang dauernde Abläufe in kürzerer Zeitspanne gerafft erscheinen. Der Effekt kann mit einer Einzelbildschaltung je eine Belichtung im Abstand von Minuten oder gar Stunden erreichen und so lang dauernde Vorgänge (wie das Sichöffnen einer Blumenknospe oder das Wachstum einer Pflanze) wahrnehmbar machen.

Zensur → Filmzensur

Zoom Objektiv, dessen Linsensystem eine stufenlose Brennweitenveränderung erlaubt. Auch Gummilinse, Transfokator oder Variooptik genannt. Mit dem Z. lassen sich vom gleichen Standpunkt alle

Möglichkeiten der Einstellung zwischen Weitwinkel und Teleobjektiv realisieren. Bei einer Veränderung der Brennweite während der Aufnahme läßt sich ein Effekt ähnlich einer Annäherung an das Objekt oder der Entfernung von ihm erreichen. Der Z. besitzt jedoch andere Charakteristika als die → Fahrt; bei ihr verändert die Kamera den Standpunkt im Raum, mit der Folge, daß sich in der Bewegung der Kamera die Perspektive auf die Gegenstände fortwährend ändert und bisher verdeckte Objekte sichtbar, andere aber abgedeckt werden. Beim Z. ändert sich der Kamerastandpunkt im Raum und daher auch die Perspektive nicht, wohl aber die Größe der Gegenstände. Die relative Größe der abgebildeten Objekte zueinander bleibt gleich (während sie sich bei der Fahrt ändert, weil nähere Objekte bei ihr schneller in der Größe zunehmen als weiter entfernt liegende). Daher wirkt der Wechsel von der kurzen Brennweite zur langen wie eine Vergrößerung des Objektes (oder wie eine Verengung des Ausschnittes), der umgekehrte Zoom wie eine Verkleinerung.

Zweibandkopie Getrennte Kopien für Ton und Bild im Gegensatz zur kombinierten, Bild und Ton auf demselben Träger enthaltenden Kopie, die im Kino zum Einsatz kommt. Während der Montage werden Z. benutzt, sie kommen auch beim Fernsehen zum Einsatz.

Zwischenschnitt Ein die Bedeutung des → Cover Shots, des → Inserts und des → Cut Away deckende Bezeichnung; als Z. können alle aus einer kontinuierlichen Handlung führenden Schnitte bezeichnet werden, wobei verschiedene Funktionen mit dem Ausdruck abgedeckt werden.

Zwischentitel In das Laufbild eingeschnittene Schrifttafel, hauptsächlich im Stummfilm gebräuchlich, um Dialoge und Erklärungen zu vermitteln, die durch das Bild nicht ausgedrückt werden können. In der allerfrühesten Kinematographie waren Z. noch nicht bekannt, sondern es wurden zu den (damals sehr kurzen) Filmen Erklärungen durch den Vorführer gegeben oder der Filmtitel als Dia eingeblendet. Stummfilme konnten auf einfache Weise stark in ihrem Sinn verändert werden, indem die Texte der Z. ausgetauscht wurden. Mit dem Tonfilm verschwanden die – graphisch oft aufwendig gestalteten – Z. weitgehend von der Leinwand. (→ Insert) (M. K.)

Die Autorinnen und Autoren

Rolf Aurich, geb. 1960, lebt in Berlin, von 1986 bis 1995 Mitherausgeber der Zeitschrift «filmwärts», Redakteur bei der Stiftung Deutsche Kinemathek, Berlin

Marie-Luise Bolte, geb. 1959, lebt in Hamburg, Mitarbeiterin von CineGraph, Organistin und Stummfilm-Pianistin

Christoph Decker, geb. 1964, lebt in Berlin, freier Autor und Filmemacher

Michael Esser, geb. 1953, lebt in Berlin, Wissenschaftlicher Mitarbeiter am Deutschen Historischen Museum Berlin

Britta Hartmann, geb. 1966, lebt in Berlin, Wissenschaftliche Mitarbeiterin an der Filmhochschule «Konrad Wolf» in Potsdam-Babelsberg

Kay Hoffmann, geb. 1959, lebt in Stuttgart, Filmpublizist, Festivalorganisator, Wissenschaftlicher Mitarbeiter am Haus des Dokumentarfilms Stuttgart

Donata Koch-Haag, geb. 1968, lebt in Berlin, Filmwissenschaftlerin

Martin Koerber, geb. 1956, lebt in Berlin, Filmhistoriker und -restaurator, freier Mitarbeiter der Stiftung Deutsche Kinemathek

Martin Loiperdinger, geb. 1952, lebt in Frankfurt a. M., Stellvertretender Leiter des Deutschen Instituts für Filmkunde

Stephen Lowry, geb. 1952, lebt in Braunschweig, Wissenschaftlicher Mitarbeiter an der HBK Braunschweig

Helmut Merschmann, geb. 1963, lebt in Berlin, Filmjournalist, promoviert über ein Thema zu Film und Postmoderne

Johannes von Moltke, geb. 1966, lebt in Berlin, Wissenschaftlicher Mitarbeiter an der Universität Hildesheim und der Duke University, North Carolina

Eggo Müller, geb. 1960, lebt in Berlin, Wissenschaftlicher Mitarbeiter an der Filmhochschule «Konrad Wolf» in Potsdam-Babelsberg

Robert Müller, geb. 1962, lebt in Berlin, Autor von filmhistorischen Buch-, Zeitschriften- und Fernsehbeiträgen

Anne Pohl, geb. 1961, lebt in Berlin, von 1992 bis 1995 Chefredakteurin der Stadtillustrierten «Schädelspalter» in Hannover, seither freie Publizistin

Die Autorinnen und Autoren

Daniela Sannwald, geb. 1957, lebt in Berlin, Promotion «Von der Filmkrise zum Neuen Deutschen Film», filmhistorische Publikationen zum deutschen und US-amerikanischen Kino

Alexander Schwarz, geb. 1961, lebt in München, 1994 bis 1996 Programmkoordinator bei Fernsehsender Kabel 1, danach Wechsel zum Discovery Channel Deutschland

Conny Voester, geb. 1953, lebt in Zürich und Hamburg, Filmjournalistin und Festivalleiterin von VIPER (Internationales Film-, Video- und Multimediafestival Luzern)

Gerlinde Waz, geb. 1953, lebt in Berlin, Mitarbeiterin der Stiftung Deutsche Kinemathek, Lehrbeauftragte an der FU Berlin und ASFH

Hans J. Wulf, geb. 1951, lebt in Westerkappeln und Berlin, Akademischer Rat am Institut für Theaterwissenschaften der FU Berlin

Der Herausgeber

Rainer Rother, geb. 1956, lebt in Berlin, Filmhistoriker und Ausstellungskurator, nach Lehrtätigkeit in Hannover, Hildesheim und Saarbrücken seit 1991 Programmleiter der Zeughauskinos des Deutschen Historischen Museums Berlin

Quellennachweis der Abbildungen

S. 10: Stiftung Deutsche Kinemathek / UIP
S. 15: Stiftung Deutsche Kinemathek / Tri-Star
S. 20: Mehmet Alatur
S. 24: Stiftung Deutsche Kinemathek
S. 30: Stiftung Deutsche Kinemathek
S. 35: Mehmet Alatur
S. 36: Abb. 1: Stiftung Deutsche Kinemathek / Columbia; Abb. 2: Stiftung Deutsche Kinemathek / Tobis
S. 45: Mehmet Alatur
S. 46: Stiftung Deutsche Kinemathek
S. 53: Stiftung Deutsche Kinemathek
S. 57: Stiftung Deutsche Kinemathek
S. 62: Stiftung Deutsche Kinemathek
S. 73: Mehmet Alatur
S. 76: Stiftung Deutsche Kinemathek
S. 82: Silver-Cine
S. 91: Stiftung Deutsche Kinemathek
S. 95: Mehmet Alatur
S. 97: Stiftung Deutsche Kinemathek / Neue Constantin Film
S. 103: Stiftung Deutsche Kinemathek
S. 113: Mehmet Alatur
S. 120: Silver Cine
S. 122: Mehmet Alatur
S. 132: Mehmet Alatur
S. 139: Privatarchiv Rainer Rother
S. 147: Stiftung Deutsche Kinemathek
S. 151: Privatsammlung Rainer Rother
S. 154: Privatsammlung Rainer Rother
S. 162: Stiftung Deutsche Kinemathek / Tobis
S. 167: Mehmet Alatur
S. 169: Mehmet Alatur
S. 175: MFA
S. 180: Stiftung Deutsche Kinemathek
S. 187: Mehmet Alatur
S. 189: Mehmet Alatur
S. 193: Mehmet Alatur
S. 197: Abb. 1: Stiftung Deutsche Kinemathek; Abb. 2: Stiftung Deutsche Kinemathek / Filmverlag / Futura; Mehmet Alatur
S. 201: Mehmet Alatur
S. 205: Stiftung Deutsche Kinemathek
S. 209: Stiftung Deutsche Kinemathek
S. 212: Stiftung Deutsche Kinemathek
S. 215: Abb. 1: Stiftung Deutsche Kinemathek; Abb. 2: Stiftung Deutsche Kinemathek
S. 220: Privatsammlung Rainer Rother
S. 223: Mehmet Alatur
S. 226: Mehmet Alatur
S. 233: Privatsammlung Rainer Rother
S. 239: Mehmet Alatur
S. 247: Progress
S. 251: Stiftung Deutsche Kinemathek
S. 257: Mehmet Alatur
S. 261: Mehmet Alatur
S. 262: Mehmet Alatur
S. 271: Privatsammlung Rainer Rother
S. 273: Stiftung Deutsche Kinemathek
S. 277: Privatsammlung Rainer Rother
S. 280: Stiftung Deutsche Kinemathek
S. 285: Privatsammlung Rainer Rother
S. 291: Mehmet Alatur
S. 298: Privatsammlung Rainer Rother
S. 300: Mehmet Alatur
S. 307: Privatsammlung Rainer Rother
S. 314: Stiftung Deutsche Kinemathek
S. 325: Stiftung Deutsche Kinemathek
S. 330: Jugendfilm

Theater / Film

rowohlts monographien
Begründet von Kurt Kusenberg, herausgegeben von Wolfgang Müller und Uwe Naumann.

Ingmar Bergman
dargestellt von Eckhard Weise
(366)

Luis Buñuel
dargestellt von
Michael Schwarze
(292)

Charlie Chaplin
dargestellt von Wolfram
Tichy
(219)

Walt Disney
dargestellt von
Reinhold Reitberger
(226)

Eleonora Duse
dargestellt von Doris Maurer
(388)

Federico Fellini
dargestellt von Michael
Töteberg
(455)

Gustaf Gründgens
dargestellt von
Heinrich Goertz
(315)

Alfred Hitchcock
dargestellt von Bernhard
Jendricke
(420)

Fritz Kortner
dargestellt von Peter Schütze
(531)

Fritz Lang
dargestellt von Michael
Töteberg
(339)

Ernst Lubitsch
dargestellt von Herta-
Elisabeth Renk
(502)

Marilyn Monroe
dargestellt von Ruth- Esther
Geiger
(507)

Pier Paolo Pasolini
dargestellt von Otto
Schweitzer
(354)

Erwin Piscator
dargestellt von Heinrich
Goertz
(221)

Max Reinhardt
dargestellt von
Leonhard M. Fiedler
(228)

Karl Valentin
dargestellt von
Michael Schulte
(144)

rowohlts monographien

4507/6